KB234676

儒家美學 유가미학

儒家美學 유가미학

심현섭 지음

KISTI 한국학술정보㈜

유가미학의 기본구조

美學(aesthetics)은 철학이다. 감성철학이다. 이성적인 철학의 세계를 감성적으로 느끼고 풀어내는 것이 미학이다. 미학은 인간의 삶을 윤택하고 아름답게 영위할 수 있도록 그 방향을 제시해 주고 이끌어 준다. 미학은 인간이 이룩해 놓은 모든 문화영역 속에 심층적으로 존재하면서 그 문화양상의 흐름을 조절해 간다. 그것이 미학의 역할이고 그것이 미학이 존재하는 이유이다.

사람은 이성적으로만 사고하고 이성적으로만 행동하며 살 수는 없다. 감성적 사고와 감성적 행동이 보완되어야 인생이 행복해진다. 인간은 행복을 추구하며 사는 동물이다. 돈에 집착하는 것도 행복을 위해서요, 건강을 지키려 애쓰는 것도 행복을 위해서요, 사랑을 하는 것도 행복을 위한 행위일 뿐이다. 결국 인간생활의 전부는 행복을 위한 것, 그 이상도 이하도 아니다. 그 행복을 위한 필수조건이 바로 아름다움(美)이다. 그런데 그 아름다움이 어떤 아름다움이냐가 중요하다.

☯

　아름다움을 느낀다는 것(感)은 만물의 참모습(性)을 느끼는 것이다. 만물의 참모습은 조금도 때 묻지 않은 순수한 본래의 모습 그 자체를 말한다. 거기에는 추호의 이기적 계산이나 삿됨(邪)이 끼어들 틈이 없다. 善으로 가득 찬 하늘의 모습 그 자체이다. 그래서 아름답다. 그런 아름다움을 보고 듣고 느끼면 행복해진다. 그러므로 미학은 행복을 찾아가는 학문이며, 아름다움을 찾아내는 학문이다.

☯

　그렇다면 인간에게 가장 아름다움을 느끼게 해 주고 행복을 충족시켜 줄 수 있는 것에는 무엇이 있을까? 그것은 당연히 예술일 것이다. 아름다운 예술이야말로 우리의 감성적 심미활동을 통해 탁한 마음을 정화시키고 피곤한 육신을 풀어 줄 수 있는 청량제가 될 수 있다. 아름다운 예술에는 순수하지 않은 불순물이 섞이지 않는다. 그 순수함의 극치가 아름다움의 극치요, 그 아름다움의 극치를 통해서 우리는 행복을 느낀다. 불순물이 섞인 예술은 이미 예술로서의 가치를 상실한다. 그런 예술은 영속할 수 없으며 사랑받을 수도 없으며 우리에게 행복을 가져다줄 수도 없다. 그래서 진정한 예술가들은 지금도 그 순수하고 아름다운 예술창조를 위해서 자신과의 싸움을 중단하지 않는 것이다. 이러한 예술창조 작업에 절대적 기반이 되어 주는 것이 바로 미학이다.

☯

　유가미학은 오직 개인의 인격과 인간사회의 아름다움에 관심을 갖는 인간미학이다. ‘儒’ 자에는 ‘부드러움, 젖어 듦, 윤택함’이라는 뜻이 들어 있다. 또한 ‘선비, 학자’라는 뜻도 들어 있다. 이를 구체적으로 풀어 보면 "사람의 도리를 익혀 자기 몸에 젖게 한 뒤에 부드러운 모습으로 남을 가르쳐서 하얀 종이에 물이 스며들듯이 상대방의 마음속에 가르침이 젖어 들게 하는 사람"이라는 뜻이다. 이러한 '儒'의 뜻을 內含하고 있는 미학이 바로 유가미학이다. 그러므로 유가미학은 유가철학의 기반 위에서만 성립할 수 있다. 특히 先秦儒家美學은 선진유가철학에 거의 전부를 의지하고 있다고 해도 과언이 아니다.

그런데 유가철학과 유가미학을 다루는 학문적 연구방법에는 약간의 차이가 있다. 유가철학이 진리를 깨닫기 위한 논리적 理性思惟에 초점이 맞춰져 있다면, 유가미학은 진정한 아름다움을 찾아내서 누리는 感性享受에 초점이 맞춰져 있다. 그러므로 유가미학은 미감향수의 고저·장단에 관심을 갖게 된다. 그 결과 나타난 것이 바로 동양미학의 특징인 境界論이다.

공자는『논어·학이편』에서 유가미학의 기본 경계구조를 명확하게 제시한다. "배우고 때맞춰 익히면 또한 기쁘지 아니한가? 멀리서 찾아오는 벗이 있으니 또한 즐겁지 아니한가? 남이 알아주지 않아도 화나지 않으니 또한 군자가 아닌가?"라는 말이 바로 그것이다. 이 세 글귀의 핵심어들은 모두 감성적 언어인 '기쁨(說), 즐거움(樂), 화나지 않음(不慍)'으로 표현되어 있다. 이 말들은『대학』의 '삼강령'과 구조적으로 정확하게 일치한다.

『대학』은 유가철학의 기본구조를 간명하게 요약 제시한 경서 중의 하나이다.『대학』의 첫머리는 이렇게 시작한다. "큰 배움의 길은 밝

았던 덕을 밝히는 데 있으며, 백성과 하나 되는 데 있으며, 지극한 善에 머무르는 데 있다.” 이것을 유가철학의 기본구조인 ‘三綱領(明明德, 親民, 止於至善)’이라고 한다.

☯

『논어』속의 공자의 말은 바로『대학』의 ‘삼강령’을 감성적으로 풀어낸 것이라고 할 수 있다. ‘명명덕’은 배우고 익힘을 통한 ‘기쁨(說)’으로, ‘친민’은 멀리서 찾아온 벗과 함께하는 ‘즐거움(樂)’으로, ‘지어지선’은 남이 알아주지 않아도 ‘화나지 않음(不慍)’으로 풀어낸다.『대학』의 이성적 ‘삼강령’이 감성적 說(열)－樂(락)－不慍(불온)의 삼중경계구조로 환원되는 것이다. 다시 말해서『대학』의 말은 이성적·철학적으로 말한 것이고『논어』의 말은 감성적·미학적으로 말한 것일 뿐 그 구조는 완벽하게 일치한다.

☯

공자는『논어』에서 다음과 같이 말한다. “道에 뜻을 두었다면 德에 근거하고 仁에 의지하며 藝에서 노닐라(志於道 據於德 依於仁 游於藝＜『論語·述而』＞).” 이 말이야말로 유가미학의 삼중경계구조를 정확하게 定礎해 준다. 대학의 삼강령과 대비시켜 보면 완전히 일치한다. 據於德은 ‘명명덕’이요, 依於仁은 ‘친민’이요, 游於藝는 ‘지어지선’이다. 이것을 이성적으로 접근하면 철학의 세계로 들어가고 감성적으로 접근하면 미학의 세계로 들어간다. 여기에는 철학적 근거와 미학적 근거가 공존하기 때문이다. 미학의 세계는 그 감성적 향수의 고저·장단을 인정하는 세계이다. 그것을 논리화한 것이 바로 경계론이다. 그래서 필자는 유가미학을 경계론으로 풀어 제1층차를 ‘說境(열경)’, 제2층차를 ‘樂境(락경)’, 제3층차를 ‘不慍境(불온경)’으로 설정하고자 한다.

이 삼중경계구조야말로 유가미학의 기본구조를 가장 잘 드러내는 특징이라고 생각하기 때문이다.

☯

인간의 아름다움에는 외적 아름다움도 있고, 내적 아름다움도 있으며, 개체적 아름다움도 있고 群體的 아름다움도 있다. 선진유가미학은 이러한 인간의 아름다움에 대한 미감향수의 내용을 모두 다루고 있다. 순자는 인간의 외적·군체적 아름다움에 관심이 많고, 맹자는 인간의 내적·개체적 아름다움에 관심이 많다. 반면에 공자는 이들의 아름다움을 집대성하여 최고경계의 아름다움으로 승화시킨다.

設境	樂境	不慍境
공자미학		
	맹자 미학	
순자 미학		

☯

그런데 공·맹·순 三子의 미학을 보면 그 특성에 따라 이 세 층차에 적용되는 범위가 약간씩 다르다. 순자 미학은 '불온경'에서 조금 미달하고, 맹자 미학은 '열경'에서 약간 부족하다. 그러나 공자미학은 세 경계를 모두 충족시킨다. 그러나 그 내용의 구체성과 치밀함으로 보면 순자 미학은 '열경'에서 강점을 보이며, 맹자 미학은 '불온경'에서 강점을 보인다.

☯

유가미학은 자연의 아름다움을 본받으라고 말한다. 그래서 유가미학은 지고한 아름다움을 자연의 모습을 닮은 인간의 순수한 심성에서 찾으려고 한다. 인간은 자연의 일부이기 때문이다. 그런 면에서 순자 미학은 약간의 부족함을 보인다. 감성향수의 고저·장단의 관점에서 보면 그렇다는 말이다.

철학 (이성)	明明德	親民	止於至善	
	據於德	依於仁	游於藝	道
미학 (감성)	제1층차	제2층차	제3층차	
	說境	樂境	不慍境	
	심미의식 배양	심미의식 확충	심미의식 발현	

이상과 같은 선진유가미학의 기본구조를 이해하고 본서를 읽으면 이해에 도움이 될 것이다. 우리가 흔히 독서하는 중에 나무는 보면서 숲은 보지 못하는 경우가 종종 있다. 그것을 방지해 보고자 하는 마음에서 蛇足과 같은 말을 붙이게 되었다. 독자 여러분들의 깊은 아량을 바란다.

이 책은 필자의 박사학위논문을 수정 보완하고 좀 더 쉽게 읽을 수 있도록 재편한 것이다. 그러나 여전히 학술서의 범주를 벗어나지 않고 있기 때문에 일반 대중들은 읽기에 불편을 느낄 것이다. 좀 더 가볍게 읽을 수 있는 글은 다음을 기약한다. 이 글이 나올 수 있도록 지도와 도움을 아끼지 않으신 분들이 너무도 많다. 한없는 고마움과 감사의 마음을 전한다. 특히 부족한 제자를 늘 따뜻한 마음으로 지도해 주신 성균관대학교의 우산 송하경 선생님, 청곡 서경요 선생님, 일회

이기동 선생님의 지도와 격려에 깊은 감사를 드린다. 생활의 어려움에도 불구하고 말없이 내조해 준 아내와 사랑스런 아이들에게도 감사한다. 효도 한번 제대로 못한 불초자식을 묵묵히 지켜봐 주시고 용기를 주신 부모님의 사랑은 필설로 어찌 다 말할 수 있으리……. 모두 모두 행복하소서.

2011년 신묘년 봄날에
樸實軒에서 심현섭 쓰다

1. 국한문 혼서로 서술했으며 반복되는 한자어는 한글로 쓴 경우도 있다.
2. 각주에 제시한『四書』의 편명 및 각장을 표시하는 번호는『사서집주』의 순서를 따랐다.
3. 중국의 인명 및 지명은 漢字 혹은 우리말 발음으로 표기하였다.
4. 각주 끝에 '참조'라는 말을 붙인 것은 참고문헌의 원문을 그대로 인용하지 않고 그 의미만을 취한 경우이다.
5. 권말의 '찾아보기' 부분은 미학이해에 도움이 될 수 있는 미학용어들을 중심으로 구성하였다.
6. 기타 문장부호 및 문단형태는 일반적인 학술논문의 서술 형태를 따랐다.

나오는 말

제 I 부 들어가는 말

유가미학은 인간미학이다

유가미학의 연구목적과 의의

1) 유가미학의 연구의의

經典이 수천 년의 세월을 지나면서도 지속적으로 존중받는 까닭은 그 속에 시대와 공간을 넘어 인간의 삶을 이끌어 주는 지혜와 교훈이 내재되어 있기 때문이다. 儒家經典은 공자 이래 이천오백여 년 동안 동양의 지식인들이 우주와 자연, 인간과 사회를 이해하고 전망하던 학문의 근간이었다. 거기에는 우주의 정연한 질서에 대한 믿음과 인간의 가능성에 대한 신뢰를 바탕으로, 인간의 행복을 추구하고 사회 집단의 질서와 평화를 도모하며, 나아가 자연의 섭리에 순응하여 만물이 공존하는 天人合一의 이상에 도달하기 위한 이론과 실천의 대안이 제시되어 있다.

특히 『논어』, 『맹자』, 『순자』 속에는 공·맹·순 三子의 지혜와 경륜이 다양한 형태로 축적되어 있다. 거기에는 자연 질서에 대한 이해

의 방법과 인간의 존재의미와 삶의 가치에 대한 성찰은 물론, 사회 공
동체를 건설하고 유지하기 위한 갖가지 제도와 준칙, 인간이 이루어
낸 다양한 문화의 속성과 기능에 대한 광범위한 지식들이 포함되어
있다. 그렇기 때문에 정밀한 분석과 整合的 통찰을 거치지 않고는 이
러한 경전의 온전한 체계를 요약하여 밝혀내기란 쉬운 일이 아니다.

　인생의 궁극적 목적이 행복이라고 할 때, 그 행복을 추구하는 여러
조목 중에는 분명 '아름다운 삶'도 중요한 한자리를 차지할 수 있을
것이다. 특히 유가의 관심은 인간의 가치에 있고, 가치 있는 삶 속에
는 아름다움의 몫이 더욱 커질 것은 自明하다. 그렇다면 어떠한 인생
이 아름다운 인생이고 가치 있는 삶일까? 또한 인류의 스승으로 추앙
받고 있는 공 · 맹 · 순 三子는 아름다움에 대해서 어떻게 생각하고 가
르침을 주셨을까? 그리고 그 영향들이 오늘 이 시대의 우리문화에도
면면히 이어져 오고 있는 저력은 과연 어디에 있는 것일까? 이러한
물음에 대한 해답을 찾고자 함이 본 연구의 동기라 하겠다.

　美學은 인간에게 기쁨과 즐거움을 안겨 주는 美와 예술에 대한 知的
관심에서 비롯된 것으로, 인간의 삶을 윤택하고 아름답게 영위할 수
있도록 그 방향을 제시해 주고 이끌어 주는 학문이다. 따라서 인간이
이룩해 놓은 모든 문화영역 속에는 미학이 음으로 양으로 존재하면
서 그 문화양상의 흐름을 조절해 가고 있다. 그것이 미학의 역할이고
그것이 미학이 존재하는 이유라고 할 수 있다. 인간은 문화적 동물이
다. 어느 인간이든 자신이 속해 있는 문화양상의 틀 속에서 살아가게
마련이다. 그 문화적 틀은 자신의 의지와는 상관없이 이 세상에 태어
나자마자 주어지며, 장성하면서 조금씩 자신의 의지가 반영된 틀을
선택하여 일생을 함께하게 된다. 그렇기 때문에 인간은 자신이 처해

있는 문화의 틀이 어떤 특징을 가지고 있는지 알고 싶어 한다. 마치 어린아이가 자신이 어떻게 태어났는지 궁금하여 엄마를 조르는 것과도 같은 현상이다. 그 궁금증을 풀어 주는 열쇠가 바로 인간문화의 저변에 깔려 있는 미학사상의 특징을 이해하는 데 있다고 할 수 있다.

미학이라는 학문은 본래 서구에서 독자적인 학문영역을 차지하는 하나의 개별과학으로서 체계화되어 발전한 학문으로 그 역사가 그리 길지 않다. 특히 한국에서의 역사는 일제강점기에 京城帝大에서 처음으로 소개 · 연구되기 시작했기 때문에 아직 100년의 역사에도 미치지 못하는 실정이다.[1] 그러나 동양철학, 특히 선진유가에서 논하는 美는 서양의 미학처럼 '우리와 독립해서 존재하는 미의 객관적 법칙성'을 찾으려는 개별과학의 성격이 아니라, '우리의 삶과 유기적 · 역동적 관계 속에서' 그 의의를 찾으려는 '미와 사회의 合一的 성격'을 지니고 있다. 다시 말해 단순히 美 그 자체만을 추구하기 위한 美의 학문이 아니라, 우리 삶의 본질로서의 美와 우리의 삶을 아름답게 가꾸기 위한 美의 추구를 기본적으로 전제하고 있다는 점에서, 인생의 참된 행복을 추구하는 데에 그 최대의 목표를 두고 있다고 할 수 있다. 이러한 측면에서 보면 동양에서의 미학은 이미 선진시대부터 있어 왔으며 미학은 철학이요, 철학은 미학이라고 말할 수 있을 것이다.[2]

그러나 현대를 살아가는 우리는 학문상에서 이미 서양적 治學방법을 도입해 써 온 지 오랜 세월을 보내고 있다. 따라서 철학과 미학의 분계를 논하지 않을 수 없는 상황에 놓여 있다. 미학은 물론 철학의

---

1) 曺玟煥, 「한국미학의 회고와 전망」, 『동아시아 유교문화의 새로운 지향』, 청어람미디어, 2004 참조.

2) 미학과 철학의 상관성에 대해서는 아무리 강조해도 지나치지 않다. 특히 선진유가미학을 이해하는 데는 더욱 그러하다. 이에 대하여 李澤厚 · 劉綱紀 主編의 『中國美學史』에서는 "선진미학에 대한 이해의 정도는 거의 선진철학에 대한 이해의 깊이에 의해 결정된다."고 말한다(權德周 · 金勝心 공역, 『中國美學史』, 72쪽 참조).

범주 안에 있었다. 그러나 이미 '철학'과 '미학'이라는 용어가 개별적으로 존재하는 이상 그 분계를 언급하지 않을 수 없는 것이다. "철학이 인간의 경험세계 및 정감세계의 제반 문제를 理性的이며 推論的으로 접근하여 분석해 내는 작업이라면, 미학은 이 같은 문제를 感性的이며 直觀的 방면에 초점을 맞추어 분석해 내는 작업"이라고 생각한다.[3] 본 연구는 이와 같은 기본적 관점을 바탕에 깔고 진행할 것이다.

본 연구는 앞에서 언급했듯이 인생의 목적이 행복에 있다고 할 때, 그 행복을 실현하기 위한 조건으로서의 '아름다운 삶'은 그 근원이 어디에 있고, 동시에 어떠한 모습이어야 하며, 어떠한 가치를 지니고 있는가 등의 문제에 대해 先秦儒家에서는 어떻게 대답하고 있는가를 규명하는 데 그 일차적인 목적이 있다. 이와 아울러 현대를 살아가고 있는 문화예술인들의 삶과 예술적 창작활동에 보다 새롭고 합리적인 미학적 이상과 방법을 제시해 주고자 하는 데도 그 목적이 있다. 뿐만 아니라 작금의 학계에서 이루어지는 선진유가에 대한 연구들이 대부분 공·맹 연구에 편중되어 있는데다, 특히 미학 방면에서의 순자에 대한 연구[4]가 거의 없는 실정 속에서 맹자와 순자의 미학사상에 대한 균형적인 연구를 통해 이 방면에 대한 연구의 실마리를 제공해 준다는 특별한 의의도 함께 가지고자 한다.

---

3) 중국에서는 미학의 연구대상에 대하여 세 가지 이론이 대두하였다. 그것은 1956년 朱光潛이 『文藝報』12호에 발표한 「我的文藝思想的反動性」이라는 논문을 발표하면서 촉발되어 10여 년간 지속된 美學大討論에서 제기된 이론을 정리한 것이다. 첫째, '미학은 예술을 연구하는 과학이다'라는 朱光潛 등의 이론이다. 둘째, '미학은 美를 연구하는 과학이다'라는 洪毅然 등의 이론이다. 셋째, '미학은 미·미감, 특히 예술의 일반법칙을 연구하는 학문이다'라는 李澤厚 등의 이론이 그것이다(이동철, 「현대 중국의 미학대토론」, 『동아시아 문화와 사상』, 제3호 참조). 본서는 이택후 등의 이론에 가깝다.

4) 2010년 8월 말 현재까지 순자 미학을 주제로 연구한 학위논문은 단 한 편도 검색되지 않으며, 학술지에 소논문 2편만이 등재된 것으로 확인된다(국회도서관 – 전자도서관 제공자료 기준).

2) 유가미학의 연구방법

古代는 동·서양을 막론하고 기하학, 자연학, 정치학 등의 학문을 비롯하여 美나 예술에 대한 성찰까지도 모두 철학이라는 학문 영역 안에 포괄되던 시대이다. 근세에 이르러 여러 갈래의 자연과학, 사회과학, 인문과학이 각각 분과를 형성하고 독립하게 되며, 美나 예술에 관한 이론적·성찰적 탐구도 생기게 된다. 18세기가 되어서야 미학이 독자적인 학문의 영역을 차지하는 하나의 독립된 학문으로 명명되고, 특히 19세기 후반 이후 다양한 발전상을 보여 주기에 이른다.[5]

미학의 연구방법은 미학사적 관점에서 볼 때, 精神科學 일반의 추이에 따라 '이성주의적·관념론적 경향'과 '경험주의적·실증론적 경향', 이 양자가 주도적인 潮流를 이루는 가운데 그 두 가지 경향이 상호 교류되면서 다양한 분화와 발전상을 보여 주고 있다. 이런 의미에서 미학의 연구방법은 '구체적·경험적 관찰'과 '추상적·사변적 성찰'로 대별할 수 있는 것이다.[6]

미학은 예술을 위한 기초과학이다. 미학과 예술의 관계는 생리학과 의술, 기하학과 측량술, 물리학과 공학기술과의 관계에 비유될 수 있다. 바람직한 미학의 연구방법은 착실한 경험적 관찰을 토대로 하는 '구체적·경험적 방법'과 가장 근본적인 본질의 탐구를 전제로 하는 '추상적·사변적 성찰'을 겸한 고찰, 즉 사실학이나 경험학과 아울

---

5) 白琪洙, 『美의 思索』, 서울대학교 출판부, 1996, 8쪽 참조.

6) 白琪洙는 그의 『美學序說』에서 '구체적·경험적 관찰'로는 ① 심리학적 방법, ② 생리학적 방법, ③ 생리심리학적 방법, ④ 예술학적 방법, ⑤ 사회학적 방법, ⑥ 생물학적 방법, ⑦ 인류학적 방법, ⑧ 민족심리학적 방법, ⑨ 정신분석학적 방법 등이 있으며, '추상적·사변적 성찰'로는 ① 형이상학적 방법, ② 비판주의적 방법, ③ 생철학적 방법, ④ 표현학적 방법, ⑤ 현상학적 방법, ⑥ 존재론적 방법, ⑦ 기호학적 방법, ⑧ 비교미학적 방법 등이 있다고 밝힌다.

러 사실을 사실로 성립하게 하는 本質學, 이 양자의 부단한 제휴로 이루어지는 방법이라고 할 수 있다.[7] 본 연구는 이러한 연구방법을 일정 정도 수용하여 전개할 것이다.

동양미학이 서양미학과 다른 점은 美에 대한 개별과학으로서 독자적인 연구가 불가능하다는 것이다. 그것은 서양철학과 동양철학의 출발점이 서로 다른 데서 비롯된다고 보아야 한다. 서양철학은 天과 人을 철저하게 분리시키는 데서 출발하고 동양철학은 天人合一을 근거로 출발한다는 점에서다. 근현대에 이르러 동양의 많은 학자들이 서양에서 유학하고 돌아와 동양미학을 연구하는 경향이 두드러진다. 그들은 서양미학을 연구하는 방법으로 동양미학을 연구하면서 이와 같은 근본적인 모순에 부딪히게 된다. 이 모순을 타개하기 위한 방편으로 제기된 것이 동양미학의 가장 큰 특징인 境界論이다.[8] 이러한 현상은 동양미학이 美만을 독자적으로 연구하는 학문, 즉 미학만을 위한 미학적 연구가 불가능하다는 사실을 명백히 보여 주는 것이다. 따라서 본 연구도 철학적 탐구 및 경계론을 포함시키지 않을 수 없음을 밝혀 둔다.

본 연구는 맹자사상의 특징인 仁義觀念을 德性美學的 관점으로 조명하고, 순자사상의 특징인 禮義觀念을 인간사회 미학적 관점으로 고찰하는 데 그 특징이 있다. 기본 텍스트는 『논어』, 『맹자』, 『순자』이며, 최대한 이들 원전의 내용을 중심으로 연구를 진행할 것이다. 원전의 의미가 모호하거나 異說이 있는 부분들은 古註와 新註 및 기타 관련 경전들의 내용을 참조할 것이며, 또한 근현대 주요 학자들의 학설도

---

7) 白琪洙, 『美學序說』, 서울대학교 출판부, 1994, 29~53쪽 참조.

8) 근대 미학 연구자로서 境界論을 제기한 대표적인 학자로는 梁啓超, 王國維, 馮友蘭 등을 들 수 있다. 이들을 이어서 朱光潛, 宗白華 등 이후의 많은 미학연구자들이 공히 경계론을 매우 중요하게 다루고 있다.

참고하여 결론을 이끌어 낼 것이다. 특히 원전의 번역에 있어서 지나친 의역이나 현대적 풀이를 자제하고, 용어의 선택도 가급적 원전의 용어를 그대로 사용할 것이다.[9] 이는 지나친 의역이 독자들의 폭넓은 사유와 다양한 상상을 제한할 우려가 있기 때문이다.

---

9) 예를 들면 禮를 '예의', 樂을 '음악' 등으로 번역하지 않고 그대로 禮 혹은 樂으로 표기함을 말한다.

제II부 공자미학

─先秦 유가미학사상의 연원과 인간미학─

마을이 仁하니 아름답구나!

심미본체로서의 仁義사상

본 연구는 맹·순의 미학사상에 대한 연구가 그 중심이다. 선진유가는 공·맹·순 三子가 대표하며, 맹·순은 모두 공자를 계승한 사상가들이다. 따라서 맹·순의 미학사상은 공자의 미학사상을 계승하여 좀 더 정밀하고 깊이 있게 전개시킨 것이라고 말할 수 있다. 그러므로 공자의 미학사상을 먼저 고찰하는 것은 그들의 연원을 이해하는 데 필수적인 일이 된다. 본 절에서는 맹·순 미학사상의 先河가 되는 공자의 仁義思想에 대해 구체적이며 본질적으로, 그리고 추상적이며 사변적으로 심미적 탐구를 진행한다. 이에 따라 공자 仁의 본질적 의미는 무엇이며, 선진 유가미학사상에서의 仁의 역할과 위치는 어떠한 것인지, 그리고 이로부터 파생되는 심미의식은 어떤 것인지에 대해서 다각적으로 살피기로 한다. 또한 義의 내용 및 義와 直의 심미적 관계에 대해서도 본질적으로 탐구한다.

1) 仁의 본질적 의미

공자미학은 공자사상의 핵심인 仁思想과 직접적인 관련을 맺고 있다.[1] 그는 仁思想으로부터 審美와 文藝 문제를 고찰하는 방법을 취한다. 그러므로 공자의 仁사상을 제대로 이해하지 못한다면 그의 미학사상 역시 제대로 파악할 수 없게 된다. 본 단원에서는 仁사상의 탄생배경, 仁의 기본적 의미, 실천적 의미로서의 仁 등에 대해서 다각도로 고찰해 봄으로써 仁의 본질적 의미가 어떠한 것인지를 규명해 보는 방법으로 진행한다. 仁의 정확한 의미가 먼저 숙지되어야 그것을 미학적 관점으로 조명하였을 때, 정확한 심미기초로서의 仁사상의 실체가 드러날 수 있기 때문이다. 먼저 仁사상의 탄생 배경에 대해서 간단히 살펴본다.

춘추시대의 대표적인 기본 관념은 禮였다. 그래서 춘추시대를 '禮를 중심으로 한 인문시대'[2]라고 규정하기도 하며, 儒家의 禮를 "개인적 규율로부터 단체의 규범과 국가의 법제 및 사회의 제도까지를 모두 포함할 뿐만 아니라, 天秩·天序로서의 대자연의 理法에 이르기까지도 禮"[3]라 말하기도 한다. 이렇듯 禮의 함의는 매우 광범위하여 그 시대를 이끌어 가던 핵심 이데올로기였다. 이러한 禮가 공자시대에 와서 붕괴되고 있었다. 춘추시대를 살던 공자는 이미 몰락해 가는 씨족귀족의 사상을 대표하고 있었으며, 씨족귀족 정치를 옹호하던 周禮를 적극 지지했다.[4] 그러나 역사는 이미 씨족귀족들이 신명과 같이

---

1) 『論語』「里仁」1: 里仁爲美.

2) 徐復觀, 『中國人性論史－先秦篇』, 上海三聯書店, 2001, 제3장 제2·3절 참조.

3) 柳承國, 『韓國思想과 現代』, 東方學術研究院, 1988, 201쪽 참조.

4) 공자의 사상은 귀족계층을 옹호하는 성격과, 개혁과 융통성으로 당시의 변화하는 사회 상황에 적응하려는

받들던 周禮를 무참하게 파괴시켰다. 禮樂이 철저히 붕괴되어 가던 상황 속에서 강압적인 수단을 써서 사람들로 하여금 周禮를 존중하고 이행하게 한다는 것은 불가능한 것이었다. 이에 공자는 독창적으로 仁으로써 禮를 해석하여[5] 禮란 인간의 본성과 직결되는 것이며,[6] 모든 사람은 반드시 이를 지켜야 한다고 역설하기에 이른다.[7] 이것이 바로 그의 仁사상의 탄생배경이다.

仁은 儒家의 최고 덕목으로 매우 포괄적인 의미를 갖는다. 仁이 유가경전에서는 처음으로 『尙書』「周書・金縢」에 보이며, 재능과 미덕을 가리키는 개념으로 쓰이기 시작한다.[8] 후에 仁은 人 자를 겸용하여 '인간적인', '인정이 많은', '친절한' 등의 뜻과 같이 心情美辭로 쓰였으며, 춘추시대에는 仁의 어의가 넓어져 '인품이 좋다', '인격이 높다'는 뜻의 전인격적 美辭가 되었다. 이것이 특히 공자에게 중시되어 군자교육에 있어 최고의 덕목으로 자리 잡게 된다. 『논어』에서 공자가 가장 강조한 것은 仁이다. 그러나 仁이 '무엇이다'라고 하나로 정의를

성격을 함유한 이중성을 갖는다. 붕괴된 예악을 회복하려는 입장에서 본다면 귀족계층을 옹호하는 것으로 볼 수도 있다(이상은, 「유가의 예악사상에 관한 연구」, 성균관대. 박사학위 논문, 1990, 29쪽 참조).

5) 이에 대하여 李澤厚는 다음과 같이 말한다. "공자가 仁을 말하는 이유, 또는 의도는 실제로 禮를 해석하고, 禮를 옹호하기 위한 관점과 직접적인 관련을 가지고 있다고 할 수 있다. 앞서 말한 것처럼 禮는 혈연을 기초로 하고 있고, 등급을 특징으로 하는 씨족통치 체계이다. 이런 씨족통치 체계를 옹호하거나 회복하기를 요구하는 것이 仁을 말하는 근본목표라고 할 수 있다." 그는 仁의 구조를 ① 혈연의 기초, ② 심리원칙, ③ 인도주의, ④ 개체인격 등의 네 가지 특징으로 나누어 설명하고, 이것을 '실천이성'적 특징이 있다고 말한다(李澤厚 저, 정병석 옮김, 『중국고대사상사론』, 2005, 68~69쪽 참조). 이러한 李澤厚의 仁에 대한 해석은 秦漢代의 유학, 특히 董仲舒의 유학을 존중하는 데서 나온 해석이라고 할 수 있다. 李澤厚의 해석은 기존의 '선진유학'이나 '송명리학'을 유학의 주류로 인정하고 仁을 해석했던 전통적 학설과는 상당히 다른 독특한 점이 있다. 그러나 유가미학의 특징 중 하나인 중용적 열락경계의 형이상적 특징을 설명해야 하는 사상근거로서 仁의 해석방법으로는 적합하지 않다고 본다. 따라서 본서는 형이상적 성격이 짙은 蔡仁厚의 해석방법을 수용・절충하기로 하였다.

6) 공자가 『論語』「八佾」에서 "人而不仁 如禮何 人而不仁 如樂何"라고 말한 것은 仁이 곧 禮의 본질임을 설명한 것이다. 仁이 인성의 본질 혹은 본체임은 본서에서 차츰 규명될 것이다.

7) 權德周・金勝心 共譯, 李澤厚・劉綱紀 主編, 『中國美學史』, 대한교과서주식회사, 1993, 126~127쪽 참조.

8) 『尙書』「周書・金縢」: 予仁若考 能多材多藝 能事鬼神.

내린 것은 없다. 대체로 '공손, 관대, 信實, 민첩, 은혜, 용기, 忠恕, 효성, 공경' 등의 뜻을 포괄한다. 이러한 仁은 '對自的 仁'과 '對他的 仁', 그리고 '절대적 仁'으로 나누어 볼 수 있을 것이다.[9] '대자적 仁'은 자신의 수양과 관련이 있고, '대타적 仁'은 사회활동과 관련이 있으며, '절대적 仁'은 문자 그대로 인격 완성적 절대경계에 도달함과 관련이 있다. 먼저 '대자적 仁'을 살펴보자.

> 안연이 仁에 대해서 묻자 공자가 답하였다. "자기의 사욕을 버리고 예로 돌아가는 것이 仁을 하는 것이다. 하루 동안이라도 자기의 사욕을 버리고 禮로 돌아가면 천하 사람들이 仁을 함께할 것이다. 仁을 행하는 것은 자기에게서 말미암는 것이지, 어찌 남에게서 말미암겠는가!"[10]

> 번지가 仁에 대해서 묻자, 공자가 말했다. "거처할 때에는 恭으로 하고, 일을 맡았을 때는 敬으로 하며, 남과 어울릴 때는 忠으로 해야 한다. 비록 오랑캐의 땅에 가더라도 버려서는 안 되느니라."[11]

> (번지가) 仁에 대해서 묻자, 공자가 대답했다. "仁者가 어려운 일을 먼저 하고 얻는 것을 뒤에 하면, 仁이라고 할 수 있다."[12]

> 사마우가 仁에 대해서 묻자, 공자가 말했다. "仁者는 그 말하는 것을 많이 참느니라."[13]

仁은 자기 자신으로부터 비롯된다. 자신의 사욕을 버리고 禮로 돌

---

9) 이러한 구분은 仁思想이 유가사상 전체를 포괄할 수 있는 총체적 개념을 지닌다고 인정하고, 유가미학이 明明德(說·據於德)-親民(樂·依於仁)-止於至善(不慍·遊於藝)의 三重境界構造를 가지고 있다고 보는 필자의 관점에 따른 것이다.

10) 『論語』「顔淵」1: 顔淵問仁 子曰 克己復禮爲仁 一日克己復禮 天下歸仁焉 爲仁由己 而由人乎哉.

11) 『論語』「子路」19: 樊遲問仁 子曰 居處恭 執事敬 與人忠 雖之夷狄 不可棄也.

12) 『論語』「雍也」20: 問仁 曰 仁者 先難而後獲 可謂仁矣.

13) 『論語』「顔淵」3: 司馬牛問仁 子曰 仁者 其言也訒.

아간다는 것은 사람들이 함께 공유할 수 있는 善의 場으로 돌아간다는 말이다. 그것이 바로 仁이다. 또한 '恭·敬·忠'이나 말을 참는 '訒'은 모두 자신의 欲을 제거하는 수양의 덕목에 속한다. 스스로 어려운 일을 먼저 하고 얻는 것을 뒤에 하는 것도 자신의 욕망을 억제하여 이루어지는 것이다. 이러한 仁은 모두 자신으로부터 비롯되는 자기 수양과 관련 있는 '대자적 仁'의 의미로 쓰인 예라 할 수 있다.

> 번지가 仁에 대해서 묻자, 공자가 대답했다. "남을 사랑하는 것이다."[14]

> 중궁이 仁에 대해 물으니 공자가 대답했다. "문을 나가서는 큰손님을 만난 듯이 하고, 백성으로 하여금 큰제사를 받들 듯이 하며, 자기가 싫어하는 것을 남에게 시키지 마라. 그렇게 하면 나라에 있어서도 원망이 없고, 家에 있어서도 원망이 없느니라."[15]

> 자공이 물었다. "만약 백성들에게 은혜를 널리 베풀어 많은 사람들을 구제한다면 어떻습니까? 仁이라고 할 수 있습니까?" 이에 공자가 대답했다. "어찌 仁이라고만 하겠는가? 반드시 聖人일 것이다. 그것은 堯舜도 오히려 어렵게 여기셨느니라. 仁이란 내가 서고자 하면 남도 서게 하고, 내가 이루고자 하면 남도 이루게 하는 것이다. 가까운 데서 터득하여 미루어 가면 그것이 곧 仁을 행하는 방법이라고 말할 수 있다."[16]

> 자장이 공자에게 仁에 대해서 묻자, 공자가 대답했다. "능히 다섯 가지를 천하에 행할 수 있으면 仁이라 할 수 있다." 자장이 다시 "그 다섯 가지란 무엇입니까?"라고 물었다. 그러자 공자가 대답했다. "恭, 寬, 信, 敏, 惠이니라."[17]

---

14) 『論語』「顔淵」22: 樊遲問仁 子曰 愛人.

15) 『論語』「顔淵」2: 仲弓 問仁 子曰 出門如見大賓 使民如承大祭 己所不欲 勿施於人 在邦無怨 在家無怨.

16) 『論語』「雍也」28: 子貢曰 如有博施於民而能濟衆 何如 可謂仁乎 子曰 何事於仁 必也聖乎 堯舜 其猶病諸 夫仁者 己欲立而立人 己欲達而達人 能近取譬 可謂仁之方也已.

17) 『論語』「陽貨」6: 子張 問仁於孔子 孔子曰 能行五者於天下 爲仁矣 請問之 曰恭寬信敏惠.

이러한 仁의 내용은 '대타적 仁'에 관한 내용으로 분류할 수 있다. '대타적 仁'은 齊家 및 '治國平天下'의 내용을 포괄한다. 남을 사랑하고, 내가 하고 싶지 않은 것을 남에게 시키지 않으며, 널리 은혜를 베풀어 많은 대중을 구제하고, 공손, 관대, 믿음, 민첩, 은혜 등을 실천하는 내용은 모두 '대타적 仁'의 구체적 실례라 할 수 있다. '대타적 仁'을 행하는 것은 그 무엇보다도 어렵다. 그래서 공자는 堯舜도 어렵게 여겼을 것이라고 말한다.

> 不仁者는 곤궁한 곳에 오래 처하지 못하고, 즐거움도 오래 누리지 못한다. 仁者는 仁을 편안히 여기고, 知者는 仁을 이롭게 여긴다.[18]
>
> 知者는 의혹하지 않고, 仁者는 근심하지 않으며, 勇者는 두려워하지 않는다.[19]
>
> 강직하고, 의연하며, 질박하고, 어눌함이 仁에 가깝다.[20]

이러한 仁은 '절대적 仁'에 해당한다. 이것은 모두 공자의 말이다. 仁을 구체적으로 설명한 것은 아니지만 仁한 사람의 모습을 不仁者나 知者, 혹은 勇者와 비교하여 알기 쉽게 설명해 주고 있다. 仁者는 곤궁한 곳에 오래 처하더라도 그 즐거움을 고칠 필요가 없다. 仁者는 仁을 편안히 여기고 즐기기 때문이다. 그러므로 인자는 근심이 없다. 어눌하고 질박하지만 강직하고 의연하다. 이러한 인자의 모습이야말로 아무 두려울 것도 근심할 것도 없는 열락군자의 모습이다. 이러한 예가 '절대적 仁'의 모습이라 할 수 있다.

---

18) 『論語』「里仁」2: 子曰 不仁者不可以久處約 不可以長處樂 仁者安仁 知者利仁.

19) 『論語』「子罕」28: 子曰 知者不惑 仁者不憂 勇者不懼.

20) 『論語』「子路」27: 子曰 剛毅木訥 近仁.

이상에서 우리는 다음과 같은 사실들을 알 수 있다. 공자는 仁을 고정된 덕목으로 보지 않는다. '克己復禮, 恭·敬·忠, 先難而後獲'도 仁이며, '愛人, 博施濟衆, 己所不欲勿施於人, 恭·寬·信·敏·惠' 등의 내용도 모두 仁으로 본다. 또한 공자는 글자 뜻 그대로 仁을 해석하지 않는다.[21] 仁이라는 글자를 놓고 볼 때, 위에 인용한 각 장에 나오는 공자의 대답은 仁이라는 글자와 연관된 것이 별로 없다. 단지 번지의 물음에 답한 '남을 사랑하는 것'에서의 사랑이 仁의 字意的 해석과 관련이 있을 뿐이다. 그러나 사랑으로 仁을 해석하는 것은 가장 초보적인 단계이며, 의미 또한 극히 평범하다. 그리고 번지가 仁에 대해서 세 차례나 물을 때, 공자는 매번 다르게 대답한다. 한 번은 '남을 사랑하는 것'이라 하고, 또 한 번은 '공손, 신중, 성실'이라고 하고, 또 한 번은 '어려운 일을 먼저 하고 얻는 것을 뒤에 하는 것'이라고 대답한다. 이상의 내용으로 볼 때 仁은 모든 덕목을 초월하며, 일체의 덕목을 통합하는 개념으로 이해된다. 仁은 또한 실천성을 통해서 그 진정한 가치가 발휘된다. 실천이란 실제 현실 속에서 구체적으로 실행하는 것을 의미한다.

> 공자가 말했다. "진실로 仁에 뜻을 두면(志於仁) 악함이 없다."[22]

> 공자가 말했다. "…… 군자가 仁을 버리면 어떻게 군자라는 이름을 이루겠는가? 군자는 밥 먹는 동안이라도 仁을 어기지 않고, 급한 때에라도 반드시 이(仁)에서 하며, 위급한 상황에서도 반드시 이(仁)에서 하는 것이다."[23]

---

21) "仁이라는 글자는 人과 二, 곧 二人으로 이뤄진 글자이다. 二人은 즉 두 사람이다. 너와 나인 것이다. 너와 나, 그 사이의 관계를 말한다. 너와 나 사이의 사귐에 흐르는 것이 무엇이겠는가. 사랑일 수밖에 없다. 仁은 사랑이다."(『유학사상』, 성균관대출판부, 1996, 24쪽 참조) 이러한 해석이 하나의 예에 해당한다.

22) 『論語』「里仁」4: 子曰 苟志於仁矣 無惡也.

仁은 생명의 본체이다. 이 본체를 실생활에 나타나게 하려면 반드시 실천을 통해야 한다. 실천의 선행조건은 自覺[24]이다. 자각을 해야만 뜻을 세울 수 있다. 志는 '마음이 향하는 것'을 의미한다. 이것이 바로 인용문에서 말한 '志於仁'이다. 仁에 뜻을 두면 마음속에서 우러나오는 모든 생각이 진실하고 거짓이 없다. 그래서 "진실로 인에 뜻을 두면 악함이 없다."고 말할 수 있는 것이다. 또한 뜻을 실행하기 위해서는 반드시 시종일관 철저히 지속적으로 실천해야 하고 이해득실 때문에 처음의 마음을 바꾸어서는 안 된다. 그러므로 군자는 밥을 먹는 동안에도 仁을 어기지 않고, 황급한 때라도 반드시 仁에 처해야 한다고 말한다. 황급하고 곤궁한 지경에 빠져 있을 때 사람들은 종종 처음의 마음을 버리고 구차하고 치졸한 모습을 보인다. 이것은 仁의 원칙을 저버린 것이다. 君子로 칭송될 수 있는 것은 긴박한 순간에도 조금도 소홀하거나 치졸함이 없기 때문이다. 仁의 원칙을 저버린 자는 君子라 칭할 수 없다.

> 공자가 말했다. "仁이 멀리 있는가! 내가 仁하려고 하면 仁은 곧 이른다."[25]
>
> 공자가 말했다. "하루라도 능히 仁에 힘쓴 사람이 있는가? 나는 그렇게 하는 데 힘이 부족한 사람을 보지 못했다. 아마 그런 사람이 있겠지만 나는 아직 그를 보지 못했다."[26]

---

23) 『論語』「里仁」5: 子曰 …… 君子 去仁 惡乎成名 君子無終食之間 違仁 造次必於是 顚沛必於是.

24) 여기서의 自覺은 仁이 생명의 본체이며 핵이라는 사실을 자각한다는 의미로 보아야 한다. 생명의 본체로서의 仁은 天命과 통하고, 천명은 性으로 표현된다. 그 性은 가장 순수한 善에 해당한다. 이렇게 되면 맹자의 性善說과 직결된다.

25) 『論語』「述而」29: 子曰 仁遠乎哉 我欲仁 斯仁 至矣.

26) 『論語』「里仁」6: 有能一日 用其力於仁矣乎 我未見力不足者 蓋有之矣 我未之見也.

공자가 말했다. "사람이 仁에 대하여(의지함이)[27] 물과 불보다 더 심하니, 물과 불을 밟다가 죽은 사람은 보았지만 仁을 밟다가 죽은 사람은 보지 못했다."[28]

仁은 하늘이 내게 부여한 것으로서 모든 사람의 생명 속에 보편적으로 존재한다. 그러므로 "仁이 멀리 있는가! 내가 仁하려고 하면 仁은 곧 이른다."고 말한다. 공자는 인간의 힘으로 안 되는 일도 있지만, 仁을 실천하기에 힘이 부족해서 못 하는 것은 아니라고 말한다. 仁은 생명체가 반드시 갖추어야 하는 핵심으로서 생활하는 데 소용되는 물과 불 이상으로 절실한 것이다. 물과 불은 情이 없기 때문에 사람이 그것을 밟으면 죽는다. 그러나 仁은 생명의 근본이다. '仁을 밟는다'는 것은 생명의 근본을 실천하는 것이다. 여기에는 결코 예측 불가능한 위험은 존재하지 않는다. 그러므로 공자는 仁을 밟고 죽은 사람을 보지 못했다고 말하는 것이다.

공자가 말했다. "뜻이 있는 선비와 仁者는 삶을 구하려고 仁을 해치지 않으며, 자신의 몸을 죽여서 仁을 이루는 경우는 있다."[29]

공자가 말했다. "仁에 있어서는 스승에게도 양보하지 않는다."[30]

증자가 말했다. "선비는 도량이 넓고 뜻이 굳세지 않으면 안 되니, 책임이 막중하고 갈 길이 멀기 때문이다. 仁으로 자신의 임무를 삼으니 막중하지 아니한가? 죽은 뒤에야 끝이 나니 멀지 아니한가?"[31]

---

27) 『論語集註』에 "사람은 물과 불에 의지하여 살아가기 때문에 하루라도 없어서는 안 된다(民之於水火 所賴以生 不可一日無 其於仁也亦然)."라고 풀이하고 있다.

28) 『論語』「衛靈公」34: 子曰 民之於仁也 甚於水火 水火 吾見蹈而死者矣 未見蹈仁而死者也.

29) 『論語』「衛靈公」8: 子曰 志士仁人 無求生以害仁 有殺身以成仁.

30) 『論語』「衛靈公」35: 子曰 當仁 不讓於師.

31) 『論語』「泰伯」7: 曾子曰 士不可以不弘毅 任重而道遠 仁以爲己任 不亦重乎 死而後已 不亦遠乎.

사람의 생명이 가치 있느냐 없느냐는 仁의 실천 여부에 달려 있다. 육체적 생명은 유한하지만 仁을 실천하여 도덕적 생명을 갖게 된다면 有限에서 無限에 이를 수 있다. 仁을 실천하는 의의는 바로 유한한 생명에서 무한한 가치를 창조하는 데 있다. 그러므로 필요할 때에는 육체적 생명을 포기하고 도덕을 성취하여 인격의 가치를 완성해야 한다. 이것이 바로 공자가 말한 '殺身成仁'이다. 자신의 몸을 죽여서 仁을 완성하는 것은 자각적인 것이며, 자신의 주재 아래 이루어지는 최고의 선택이다. 이는 생명의 가치를 드높이는 것이며 또한 인격의 가치를 창조하는 것이다. 이 점에 있어서는 어느 누구도 나에게 명령할 수 없으며, 어느 누구도 나를 대신할 수 없다. 그래서 공자는 "仁에 있어서는 스승에게도 양보하지 않는다."고 말한다. 그러나 주의해야 할 것은 반드시 仁에 있어서만 양보하지 않아야 한다. 만약 가치의 자각적인 판단을 거치지 않게 되면 '양보하지 않는다'는 말은 방자한 전횡이 되고 만다. 仁에 대한 曾子의 입장 역시 치열하다. 증자는 仁을 자신의 임무로 삼아 끊임없이 실천을 하다가 죽어서야 그만두는 것이 선비라고 말한다. 진정으로 원대한 기상과 강직한 의지력을 갖춘 선비의 풍모를 유감없이 보여 주는 대목이다.

그렇다면 왜 이렇게도 처절할 정도로 仁을 실천해야 하는 것인가? 儒家의 중차대한 목표는 자신을 수양하여 聖人의 경지에 이른 후, 성인의 마음으로 남을 위해 봉사하는 內聖外王에 있다. 내성외왕은 결국 仁의 실천을 통해서 이루어진다. 성인이 된다는 것은 결코 쉽게 되는 것이 아니다. 그렇기 때문에 공자도 "聖人과 仁者를 내 어찌 감히 자처할 수 있겠는가."[32]라고 말한다. 그러나 공자가 비록 성인을 자처

---

32) 『論語』「述而」33: 若聖與仁 則吾豈敢.

하지는 않았지만, 공자의 생활 면면에서 仁을 실천하여 성인을 이룩해 간 경지는 곳곳에서 찾아볼 수 있다.

> 공자가 말했다. "너희들은 내가 무엇을 숨기고 있다고 생각하느냐? 나는 숨기는 것이 없느니라. 나는 너희들과 같이 하지 않음이 없는 사람이다. 이것이 나(丘)이니라."[33]

> 공자가 말했다. "너는 어찌 '그 사람됨이 분발하면 먹는 것도 잊고 (發憤忘食), 즐거워서 근심을 잊으며 늙음이 닥쳐오는 것도 모른다'고 말하지 않았느냐."[34]

> 자공이 공자께 물었다. "선생님은 聖人이십니까?" 공자가 대답했다. "성인은 내가 될 수 없지만, 나는 배우기를 싫어하지 않고, 가르치기를 게을리하지 않는다(不厭不倦)." 자공이 말했다. "배우기를 싫어하지 않음은 智이며, 가르치기를 게을리하지 않음은 仁입니다. 仁하고 또 智하니 선생님은 이미 聖人이십니다."[35]

위 인용문을 통해서 공자가 성인으로 추앙받게 된 몇 가지 요인을 발견할 수 있다.

첫째, '숨김이 없는 것'이 仁을 실천하여 성인이 될 수 있는 첫 단계라고 할 수 있다. 숨기고 왜곡된 것이 있다는 것은 가려서 막혀 있고 어둠이 있다는 말이다. 가려서 막혀 있는 생명은 진리를 받아들이기 어려우며, 어둠이 있는 생명은 반드시 사회에 해를 끼치게 된다. 이러한 사람은 당연히 仁과 聖에 통할 수 없다. 생명 속의 은폐와 의혹을 제거한 후에 마음의 문을 활짝 엶으로써 德性의 광채를 드러낼

---

33) 『論語』「述而」23: 子曰 二三子 以我爲隱乎 吾無隱乎爾 吾無行而不與二三子者 是丘也.

34) 『論語』「述而」18: 子曰 女奚不曰 其爲人也 發憤忘食 樂以忘憂 不知老之將至云爾.

35) 『孟子』「公孫丑 上」2: 子貢 問於孔子曰 夫子 聖矣乎 孔子曰 聖則吾不能 我學不厭而教不倦也 子貢曰 學不厭 智也 教不倦 仁也 仁且智 夫子 旣聖矣.

수 있는 것이다. 그러므로 자각적으로 '숨김이 없는 것'을 요구하는 것은 생명을 맑게 하여 도덕을 실천하는 첫 단계가 된다. 인간의 생명은 본래 정직하고 왜곡됨이 없다. 정직하고 왜곡됨이 없는 상태에서만이 원만하고 한없이 순수한 경지에 도달할 수 있다. 이러한 생명이 바로 위풍당당한 생명이다.

둘째, "싫어하지 않고 게을리하지 않는다."는 것은 仁의 끊임없는 실천을 의미한다. '不厭不倦'과 '發憤忘食'은 공자의 왕성한 생기를 나타낸다. 만약 仁心이 끊임없이 넘쳐흐르지 않는다면 그 누가 밤낮을 가리지 않고 흐르는 물처럼 부단한 노력을 할 수 있겠는가? 맹자는 근원이 콸콸 솟는 샘물은 밤낮을 가리지 않고 흘러 웅덩이를 채우고 넘은 뒤에 마침내 四海에 이르니, 근본이 있는 자는 이와 같다36)고 말한다. 근본(本)이 무엇인가? 물에 발원지가 있듯이 인간에게도 근본이 있다. 그것이 바로 仁이다. 仁은 만물을 낳고 조화시키는 원리이자 진실한 생명이다. 또한 仁은 인간으로 하여금 싫증내지 않고 게으르지 않게 함으로써 도덕을 실천하게 하는 근원이 된다.

셋째, '仁하고 智함(仁且智)'은 성인이 되는 궤도이며 그 전형이다. 공자가 말한 智는 이지적인 활동을 가리키는 것이 아니라 '밝은 지혜' 혹은 '밝은 깨달음'을 가리킨다. 공자는 "지혜가 미치더라도 仁이 능히 그것을 지키지 못하면 비록 (지혜를) 얻었다 할지라도 반드시 잃게 된다."37)고 말한다. 도덕생명의 완성은 仁을 필요로 함과 동시에 智의 보조와 지지를 필요로 한다. 그러므로 儒家에서 말하는 聖賢의 인격은 반드시 '仁과 智가 모두 뚜렷한 것'을 모범으로 삼는다. 仁과 智를 겸

---

36) 『孟子』「離婁章句 下」18: 孟子曰 原泉混混 不舍晝夜 盈科而後進 放乎四海 有本者如是.
37) 『論語』「衛靈公」32: 子曰 知及之 仁不能守之 雖得之 必失之.

비한 생명은 진실하고 성실하며, 중용의 경지를 터득한 밝고 깨끗한 생명이 된다. 이것이 바로 원숙한 생명이요, 도덕과 지혜를 겸비한 성인의 전형이라고 말할 수 있다.[38]

　이상으로 살펴본 공자의 仁사상은 구체적이고 친근하며 생활의 진실한 표현이라고 할 수 있다. 仁은 도덕의 근본이며 가치의 근원이다. 仁의 진정한 의미는 훈고학적 해석으로는 접근이 불가능하다. 仁은 모든 덕목을 초월해 있으면서 또한 모든 덕목을 포괄하며, 모든 도덕 행위와 도덕 창조의 근원이 된다. 그러므로 仁은 모든 덕목의 총칭이다. 仁은 진실한 생명이다. 仁하면 살고 不仁하면 마비되어 죽는다. 仁은 인간의 생명을 통해서 표현된다. 仁은 인격이 발전한 최고의 경지이며, 仁의 실현은 순수함이 끊임없이 전개되는 무한한 실천과정 속에서 가능해진다. 仁의 실천은 덕성을 완성하여 성인이 되는 주관정신과 '修身齊家治國平天下'로 통하는 객관정신, 천인합일과 만물일체로 통하는 절대정신의 지속적인 표현이라고 말할 수 있다. 이제 이러한 仁사상이 어떻게 심미적 구조를 형성하게 되는지에 대해서 살펴보기로 한다.

2) 仁의 심미적 구조

　공자의 仁사상에 대한 심미적 표현으로서의 단서는 『논어』「里仁」편에서부터 찾아볼 수 있다. 공자는 말한다.

---

38) 본 단원의 논지는 蔡仁厚의 『孔孟荀哲學』(臺灣 學生書局, 民國 77年) 第四章 '孔子言"仁"的意義'의 내용을 많은 부분 수용하여 구성하였다.

마을이 仁하면 아름다운 것이니, 택하여 仁에 살지 않는다면 어찌
지혜롭다 하겠는가?[39]

"마을이 仁하면 아름답다."라는 것은 구체적으로 어떤 모습일까?
이에 대하여 鄭玄은 "仁者들의 마을에 사는 것이 아름답다."[40]라 하
고, 朱子는 "마을에 仁厚한 풍속이 있으면 아름답다."[41]고 주석한다.
仁者의 마을은 인자들이 많이 모여 사는 마을이다. 인자들이 많이 모
여 살면 仁厚한 풍속을 만든다. 仁厚하다는 것은 仁이 두텁게 실현된
모습을 의미한다. 하나의 마을은 각개의 가정이 모여서 이루어진 생
활 공동체이다. 내 가정의 仁을 이웃 가정에 그대로 적용하여 실천하
면 仁厚한 마을이 된다. 그래서 有子는 "군자는 근본에 힘쓸 것이니,
근본이 서면 道가 생겨난다. 孝悌는 仁을 실천하는 근본이다."[42]라고
말한다. 孝悌의 실천은 仁의 실천이다. 孝가 내 가정에서 실천하는 仁
이라면, 悌는 마을에 나가서 실천하는 仁이다. 孝悌가 잘 실천되는 마
을, 그런 마을은 바로 仁厚한 마을이며 아름다운 마을이다.

여기서 우리는 공자가 아름다움을 마을(里)과 연관시켜 인식하고
있음에 주목해야 한다. 마을은 개체의 사회성을 표현하는 공간으로서
공자미학의 사회성을 시사해 주는 부분이기 때문이다. 그래서 공자는
무리를 떠난 개체를 강력히 부정한다. 인간과 동물을 같은 무리로 취
급하지 않으며, 人性의 동물화에 대해 "鳥獸와는 더불어 무리하지 못

---

39) 『論語』「里仁」1: 子曰 里仁爲美 擇不處仁 焉得知.

40) 『論語集釋』「里仁」1 〈集解〉: 鄭曰 里者民之所居也 居仁者之里 是爲善也./『漢文大系』第一卷 〈集解〉에
   는 "鄭玄曰 里者民之所居 居仁者之里 是爲美"로 되어 있어 兩本 간에 약간의 차이를 보이고 있다. 善이
   美의 내용으로 작용한다는 차원에서 보면 의미상으로는 서로 통한다.

41) 『論語集註』「里仁」1: 里有仁厚之俗爲美.

42) 『論語』「學而」2: 君子務本 本立而道生 孝弟也者 其爲仁之本與.

한다."[43]라고 말한다. 또한 사람들과의 어울림에 대해서도 언급한다.

> 사람과 더불어 공손하고 禮가 있으면 四海 안이 다 형제인데, 군자
> 가 어찌 형제 없는 것을 근심하리요?[44]

공자는 개체와 사회의 발전에 있어서 혈연관계로 이루어지는 친자
의 情을 기초로 하여, 인간의 상호 의존적 사회성을 강조한다. 어버이
를 친히 하는 것으로부터 이를 계속 확산하여, "널리 무리를 사랑하
되 어진 이를 친히 하고",[45] "백성에게 널리 은덕을 베풀어서 능히 무
리를 구제"[46]하게 된다면, 이는 곧 聖人의 경지에 도달한 것이며, 仁
厚한 사회의 달성을 의미하는 것이다. 공자가 지향했던 최종적인 목
표인 聖人의 경지는 다름 아닌 공자철학의 사회성의 심미적 표현이라
말할 수 있다. 그것은 바로 앞에서 언급했던 '里仁爲美'의 공간적 확대
개념(天下仁爲美)이다. 이러한 仁의 사회성적 심미관은 禮를 심미척도
로 삼는 荀子의 미학사상에 깊은 영향을 끼친다.[47]

그러나 공자는 이에 앞서 개체 인격의 발전과 완성이 진정한 사회
의 화해 · 발전의 실현에 있어 극히 중요한 조건이라고 파악한다. 그
는 "필부라고 해서 그 뜻을 빼앗을 수는 없다",[48] "몸을 구하려고 仁
을 해치는 일은 없으며, 몸을 죽이면서까지 仁을 이루고자 한다."[49]라

---

43) 『論語』「微子」6: 夫子憮然曰 鳥獸 不可與同群 吾非斯人之徒與而誰與.

44) 『論語』「顏淵」5: 與人恭而有禮 四海之內 皆兄弟也 君子何患乎無兄弟也.

45) 『論語』「學而」6: 汎愛衆而親仁.

46) 『論語』「雍也」28: 博施於民而能濟衆.

47) 『荀子』「勸學」: 故君子 居必擇鄉 游必就士 所以防邪僻而近中正也.

48) 『論語』「子罕」25: 子曰 三軍 可奪帥也 匹夫 不可奪志也.

49) 『論語』「衛靈公」8: 子曰 志士仁人 無求生以害仁 有殺身以成仁.

고 말한다. 어떤 어려운 상황에서도 仁을 어겨서는 안 되며, 仁을 행함을 최대의 기쁨으로 여긴다는 것이다. 공자는 그 이전의 종교 신학 등 외재적인 신앙의 지배를 받던 사람들을 각 개인의 내재적인 심리·윤리적인 요구에 의해 자각적인 지배를 받는 사람으로 변화시킨다. 또한 사회에서 항상 인륜이 실천되는 가운데 적극적으로 자신의 욕망을 추구하여 합리적인 만족을 취하는 사람으로 변화시킨다. 이와 같은 변화는 분명히 공자 이전 시대의 인간관에 대한 일대 혁신이라 해야 할 것이다. 공자가 비록 여전히 天命이라는 관념을 고수하고 있었지만, 이는 인간이 실패에 부딪혔을 경우 이로써 자위하여 일을 풀어 가는 수단이었을 뿐이다. 인간에 대한 관념상의 커다란 변화에 의해, 공자는 근본적으로 심미와 예술 활동이라는 사회현상에 대해 처음으로 깊이 있고도 보편적인 의의와 역사적인 가치를 지닌 견해를 피력한 사람이다.[50] 심미활동과 예술표현이라는 사회현상은 결국, 인간이란 자연으로부터 사회적인 인생으로 변해 가는 긴 역사과정의 산물이며, 儒家 본연의 궁극적 문제인 인간 내면의 문제를 떠나서는 논의할 수 없음을 의미한다. 이러한 인간 내면의 문제에 집중적 관심을 갖는 仁의 심미관은 仁義를 심미척도로 삼는 孟子의 미학사상에 깊은 영향을 준다.

　이상과 같이 공자 仁의 심미적 구조는 개체와 사회의 조화 통일에 있음을 알 수 있다. 美란 개체와 사회의 통일이라는 관계 속에서 존재하며, 美는 이 통일된 감성현실의 성과와 표현이라고 말할 수 있다. 더 나아가 양자의 화합과 통일을 통하여 얻어지는 '중용적 止於至善의 경계'는 아무도 알아주지 않아도 스스로 悅樂의 지속 상태를 향수

---

50) 權德周·金勝心 共譯, 李澤厚·劉綱紀 主編, 『中國美學史』, 대한교과서주식회사, 1993, 128~29쪽 참조.

하는 군자(聖人)를 이루었을 때 완성이 가능하게 된다. 이것이 바로 仁의 최고 심미경계인 것이다.

결론적으로 말해서 공자 仁의 심미구조는 개체의 내적 심미요소로서의 善의 仁義的 감발과 개체와 群體의 외적 심미요소로서의 禮義的 문식, 그리고 양자의 화합과 통일을 심미요소로 삼는 中庸的이며 止於至善的 열락의 삼중구조를 가진다고 볼 수 있다. 仁義的 감발은 맹자로, 禮義的 문식은 순자로 이어져 좀 더 구체화되고 확장되며, '중용적 止於至善의 경계'는 공자에 의하여 최고의 인생경계로 定礎된다고 말할 수 있는 것이다.

3) 義와 直의 심미적 관계

義란 집단 구성원으로서의 인간이 공통규범에 합치하는 행동을 스스로 취하는 것을 말한다. 간단히 말하면 행동의 올바름이라 할 수 있다. 義의 의미는 시대와 상황에 따라 일정한 것은 아니지만 대체로 다음의 세 가지 의미로 요약할 수 있다. **첫째**, 適宜를 의미한다. 『중용』에서는 "義란 마땅함이다. 賢者를 존경하는 것이 중요하다."[51]라고 하며, 朱子는 "宜란 사리를 분별하여 각각 마땅한 바가 있는 것이다."[52]라고 말한다. **둘째**, 道와 理에 합치되는 개념으로 항상 利와 상대적 의미로 쓰인다. 『논어』에서 "군자는 義에 밝고 소인은 利에 밝다."[53]라고 한 것이나, 『맹자』에 "위와 아래가 서로 利만을 취하면 나라는 위

---

51) 『中庸』〈第20章〉: 義者 宜也 尊賢爲大.
52) 『中庸集註』〈第20章〉: 義者 分別事理 各有所宜也.
53) 『論語』「里仁」16: 君子喻於義 小人喻於利.

태로울 것이다."54)라는 것들이 이러한 예이다. **셋째**, 도덕규범을 의미한다. 항상 仁과 연용하여 '從兄, 敬長, 尊賢'의 의미를 갖는다. 이러한 예는 『맹자』에 "仁의 실상은 어버이를 섬기는 것이요, 義의 실상은 형을 따르는 것이다."55) "어버이를 친히 하는 것은 仁이요, 어른을 공경하는 것은 義이다."56)라는 말을 통해서 알 수 있다. 義는 특히 맹자에 의해 중시되어 후세의 義理思想 형성에 깊은 영향을 끼친다. "스스로 반성해서 곧지 못하면 상대가 비록 보잘것없는 賤人이라 할지라도 내 어찌 두려워하지 않을 수 있으리오. 스스로 반성해서 곧으면 상대가 비록 千萬人이 될지라도 나는 내 길을 가리라."57)라는 말은 이를 잘 대변한다. 그러나 본 단원에서는 다만 『논어』에 보이는 義를 중심으로 고찰하기로 한다.

義는 심미적으로 直과 밀접한 관련을 맺는다. 또한 미학이 直觀의 문제에 좀 더 많은 관심을 갖는 학문이라고 할 때, 義와 直의 관계를 탐구하는 것은 매우 의미 있는 일이 된다. 直은 德의 발현적 특징이고, 義는 德의 直的 심미표현이기 때문이다. 이제 그 구체적 상관성에 대해서 살펴보자.

直이 유가철학의 중심 개념으로 등장한 것은 『주역』「坤卦 · 六二」의 爻辭인 "곧고 바르고 커서 익히지 않아도 이롭지 않은 것이 없다."58) 라고 한 것에서부터이다. 곤괘 여섯 효 가운데 二爻는 가장 中正한 효이다. "곧고 바르고 커서 익히지 않아도 이롭지 않은 것이 없다"는 말

---

54) 『孟子』「梁惠王 上」1: 上下交征利而國危矣.

55) 『孟子』「離婁 上」27: 仁之實 事親是也 義之實 從兄是也.

56) 『孟子』「盡心 上」15: 親親仁也 敬長義也.

57) 『孟子』「公孫丑 上」2: 自反而不縮 雖褐寬博 吾不惴焉 自反而縮 雖千萬人 吾往矣.

58) 『周易』「坤卦 · 六二」: 直方大 不習无不利.

은 坤德 가운데 가장 순연한 것을 일컫는 것으로 인간이 걸어야 할 正道를 의미한다. 「文言傳」에는 "군자가 敬으로써 안을 直하게 하고, 義로써 밖을 方하게 하니 敬과 義가 확립되어 德은 외롭지 않다."[59]라 하여, 德-直-義의 관계를 잘 설명해 주고 있다. 直의 가장 일반적인 의미는 '정직'인데, 『서경』의 "곧으며 온화하다(直而溫)."[60]라든가, 『논어』의 "곧은 사람을 등용하여 굽은 사람의 위에 두면 백성이 복종한다."[61] 등이 그 예이다. 이 直은 天道의 動的 특징이며 인간에게 선천적으로 부여된 속성이라고 할 수 있다. 『주역』「繫辭 上」에서도 "대체로 乾은 고요할 때 專一하고, 움직일 때 곧다(直). 그러므로 크게 生한다."[62]라고 하여 直이 天道임을 밝히고 있다. 즉 곤괘에서의 直은 천도의 直이 人道 속에 내재한 것을 말하는 것이다. 공자도 "사람이 사는 것은 直하다."[63] 하여, 直이 곧 본연의 선함, 혹은 天德임을 밝히고 있다. 이 구절에 대해 程子는 "살아가는 이치가 본래 直하다(生理本直)."라고 말한다.

直의 실제적 내용은 사악함이 없는 것이다. 곧 사욕의 가림이 없이 본연의 모습을 그대로 드러내는 것을 말한다. 따라서 直은 마음에 조금도 私邪, 物慾이 없이 타고난 人性 본연의 바름을 드러내는 것, 즉 天으로부터 부여받은 德과 性을 밝히고(明德), 따르는 것(率性)이다. 그렇기 때문에 아무 거리낌이나 주저함도 없이 즉각적으로 발현되어도 純

---

59) 『周易』「文言傳」: 君子敬以直內 義以方外 敬義立而德不孤.

60) 『書經』「虞書 · 皐陶謨」에 아홉 가지 德에 대하여 고요가 禹임금에게 설명하는 대목에 나오는 말이다. 아홉 가지 덕의 내용은 "寬而栗 柔而立 愿而恭 亂而敬 擾而毅 直而溫 簡而廉 剛而塞 彊而義"이다. 여기서도 德-直-義의 밀접한 관계를 짐작할 수 있다.

61) 『論語』「爲政」19: 孔子對曰 擧直錯諸枉則民服.

62) 『周易』「繫辭 上」: 夫乾 其靜也專 其動也直 是以大生焉.

63) 『論語』「雍也」17: 人之生也直

善하여 지극히 아름다울 수 있는 것이다. 『논어』에도 直에 관한 내용
들이 곳곳에 보인다.

> 공자가 말했다. "사람이 살아가는 이치는 直이니, 罔하면서 살아
> 있는 것은 요행으로 죽음을 면한 것이다."[64]

이에 대하여 주자는 程子의 말을 인용하여 "사람이 사는 이치는 본
래 直하니 罔은 直하지 않은 것이다. 그런데도 살아 있는 것은 요행으
로 면한 것이다."[65]라고 말한다. 이것은 생명의 이치는 본래 直하므
로, 直하지 않은 사람, 즉 생명의 이치를 벗어난 사람들은 가치 있는
인생을 이룰 수 없다는 말과 통한다.

> 공자가 말했다. "내가 다른 사람에 대하여 누구를 헐뜯고 누구를
> 칭찬하더냐? 만일 칭찬하는 것이 있다면 그 사람을 시험해 본 후에
> 그런 것이다. 이 백성들이 三代 때에 直한 도로써 행해 왔기 때문
> 이다."[66]

백성들의 삶은 본래 直하다. 비록 三代(夏·商·周)의 예악 교화를
거쳐 일상적으로 사용하면서도 알지 못하고, 습관이 되어서 살피지
못한다 하더라도 그들은 모두 直으로 행한다. 直이란 '선을 좋아하고
악을 싫어하는 것'이다. 만약 사람의 악한 모습만을 가리켜서 참된
모습을 잃어버리게 한다면 그것은 '헐뜯음'(毀)이다. 사람의 착한 모
습을 실제보다 지나치게 드러내는 것은 '과찬'(譽)이다. 헐뜯음과 과

---

64) 『論語』「雍也」17: 子曰 人之生也直 罔之生也 幸而免.

65) 『論語集註』「雍也」17: 程子曰 生理本直 罔不直也 而亦生者 幸而免耳.

66) 『論語』「衛靈公」24: 子曰 吾之於人也 誰毀誰譽 如有所譽者 其有所試矣 斯民也 三代之所以直道而行也.

찬은 모두 直에서 어긋난 것으로 합리적이며 올바른 행위가 아니다. 공자는 개인적인 좋아함과 싫어함으로 다른 사람을 헐뜯거나 칭찬한 적이 없다. 그러므로 "내가 다른 사람에 대하여 누구를 헐뜯고 누구를 칭찬하더냐."라고 말하는 것이다. 공자가 어떤 사람을 칭찬할 때는 반드시 그 사람에게 착한 德이 있기 때문이며 그가 검증할 수 있는 착한 행위를 했기 때문이다. 공자는 일찍이 "오직 인자만이 사람을 좋아하고 미워할 수 있다."[67]라고 말한 바 있다. 좋아함과 미워함을 올바르게 하는 것이 바로 直이다.

> 어떤 사람이 "德으로써 怨을 갚으면 어떻습니까?"라고 묻자, 공자는 "그러면 무엇으로 덕을 갚을 것이냐? 直으로써 怨을 갚고 德으로써 德을 갚아야 한다."라고 대답했다.[68]

"德으로써 怨을 갚는다."는 것은 일견 도량이 넓은 것 같지만 합리적이고 올바른 방법이 아니다. 만약 德으로 德을 갚는다면 德과 怨을 구별할 수 없다. 德과 怨은 다르다. 그러므로 공자는 "直으로써 怨을 갚고, 덕으로써 덕을 갚아야 한다."고 말한다. 이와 같을 때 비로소 합리적이며 올바르다고 할 수 있으며, 이를 통해서 가치의 표준이 드러나는 것이다. 합리적인 올바름을 義라고 하므로 直은 바로 '의로운 도(義道)'인 것이다. 그렇다면 直을 어떻게 실현할 수 있는가? 그것은 다음의 예를 통해서 알 수 있다.

葉公이 공자에게 "우리 마을에 直한 사람이 있는데, 아버지가 양을

---

67) 『論語』「里仁」3: 唯仁者能好人 能惡人.
68) 『論語』「憲問」36: 或曰 以德報怨 何如 子曰 何以報德 以直報怨 以德報德.

훔친 것을 아들이 증언했습니다."라고 말했다. 이에 공자는 이렇게
답했다. "우리 마을의 直한 사람은 그와 다르다. 부모는 자식을 위
해 숨겨 주고 자식은 부모를 위해 숨겨 준다. 直함은 그 속에 있는
것이다."[69]

  葉公은 부자의 情은 생각하지 않고 사실을 증명하는 것을 直이라고
생각한다. 하지만 공자는 천륜을 생각하지 않고 부모를 다른 사람과
똑같이 여기는 것은 천륜의 정을 저버리는 행위이기 때문에 그 사람
의 행동은 直한 것이 아니라고 파악한다. 葉公은 사실을 근거로 直을
말했는데, 이러한 直은 단지 사실일 뿐 가치로서의 善이 아니다. 공자
는 '합리적인 옳음'을 따라 直을 말하였으며, 이러한 直은 가치의 원
칙을 보장함으로써 합리적인 행위를 하게 한다. 그러므로 주자는 "父
子가 서로 숨겨 주는 것은 天理와 人情의 지극함이다. 그러므로 直을
구하지 않아도 直은 그 안에 있다."[70]라고 말하는 것이다. "이치에 따
르는 것이 直이다."[71]라는 말도 이를 잘 뒷받침한다.

  부모를 사랑하는 것은 타고난 품성이다. 따라서 아버지가 양을 훔
친 것을 증언하는 것은 자식의 도리가 아니라, 부자간의 정을 해치는
짓이다. 어떤 행위가 합리적이며 옳다는 것은 사실 그대로를 말하는
것이 아니다. 天理와 仁義에 따라 사실의 본말, 경중, 선후, 완급을 분
별하고 그에 따라 각자의 본분과 의무를 다할 때, 비로소 理에 합당하
고 義에 부합하는 것이다. 理에 합당하고 義에 부합하는 것이 바로 공
자가 말한 "直은 그 속에 있는 것이다."라는 말의 의미이다.

---

69) 『論語』「子路」18: 葉公語孔子曰 吾黨有直躬者 其父攘羊 而子證之 孔子曰 吾黨之直者異於是 父爲子隱
    子爲父隱 直在其中矣.

70) 『論語集註』「子路」18: 父子相隱 天理人情之至也 故不求爲直 而直在其中.

71) 『論語集註』「子路」18: 謝氏曰 順理爲直.

이처럼 공자가 말한 直道는 인욕과 私邪가 없는 純善한 인간 본성의 구현으로, 비교하고 헤아리기 이전의 가장 원초적인 삶의 태도임을 알 수 있다. 그것은 天의 命을 받은 순선한 性이 곧게 발하는 작용을 의미한다. 순선한 性이 곧게 動하는 것이 德(直＋心)이며, 德이 곧게 발하는 것이 義가 된다. 이러한 天命－性－德－義의 관계는 모두 直으로 연결된 하나의 심미적 발현작용이다. 直은 하늘과 인간, 天理와 人性의 一貫을 뜻하는 것으로, 곧 性과 情, 靈과 肉, 聖과 俗을 연계·조화시킨다. 이것이 곧 率性之道요 直道이며, 義와 直의 심미적 관계이다. 이러한 인식은 그 기저에 성선론이 짙게 깔려 있으며 맹자에 의해 구체화된다.

심미활동으로서의 禮樂사상

선진시대에 있어서의 禮樂은 인류문화를 상징하는 총체적 개념이라고 말할 수 있다. 禮는 인간의 외재적 행위에 대한 규범 요소로서, 樂은 인간의 내재적 性情에 대한 감발 요소로서 상호 보완·조화·통일되면서 인류문화를 형성하여 왔다. 이러한 禮樂의 내·외재성에 대한 발생의 근거는 『禮記』「樂記」의 기록에서부터 찾을 수 있다.

> 樂은 안으로부터 나오고 禮는 밖으로부터 만들어진다. 樂은 안으로부터 나오기 때문에 고요하고, 禮는 밖으로부터 만들어지기 때문에 문식(文)이 있다. 大樂은 반드시 쉽고 大禮는 반드시 간단하다. 樂이 지극하면 원망이 없고, 禮가 지극하면 다투지 않는다.[72]

이와 같이 禮樂은 상호 보완과 조화를 그 핵심으로 삼는다. 예악이 서로 분리되면 그 존재의 의미가 퇴색된다. 禮 속에는 언제나 樂이 합

---

[72] 『禮記』「樂記」: 樂由中出 禮自外作 樂由中出故靜 禮自外作故文 大樂必易 大禮必簡 樂至則無怨 禮至則不爭.

류하여야만 그 지극함을 다할 수 있고, 樂 속에는 또한 禮가 이미 진하게 녹아 있기 때문이다. 『논어』「八佾」편이 거의 禮에 관한 내용으로 구성되어 있지만, 그 속에 樂에 관한 편린들이 종종 섞여 있는 것을 보면 이를 잘 이해할 수 있다. "순임금의 樂은 美와 善을 다하였고, 무왕의 樂은 美는 다하였지만 善은 다하지 못했다."[73]라는 공자의 말이 이러한 예이다. 또한 이 말은 예악이 심미적 요소가 될 수 있음을 분명하게 증명하는 것이기도 하다. 공자가 "禮樂으로써 문화적 세련을 가한다."[74]라고 말한 것은 예악이 인간의 완성(成人)을 위한 중요한 심미요소가 된다는 것을 강하게 긍정하는 것이다. 이러한 예악을 연구함에 있어 이해의 편의상 禮와 樂으로 나누어 살펴보지만, 禮를 말하더라도 樂을 함께 생각해야 하고, 樂만을 말하더라도 禮를 함께 떠올려야 할 것이다.

1) 禮의 심미적 文飾활동

인간이 동물과 구별되는 것은 동물의 행동이 본능에 의하여 이루어지는 데 비하여, 인간은 규범에 의하여 규제되는 데 있다고 할 것이다. 또 동물의 행동이 환경의 자극에 대한 본능적 반응이라고 한다면, 인간의 目的指向的 사회행동은 문화적 상징체계인 규범에 의하여 이루어진다. 인간행위의 기준과 양식, 또는 법칙으로서의 규범은 개인적 행위의 효율과 집합적 행위의 조화를 위하여 쌓인 역사적 지혜

---

73) 『論語』「八佾」25: 子謂韶 盡美矣 又盡善也 謂武 盡美矣 未盡善也.

74) 『論語』「憲問」13: 子路問成人 子曰 若臧武仲之知 公綽之不欲 卞莊子之勇 冉求之藝 文之以禮樂 亦可以爲成人矣.

의 산물이다. 이렇게 만들어진 규범은 관습과 구별된다. 물론 관습도 특정 집단의 구성원들이 동일한 환경에 적응하는 과정에서 자연발생적으로 형성된 행동양식으로 그것이 갖는 효율성은 상당한 규범성도 수반한다. 이러한 관습 중에서 특히 중요하다고 판단되는 것은 원칙으로 발전하고, 문명이 발달하는 과정에서 이러한 원칙에 종교적 신념과 철학적 사상이 부여되어 규범의 성격이 일반화되고 체계화되며 또 추상화되는 것이다.[75] 이러한 규범의 하나로 형성되고 발전한 것이 禮라 할 수 있다.

> 禮란 사람의 근본 줄기이다. 예가 없으면 설(立) 방법이 없다.[76]
>
> 禮가 아니면 보지 말고, 예가 아니면 듣지 말며, 예가 아니면 말하지 말고, 예가 아니면 움직이지 마라.[77]

이것은 儒家의 禮에 대한 근본인식을 핵심적으로 보여 주는 말이다. 『논어』에서 禮를 立身의 근거로 삼는다는(立於禮) 말도 이와 맥을 같이한다. 禮는 聖人의 일생 동안 삶에서 나타나는 모든 행동양식의 표현이기 때문에 매우 복잡하고 다양하게 존재한다. 그렇기 때문에 禮의 구체적인 내용을 모두 이해하기는 쉽지 않다. 또한 그러한 예의 구체적인 내용을 모두 알아야만 하는 것도 아니다. 예는 仁을 이루고 聖人의 길을 따르게 하기 위한 하나의 방편에 불과하기 때문이다.[78] 예를 실천해야만 하는 당위성을 인식하고 실천방법을 터득하는 것이

---

75) 全炳梓, 「禮의 사회적 기능」, 『현대사회와 禮』, 연세대 인문과학연구소 편, 탐구당, 1989, 287쪽.

76) 『春秋左傳』「昭公」七年: 禮人之幹也 無禮無以立也.

77) 『論語』「顔淵」1: 非禮勿視 非禮勿聽 非禮勿言 非禮勿動.

78) 李基東 역해, 『論語講說』, 성균관대학교출판부, 1994, 35쪽 참조.

(克己復禮爲仁) 더욱 중요하다. 예의 의미와 범주에 대한 정확한 이해를 구하는 데는 『춘추좌전』의 子大叔과 趙簡子의 유명한 대화를 보는 것이 매우 유용하다.

> 조간자가 다시 "감히 묻겠는데 예란 무엇입니까?" 하니, 자대숙이 대답했다. "저 또한 先大夫 子産에게 들었습니다만, 대저 禮란 하늘의 經이요, 땅의 義이며, 백성의 行입니다. 천지의 經을 백성이 진실로 본받는 것입니다. …… 슬프면 울고 즐거우면 노래하고 춤추며, 기쁘면 은혜를 베풀고 노여우면 싸우게 됩니다. 기쁨은 좋아하는 데서 생기고, 노여움은 미워하는 데서 생깁니다. 그러므로 행실을 살피고 법령을 믿으며 禍福賞罰로써 生死를 제어해야 합니다. 사는 것은 누구나 좋아하는 것이고 죽음은 누구나 싫어하는 것입니다. 좋은 것은 즐겁고 싫어하는 것은 슬픕니다. 슬픔과 즐거움을 잃지 않으면 곧 천지의 본성에 조화될 수 있으므로 長久하는 것입니다." 간자가 말했다. "대단하군요. 예의 위대함이란!" 대숙이 말했다. "예는 상하의 기강이며 천지의 經緯이고 백성이 살아가는 방법입니다. 이 때문에 선왕이 숭상했습니다. 그러므로 사람이 잘잘못을 분별하여 예로 나아갈 수 있는 자를 成人이라 하니, 큰 것이 당연하지 않습니까?"[79]

이 글은 禮에 대한 총체적 기능과 범주 및 가치에 대해서 분명하게 말해 주고 있다. 禮란 모든 인간 사회의 제도와 질서 규범을 아우르는 통일체이며, 인간의 生死 문제와 연계되어 있는 喜怒哀樂的 감정을 제어하고 조절하는 문화규범이라는 것이다. 이것은 禮의 심미요소로서의 기능을 설명하는 대목이다. 나아가 예는 상하의 紀綱이요, 천지의 經緯요, 사람이 살아가는 방법 등을 아우르는 준칙임을 설명하고 있

---

79) 『春秋左傳』「昭公」25年: 子大叔見趙簡子 問揖讓周旋之禮焉 對曰 是儀也, 非禮也 簡子曰 敢問 何謂禮 對曰 吉也聞諸先大夫子産曰 夫禮 天之經也 地之義也 民之行也 天地之經 而民實則之 …… 哀有哭泣 樂有歌舞 喜有施舍 怒有戰鬪 喜生於好 怒生於惡 是故審行信令 禍福賞罰 以制死生 生好物也 死惡物也 好物 樂也 惡物 哀也 哀樂不失 乃能協于天地之性 是以長久 簡子曰 甚哉 禮之大也 對曰 禮上下之紀 天地之經緯也 民之所以生也 是以先王尙之 故人之能自曲直以赴禮者 謂之成人 大不亦宜乎.

다. 『논어』 「鄕黨」 편에도 '예'가 어떠해야 합당하고 文雅한 것이며, 조잡하거나 속되고 비루하지 않은 것인지 매우 자세하게 묘사하여 서술하고 있다.[80] 이러한 내용들은 군자의 문화교양 및 심미의식과 밀접한 상관관계가 있는 것이다. 결국 禮가 포괄하고 있는 총체적 내용은 인간의 문화와 생활 속에서 중요한 심미요소로 작용하고 있음을 실증하는 것이라 하겠다.

> 무릇 禮는 친함과 소원한 관계를 定하고, 미심쩍고 의심스러운 것을 가려내며, 같고 다름을 분별하고, 옳고 그름을 밝히는 것이다. 禮는 망령되이 사람을 기쁘게 하지 않으며, 망령되이 말을 허비하지 않으며, 禮는 절도를 넘지 않아 남을 침범하거나 깔보지 않으며, 남에게 버릇없이 가까이하지 않는다.[81]

이러한 내용은 禮의 외재 규범요소로서의 심미적 작용을 잘 나타내 준다. 禮가 행위활동 중의 일정한 질서규범인 이상, 감성 형식적 측면이 존재할 수밖에 없다. 禮는 기거동작의 표현형식이 적합할 것을 요구하여 사람들에게 엄숙한 미감을 유발시킨다. 이러한 심미작용은 예로써 심미표준의 척도와 절제의 전범을 삼아 사람들로 하여금 適宜한 사상과 감정을 표현하게 한다. 이로써 禮가 사람의 행위, 언어, 태도 등 신체활동의 외재방면을 주재하고 제약하는 文飾作用을 하는 요소라는 것을 알 수 있다. 그러나 禮의 외재 방면에 대한 문식작용은 동시에 내재심리에 대해 심대한 영향을 미치고 있다는 사실에 더욱

---

80) 『論語』 「鄕黨」 1: 孔子於鄕黨 恂恂如也 似不能言者 其在宗廟朝廷 便便言 唯謹爾./2: 朝 與下大夫言 侃侃如也 與上大夫言 誾誾如也 君在 踧踖如也 與與如也와 같이 「鄕黨」 편 전체는 공자의 일거수일투족을 통하여 禮에 합당한 실례들을 보여 주고 있다.

81) 『禮記』 「曲禮 上」: 夫禮者 所以定親疏 決嫌疑 別異同 明是非也 禮不妄說人 不辭費 禮不踰節 不侵侮 不好狎.

주목해야 한다. 그것이 바로 禮의 심미적 문식작용이 지향하는 요점의 하나이기 때문이다. 그렇다면 禮의 내재심리에 미치는 심미적 작용이란 어떠한 것인지에 대해서『논어』「八佾」의 '繪事後素'에 대한 내용을 중심으로 집중적으로 탐구해 보기로 하자.

'繪事後素'는 공자와 그의 말년의 제자 子夏와의 사이에서 이루어진 매우 함축적인 언어들로 생동감 있게 구성되어 있다. 이것은 후대 미학사에서도 매우 빈번하고 중요하게 다루어지는 핵심어이기도 하다.

> 자하가 물었다. "고운 미소의 보조개여, 아름다운 눈의 영롱함이여, 흰 것으로 아름답게 한다(素以爲絢兮)라는 말은 무엇을 이르는 것입니까?" 공자 말씀하시기를 "그림 그리는 일은 흰 것(素)을 뒤에 하는 것이다." 자하 말하기를 "예가 뒤인가요?" 공자 말씀하시기를 "나를 일깨워 주는 자 商(자하)이로구나. 비로소 함께 詩를 이야기 할 만하구나."라고 하였다.82)

여기서 우리는 자하의 물음인『시경』의 내용에 주의를 기울여야 한다. 특히 '흰 것으로 아름답게 한다(素以爲絢兮)'라는 말에 집중할 필요가 있다. 그 말에 연유하여 '繪事後素'라는 말이 나왔기 때문이다. 子夏는 子游와 함께 文學으로 꼽히는 四科十哲 중의 한 사람이다.83) 자하가 본래 衛나라 사람이었기 때문에『시경』「衛風」의 내용을 가지고 대화를 한 것은 자연스런 현상이라 할 수 있다. 그럼「衛風」, <碩人>의 '회사후소'와 관련된 제1·2절을 살펴보자.

---

82)『論語』「八佾」8: 子夏問曰 巧笑倩兮 美目盼兮 素以爲絢兮 何謂也 子曰 繪事後素 曰 禮後乎 子曰 起予者 商也 始可與言詩已矣.

83)『論語』「先進」2: 子曰 從我於陳蔡者 皆不及門也 德行顔淵閔子騫冉伯牛仲弓 言語宰我子貢 政事冉有季路 文學子游子夏.

碩人其頎   늘씬한 여인이여 흰칠도 해라!
衣錦褧衣   무늬 있는 비단 옷에 홑옷을 걸쳤네.
諸侯之子   제후의 딸이요
衛候之妻   위후의 아내요
東宮之妹   동궁의 여동생이요
邢候之姨   형후의 처제요
譚公維私   담공이 매부로다.

手如柔荑   손은 부드러운 띠 풀 같고
膚如凝旨   살결은 엉긴 기름처럼 부드러워라.
領如蝤蠐   목은 굼벵이처럼 기다랗고
齒如瓠犀   이는 박씨처럼 가지런하며
螓首蛾眉   매미 같은 이마에 나비 눈썹
巧笑倩兮   어여쁜 미소 보조개 짓고
美目盼兮   아름다운 눈동자 영롱한 눈망울.

이 시는 莊姜이라는 여인의 아름다움을 노래한 시인데, 碩人이 바로 장강이다. 그러나 살펴본 바와 같이 애석하게도 우리가 찾았던 "巧笑 倩兮 美目盼兮" 뒤에 나오는 '素以爲絢兮'라는 말은 나오지 않는다. 여기에서 異論의 발단은 시작된다. 『논어』에서 자하가 인용했던 <碩人>의 노래는 분명 '素以爲絢兮'구가 들어 있다. 그러나 <碩人>의 체제로 볼 때 '素以爲絢兮'라는 말은 끼어 들어갈 여지가 없다. <碩人>은 1, 2, 3, 4장으로 이루어져 있는데, 각 장마다 4언 1구 7행의 체제를 완벽하게 갖추고 있기 때문이다.[84]

여기에 대해서 周子醇의 『樂府拾遺』에는 "공자가 시를 刪定함에 1구를 삭제했는데, '素以爲絢兮'가 이것이다."[85]라고 하였다. 또한 주자『或文』에는 "此句는 가장 의의가 있어서, 夫子께서 거기에서 취하였다.

---

84) 金容沃은 그의 『도올논어』2권(통나무, 2001, 267쪽)에서 "제2절의 마지막에 5자의 한 행이 추가될 수 있는 가능성은 전무하다."고까지 말한다.

85) 『論語集釋』「八佾」8: 周子醇 樂府拾遺 孔子刪詩有刪一句者 素以爲絢兮 是也.

그런데도 삭제된 것은 무엇 때문인가? <碩人> 4장은 장마다 모두 7구인데, 이 장만 유독 1구가 많아 삭제당하여, 반드시 따로 하나의 시로 구별하기에 마땅하지 않았으니, 지금은 빠진 것이다.”[86]라고 되어 있다. 이러한 정황으로 볼 때 자하 당시에는 ‘素以爲絢兮’ 구는 분명히 남아 있었던 것으로 보아야 한다.

그렇다면 ‘素以爲絢兮’ 구는 두 가지 의미를 내포하는 것으로 파악할 수 있다. 하나는 제1장 제2구의 ‘衣錦褧衣’와 호응하는 글귀로 이해하는 것이다. 화려한 비단 옷 위에 흰 홑옷을 살짝 걸치니 그 아름다움이 한층 더하였다는 의미가 ‘素以爲絢兮’라는 것이다. 이것은 禮의 외재기능으로서의 심미적 文飾의 의미를 나타내는 것으로 古註(宋 이전)의 해석방법과 상통한다. 또 하나는 ‘柔荑(띠풀), 凝旨(엉긴 기름), 蝤蠐(굼벵이), 瓠犀(박씨)’ 등은 모두 흰색을 띤 것들이다. 장강의 아름다운 손, 피부, 목, 치아 등이 ‘띠풀, 엉긴 기름, 굼벵이, 박씨’ 등과 같이 모두 희기 때문에 아름다울 수 있다고 풀이하는 방법이다. 이것은 깨끗한 바탕이 마련된 뒤라야 그 위에 아름답게 꾸밀 수 있다는 뜻으로 新註(宋 이후)의 해석방법과 상통한다.

이제 ‘繪事後素’에 대해서 살펴보자. 이해를 돕기 위하여 ‘繪事’와 ‘後素’로 나누어 살펴보기로 한다. ‘繪事’에 대해서는 이론의 여지가 없다. 古註나 新註 모두가 한결같이 ‘그림 그리는 일’로 풀이한다. 그러나 ‘後素’에 대해서는 다르다. 古註는 ‘後素’의 입장을, 新註는 ‘後於素’의 입장을 취한다. 먼저 古註인 鄭玄註를 보자.

---

86) 『論語集釋』「八佾」8: 朱子或文 此句最有意義 夫子方取焉 而反見刪何哉 且碩人四章 章皆七句 不應此
　　章獨多一句而見刪 必別自一詩而今逸矣.

繪는 무늬를 그리는 것이다. 무릇 繪는 먼저 여러 색을 칠한 후에 흰색으로 그 사이를 그려서 무늬를 완성하는 것이다. 미녀가 비록 보조개와 맑은 눈의 아름다운 바탕이 있다고 하나, 또한 모름지기 禮로써 완성하는 것과 같은 것이다.[87]

정현주는 '後素'의 입장을 취한다. 즉 '素를 뒤에 한다'라는 입장이다. 이렇게 되면 素는 '흰색'을 의미하며, 오색으로 그림을 모두 그리고 난 후, 색과 색의 分界를 흰색으로 덧칠하여 오색이 더욱 선명하게 드러나도록 하는 것이다. 즉 그림 그릴 때의 최종적인 마무리 작업을 의미한다. 이렇게 되면 素는 禮의 의미와 상통하며, 자하가 재차 물은 '예가 뒤인가요?(禮後乎)'라는 말과 일치한다. 그래서 공자는 "나를 일깨워 주는 자는 商(자하)이로구나."라고 말했다고 이해된다. 皇侃의 疏와 孔安國의 註도 같은 입장을 취한다.

만약 그림 그리는 자가 비록 먼저 많은 채색과 음영을 칠했다 하더라도, 그 뒤에 반드시 흰색으로 사이사이를 나누어 칠해야 그림이 분명해진다. 그러므로 繪事後素라고 하였다.[88]

공안국이 말했다. 공자가 繪事後素를 말하자 자하가 듣고 이해했는데, 素로써 禮를 깨우쳐 준 것을 알았기 때문에 "禮가 뒤인가요."라고 말한 것이다.[89]

皇侃은 鄭玄의 해석을 거의 그대로 받아들이고 있으며, 孔安國 역시 素를 禮로 이해하고 있음을 알 수 있다. 결론적으로 古註는 素를 '흰색'으로 보고, 그림이 돋보이도록 흰색으로 최종 마무리를 하는 것처

---

87) 『論語集釋』「八佾」8 〈集解〉: 繪畫文也 凡繪畫先布衆色 然後以素色分布其間以成其文 有美女雖有倩盼 美質 亦須以禮成之.

88) 『論語集釋』「八佾」8 〈皇疏〉: 如畫者先雖布衆朶蔭映 然後必用白色以分間之 則畫文分明 故曰繪事後素.

89) 『論語集釋』「八佾」8 〈集解〉: 孔曰 孔子言繪事後素 子夏聞而解 知以素喻禮 故曰禮後乎.

럼, 사람이 완성되어 가는 과정도 최후에는 禮로 마무리하여 가장 아름다운 사람이 될 수 있다는 입장을 취한 것이다.

그러나 新註의 입장은 다르다. 新註의 입장은 朱子註가 대변한다. 朱子註는 '後素'를 '後於素'로 파악한다.[90] 이렇게 되면 於는 비교를 나타내는 어조사가 되어 "…… 보다 더"의 의미가 된다. 그리하여 '後於素'는 "素보다 더 뒤에 한다."로 해석되어 古註와는 다른 의미가 된다. 朱子註를 보자.

> 이것은 逸詩이다. 倩은 보조개가 예쁜 것이다. 盼은 눈동자에 흑백이 분명한 것이다. 素는 분칠을 한 곳이니 그림의 바탕이며, 絢은 채색이니 그래서 꾸미는 것이다. 사람에게 이러한 아름다운 보조개와 선명한 눈동자의 美質이 있고서야 또 화려한 채색의 꾸밈을 더 하는 것이니, 마치 흰 바탕이 있고서야 채색을 가하는 것과 같음을 말한 것이다. 자하는 도리어 '흰 비단으로 장식한다'고 말한 것으로 생각하였으므로 되물은 것이다.[91]

이렇게 朱子註는 素를 하얗게 분칠한 '바탕'으로 이해한다. 그림을 그리기 위해서는 먼저 밑바탕에 분칠을 하여 깨끗한 상태를 만들어야 한다는 입장이다. 또한 자하가 잘못 이해하고 되물은 것으로 풀이하고 있다. 그러나 이렇게 되면 뒤에 따라 나오는 공자의 "나를 일깨워 주는 자는 商이로구나."라는 말이 성립되기 어렵다. 어떻게 잘못 이해하고 있는 사람의 말을 듣고, 그 말이 나를 일깨워 준다고 말할 수 있으며, 같이 시를 논할 만하다고 말할 수 있겠는가? 계속 朱子註를 살펴보자.

---

90) 李基東 역해, 『論語講說』에서는 '素'를 '소박한 마음'으로 해석하여 新註의 입장을 취한다.

91) 『論語集註』「八佾」8: 此逸詩也 倩好口輔也 盼目黑白分也 素粉地 畫之質也 絢采色畫之飾也 言人有此倩盼之美質 而又加以華采之飾 如有素地而加采色也 子夏疑其反謂以素爲飾 故問之.

＞＞＞繪事는 그림 그리는 일이다. 後素는 흰 비단을 마련하는 것보다 뒤
에 하는 것이다. 『考工記』에 '그림 그리는 일은 흰 비단을 마련한
뒤에 한다'고 하였는데, 먼저 흰 비단으로 바탕을 삼은 뒤에 오색
의 채색을 칠하는 것이니, 마치 사람이 아름다운 자질이 있은 뒤에
야 文飾을 가할 수 있음과 같은 것이다.[92]

여기에서 주자주는 『考工記』 기록을 이용하여 素가 '바탕'의 의미
라는 것을 증명하려고 한다. 그렇다면 『考工記』의 해당 부분이 정말
그러한지 살펴보자.

그림 그리는 일은 오색을 섞는 것이다. 동쪽은 靑이라 하고, 남쪽
은 赤이라 하며, 서쪽은 白이라 하고, 북쪽은 黑이라 한다. 天은 玄
이라 하고 地는 黃이라 하며, 靑과 白이 상대가 되고 赤과 黑이 상
대가 되며 玄과 黃이 상대(相次)가 된다.[93]

이 문장은 五色의 개념을 제기한 것으로 靑, 赤, 白, 黑, 黃을 매우 분
명하게 五行의 관념과 연결시키고 있다. 문장 속의 相次는 相對의 뜻
이다. 방위상에서 동서, 남북, 천지는 상대적 관계이다. 『考工記』를 계
속 보자.

靑과 赤을 文이라 하고, 赤과 白을 章이라 하고, 白과 黑을 黼(보)라
하고 黑과 靑을 黻(불)이라 한다. 五彩를 간략히 繡(수)라 한다. 土
는 黃으로 그 모남을 상징하고 天은 수시로 변한다. 火는 圜(환)으
로, 山은 章으로, 水는 龍으로 상징한다. 새, 짐승, 뱀은 四時五色의
방위를 섞어서 그것으로 무늬를 만드니 그것을 巧라고 한다. 무릇
그림 그리는 일은 素의 功을 뒤로한다(后素功).[94]

---

92) 『論語集註』「八佾」8: 繪事繪畫之事 後素後於素也 考工記曰 繪畫之事後素功 謂先以粉地爲質 而後施五
彩 猶人有美質然後可加文飾.

93) 『考工記』「設色」: 畫繢之事雜五色 東方謂之靑 南方謂之赤 西方謂之白 北方謂之黑 天謂之玄 地謂之黃
靑與白相次也 赤與黑相次也 玄與黃相次也.

이것은 天, 地, 水, 火, 山 다섯 도안에 대한 用色의 구체적인 형상특징의 규정이지만, 그것이 巧하게 되려면 '后素功'에 의한 것임을 밝힌 내용이다. 결국 '后素功'을 어떻게 해석하느냐의 문제가 핵심으로 대두한다. '后素功'은 세 가지의 해석이 가능하다. 后素를 주어로 보고 功을 술어로 보는 "后素의 공이다"와, 后를 동사로 素功을 목적어로 보는 "素功을 뒤로한다", 그리고 주자와 같이 비교법을 사용하여 "素功보다 뒤에 한다"의 경우가 그것이다. 『考工記』의 "그림 그리는 일은 '后素功'이다"를 다시 정리해 보자.

> 그림 그리는 일은 后素의 공이다.→그림 그리는 일은 素를 뒤로하는 功이다.
>
> 그림 그리는 일은 素功을 뒤로한다.→그림 그리는 일은 素의 功을 뒤로한다.
>
> 그림 그리는 일은 素功보다 뒤에 한다.→그림 그리는 일은 素의 功보다 뒤에 한다.

해석상 세 가지 방법이 있을 수 있지만, 앞의 두 가지 방법은 해석의 방법은 다르지만 그 의미는 같은 것이고, 뒤의 한 가지 방법은 주자의 해석 방법과 같은 것이다. 한문해석의 모호함이 그대로 드러나는 경우이다. 그렇다면 주자는 왜 素를 굳이 '바탕'으로 보려고 하였을까? 주자주를 계속 보자.

> 禮는 반드시 忠信을 바탕으로 삼으니, 이는 그림 그리는 일에 반드

---

94) 『考工記』「設色」: 靑與赤謂之文 赤與白謂之章 白與黑謂之黼 黑與靑謂之黻 五采略謂之綉 土以黃其象方 天時變 火以圜 山以章 手以龍 鳥獸蛇雜四時五色之位以章之 謂之巧 凡畵繢之事 后素功.

시 흰 바탕을 우선으로 삼는 것과 같다. 起는 흥기시키고 분발시키는 것이니 起予는 나의 의지를 감발시킴을 말한다. 謝氏가 말하였다. "(학이편에서) 자공은 학문을 논함으로써 詩를 알았고, 자하는 시를 논함으로써 학문을 알았다. 그러므로 모두 함께 시를 말할 만한 것이다." ○楊氏가 말하였다. "단맛은 조미를 받아들이고, 흰 것은 채색을 받아들이며, 忠信한 사람이라야 예를 배울 수 있는 것이다. 만일 그 바탕이 없다면 禮가 헛되어서 행해지지 않으니, 이것이 그림 그리는 일은 흰 비단을 마련하는 것보다 뒤에 한다는 말씀이다. 공자께서 '그림 그리는 일은 흰 비단을 마련하는 것보다 뒤에 한다'고 말씀하시자, 자하는 '예가 뒤인가요?'라고 말하였으니, 그 뜻을 잘 계승하였다고 말할 만하다. 이것은 말 밖의 뜻을 터득한 자가 아니라면 가능하겠는가? 商과 賜가 함께 시를 말할 만했던 것은 이 때문이었다. 만약 장구의 지엽적인 것에만 마음을 몰두한다면 그 시를 배움이 고루할 뿐이다. 이른바 起予라는 것은 즉 서로 커 간다(敎學相長)는 뜻이다.95)

朱子註는 '忠信'을 강조하려는 의도를 보인다. '忠信'은 내면의 문제요, 禮는 외면의 문제에 속한다. 주자주가 楊氏의 "단맛은 조미를 받아들이고, 흰 것은 채색을 받아들이며, 忠信한 사람이라야 예를 배울 수 있는 것"이라는 말을 수용한 것은 인간의 내면적 수양에 중점을 두었기 때문이라고 생각할 수 있다. 먼저 인간의 본바탕인 마음을 선하게 다스린 뒤에 예로써 문식을 가해야 한다는 의미이다. 이러한 의도를 가지고 풀이하려다 보니 '後於素'라는 비교용법을 사용할 수밖에 없는 것이다.

이상으로 살펴본 古註와 新註는 해석상의 입장이 서로 다르다. '繪事後素'는 禮의 심미적 관점에 대한 공자의 심미의식을 분명하게 보

---

95) 『論語集註』「八佾」8: 禮必以忠信爲質 猶繪事必以粉素爲先 起猶發也 起予 言能起發我之志意 謝氏曰 子貢 因論學而知詩 子夏 因論詩而知學 故皆可與言詩./○楊氏曰 甘受和 白受采 忠信之人 可以學禮 苟無其質 禮不虛行 此繪事後素之說也 孔子曰 繪事後素 而子夏曰 禮後乎 可謂能繼其志矣 非得之言意之表者 能之乎 商賜可與言詩者 以此 若夫玩心於章句之末 則其爲詩也固而已矣 所謂起予 則亦相長之義也.

여 주는 부분이다. '繪事後素'에 대해 정확히 이해하는 데는 자하가 반문한 "예가 뒤인가요(禮後乎)"라는 말과 관련시켜 생각하면 그리 어려운 것도 아니다. 그 말을 통해서 공자도 깨달았다고 실토하였기 때문이다. 古註는 '繪事'를 '인간의 아름다움' 혹은 '인간이 완성되어 가는 과정'으로 보고 素를 禮로 이해하였으며, 新註는 '繪事'를 禮로, 素를 '인간의 본바탕'으로 이해한 것으로 판단된다. 이렇게 본다면 고주와 신주는 해석상의 방법은 다르지만 모두 禮가 심미요소로서 뒤에 오는 것이라는 것을 용인하는 데 이른다. 그렇다면 新註의 입장은 '繪事'를 '그림 그리는 일'이라고 주석한 것에 대한 자체적 모순을 안고 있을 수밖에 없다. 역시 두 가지 해석 중 古註의 해석이 좀 더 자연스럽다고 말할 수 있겠다.96)

이와 같이 '繪事後素'의 해석을 통하여 禮의 심미적 문식활동에 관한 내용을 살펴보았다. 禮는 인간의 외적 용모와 행위에 대한 절제와 문식을 통하여 외적 아름다움을 돋보이게 할 뿐만 아니라, 이러한 작용을 통하여 인간의 내재심리에 영향을 주어 天命으로부터 稟賦한 性善으로서의 善心을 길러 주는 역할을 한다. 그것은 공자 미학사상이 지향하는 '文質彬彬'적 美와 善의 합일세계에 도달하기 위한 것이며, 내용과 형식의 합일을 통한 미적 中和境界에 도달하기 위한 심미활동의 한 축을 禮의 심미적 문식활동이 담당하고 있음을 의미하는 것이다.

2) 樂의 심미적 和合활동

樂(악)은 人性의 표현이다. 사람이 태어나서 고요한 것은 하늘의 性

---

96) 沈銜燮, 「공자 禮樂思想의 미적 탐구」, 『儒敎思想研究』 제25집, 한국유교학회, 2006.

이요, 사물을 느껴 動하는 것은 性의 하고자 함(欲)이다. 하고자 함이 있으면 생각이 없을 수 없고, 생각이 있으면 말이 없을 수 없으며, 말로 다 할 수 없기 때문에 감탄하고 읊은 나머지, 반드시 음향과 節奏가 있게 되는 것이다.[97]

『禮記』「樂記」는 이렇게 시작한다.

> 무릇 音이 일어나는 것은 人心에 따라 생긴다. 인심이 움직이는 것은 物이 그렇게 하는 것이다. 物을 느껴서 動하면 聲으로 드러난다. 그러므로 聲이 서로 응하면 변화가 생기며, 변화가 형식(方)을 이루는 것을 音이라 한다. 音을 따라 즐거워하고 文武의 춤(干戚羽旄)을 추는 것을 樂이라 한다.[98]

이것은 樂에 대한 정의를 명료하게 내려 준 글이다. 樂은 聲, 음을 포함한다. 人心이 어떤 사물에 감동하여 내는 최초의 소리가 聲이며, 그 聲에 고저장단의 형식을 가미한 것이 음이고, 그 音을 따라 즐거워하며 춤을 추는 것이 樂이라는 말이다. 즉 樂은 종합예술의 성격이 강한 현대적 의미의 오페라와 유사한 것이라고 볼 수 있다. 위의 인용문은 樂의 심미적 발현에 대한 일례를 보여 주는 것으로 이해된다. 『논어』「八佾」에 다음과 같은 내용이 있다.

> 공자가 노나라 大師에게 樂에 대해서 말했다. "樂은 알 수 있는 것이니, 처음 시작할 때는 합해지는 듯하고 풀어놓을 때는 조화를 이루듯, 밝아지듯, 끊임없이 이어지는 듯하여 완성되는 것이다."[99]

---

97) 『詩經集傳』〈序〉: 人生而靜 天之性也 感於物而動 性之欲也 夫旣有欲矣 則不能無思 旣有思矣 則不能無言 旣有言矣 則言之所不能盡 而發於咨嗟詠歎之餘者 必有自然之音響節族而不能已焉.

98) 『禮記』「樂記」: 凡音之起 由人心生也 人心之動 物使之然也 感於物而動 故形於聲 聲相應 故生變 變成方謂之音 比音而樂之 及干戚羽旄謂之樂.

99) 『論語』「八佾」23: 子語魯大師樂曰 樂可知也 始作 翕如也 從之 純如也 皦如也 繹如也 以成.

이 글귀에 대한 이해를 돕기 위하여 좀 더 현대적으로 풀이한 글을 보자.

공자께서 음악에 대해서 말씀하셨다. "이제 음악에 대해서 알 것 같구나. 시작할 때에는 모든 마음을 하나로 모이는 듯하고, 다음으로 이어질 때에는 하나로 모인 마음이 순수해지는 듯하고, 순수해지면 어두운 구석이 없어지므로 밝아지는 듯하며, 다음에는 순수하고 밝은 마음의 상태가 실처럼 면면히 이어지는 듯하다가 완성된다."[100]

이것은 하나의 樂曲이 연주되는 과정에 대한 공자의 간단한 감상표현이지만, 樂이 우리 인간에게 얼마나 큰 감성적 순화기능을 담당하고 있는지에 대해서 분명히 보여 주는 대목이다. 공자는 악곡의 구성이 서로 다른 부분으로 나뉠 수 있으며, 각 부분마다 각기 다른 심미기능을 가지고 있음을 밝혀내고 있다. 樂을 통해 인간의 마음을 화합시키고 순수하고 밝게 하여 그러한 상태를 지속시킴으로써 하나의 완성된 인간으로 거듭날 수 있음을 밝히고 있다. 공자의 이러한 樂의 아름다움에 대한 감상은 때로 정신이 황홀해지는 경지에 이른다고 말한다. 그는 齊나라에 있을 때 韶樂을 듣고 석 달 동안 고기 맛까지 잃은 적이 있다고 하였으며, "樂이 이렇게까지 훌륭한 경지에 이르리라고는 생각하지 못했다."[101]고도 말한다. 이것은 樂과 고기 맛이 모두 감성적인 즐거움으로 비교될 수는 있지만, 樂이라는 감성적 즐거움은 정신적 심미성을 함유하기 때문에 고기 맛과 같은 육체적 심미성을 능가한다는 사실을 보여 주고 있는 것이다.

공자는 또한 "사람이 仁하지 못하면 樂은 무엇을 할 것인가"[102]라

---

100) 李基東, 『論語講說』, 성균관대학교출판부, 1996, 129쪽.
101) 『論語』「述而」13: 子在齊聞韶 三月不知肉味 曰 不圖爲樂之至於斯也.

하여, 사람이 만약 仁道를 행하지 못하면 樂이라는 것도 역시 아무런 의미가 없음을 지적한다. 樂은 仁의 표현이며 그것이 仁을 표현할 때에야 비로소 가치가 있다고 인식한다. 그렇다면 仁의 근거 또한 德에 있다고 할 때[103] 樂과 德의 관계를 살피면 仁의 모습을 발견할 수 있다.

> 樂을 넓혀서 그 교화를 이룬다. 樂이 행해지면 民鄕이 방정해져 德을 볼 수 있다. 德은 性의 단서이며 樂은 덕의 꽃이다. 金, 石, 絲, 竹은 樂의 器이다. 詩는 그 뜻을 말한 것이고 歌는 그 소리를 읊은 것이며, 舞는 그 용모를 움직인 것이다. 이 세 가지가 마음에 근본한 뒤에 樂器가 뒤따른다. 그러므로 정이 깊어지면 드러남(文)이 밝아지고(情深而文明), 氣가 왕성하면 변화가 신묘해진다(氣盛而化神). 和順하여 中을 쌓으면 아름다운 꽃(英華)이 밖으로 피어나니 오직 樂은 거짓으로 할 수 없는 것이다.[104]

여기서 英華는 德의 아름다운 모습을 형용한 말이다. 이 글에서 우리는 '情深而文明'과 '氣盛而化神'이라는 두 句節에 대해서 깊이 있게 탐구할 필요가 있다.

'情深而文明'은 두 가지 해석이 가능하다. 하나는 인간의 性情이 外物에 감동된 상태가 깊고 절실하면 할수록 樂의 표현은 광채를 더하여 작품의 세계가 밝고 신선해진다는 것이다. 이는 예술론적으로 창작의 문제에 속한다고 볼 수 있다. 다른 하나는 인간생명의 근원처에 있는 情이 中節되어서 樂을 통하여 밖으로 드러날 때 사사로운 욕구 같은 것은 제거되고 순화되어 밝고 아름답게 된다는 것이다. 이것은

---

102) 『論語』「八佾」3: 人而不仁 如禮何 人而不仁 如樂何.

103) 『論語集註』「述而」6: 仁則私欲盡去而心德之全也.

104) 『禮記』「樂記」: 廣樂而成其敎 樂行而民鄕方 可以觀德矣 德者性之端也 樂者德之華也 金石絲竹樂之器也 詩言其志也 歌咏其聲也 舞動其容也 三者本於心 然後樂器從之 是故情深而文明 氣盛而化神 和順積中而英華發外 唯樂不可以爲僞.

예술에 있어서 감상, 향수의 문제에 속한다고 할 것이며, 樂의 정화적 기능에 의해 향수자의 감정이 순화됨을 말하는 것으로 볼 수 있다.

'氣盛而化神'도 두 가지 해석이 가능하다. 창작자의 입장에서 말하면 樂을 창작하는 사람의 내면에 생기가 충만하면 할수록 그 작품의 감화력은 神妙不測하게 된다는 것이 하나이며, 향수자의 차원에서 말하면 樂의 발양을 거쳐 생명의 깊은 곳으로부터 드러난 情이 생명으로 하여금 내적 충실을 기하게 하고, 이것이 사물에 미쳐 神妙不測하게 되는 경지를 말하는 것이 다른 하나라고 이해할 수 있다.[105] 氣盛이 될 때 인생은 樂에 의해 예술화되고, 동시에 樂에 의해 도덕화된다는 말처럼[106] 樂의 심미적 발현은 사회적 교화기능까지도 담당하게 되는 것이다. 논의를 좀 더 심미적 활동방면으로 진전시켜 보자. 공자는 『논어』「陽貨」에서 다음과 같이 말한다.

> 시는 감흥을 일으킬 수 있고(興), 볼 수 있게 하며(觀), 무리 짓게 할 수 있으며(群), 원망할 수 있게 한다(怨). 가까이는 아비를 섬기며, 멀리는 임금을 섬길 것이고, 새, 짐승, 초목의 이름을 많이 알게 될 것이다.[107]

이것은 시의 역할에 대한 공자의 興·觀·群·怨(이하 '興觀群怨'으로 표기)적 분석이다.

시는 노래의 가사이다. 『史記』「孔子世家」에는 "삼백오 편을 뽑아 孔子는 모두 그것을 弦歌하였다."[108]라는 말이 있다. 弦歌라는 말은 琴瑟

---

105) 李相殷, 「유가의 예악사상에 관한 연구」, 성균관대 박사학위 논문, 1990, 135쪽 참조.

106) 徐復觀, 『中國藝術精神』, 學生書局, 臺北, 1979, 26쪽.

107) 『論語』「陽貨」9: 子曰 小子 何莫學夫詩 詩可以興 可以觀 可以群 可以怨 邇之事父 遠之事君 多識於 鳥獸草木之名.

등의 현악기에 맞추어서 노래한다는 뜻이다.[109] 즉 공자는 『詩經』을 정리하면서 每詩마다 현악기로 반주를 하면서 노래를 불렀다는 것인데, 그렇다면 당시에는 採譜까지도 이루어졌을 가능성이 있다. 또한 『左傳』「襄公」29年條에 나오는 公子 季札의 樂에 대한 긴 평론은 거의 詩를 지칭하는 것이다.[110] 그러므로 공자가 말한 詩의 '興觀群怨' 작용은 樂의 '興觀群怨' 작용을 의미한다고 볼 수 있다. 나아가 시와 樂뿐만 아니라 모든 예술 장르에 적용되는 심미작용으로도 이해할 수 있다.[111] 따라서 본고에서 이하 논술하는 詩의 '興觀群怨'에 관한 내용은 樂의 '興觀群怨'에 대한 내용으로 이해하면 된다.[112]

① 興

興[113]은 일종의 내적 감정의 발동이다. 興은 예술창작에 있어 가장 중요한 요소로서 直觀과 밀접하며 靈感的 특성을 갖는다.[114] 興을 孔安國은 '引譬連類'(비유를 들어 同類를 유추함)[115]라고 하고, 朱子는 '感發志意'(뜻을 느끼고 발산함)[116]라고 한다. '引譬連類'와 '感發志意'는 서로 인과관계를 나타내는 말처럼 멋진 조화를 이루고 있다. 천여 년의

---

108) 『史記會注考證 卷四十七』「孔子世家」: 三百五篇 孔子皆弦歌之 以求合韶武雅頌之音 禮樂自此可得而述.

109) 『禮記』「樂記」〈疏〉: 弦歌詩頌者 謂以琴瑟之弦 歌此詩頌也.

110) 『春秋左傳』「襄公」29年: 請觀於周樂 使工爲之歌周南召南 …… 爲之歌邶鄘衛.

111) 權德周·金勝心 共譯, 李澤厚·劉綱紀 主編, 『中國美學史』, 대한교과서주식회사, 1993, 138쪽 참조.

112) 沈佾燮, 「공자 禮樂思想의 미적 탐구」, 『儒敎思想研究』 제25집, 한국유교학회, 2006, 210쪽.

113) 이하 '興觀群怨'에 대한 고찰은 李澤厚·劉綱紀 主編, 『中國美學史』(中國社會科學院 美學研究室, 1987) 〈제3절〉 '예술의 역할에 대한 공자의 견해 – 興觀群怨'의 논지를 많은 부분 수용하여 논술하였다.

114) 유중하·백승도·이보경·양태은·이용재 옮김, 張法 지음, 『동양과 서양, 그리고 미학』(원저명: 中西美學與文化精神), 푸른숲, 1999, 404~410 참조./여기서 張法은 興을 예술적 측면에서 '起興'(예술적 감정이 일어남), '興象'(시적 정취가 스며들어 있는 형상), '興味'(시적 정취가 담긴 형상을 통해 드러나는 뜻의 여운)의 셋으로 나누어 풀이한다.

115) 『論語集釋』「陽貨」9〈集解〉.

116) 『論語集註』「陽貨」9.

세월을 뛰어넘는 절묘한 만남이라 할 만하다. '인비연류'를 하니 그 결과로 '감발지의'가 됐다는 뜻으로 이해할 수 있다. 따라서 '인비연류'만 제대로 이해하면 저절로 '감발지의'를 터득하게 된다. '인비연류'가 가리키는 것은 서로 다른 형상을 비유하여 사람으로 하여금 聯想作用을 일으키게 함으로써 이 비유와 관련 있는 보편성을 지닌 사회와 인생에 관한 이치를 깨닫게 한다는 것이다. 다시 말하면, 개별을 통해 일반을 보여 주어 일반에 다다름을 말하는 것이다. 이는 추상적 개념이 아닌 개별적이며 형상적인 비유를 통해 어떤 보편적인 이치를 깨닫도록 하는 방법이다.

그러나 개별적이며 형상적인 비유가 만약 그것이 보여 주고자 하는 어떤 보편적인 것에 외재하는 규칙이라면 그것은 어떤 보편적인 이치를 설명하기 위해 내놓는 예증에 불과하며, 그 목적 역시 다만 사람들의 理智에 호소하고자 하는 데 있을 수밖에 없다. 그렇다면 '인비연류'로 얻는 결과는 예술적 작품이 아닌 이치의 설명을 보조하는 수단에 불과하게 된다.

반대로 개별적이며 형상적인 비유가 모종의 보편적 道理와 함께 융합되어 일체가 될 뿐만 아니라, 直觀과 聯想作用을 통해 개인의 사회적 정감에 호소하여 인간의 個性과 心理에 작용한다면, 이때 '인비연류'로 얻어지는 것은 심미적 내용이 된다. 공자가 말한 興의 의미는 바로 여기에 속한다. 왜냐하면 공자는 詩[樂]를 어떤 보편적인 이치를 설명하는 데 사용하고 있지만, 예술이 인간의 사회적 정감에 호소하여 개인의 善에 대한 자각을 불러일으킨다는 점을 강조하고 있기 때문이다. 이것은 바로 朱子가 말한 '감발지의'와 상통하는 것이다. 따라서 '인비연류'는 단순하게 이치를 설명하는 교훈적인 것이 아닌 예술적 형상을 통해 인성을 함양시키는 기능을 한다. 부언하자면 공자는 개인의 심리에 대한 예술의 감염 작용을 강조하여, 개인의 사회적 정감을 깨우쳐 高揚시키는 것을 예술의 본질로 파악하였으며, 이는 '인비연류'가 理智에 호소하는 추상적인 이치의 깨우침을 향한 것이 아니라, 정감에 호소하는 예술적 형상을 통해 인성을 함양 발전시키는 요소로 본 것이다.

'인비연류'와 '감발지의'는 상호 연관, 상호 보완하는 가운데 공자가 말한 '詩可以興'의 이론을 구성하게 된다. '引譬連類'는 예술의 특징이 개별적이고 형상적인 것의 도움을 받아 연상 작용을 통해 사람으로 하여금 일반적이며 보편적인 의미를 깨닫게 하며, '感發志意'는 이러한 '인비연류'의 최종 목적이 이치를 설명하는 교훈이 아닌, 예술 형상을 이용해 사람을 감화시키고 교육시키는 데 있게 한다. 공자는 『논어』에서 興에 관해 직접적으로 명확한 해석을 내리고 있지는 않지만, 이와 관련된 일부 표현 속에서 興에 관한 공자의 이해를 파악할 수 있다. 앞 절에서 살펴보았던 '繪事後素'에 관한 내용도 '인비연류'와 '감발지의'가 절묘한 조화를 이룬 장면이다. 이 밖에도 공자는 그의 사상을 설명할 때 자주 '인비연류'의 방법을 사용한다. 예를 들어 "德으로 정치를 하는 것은 북극성이 제자리에 있으면 많은 별들이 그를 향하여 받드는 것과 같다."117) "가는 것은 이와 같이 밤낮을 쉬지 않는구나."118) "추운 겨울이 된 후에야 소나무와 잣나무가 더디 시듦을 알게 된다."119) 등이 이러한 예이다. 이것은 모두 개별적이며 형상

---

117) 『論語』「爲政」1: 子曰 爲政以德 譬如北辰居其所 而衆星共之.

118) 『論語』「子罕」16: 子在川上曰 逝者如斯夫 不舍晝夜.

119) 『論語』「子罕」27: 子曰 歲寒然後 知松柏之後彫也.

적인 것으로 어떤 보편성을 지닌 이치를 설명하는 것이다.

이러한 이치 자체는 말로 설명할 수 있는 개념이 아닌 인생 정감을 갖춘 심리적인 내용으로 오늘날까지도 여전히 심오한 哲理와 詩意를 지니고 있다. 따라서 만약 단편적으로 공자의 '인비연류'라는 방법을 생각한다면 공자가 詩[樂]를 단지 어떤 보편적 이치를 형상적으로 제시한 것에 불과하다고 여길 수 있다. 그러나 공자의 '인비연류'에는 간과할 수 없는 두 가지 특징이 있다. **첫째**, 誘導的인 깨우침을 강조하여 직접 이치를 설명하지 않고, 비유하는 가운데 사람들이 자연스럽게 그것을 연상할 수 있도록 해야 함을 제시한다. 이것은 공자가 개체인격의 능동성 및 독립성을 인정하고 개체인격의 능력을 최대한 발휘할 수 있도록 유도하는 교육방법을 사용하였다는 것을 의미한다. 그리하여 사람들로 하여금 하나를 들으면 여럿을 알게 하니, 하나를 들으면 열을 깨닫는 顔回를 칭찬하는 것이다.[120] 이러한 교육심리적인 견해는 분명 인간에 대한 예술의 역할과 상통한다. 인간에 대한 예술의 교육적 작용에 있어 그 특징 역시 깨우쳐 유도하는 데 있으며, 적나라한 이치의 설명이나 교훈을 말하는 것이 아니다. **둘째**, '引譬連類'의 '類'는 사회의 윤리도덕 원칙을 가리키는 것으로 그 핵심은 그가 말하는 仁이며, '인비연류'의 목적은 비유적으로 仁이 무엇인가를 알게 하는 것이다. 더욱 중요한 것은 인간의 心靈을 감화시킴으로써 자각적으로 즐거이 仁을 행하도록 한다는 점이다. 이상의 두 가지 특징은 공자가 이해한 시의 '인비연류'적 興의 역할을 설명한 것으로 여타 예술의 특징과도 부합된다고 할 수 있다.

---

120) 『論語』「公冶長」8: 子謂子貢曰 女與回也 孰愈 對曰 賜也何敢望回 回也 聞一以知十 賜也 聞一以知二 子曰 弗如也 吾與女 弗如也.

興은 동양미학사에서 처음으로 예술작품은 개별 형상을 통해 그 형상 자체보다도 더욱 광범위한 聯想作用을 일으키게 하며, 정감적·심리적으로 큰 영향을 끼치게 한다는 이론을 제기한 것이다. 譬와 類는 상상과 연상 작용을 통해 혼합·통일되어 정감과 理智의 통일과 객관화를 거쳐 직관할 수 있는 하나의 개별형상을 표현하게 되는 것이다. 이것은 '인비연류'적 심미활동과 예술 감상과정 중에서 주체성과 능동성을 발휘하는 중요한 '감발지의'의 작용을 일으키고 있음을 증명하는 것이다.

② 觀

觀은 鄭玄의 주해에 따르면 "풍속의 성쇠를 본다."[121]고 하고, 『주역』「傳義」에도 "위로는 天道를 보고 아래로는 民俗을 보는 것이 觀이다."[122]라고 한다. 『논어』에 나타나는 觀 자는 대개 고찰, 관찰의 의미로 쓰인다. "그 뜻을 보고 그 행실을 본다."[123]거나, "그 까닭을 보고 그 말미암은 바를 본다."[124]라는 말의 觀은 모두 고찰, 관찰의 의미를 나타낸다. 鄭玄의 "풍속의 성쇠를 본다."라는 말은 풍속이 성할 때는 찬미의 정감이 나올 것이고, 그와 반대일 때는 혐오의 정감이 나오게 된다는 것을 의미한다. 실제로 『논어』 가운데 일부 觀 자의 용법은 풍속의 성쇠와 관련된 서로 다른 정감 태도를 표현하고 있다. 공자의 다음과 같은 말이 그것이다.

---

121) 『論語集釋』「陽貨」9 〈集解〉: 鄭曰 觀風俗之盛衰也.

122) 『周易』「觀傳」: 人君 上觀天道 下觀民俗則爲觀.

123) 『論語』「學而」11: 子曰 父在 觀其志 父沒 觀其行 三年 無改於父之道 可謂孝矣.

124) 『論語』「爲政」10: 子曰 視其所以 觀其所由 察其所安 人焉廋哉 人焉廋哉.

윗자리에 있으면서 너그럽지 아니하고, 禮를 하되 공경하지 아니하며, 喪에 임하여 슬퍼하지 아니하면 내가 무엇으로 그를 觀하겠는가?[125]

여기에서의 觀 자는 분명히 강렬한 정감 태도와 관련이 있는 것으로, 그 뜻은 "내가 어떻게 그것을 좋아하겠는가."라는 뜻이다. 이와 반대로 과거 시대의 풍속이 성함을 회상하며 공자는 찬탄을 금치 못하기도 한다.

위대하도다! 堯의 임금 되심이여. 높고 높음이 오직 하늘일진대, 오직 요임금만이 그러하도다. 그 넓은 공적을 백성들은 무어라 이름하지 못하는구나. 높고 높도다! 그 공을 이룸이여. 빛나도다! 그 문채 나는 모습이여.[126]

이러한 觀에는 열렬한 찬미의 감정이 들어 있다. 따라서 공자가 말한 '詩可以觀'의 觀은 이지적인 냉정한 관찰뿐만 아니라, 좋고 나쁨의 정감적 특징을 동시에 지닌다. 공자는 현실생활에서 '풍속의 성쇠'를 보면 찬미와 혐오라는 두 가지의 서로 다른 감정이 일어난다고 파악한다. 물론 시에서 이런 표현을 보았을 때는 더욱 심미적인 감흥이 일 것이다. 시의 표현은 현실생활보다 더욱 집중적이고 선명하기 때문이다. 여기서 바로 '詩可以觀' 사상이 한 사회와 국가의 풍속을 보고 인간의 도덕정감과 심리상태를 觀할 수 있는 이론이 된다는 것을 알 수 있다. 공자는 사회풍속의 성쇠와 인간의 정감 심리상태는 밀접한 관계가 있으며 '풍속의 성쇠를 보는 것'은 주로 인간정신의 심리상태가 어떠한지를 觀하는 것이라고 보고 있다. 그는 『시경』의 장점은 가

---

125) 『論語』「八佾」26: 子曰 居上不寬 爲禮不敬 臨喪不哀 吾何以觀之哉.

126) 『論語』「泰伯」19: 子曰 大哉 堯之爲君也 巍巍乎唯天爲大 唯堯則之 蕩蕩乎 民無能名焉 巍巍乎其有成功也 煥乎其有文章.

장 근본적으로 "생각에 사악함이 없다(思無邪)."는 데 있으며, 또 "「關雎」는 즐거우나 음란하지 아니하고, 슬프나 마음이 상하지 아니한다."[127]라고 한 표현은 인간정신의 심리상태로부터 나온 觀이라는 것을 인정한 것으로 파악된다.

　이상의 견해는 예술을 통해 그 사회의 상태를 파악할 수 있으며, 특히 예술에 나타난 그 사회 사람들의 정신, 정감, 심리상태를 살펴야 함을 의미한다. 이는 사회에 있어서의 예술 반영에 대한 근본적인 특징을 파악한 것이다. 한 시대 사람들의 정신, 정감, 심리상태는 예술에 의해서 구체적으로 느낄 수 있도록 표현되며, 그 전체적인 풍부성, 다면성, 복잡성이 드러난다. 예술이 사회생활을 반영하는 데 있어 단지 사회생활에서의 여러 가지 사건, 제도, 풍습만을 묘사하는 데 그치고, 사람들의 정신, 정감, 심리상태의 풍부성, 다면성, 복잡성을 치밀하게 표현해 내지 못한다면 이러한 예술작품은 진정한 시대적 정신과 가치를 지닐 수 없게 된다. 비록 역사적 가치는 가지고 있다 할지라도 진정한 예술적 가치는 없다는 말이다. 이러한 이론은 후대 예술이론에 큰 영향을 끼치며 훌륭한 전통으로 남는다.

③ 群

　群에 대해 孔安國은 "거처함에 서로 갈고 닦는 것"[128]이라 하고, 朱子는 "조화를 이루면서도 방탕한 데로 흐르지 않는 것"[129]이라고 주석한다. 공자가 말한 '詩可以群'의 함축된 의미를 파악하기 위해서는

---

127) 『論語』「八佾」20: 子曰 關雎 樂而不淫 哀而不傷.
128) 『論語集釋』「陽貨」9 〈集解〉: 孔曰 群 居相切磋也.
129) 『論語集註』「陽貨」9: 和而不流.

먼저 群에 대한 공자의 견해를 이해해야 한다. 공자가 말한 群이란 群居를 의미한다. 인간은 씨족 혈연이 결정한 사회의 윤리관계에서 존재·발전할 수 있는 것이다. 공자는 이것이 동물과 인간이 구분되는 특징이라고 파악한다. 그러므로 공자는 인간이 사회를 떠나 새, 짐승과 함께 생활하는 것을 반대하며, 특정한 역사 형태하에서 인간의 사회성을 인식하고 긍정한다.

공자가 말한 群은 仁과 불가분의 관계에 있다. 그는 진정한 群은 마땅히 인간들의 상호 협조와 사랑의 기초 위에 세워져야 한다고 파악한다. "군자는 무리를 짓되 朋黨을 짓지 않으며"130) "글로써 벗을 모으고, 벗으로써 仁을 돕는"131) 보편적 仁을 토대로 하며, 동물과 구분되는 인간의 특징으로서 개인 간의 사랑을 기초로 해야 한다고 주장한다. 이러한 이론은 후대 荀子에게 이어진다. 공자가 말한 群의 최종적인 목표는 개인의 자각적인 심리욕구에 의한 仁의 실행을 통해서, 정감적·심리적으로 사회적 책임감을 가지고 사람들과 화해·왕래할 수 있는 인간으로 함양하는 것에 있다. 공자는 시[樂]가 바로 이러한 수양을 행하는 데 중요한 수단이며, 사회적 정감을 가지고 화해와 협조 아래 群居할 수 있는 인간이 되게 할 수 있다고 파악한 것이다. 이것이 바로 '詩可以群'의 실질적 내용이라고 할 수 있다.

공자는 아들 伯魚에게 "시를 배우지 않으면 더불어 말할 수 없다."132) 고 일침을 놓는데, 이 말은 시를 통해 각종 사회의 윤리관계에 대처하는 방법을 깨우침으로써 타인과 나와의 협조를 이룰 수 있음을 표

---

130) 『論語』「衛靈公」21: 子曰 君子 矜而不爭 群而不黨.

131) 『論語』「顔淵」24: 曾子曰 君子 以文會友 以友輔仁.

132) 『論語』「季氏」13: 不學詩 無以言.

현한 것이다. 이 또한 詩가 사람을 무리 짓게 하는 역할의 표현으로
이해할 수 있다. 공자는 무리를 떠나 홀로 거처하는 것에 반대하고,
사회적인 책임감·의무감, 타인과의 화해 및 발전을 도모할 것을 요
구한다. 공자는 자신의 이상에 대해 이야기할 때 "늙은 자를 편안하
게 하며, 벗을 믿음으로 사귀고, 어린이를 품어 주는"[133] 사람이 되어
야 한다고 말한다. 그는 시의 학습을 통해서 내재적으로 인간에게 필
수적인 이러한 조건들을 갖추게 된다고 보았던 것이다. 그러한 조건
을 갖춘 통치자는 나라를 다스릴 때 "가까이 있는 자는 기쁘게 하고,
멀리 있는 자는 오게 하여"[134] 사방의 백성이 그 아이를 업고 이르게
할 수 있다는 것이다. 이것이 공자가 말한 '詩可以群'의 심미적 사회
작용이라고 할 수 있다.

④ 怨

怨에 대해서 孔安國은 "怨은 위 정치를 풍자하는 것"[135]이라 하고,
주자는 "원망하되 노하지 않는다."[136]라고 해석한다. 주자의 "원망하
되 노하지 않는다."고 하는 것은 다만 원망에는 절제함이 있어야 함
을 설명하는 것일 뿐, '詩可以怨'에 대해 충분히 설명하는 것은 아니
다. 그리고 공안국 역시 그 의미의 일부를 말하고 있기는 하지만 완
전하다고 보기는 어렵다.

공자는 『논어』에서 좋지 못한 여러 가지 정치 현상을 비평한다. 이
러한 비평들을 詩라는 형식으로 표현해 낸다면 이것이 위 정치를 풍

---

133) 『論語』「公冶長」25: 子曰 老者安之 朋友信之 少者懷之.

134) 『論語』「子路」16: 葉公問政 子曰 近者說 遠者來.

135) 『論語集釋』「陽貨」9 〈集解〉: 孔曰 怨 刺上政也.

136) 『論語集註』「陽貨」9: 怨而不怒.

자하는 怨이라고 할 수 있다. 詩를 이용하여 불량한 정치를 비평할 수 있음을 긍정하는 것은 시가 비판적인 역할을 가지고 있음을 말한다. 이것은 시의 중요한 의의이다. 이러한 점은 맹자에게 이어진다. 그러나 공자가 말한 怨은 위 정치를 풍자하는 데에만 그치는 것이 아니다. 공자가 『시경』에서 남녀의 사랑에 대한 표현을 삭제하지 않은 것은 인간의 합당한 욕망과 정감의 요구를 부정하지 않았음을 설명하는 것이다. 이러한 점은 순자에게 이어진다.

　『논어』를 통해서 공자가 怨을 인정했던 상황을 정리하면 다음의 세 가지로 요약할 수 있다. **첫째**, 仁道를 위반함에 대한 怨이다. 공자가 "원망을 숨기고 그 사람과 벗하는 것을 左丘明이 부끄러워하였는데, 나 또한 이를 부끄러워한다."[137]라고 말한 것은, 확실히 원망해야 할 사람에 대해서는 원망을 해야 한다는 것이다. 공자는 또 "直으로써 怨에 보답하고, 德으로써 德에 보답하라."[138]고 한다. 이것은 정신적인 자아굴욕에 반대하는 것이다. 공자는 분명하게 "군자에게도 증오가 있다."[139]라는 점을 긍정한다. 이러한 증오 역시 怨에 포함된다고 할 수 있다. **둘째**, 불량한 정치에 대한 怨이다. 공자는 "수고할 가치가 있는 것을 택해서 수고롭게 하면 누가 원망하겠느냐."[140]라고 말한다. 이는 통치자가 民力을 아끼면서 백성을 부린다면 백성은 원망하지 않을 것이라는 말이다. 만약 통치자가 수고할 만한 가치가 없는 것을 택해서 수고롭게 한다면 백성이 원망하는 것은 당연한 것이다.

---

137) 『論語』「公冶長」24: 子曰 巧言令色足恭 左丘明恥之 丘亦恥之 匿怨而友其人 左丘明恥之 丘亦恥之.

138) 『論語』「憲問」36: 或曰 以德報怨 何如 子曰 何以報德 以直報怨 以德報德.

139) 『論語』「陽貨」24: 子貢曰 君子 亦有惡乎 子曰 有惡 惡稱人之惡者 惡居下流而訕上者 惡勇而無禮者 惡果敢而窒者.

140) 『論語』「堯曰」1: 擇可勞而勞之 又誰怨.

셋째, 군자가 人道를 행하는 길에 좌절과 타격을 받았을 때에도 怨할 수 있다. 예를 들어 그의 자랑스러운 제자 顔淵이 죽은 후 공자는 "아, 하늘이 나를 버리는구나! 하늘이 나를 버리는 구나!"[141]라고 그 비통과 원망의 감정을 표현한다. 공자를 喜怒와 好惡가 없는 至聖先師라 표현한 것은 후대에 의해 왜곡된 형상이다. 천하를 자기의 임무로, 仁을 행함을 일생의 사명으로 여긴 공자는 정감이 풍부하고 애증의 감정이 강렬한 사람이었다. 그가 季氏의 八佾舞 사건이나 旅於泰山 사건을 견책한 것도[142] 강력한 怨의 일종이다. 이와 달리 堯시대의 정치를 찬미함에 있어서는 열정이 넘치는 사랑으로 이를 표현하기도 한다.[143]

개인의 능동성을 높이 평가한 공자는 인간의 사랑과 원망의 감정을 부정하지 않는다. 다만 이런 감정을 仁의 요구에 부합하고 禮의 규범에서 벗어나지 않기를 요구한다. 仁에서 발생하고 禮에 부합되는 정감 표현은 완전히 합리적이며 정당할 뿐만 아니라 숭고한 것으로 이해한다. 공자의 '詩可以怨' 사상은 이런 기준을 기초로 한다. 공자는 仁을 바탕으로 한 인간의 정감 표현의 정당성·합리성을 긍정하는 동시에, 시[樂]가 바로 인간의 정감을 표현하는 중요한 수단 가운데 하나임을 인정한 것이다. 또한 인간의 정감 가운데 하나인 怨에 사회적 내용과 의의를 포괄시킴으로써, 樂의 사회미학적 성격을 더욱 강화하는 계기를 마련해 주었다.

---

141) 『論語』「先進」8: 顔淵死 子曰 噫 天喪予 天喪予.

142) 『論語』「八佾」1: 孔子謂季氏 八佾 舞於庭 是可忍也 孰不可忍也./6: 季氏 旅於泰山 子謂冉有曰 女弗能救與 對曰不能 子曰 嗚呼 曾謂泰山不如林放乎.

143) 『論語』「泰伯」19: 子曰 大哉 堯之爲君也 巍巍乎唯天爲大 唯堯則之 蕩蕩乎 民無能名焉 巍巍乎其有成功也 煥乎其有文章.

심미이상으로서의 中庸사상

中庸은 공자사상의 기본 원칙이며 공자미학의 심미척도이다. 공자는 그의 중용원칙을 그의 미학에 운용하여 미와 예술의 곳곳에서 상호 대립적 요소를 조화·통일시키고, 일방적으로 어느 한 면을 강조하여 다른 한 면을 부정하지 않는다. 이러한 중용원칙이 심미경계론으로 파악될 때 어떻게 규정할 수 있는가의 문제를 다루는 것이 본 단원의 주제이다. 본론에 앞서 '경계론'의 의미부터 파악해 보자. 先秦시대의 여러 가지 전적 중『莊子』에서 지금 우리가 쓰고 있는 '경계' 개념과 관련된 몇 가지 단서들을 발견할 수 있다.[144]

발자취는 제후들의 국경에 접한다./번거로울지 모르나 境內의 일을 맡아 주시오./감히 되(升)나 말(斗)을 가지고 境 내에 들어오지 못하

---

144) 본서가 유가미학에 관한 연구인데『莊子』의 내용을 가지고 개념 파악에 이용하는 것은 모순이라고 생각할 수도 있다. 그러나 현대의 동양미학에 관한 용어들이『장자』에서 많이 파생되었으며, 경계론은 장자미학의 연구를 통해 확고하게 자리 잡았다고 할 수 있다. 그것은 장자철학이 미학의 특수성인 감성과 직관의 문제와 잘 통하기 때문이다.

였다.[145)

그러므로 한 관직을 맡을 능력밖에 없거나 한 지방에서 칭찬받을
행위밖에 하지 못하거나 한 임금을 섬길 덕망밖에 없어서, 그 나라
에서만 알아주는 사람들도 각자 스스로 우쭐해 있는 것이 마치 이
작은 새와 같다. 그러나 宋榮子는 이런 사람들을 가소롭게 생각하
였다. 온 세상이 그를 칭찬하여도 우쭐해지는 일이 없었고, 온 세
상이 그를 비난해도 기죽는 일이 없었으니, 이는 그가 자신과 세상
이 다름을 정확히 알고 있었고, 영예와 치욕의 경계(境)를 확실히
구분하고 있었기 때문이다.[146)

　　위의 인용문 중에서 전자의 境은 '토지의 경계'를 가리키는 것이며,
후자의 境은 어떤 의미를 구분하는 '경계선'이라는 뜻으로 쓰였다.
'영예와 치욕의 경계'는 각각 별도로 구분되는 '영예의 영역'과 '치욕
의 영역'으로 해석할 수 있다. 구분하고 나누는 이 경계선에 의해 각
각의 세계가 구성되므로, 후자에서 말하는 송영자의 '영예와 치욕의
경계'는 세상 사람들의 '영예와 치욕의 경계'와는 다른 것임을 알 수
있다. 결국 여기서의 境의 의미는 어떤 추상적 세계를 상정해 놓고,
그것을 분별해 내기 위해서 설정해 놓은 경계선을 의미하는 것이다.
그러나 그것은 각 개인의 정신적·수양적·가치적 차원에서 달라지
는 것이라는 것을 유추할 수 있다. 또한 北宋 때의 郭熙(1023~1085)는
다음과 같이 경계를 말하고 있다.

　　시는 형체 없는 그림이요, 그림은 형체 있는 시이다. 哲人들도 이
말을 많이 하는데 우리들이 스승으로 삼는 바이다. 내가 한가한 날
晉·唐 및 古今의 시들을 읽어 보았는데 그중의 좋은 글귀들은 사

---

145) 『莊子』「胠篋」: 足迹接乎諸侯之境./「秋水」: 願以境內累矣./「田子方」: 斛不敢入於四境.

146) 『莊子』「逍遙遊」: 故夫知效一官 行比一鄕 德合一君而徵一國者 其自視也亦若此矣 而宋榮子猶然笑之
　　且擧世譽之而不加勸 擧世非之而不加沮 定乎內外之分 辨乎榮辱之境 斯已矣.

람들의 중요한 일들을 다 말하고, 사람들의 눈앞의 정경을 다 그려
내고 있었다. 그러나 조용하고 한가롭게 앉아서 밝은 창 깨끗한 안
석과 향로를 지피고 만 가지 시름을 제거하지 않는다면, 좋은 글귀
와 좋은 뜻을 볼 수 없으며, 그윽하고 아름다운 정취를 생각해 낼
수 없다. 그림에 意를 주로 함이 어찌 쉽게 미칠 수 있겠는가? 境界
가 이미 무르익고 마음과 손이 이미 호응하여야 바야흐로 종횡이
법도에 들어맞고, 좌우가 근본에 들어맞는 것이다.[147]

이것은 화가가 詩情과 畵意를 듬뿍 담은 고품격의 작품을 그려 내
려고 한다면, 그에 상응하는 고차원의 정신적 경계가 호응해야 함을
강조한 말이다. 다시 말하면 예술가의 창작과정 중에서 길러지는 정
신세계, 즉 '심미적 경계'가 높게 형성되어야 좋은 작품을 제작할 수
있다는 말이다. 이러한 경계에 관한 미학 범주는 후대에도 많은 사람
들에 의해 어떤 때는 '① 화면구성의 층차적 구성경계'를 의미하기도
하고, 어떤 때는 '② 인생의 경험세계 및 정감세계가 情景과 교융한
예술세계'를 가리키기도 하였으며, 어떤 때는 '③ 감성적인 예술심미
경험으로부터 인생의 哲理를 깨달음'을 나타내기도 하였다. 이 '경계'
의 개념은 많은 학자들에 의해 '意境'의 개념과 같은 의미로 사용되어
왔다.[148] 葉朗의 意境說은 이에 대한 심층을 잘 보여 준다.

意境說의 精髓를 한마디로 말한다면 그것은 "境은 象 밖에서 생긴
다(境生于象外)."라는 것이다. 예술가의 심미대상은 象이 아니고 境
이다. 境은 虛와 實의 통일이다. 그러므로 意境의 범주는 일반적
예술형상의 범주(意象)와는 다르다. '의경'은 意象이지만, 그러나
어떠한 '의상'도 모두 '의경'이 되는 것은 아니다. '의경'의 내함은

---

147) 郭熙, 『林泉高致』「畵意」: 詩是無形畵 畵是有形詩 哲人多談此言 吾人所師 余因暇日閱晉唐古今詩什 其
　　中佳句 有道盡人腹中之事 有裝出人目前之景 然不因靜居燕坐 明窓淨几 一炷爐香 萬慮消沈 則佳句好
　　意 亦看不出 幽情美趣 亦想不成 卽畵之主意 亦豈易及乎 境界已熟 心手已應 方始縱橫中度 左右逢原.
148) 이에 대해서는 葉朗의 『中國美學史大綱』 제4편 「中國近代美學」에 자세히 소개되어 있다.

‘의상’의 내함보다 풍부하다. ‘의경’은 ‘의상’이 가지고 있는 공동적 일반규정을 포함하고 있을 뿐만 아니라, 자기의 특수한 규정을 포함하고 있다. 바로 이렇기 때문에 ‘의경’은 중국 고전미학의 독특한 범주인 것이다.[149]

여기서 葉朗은 唐나라 때 劉禹錫의 “境은 象 밖에서 생긴다(境生于象外).”는 이론을 받아들여 ‘意境’과 ‘意象’을 구분하고 ‘의경’이 ‘의상’보다 한 차원 높은 심미경계임을 밝히면서, 그것이 바로 동양미학의 독특한 범주라고 파악한다. 또한 李澤厚는 ‘意境’이란 두 개의 범주가 통일된 것으로, 意는 情과 理의 통일이며, 境은 形과 神의 통일이라고 말하고, 情·理·形·神이 서로 滲透하고 제약하는 관계 속에서 ‘意境’ 형성의 비밀을 찾아낼 수 있다고 말한다.[150] 이 외에도 경계에 대한 논의를 한 학자는 많지만 儒家美學的 관점에서 볼 때 馮友蘭의 境界論이 유학적 체계에 근접한다고 볼 수 있다.

馮友蘭(1895~1990)은 자신의 저술과 철학생애 중 특별히 경계의 이론에 애착을 보였으며, 이를 자신의 철학 중 가장 의미 있고 성과 있는 부분으로 自評한 적이 있다.[151] 그는 「新原人」에서 체계적인 경계 이론을 전개한다.

우주와 인생에 대한 사람들의 깨달음의 정도는 다를 수 있다. 따라서 우주와 인생이 사람들에 대해 갖는 의의도 또한 다르다. …… 이처럼 우주와 인생이 사람들에게 각기 다른 의의를 지니므로, 사람들은 각각 모종의 경계를 구성하게 된다. …… 사람들이 각각의 세계가 있다고 하는 것은 佛家의 형이상학설에 근거를 두고 있다.

---

149) 葉朗, 『中國美學史大綱』, 上海人民出版社, 2001, 621쪽 참조.

150) 李澤厚, 『美學舊作集』, 天津社會科學院出版社, 2002, 302쪽 참조.

151) 馮友蘭, 『中國哲學史』, 北京大學出版社, 1994, 374쪽 참조.

> 그러나 하나의 '公共의 세계'에서 사람들이 각자의 경계가 있다고
> 한다면, 꼭 佛家의 형이상학에 근거를 두지 않아도 된다. 우리가
> 말하는 존재론의 입장에서 보자면 하나의 공공의 세계가 있다. 그
> 러나 사람에 따라서 이 공공의 세계에 대한 깨달음이 서로 다르기
> 때문에, 각 사람들이 이 공공의 세계에 대해 갖는 의의 역시 서로
> 다르다. 따라서 이 공공의 세계에서 각 사람들은 서로 다른 경계를
> 갖는다.152)

풍우란의 경계론은 모든 사람들에게 통하는 하나의 '공공의 세계'를 전제로 하고 있다. 그가 말하는 하나의 공공의 세계는 '객관'이라 할 수 있는 것이고, 그 세계에 부여하는 각각의 의의는 주관적인 것이므로 주관에만 근거를 둔 佛家의 경계론이나, 공공의 세계에 관한 동일한 의의를 전제로 하는 상식에 비해, 그의 경계론은 주·객관적인 요소를 두루 갖춘 이론이라고 주장할 수 있는 근거를 마련했다고 할 수 있다.

> 佛家는 각각의 사람들에게 공공의 세계가 없다고 생각하고, 상식은
> 각각의 사람들이 모두 하나의 공공의 세계에 살고 있으며 그 보이
> 는 세계와 그 속의 사물들이 각 사람들에 대해 갖는 의의도 또한
> 동일하다고 생각한다. 나의 생각에 따르면, 사람들에게 보이는 세
> 계와 그 속의 사물들은 비록 공공의 것이지만, 그것들이 각각의 사
> 람들에 대해 갖는 의의가 반드시 같을 필요는 없다. …… 따라서
> 내가 말하는 경계는 주관적인 요소가 있기는 하지만 그렇다고 완
> 전히 주관적인 것은 아니다.153)

풍우란의 경계론은 불가의 이론과 달리 최소한 객관세계나 객관사물의 존재 근거를 확보하는 동시에, 상식과는 달리 세계관을 구성

---

152) 馮友蘭, 『三松堂全集』第4卷, 「新原人」, 河南人民出版社, 1986, 549쪽.

153) 馮友蘭, 『三松堂全集』第4卷, 「新原人」, 河南人民出版社, 1986, 550쪽.

하는 주관의 의의도 충분히 긍정하는 뛰어난 이론이라고 할 수도 있
다. 그리고 이런 의미에서 그의 경계론이 지금까지도 상당한 영향력
을 발휘하고 있음도 사실이다. 그렇다면 풍우란이 말하는 各人들의
경계 혹은 우주와 인생에 대한 깨달음의 정도는 어떤 기준으로 평가
될 수 있는가? 풍우란은 그가 제시한 경계에 대하여 두 가지 표준을
제시한다. 경계에는 '높고 낮음(高低)'과 '길고 짧음(久暫)'이 있다는
것이다.

> 경계에는 높고 낮음(高低)이 있는데, 이 높고 낮음의 구별은 어떤
> 경계에 도달하는 데 필요한 깨달음의 많고 적음이 그 표준이 된다.
> 깨달음이 많이 필요한 것을 경계가 높다고 하고, 깨달음이 적게 필
> 요한 것을 경계가 낮다고 한다.[154]

> 경계에는 길고 짧음(久暫)이 있는데, 이는 곧 사람의 경계는 변화가
> 있을 수 있음을 말하는 것이다. 앞에서 사람에게는 道心이 있고 또
> 한 人心과 人欲이 있다고 한 것은(서경에서) "人心은 위태롭고 道
> 心은 은미하다."고 함을 말한 것이다. 사람의 깨달음이 어느 순간
> 어떤 정도에 도달하게 되면 그는 어떤 경계를 가질 수 있게 된다.
> 그러나 인욕에 얽매이기 때문에 그가 어느 순간 이러한 경계를 가
> 졌다고 하더라도 항상 이러한 경계에 머물 수는 없다. 사람의 깨달
> 음이 어떤 경계에 도달했다면, 이 경계를 유지하기 위하여 본래 또
> 다른 노력이 필요하며, 그리해야 항상 이러한 경계에 머무르게 되
> 는 것이다.[155]

경계의 이론에서 논의가 가능한 문제는 사실 자체에 관한 것이 아
니다. 사실과 사실에 부여하는 의의가 서로 결합하여 경계를 구성하
므로, 사람마다 각기 다른 경계가 있다. 사실의 인식에 관해서는 是非

를 논할 수 있겠지만, 경계는 사실과 사실에 부여하는 의의, 즉 평가가 결부된 것이기 때문에, 是非는 경계를 판단하는 기준이 될 수 없고 '高低'나 '久暫'이 중요한 표준으로 제시될 수 있다. 이것이 풍우란 경계론의 요지이다.

풍우란이 제시한 경계의 판단표준은 是非가 아니라 '高低'이다.156) 그리고 경계의 최상 층위를 유지하기 위하여 그가 제시한 '久暫'의 표준은 수양의 의미가 있다. 그런데 풍우란이 제시한 '久暫'의 표준은 하나의 공공의 세계라는 전제 아래서만 의미가 있는 것이다. 만일 사물과 의의가 전혀 분리된 것이 아니거나, 의의를 떠난 세계가 타당하게 상정될 수 없다면, 풍우란의 경계론 역시 동양미학 전반의 경계론을 포괄하기에는 한계가 있음을 의미한다. 진정한 경계는 사물과 의의가 결합된 것이어야 하며, 일단 높은 경계에 도달하면 오래(久) 유지될 수 있는 것이어야 한다. 따라서 높은 경계를 유지하기 위한 별도의 노력도 필요 없게 되는 것이다.157) 그래야만 공자나 맹자가 말한 說樂의 경계가 영원히 바라보기만 할 뿐 결코 도달할 수 없는 유토피아에 불과한 것이 아닌, 우리도 도달할 수 있는 현실적 최고 심미인생경계가 될 수 있는 것이다. 이것은 경전에 대한 맹신적 태도를 가지고 하는 말이 아니다. 적어도 경전은 수천 년 동안 인류역사를 통해 검증되어 온 진

---

156) 동양미학의 경계론을 논함에 특별히 是非를 止揚하게 되는 이유는 무엇일까? 기타의 표준들은 수많은 사물들의 다양한 양상들을 보여 줄 수 있고, 사물들 간의 미묘한 정도의 차이를 표현할 수도 있다. 그러나 是非는 비록 가장 명확한 표준이기는 하지만, 단지 두 가지 얼굴밖에 없는 단순하고 유치한 표준이라는 점 때문이다. 옳음(是)과 대비되는 그름(非)은 아무런 의의를 부여받지 못하고 어둠 속에 놓이게 된다. 시비라는 표준은 세계의 절반을 적막 속에 버려두고 그 나머지 절반으로만 만족하는 단순한 표준인 것이다. 大는 크다는 의의가 있고, 小는 작다는 의의가 있다고 할 수 있지만, 非가 그른 의의가 있다고 할 수는 없다. 비록 그른 것이 각성과 개선의 계기를 제공해 줄 수 있다 하더라도, 이것은 각성과 개선에 부여되는 의의이지 非 자체에 부여되는 의미는 아니다. 높은(高) 정도, 아름다운(美) 정도, 좋은(善) 정도는 다양한 층의 양상들을 구성해 낼 수 있지만, 是와 非는 단지 두 가지 층의 양상밖에 구성해 내지 못한다(이상우, 『동양미학론』, (주)시공사, 2002, 36쪽 참조).

157) 이상우, 『동양미학론』, 시공사, 2002, 27~35쪽 참조.

리이기에, 인류 모두에게 신뢰를 주고 객관적 기준을 제시해 줄 수 있는 자격을 갖추고 있다는 차원에서 그렇다는 말이다.

세속의 관점에서 보면 우리가 아는 聖人들은 큰 고통 속에서 살았던 것처럼 보이겠지만, 사실 그들은 우리가 짐작조차 할 수 없는 큰 열락 속에서 살았던 인물들이다. 최고의 인생경계는 어떠한 쾌락으로도 대신할 수 없는 說樂, 至樂, 無憂의 상태에 도달함을 의미한다. 세속적인 표준들에서 벗어날수록 집착이 적어지며, 이때 우리의 심령은 어디에도 얽매이지 않는 열락적 자유경계를 유지하게 된다. 오로지 세속적 물욕에 빠져 버린 사람들은 이를 이해하지 못하고 지극히 고통스러운 것으로 여기겠지만, 조금이라도 깨어 있는 사람들은 모두 이를 아름다운 삶으로 느낄 수 있으며 그러한 삶의 경계를 지향할 것이다.

1) 중용적 인격함양의 說樂경계

공자미학에서 강조하는 가장 두드러진 境界論의 특징 중에 하나는 심미적 說樂경계라고 말할 수 있다. 說은 '기쁨', 樂은 '즐거움'이니 說樂이란 '기쁨과 즐거움'을 뜻하는 말이다. 공자미학의 열락경계는 감각을 통한 단순한 감성적 열락에 그치는 것이 아니다. 그것은 인생가치의 최고경지에서 얻어지는 중용적 열락경계이다. 이제 그 세부내용에 대해서 『논어』「學而」에서부터 탐구를 시작한다.

공자가 말했다. "배우고 때로 익히면 또한 기쁘지 아니한가."158)

---

158) 『論語』「學而」1: 子曰 學而時習之 不亦說乎.

『논어』의 첫 장 첫 구절은 학습의 즐거움을 말하는 것으로 시작된다. 그 학습의 구체적인 내용은 무엇일까? 우리는 중·고교시절, 잘 몰라 헤매던 수학이나 영어문제를 오랜 궁리 끝에 풀어 정답을 얻게 되었을 때의 희열감을 맛본 적이 있다. 그것은 분명 학습의 즐거움이다. 그래서 漢·唐의 『논어』 주석가들은 학습의 대상을 六藝, 곧 여섯 개의 교과목인 '禮, 樂, 書, 數, 射, 御'라고 풀이한다. 그렇지만 그 '육예'에 대한 지식을 습득하려는 목적이 무엇인지에 주목하면 『논어』 첫머리에서 말하는 학습의 내용은 군자가 되기 위한 실천적 행위라는 사실을 쉽게 찾을 수 있다. 즉 여기서의 학습은 일차적으로는 지식을 구하는 것이지만, 궁극적으로는 자신을 수양하는 것, 즉 修身이라 할 수 있다. 哀公이 공자에게 "누가 好學하느냐?"고 물었을 때, 顔淵이 "성냄을 옮기지 아니하고 같은 잘못을 두 번 다시 하지 않는" 인물이라는 이유로, 공자는 유독 안연만을 '호학'이라고 일컬었는데,[159] 바로 여기에서 學의 의미가 修身에 있음을 알게 한다.[160]

學은 본받는다는 뜻이다. 사람의 性은 모두 善하나 그것을 깨달음에는 先後가 있다. 뒤에 깨닫는 자는 반드시 선각자가 하는 것을 본받아야만 善을 밝혀서 그 본래의 善性을 회복할 수 있다. 習은 거듭 익히는 것으로, 새가 자주 날갯짓을 해야 나는 것처럼 배우기를 그치지 않고 마치 새가 자주 나는 것을 익히는 것과 같이 하는 것이다. 說(열)은 기쁨이다. 이미 배우고 또 때때로 그것을 익힌다면 배운 것이 익숙해져서 마음속에 희열을 느껴 그 진전이 스스로 그만둘 수 없게 한

---

159) 『論語』 「雍也」 2: 哀公 問弟子孰爲好學 孔子對曰 有顔回者好學 不遷怒 不二過 不幸短命死矣 今也則亡 未聞好學者也.

160) 안재순, 「기쁨과 즐거움, 그리고 군자」, 『동아시아 문화와 사상』 제1호, 동아시아문화포럼, 1998, 240~241쪽 참조.

다.[161] 習은 거듭 익히는 것이다. 때로 반복하여 演繹的으로 생각하여 가슴속에 무젖게 하면 기쁨에 이른다. 배운다는 것은 장차 그것을 행하려는 것이니, 때로 익힌다면 배운 것이 나에게 존재하므로 기쁘게 된다.[162] 學과 習을 아우른 것이 우리말의 '배움'이다. 그것은 '배게 한다'는 말로 앞에서 말한 무젖게 한다는 말과 통한다. 그리고 그것은 군자가 되기 위한 '덕성의 실천적 행위'라는 의미를 강렬하게 내포하고 있다. 군자가 되기 위한 학습이니 어찌 기쁘지 않을 수 있겠는가!

벗이 먼 곳으로부터 찾아오니 또한 즐겁지 아니한가.[163]

학습을 통해 참된 나의 모습과 만나는 기쁨을 『중용』에서는 '자기를 완성함', 즉 '成己'[164]라고 표현한다. 그런데 인간은 '人間'이라는 낱말적 의미에서 보듯이 자기 혼자서만 살아갈 수는 없다. 사람은 사람 사이에서 그 존재의 의의가 살아나기 때문에, 사람 사이를 매끄럽게 하기 위한 모든 노력이 수반되지 않으면 안 된다. 따라서 참된 학습은 자기를 완성하는 데서 그치는 것이 아니라, 남을 완성하는 데까지 이르러야 한다. 그것을 『중용』에서는 '대상의 세계를 완성함', 곧 '成物'[165]이라고 한다. 이것은 "친구가 먼 곳으로부터 찾아오니 또한

---

161) 『論語集註』「學而」1: 學之爲言 效也 人性皆善 而覺有先後 後覺者必先覺之所爲 乃可以明善而復其初 也 習鳥數飛也 學之不已 如鳥數飛也 說喜意也 旣學而又時時習之 則所學者熟而中心喜說 其進 自不 能已矣.

162) 『論語集註』「學而」1: 習重習也 時復思繹 浹洽於中 則說也 又曰 學者 將以行之也 時習之 則所學者在 我 故說.

163) 『論語』「學而」1: 有朋自遠方來 不亦樂乎.

164) 『中庸』〈第25章〉: 成己 仁也 成物 知也.

165) 『中庸』〈第25章〉: 誠者 非自成己而已也 所以成物也 成己 仁也 成物 知也 性之德也 合內外之道也 故

즐겁지 아니한가.”와 서로 통한다. 여기서 친구는 나와 뜻을 같이하
는 자이다. 그 친구가 멀리서 오는 까닭은 나의 德이 그에게 영향을
주기 때문이다. 뜻이 맞는 친구와의 만남은 서로 즐겁기 마련이다. 학
습의 즐거움, 곧 說이 나의 내면적인 기쁨이라면, 여기서의 즐거움은
나의 내면적인 기쁨을 남과 함께하는 기쁨(樂)이다. 나 혼자만이 기쁨
을 독차지하지 않고, 남도 이 기쁨을 맛볼 수 있도록 도와주는 것, 이
것이 朋來之樂의 의미이다.166) 그래서 程子는 “善을 남에게 미치게 하
여 믿고 따르는 자가 많으므로 즐거울 수 있다.”167)고 말한다. 요컨대
학습의 즐거움이 對自的인 것이라면, ‘朋來之樂’은 對自와 對他의 화합
적 즐거움인 것이다.

> 남이 나를 알아주지 않더라도 화나지 않는다면 또한 군자가 아니
> 겠는가!168)

  학습을 통해 나의 德性을 키우고, 그것을 바탕으로 남과의 관계성
을 매끄럽게 하는 것, 그래서 살맛이 나는 만남의 관계를 맺는 것이
「學而」 편 첫 장 두 구절의 의미였다. 우리의 관계를 위해 나를 숙이
는 일은 매우 중요하다. 그러나 화합이 중요하다고 해서 나의 주체를
버리고 맹목적으로 남과 화합하는 것은 화합이 아니라 附和雷同이다.
화합이란 다양한 개별자의 주체성을 전제로 하고 있다. 다양성이 존
재하지 않는 것은 획일적인 ‘같음’이지 화합이 아니다. 이 세 번째 구

時措之宜也.

166) 안재순, 「기쁨과 즐거움, 그리고 군자」, 『동아시아 문화와 사상』 제1호, 동아시아문화포럼, 1998, 244쪽
　　　참조.

167) 『論語集註』「學而」1: 程子曰 以善及人 而信從者衆 故可樂.

168) 『論語』「學而」1: 人不知而不慍 不亦君子乎.

절은 바로 주체를 지닌 인간이 군자의 모습임을 말해 주고 있다.

배움은 나에게 있고, 알아주고 알아주지 않는 것은 남에게 있으니 서운해할 일이 없다. 비록 남에게 미치는 것을 즐거워하나 옳음을 인정받지 못하더라도 서운함이 없어야 君子라고 할 수 있다. 남에게 미쳐서 즐거운 것은 順이라서 쉽고, 알아주지 않는 데도 서운해하지 않는 것은 逆이라서 어렵다. 그러므로 오직 德을 이룬 君子만이 할 수 있는 것이다. 그러나 德이 이루어지는 까닭은 또한 배움이 바르고 익힘이 충분하고 기뻐함이 깊고도 그침이 없는 데에 연유할 뿐이니,[169] 남이 알아주고 알아주지 않는 것에 관심 가질 필요가 없는 것이다.

지금까지 살펴본 『논어』「學而」편의 내용이 說－樂－君子의 단계적 구조로 시작되고 있는 것에 우리는 주목해야 한다. 이것은 『논어』가 지향하는 이상적인 인간상은 군자이며, 그 군자가 깃들어 사는 바람직한 세계는 심미적 '열락경계'임을 보여 주는 것이다. 이러한 공자미학의 열락경계는 사람들로 하여금 즐거이 仁을 행하게 하는 예술을 통해서 한 차원 더 높아진다. 이러한 내용은 그의 '遊於藝' 사상에 집약되어 나타난다.

道에 뜻을 두었다면, 德에 근거하고, 仁에 의지하며, 藝에서 노닐라.[170]

이 말은 군자가 어떻게 자신을 하나의 완전한 사람으로 이루어 내는가에 대해서 약술한 공자의 가르침으로 이해된다. 이 글귀는 다음

---

169) 『論語集註』「學而」1: 尹氏曰 學在己 知不知 在人 何慍之有 程子曰 雖樂於及人 不見是而無悶 乃所謂 君子 愚謂 及人而樂者 順而易 不知而不慍者 逆而難 故惟成德者能之 然 德之所以成 亦由學之正 習之 熟 說之深而不已焉耳.

170) 『論語』「述而」6: 子曰 志於道 據於德 依於仁 游於藝.

과 같이 번역할 수도 있다. "道의 터득을 그 지향하는 바로 삼는다면, 먼저 德에 근거해야 하며, 그다음으로 仁에 의지해야 하며, 마지막으로 각종 藝에서 노닐어야 한다." 이것은 이미 앞에서 살펴본 說－樂－君子로 이루어지는 공자미학의 열락경계구조와 완전히 일치하는 말이다. 德에 근거한 學習은 기쁨(說)을 가져다주고, 仁에 의지한 실천은 즐거움(樂)을 가져다주며, 藝에서 노니는 군자는 절대적 경계에 도달한 진정한 열락군자이다. 여기서 말한 '遊於藝'의 藝란 현재 우리가 말하는 예술만을 지칭하는 것은 아니지만 예술은 중요한 자리를 차지한다. '遊於藝'의 藝란 何晏에 따르면 六藝, 즉 禮, 樂, 書, 數, 射, 御이다.[171] 公安國과 鄭玄의『논어』다른 편에 나오는 藝라는 어휘에 대한 주해와 공자의 말을 고려해 볼 때, 기본적으로 藝는 六藝를 가리킴이 정확하다 할 것이다.[172] 그러한 藝는 德에 근거하고 仁에 의지한 藝여야 한다. 德과 仁이 빠져 버린 藝는 한갓 잡기에 불과하다. 우리는 六藝의 하나인 書의 藝에 대한 정의를 통해서 '遊於藝'에 대한 이해를 좀 더 넓힐 수 있다.

> 서예는 서예다. 서예는 書의 道와 書의 法을 구체적으로 통일·실현하는 書의 藝다. 서예는 시각 중심적 조형 활동의 가장 기저가 되는 공간형식을 배경 삼아, 知·情·意가 일체화된 열린 마음으로서의 純粹主觀本體心이 서사도구와 서도, 서법과의 합일로 이루어내는 문자 쓰기 행위과정에 순간순간의 일회성적 시간형식을 개입시켜 當場의 自己眞情의 개성과 자유를 표현하는 문자 쓰기 조형예술이다.[173]

---

171) 『論語集解』「述而」6: 何晏曰 藝六藝也.

172) 權德周·金勝心 共譯, 李澤厚·劉綱紀 主編, 『中國美學史』, 대한교과서주식회사, 1993, 134쪽 참조.

173) 송하경, 『서예미학과 신서예정신』, 도서출판 다운샘, 2000, 232쪽.

여기서는 서예를 知·情·意가 일체화된 純粹主觀本體心을 통해서 自己眞情의 개성과 자유를 표현하는 예술이라고 말한다. 다시 말하면 知·情·意가 일체화된 純粹主觀本體心이 문자 쓰기를 하는 표현의 場에서 노니는 것이 서예라는 말이다. 이러한 정의 역시 '遊於藝'의 일면을 이해하는 데 큰 도움을 준다.

공자가 말한 '遊於藝'의 藝는 그 물질적 기교를 숙련·파악한다는 측면에서 강조하고 있으며, 모든 물질적 기능의 파악에는 자연의 합규율성에 대한 이해와 운용이 포함되어 있다. 이러한 기능에 대한 숙련과 파악은 자유감각을 가지게 되는 기초가 되며, 섭렵의 의미를 가지는 동시에 일종의 자유감각 또는 자유의 희열과 같은 의미를 함축하고 있다. 이것은 바로 공자가 터득한 '從心所慾不踰矩'174)의 경계와 상통하는 것이다. 공자가 '遊於藝'를 강조한 것은 그저 예술의 윤리 도덕적 역할만을 강조하는 것과는 다르다. 공자는 인간의 전면적인 발전에 대한 요구, 즉 인간은 마땅히 객관세계를 제어하는 규율성 중에서 심신의 전면적인 자유를 얻어야 함을 주장하고, 또한 예술이 인간의 전면적인 인격을 실현한다는 이상에 대한 예술의 역할을 설명하였던 것이다.

공자의 "나는 點과 뜻을 같이한다."는 그 유명한 대화는 '遊於藝'의 사상을 형상적으로 표현하고 있다. 이것은 공자가 추구하는 '治國平天下'의 최고 경지와 개인의 인격과 인생자유의 최고경계, 이 두 가지를 거의 동일시하고 있음을 보여 준다.

---

174) 『論語』「爲政」4: 子曰 吾十有五而志于學 三十而立 四十而不惑 五十而知天命 六十而耳順 七十而從心
　　所欲不踰矩.

子路, 曾晳, 冉有, 公西華가 (공자를) 모시고 앉았는데, 공자께서, "내가 너희들보다 약간 나이를 더 먹었다지만 그렇다고 해서 나이로써 대하지 마라." 하시며, "평상시에 너희들이 말하기를 '나를 알아주지 않는다' 하니, 만일 너희를 알아준다고 하면 어찌하겠느냐?" 자로가 급히 대답하여 말하기를, "千乘의 나라가 큰 나라 사이에 끼여서 군대로 핍박을 더하고, 이로 인해 기근까지 겹치더라도 제가 다스리면 3년 만에 백성들을 용맹하게 하고, 방도를 알게 하겠습니다."라고 했다. 공자께서 빙그레 웃으셨다. "求(염유)야, 너는 어떠하냐?"라고 물으니 대답하여 말하기를, "사방이 육칠십 리 혹은 오륙십 리 되는 곳에서 제가 다스리면 3년이면 백성을 족하게 하려니와, 그 禮와 樂은 군자를 기다리겠습니다."라고 했다. "赤(공서화)아, 너는 어떻게 하겠느냐?"라 하니 대답하여 이르기를, "할 수 있다고 말할 수 없으니 배우기를 원합니다. 종묘의 일과 회합이 있을 때면 玄端服을 입고 章甫冠을 쓰는 작은 집례자가 되기를 원합니다."라고 했다. "點(증석)아, 너는 어찌하겠느냐?"라고 물으니 비파를 잠시 그치고 댕그렁 내려놓으며 일어나 대답하기를, "세 사람이 대답한 것과는 다릅니다."라고 했다. 공자께서 "무엇이 나쁘겠느냐? 또한 각각 자기의 뜻을 말하면 된다."라고 하셨다. "늦봄에 봄옷이 이루어지면 관을 쓴 五六人과 동자 六七人으로 沂水에서 목욕하고 舞雩에서 바람 쐬고 노래하며 돌아오겠습니다."라고 했다. 공자께서 감탄하시며 말씀하시기를, "나는 點(증석)과 같이 하겠다."라고 하셨다.[175)]

공자가 무엇 때문에 유독 "點과 함께하겠다." 했는지에 대하여 예로부터 지금까지 이론이 분분하나 그중 가장 뛰어나고 근접한 해석은 주자의 『集註』라 할 것이다.[176)] 주자의 해석을 보자.

---

175) 『論語』「先進」25: 子路曾晳冉有公西華侍坐 子曰 以吾一日長乎爾 毋吾以也 居則曰不吾知也 如或知爾 則何以哉 子路率爾而對曰 千乘之國 攝乎大國之間 加之以師旅 因之以饑饉 由也爲之 比及三年 可使有勇 且知方也 夫子哂之 求 爾 何如 對曰 方六七十 如五六十 求也爲之 比及三年 可使足民 如其禮樂 以俟君子 赤 爾 何如 對曰 非曰能之 願學焉 宗廟之事 如會同 端章甫 願爲小相焉 點 爾 何如 鼓瑟希 鏗爾舍瑟而作 對曰 異乎三子者之撰 子曰 何傷乎 亦各言其志也 曰 莫春者 春服旣成 冠者五六人 童子六七人 浴乎沂 風乎舞雩 詠而歸 夫子喟然 嘆曰 吾與點也.

176) 徐復觀도 그의 『中國藝術精神』 제1장 '제5절 仁과 樂의 통일' 부분에서 朱元晦의 주석이 지금까지의 주석 중 가장 뛰어나다고 인정한다.

증점의 배움은 대개 사람의 욕심이 다하는 곳에 천리의 흐름이 곳
에 따라 충만하여 조금도 흠결이 없음을 보여 주었다. 그러므로 그
생활함에 있어 조용한 모습이 이와 같았으며 그 志를 말하자면 또
한 그 처해 있는 위치에 나아가서 일상의 常道를 즐기는 데 불과하
였다. 처음에는 자기를 버리고 남을 위한다는 뜻이 없었으나, 그
가슴속에 품은 생각이 유연하여 곧바로 천지만물과 더불어 상하가
흐름을 같이하여 각각 그 얻은 바의 오묘함이 은연중에 저절로 말
밖으로 드러났다. 세 사람이 지엽적인 일에 급급해하는 것을 보니
그 기상이 같지 않다. 그러므로 공자께서 감탄하면서 깊이 許與한
것이다.[177]

朱子는 도덕정신의 최고경계, 즉 仁의 정신으로써 曾點이 당시에 나
타냈던 인생경계를 해석하고 있다. 만약 이와 같다면 공자는 무엇 때
문에 오직 顔淵만 "그 마음에 3개월 동안 仁을 어기지 않았다."고 인
정해 주고 증점은 인정해 주지 않았던가? 실제로 주자는 이 문제에
대하여 매우 절실하게 터득하여 이해하려고 노력했는데, 그가 터득하
여 깨달은 것은 바로 증점이 가야금을 타면서 나타낸 "大樂은 천지와
더불어 조화를 함께한다."는 예술경계였으며, 공자가 깊이 감탄한 까
닭도 바로 이런 예술경계에 감동해서였다. 이러한 예술경계는 도덕경
계와 서로 융합할 수 있다. 그러므로 주자는 이 단락의 문의에 따라
이해하면서, 바로 최고의 도덕경계에 대하여 서술하고 있는 것이다.
한 개인의 정신이 최고의 예술경계 속에 깊이 침잠하여 녹아들 때는
物我合一・物我兩忘의 상태로서 '人慾盡處・天理流行・隨處充滿・無少欠
闕'과 같은 말로 묘술할 수 있을 것이다. 그러나 주자의 태도는 객관
적이고 깨달아 이해한 것도 깊고 절실하다. 이리하여 주자가 깨달은

---

177) 『論語集註』「先進」25: 曾點之學 蓋有以見夫人慾盡處 天理流行 隨處充滿 無少欠闕 故其動靜之際 從容
　　如此 而其言志則又不過卽其所居之位 樂其日用之常 初無舍己爲人之意 而其胸次悠然 直與天地萬物 上
　　下同流 各得其所之妙 隱然自見於言外 視三子規規於事爲之末者 其氣象不侔矣 故夫子歎息而深許之.

증점의 人生意境은 '처음부터 자기를 버리고 남을 위하는 뜻도 없음'이었지, '지엽적인 일에 급급해하는 것'은 아니었다. 이것은 또 분명히 '무관심적 관심'의 예술정신이지 실천과 떼어 놓을 수 없는 도덕정신이 아니다. 이로써 예술과 도덕은 최고의 경계에서는 비록 같다 하더라도 본질에 있어서는 다르다는 것을 알 수 있다. 이와 같이 깨달았으면서도 주자가 예술의 경계를 말하지 않은 것은 무엇 때문이었을까? 이에 대한 서복관의 견해는 그 핵심을 찌른다.

> 朱元晦가 실제로 이미 체득하고 깨달았으나 그는 다만 도덕적인 서술만 할 수 있었을 뿐, 이것이 예술적인 인생이라는 것을 토론할 수 없었다. 이것은 공자 및 孔門이 중시했던 예술정신이 일찍이 인멸되고 가려졌기 때문에 결국은 주원회가 이미 그와 같이 다른 점이 있음을 체득하여 깨달았으면서도 오히려 그 정확한 언어표현에는 미치지 못하고 말았던 것이다. 후인들이 분분히 주원회의 이 경계는 佛老의 영향을 받은 것이라고 여기나 진실로 그것은 바보들의 잠꼬대와 같다고 하겠다.[178]

이와 같은 서복관의 견해는 原始儒學이 新儒學이라는 새로운 패러다임으로 자리매김되면서 신유학이 지나친 도덕관념주의로 흘러 버린 것에 대한 질책이라고 볼 수 있다. 공자가 증점의 대답을 따르고자 한 이유는 그가 더욱 깊이 있게 '志於道'와 '遊於藝'의 관계를 피력했기 때문이다. 공자의 제자들이 피력한 자신들의 주장은 평소 스승의 가르침을 이어받아 자신들의 장점을 최대한 발휘해 보리라는 포부를 밝힌 것이다. 그러므로 제자들의 포부에는 공자의 포부와 이상 또한 어느 정도 배어 있을 것이다. 공자에게 있어서 治國의 道는 예악

---

178) 權德周 외 역, 徐復觀, 『중국예술정신』, 동문선, 1997, 47~48쪽.

교화에 있으며, 천하를 다스리는 최고의 경지는 禮樂을 통한 '遊於藝'
의 경지에 도달하는 것이다. 공자가 유독 "沂水에서 목욕하고 舞雩에
서 바람 쐬고 노래하며 돌아오겠다."고 한 증점과 함께하겠다는 뜻을
피력한 것은 유가미학이 최종적으로 지향하는 심미경계를 형상적으
로 보여 주는 것이다. 그것은 자신이 최고의 심미적 열락경계를 터득
하여 향수하게 되면, 그 열락을 노래하며 현실로 돌아와 다시 이웃과
함께함으로써 인생의 심미적 최고경계를 완성하게 됨을 의미한다. 그
것을 默言과 形象美學으로 보여 준 것이 앞의 장면이다. 이와 같이 유
가미학의 장점과 특징은 바로 현실에서도 형이상적 최고의 심미경계
를 향수하고 완성해 낼 수 있다는 데 있다. 이러한 점이 道, 佛家의 미
학과 다른 점이며, 서양미학과도 다른 점이라 할 수 있다. 이와 같은
군자의 열락경계는 다음과 같은 顔回와 孔子에 대한 글에서 그 참모
습을 발견할 수 있다.

> 공자가 말했다. "어질도다. 안회여! 한 그릇의 밥과 한 표주박의 음
> 료로 누추한 시골에 있는 것을 다른 사람들은 그 근심을 견뎌 내지
> 못하는데, 안회는 그 즐거움을 고치지 않으니, 어질도다. 안회여!"179)
>
> 공자가 말했다. "거친 밥을 먹고 물 마시며, 팔베개를 하고 누워 있
> 어도 즐거움은 그 가운데에 있으니, 의롭지 못하고서 부유하고 귀
> 한 것은 나에게 있어서는 뜬구름과 같으니라."180)
>
> 섭공이 자로에게 공자에 대해서 물었는데, 자로가 대답하지 않았
> 다. 그러자 공자가 말했다. "너는 어찌 그 사람됨이 분발하면 먹는
> 것도 잊고, 즐거우면 근심도 잊으며, 늙음이 닥쳐오는 줄도 모른다
> 고 하지 않았느냐?"181)

---

179) 『論語』「雍也」9: 子曰 賢哉 回也 一簞食 一瓢飮 在陋巷 人不堪其憂 回也不改其樂 賢哉 回也.
180) 『論語』「述而」15: 子曰 飯疏食飲水 曲肱而枕之 樂亦在其中矣 不義而富且貴 於我如浮雲.

공자가 궁극적으로 지향하는 세계는 바로 심미적 열락경계이다. 그것은 陋巷之樂, 曲肱之樂, 發憤忘食之樂의 경계이며, 이러한 경계는 공자가 '從心所欲不踰矩'를 이룬 인생 최고경지에서만이 누릴 수 있는 심미적 최고경계를 의미하는 것이다. 이러한 경계에 도달한 공자는 영원한 열락적 자유경계에서 노니는 진정한 군자가 되었음을 의미한다. 이것이 바로 공자의 '中庸的 人格涵養의 說樂境界'의 참모습임을 의심하지 않는다.

2) 公私의 조화·통일적 中和경계

中和를『중용』一章에서는 "喜怒哀樂이 아직 發하지 않은 것을 中이라 하고, 發하여 모두 절도에 맞는 것을 和라 한다."[182]고 하였는데, 이것은 '中庸'에 대한 미학적 표현이라고 할 수 있다. 中에서 和로 전환된다는 것은 철학범주로서의 理性思惟가 미학범주인 感性認識으로 전환됨을 의미한다. 이것은 다시 말해서 철학과 미학의 접점이며 철학과 미학의 不可分離的 상보관계를 보여 주는 것이다. 이러한 심미적 중화경계는 조화와 통일을 기본전제로 하여 이루어진다고 할 수 있다. 공자의 '文質彬彬' 이론은 그 일단을 잘 보여 준다.

> 공자가 말했다. 質이 文을 이기면 촌스럽고, 文이 質을 이기면 형식에 흐른다. 文과 質이 섞여서 조화를 이룬 연후에야 군자이다.[183]

---

181)『論語』「述而」18: 葉公 問孔子於子路 子路不對 子曰 女奚不曰 其爲人也發憤忘食 樂以忘憂 不知老之
將至云爾.

182)『中庸』〈第1章〉: 喜怒哀樂之未發謂之中 發而皆中節謂之和.

183)『論語』「雍也」16: 子曰 質勝文則野 文勝質則史 文質彬彬然後君子.

공자가 '文質彬彬' 이론을 제기한 것은 원래 군자 개인의 수양에 대해 말한 것이지만, 그 속에는 공자의 美에 대한 관점이 내포되어 있다. 『논어』에서의 文이라는 개념은 광범위하고 다양하다. 공자는 "周나라는 夏와 殷 二代를 본받았으니 찬란하도다! 그 文이여. 나는 주나라를 따르리라."[184]라고 말한다. 이는 夏·殷 二代를 서로 비교하여 조화시킨 周나라의 文이 찬란함을 역설한 것이다. 여기서 말하는 文은 사회적 측면의 文이며 사회적으로 물질문명과 정신문명의 각종 美的 요소를 모두 포함한다. 공자는 堯임금이 다스리던 사회를 찬미하여, "빛나도다! 그의 文章이여"[185]라고도 말한다. 여기의 文章이란 수놓은 옷, 아름답게 장식한 수레와 말, 깎고 갈아 다듬은 것 등의 사회생활미와 관계있는 감성물질의 文飾 혹은 文彩를 가리킨다. 이것은 바로 점점 문명사회로 진입하는 문화에 대한 찬송을 의미하는 것이다. 또한 君子 개인의 수양 측면에서 文을 말하기도 하는데, 공자가 말하는 文은 먼저 고대의 典籍을 의미하며 文은 學과 결부된다. "군자는 文에 博學해야 한다."[186]는 말에서의 文은 곧 학습을 통해야만 비로소 섭취할 수 있는 고대의 전적을 가리킨다. 그리고 이러한 전적 중에는 공자가 매우 중시한 문화의 심미적 가치를 지니고 있는 『시경』이 포함된다. 그러므로 文의 학습은 곧 심미를 포함하는 전체 문화교양의 표상이 되는 것이다.

質에 대해서도 역시 공자는 명확한 설명을 한다. "군자는 義를 質로 삼고, 禮에 따라 행하며, 겸손으로써 내보이고, 信으로써 성취시키니

---

184) 『論語』「八佾」14: 子曰 周監於二代 郁郁乎文哉 吾從周.
185) 『論語』「泰伯」19: 煥乎其有文章.
186) 『論語』「雍也」25: 君子博學於文.

군자로다.”[187] “무릇 통달했다는 것은 질박하며 곧고, 義를 좋아하는 것이다.”[188] 등의 말로 알 수 있다. 공자가 말하는 質은 사람에게 내재되어 있는 고유의 확고한 윤리 품성을 가리킨다. 그러나 군자가 단지 質만 있으면 안 되며, 반드시 文의 형식수양이 있어야 한다고 생각한다. ‘質勝文則野’라는 견해는 심미적인 문화교양이 결핍되면 사람은 조잡해지고 촌스러워진다는 말이다. 공자는 분명 사람이 사람 되는 본질은 교양 있는 미적 형식과의 조화에서 표현된다고 여긴다. 文은 중요한 것이며 또 부정할 수 없는 것이라는 말이다. 또한 공자는 ‘文勝質則史’를 말하고 있는데, 여기서의 史는 “꾸밈이 많고 실질이 적다.”[189]는 뜻이다. 공자는 만일 文飾과 美만을 적극 강구하여 ‘文質彬彬’한 군자의 품격이 결핍되면, 文飾과 美는 내용이 없는 외재적인 허식이 된다고 생각하는 것이다.

그래서 공자는 ‘文質彬彬然後君子’라는 명제를 제기한다. 이는 곧 文과 質 양자의 완전한 통일을 의미한다. 이러한 통일은 군자의 언행, 용모, 생활 등의 미적 문화교양과 군자에게 내재되어 있는 仁義, 도덕품격에 대한 양자의 통일로 표현된다. 이 양자의 통일에 도달하기만 하면 곧 공자의 이상 속에 있는 군자가 된다. 이 명제의 의의는 美를 내용과 형식의 통일로 보고, 美를 인류의 사회생활과 서로 관련지으며, 美의 내용을 인간의 존재와 서로 관련지어 규정하고 있다는 데 있다. 또한 인간의 존재는 인류의 존엄, 교양, 지혜, 재능과 서로 어울리는 감성형식으로 표현되는 것이며, 결코 조잡하고 거칠며 촌스럽거

---

187) 『論語』「衛靈公」17: 子曰 君子 義以爲質 禮以行之 孫以出之 信以成之 君子哉.

188) 『論語』「顏淵」20: 夫達也者 質直而好義.

189) 『論語集釋』「雍也」16 〈集解〉: 包曰 …… 史者 文多而質少.

나, 혹은 공허한 형식으로 표현되는 것이 아님을 의미하는 것으로 이해된다. 공자의 '文質彬彬' 사상은 일찍이 동시대인의 반대에 부딪혔는데, 그 대표적인 인물이 『논어』에 등장하는 棘子成이다.

> 극자성이 "군자는 質하면 되었지 文해서 무엇하겠는가."라고 말하니, 자공이 답하여 말했다. "애석하도다. 그대의 견해는 군자다우나 네 마리의 말이 끄는 수레도 그대의 혀를 따르지는 못할 것이다. 文도 質과 같이 중요하며, 質도 文과 같이 중요하다. 범이나 표범의 털 뽑은 가죽은 개나 양의 털 뽑은 가죽과 마찬가지로 보이는 것이다."190)

극자성의 입장에서 볼 때 군자는 단지 質이 있기만 하면 될 뿐, 文은 전혀 필요치 않다는 것이다. 자공이 그를 반박해서, 극자성이 진실한 사고를 하지 아니하고 경솔하게 이러한 의견을 말한 것은 잘못된 것이라고 지적한다. 자공은 만일 文이 곧 質이고 質이 곧 文이라고 인식한다면, 서로 다른 털 색깔을 가진 범과 표범을 개나 양과 결국 구별할 수 없게 된다고 말하고, 털 색깔을 제거한 후의 범과 표범은 개와 양의 가죽과 모두 같은 모양이기 때문이라는 것이다. 이는 다만 하나의 형상비유의 간단한 화법에 불과하지만, 그것은 사물의 외재적인 형식미도 부인할 수 없는 가치가 있음을 말한 것이다. 동일한 내용을 일종의 아름다운 형식을 통해서 표현해 낼 수도 있으며, 또 아름답지 않은 간단하고 조잡한 형식을 통해서도 표현해 낼 수 있으나, 양자의 가치는 현저히 다른 것이다. 자공은 극자성에 대한 반박을 통해서 공자의 內在美와 外在美의 조화 및 심미적 중화미를 잘 드러나게

---

190) 『論語』「顔淵」8: 棘子成曰 君子 質而已矣 何以文爲 子貢曰 惜乎 夫子之說 君子也 駟不及舌 文猶質也 質猶文也 虎豹之鞟 猶犬羊之鞟.

하였다고 말할 수 있다.[191]

공자 미학의 비평척도는 中庸이다. 공자는 "중용의 덕이 그 얼마나 지극한가!"[192]라고 하였는데, 공자가 볼 때 중용원칙의 실현은 사회생활 중의 각종 상호 모순된 사물로 하여금 조화·통일되게 하는 정치학의 최고 표현으로 인식한다. 이것은 바로 공자가 시종 추구하던 이상이었다. 美는 역시 이러한 원칙을 벗어날 수 없는 것이며, 중용을 위배했을 때는 곧 미를 가질 수 없는 것임을 표명한 것이다. "禮를 시행하는 데는 조화가 귀중하다. 선왕의 道는 이렇게 하는 것을 美라 하였다."[193]라는 말은 선왕들의 道가 아름다운 까닭이 곧, 禮의 작용을 통해서 사회로 하여금 조화와 통일을 이루게 한다는 데 있다는 말이다. 그리고 이러한 조화와 통일의 실현은 곧 중용원칙의 실현이라 말할 수 있는 것이다. 공자가 이해한 美의 본질은 개체의 사회성적 존재가 인류문명의 발전과 서로 어울리는 형식에 완전히 융합하여 실현되는 것임을 의미한다. 외재적인 형식이 인류의 존엄, 교양, 지혜, 재능을 잘 나타내 능히 인간의 정신적 즐거움을 이끌어 내어 내재적인 善(仁義)의 긍정과 실현을 이루어 낼 때, 이는 바로 공자가 지향한 公私의 조화와 통일을 내용으로 하는 심미적 中和境界를 의미하는 것이다.

이상에서 살펴본 공자의 미학사상은 후대의 맹자와 순자의 미학사상에 지대한 영향을 끼친다. 공자 미학사상의 특징은 仁사상을 바탕으로 義와 禮의 심미적 가치를 조화·통일시킨 中和美의 발현이라고

---

191) 본 단원은 李澤厚·劉綱紀 主編, 『中國美學史』 제3장 제4절 '공자의 文質統一의 심미관 및 미학비평의 척도-中庸'의 논지를 많은 부분 수용하여 구성하였다.

192) 『論語』「雍也」27: 子曰 中庸之爲德也 其至矣乎 民鮮 久矣.

193) 『論語』「學而」12: 有子曰 禮之用 和爲貴 先王之道 斯爲美 小大由之 有所不行 知和而和 不以禮節之 亦不可行也

할 수 있다. 그것은 中庸的 인격함양을 통한 심미적 열락경계에 長處
함과 개체와 群體의 조화·통일을 지향하는 사회적 중화경계의 발현
으로 그 본의를 이해할 수 있다. 이러한 공자의 미학사상 중 仁義의
심미적 가치를 중점적으로 받아들여 확장시켜 나간 것이 맹자의 미
학사상이고, 禮의 심미적 가치를 중점적으로 수용하여 전개시킨 것이
순자의 미학사상이다. 다음 장에서부터 이에 대한 탐구를 시작한다.

제Ⅲ부 맹자미학

-仁義관념의 내재적 德性미학-

善을 내 안에 充實하게 하는 것을 아름답다고 한다

仁義관념의 심미의식 구조

仁義는 맹자 철학의 핵심이다. 맹자 미학을 이해하는 데는 仁義관념에 대한 충분한 이해가 선행되어야 한다. 그것은 맹자 특유의 天과 性에 대한 기본 관점을 충분히 검토하고, 그것이 仁義와 어떠한 구조적 관계를 형성하고 있는지에 대해서 규명함으로써 올바른 이해를 할 수 있다고 생각한다. 맹자 미학의 특징을 한마디로 말하면 仁義관념의 심미적 표현이다. 그것은 인간 내면의 德性에 대한 直的 표현이라고 말할 수 있다. 이미 앞 장에서 義와 直의 심미적 관계를 다루면서 맹자 미학과의 긴밀성을 예시한 바 있다. 여기서는 이러한 특징이 최대한 잘 드러나도록 탐구하는 데 중점을 둘 것이다.

맹자는 공자의 仁사상을 충실히 계승하여 인간의 내적 道理인 '仁義禮智'와 외적 道理인 '親義別序信'의 두 방면으로 확장시킨다. 개인의 주체 확립이라는 측면에서는 仁義禮智로 나타나고, 인간 상호 관계에서 인간이 서로 마땅히 실천해야 할 도리라는 측면에서는 親義別序信

으로 나타난다. 다시 말하면 仁義禮智는 仁에 대한 구체화이며 親義別序信은 義에 대한 구체적 세분이라 말할 수 있다. 이러한 구체적 이론 형성의 토대는 그의 독특한 生化[1]의 실체로 본 天觀과 性善論이 자리하고 있다.

1) 天과 性의 심미구조

天과 性에 대한 논의는 『중용』의 '天命之謂性'이라는 명제에 의하여 본격적으로 제기된다. 『중용』의 撰者가 子思이며 그것이 맹자에게 전수되었다는 설[2]에 근거하면 '天命之謂性'이라는 명제는 맹자에 직접적인 영향을 주었다고 볼 수 있다. 굳이 이러한 전거에 의존하지 않더라도 두 경전을 정독하다 보면 양자 간이 상통한다는 것을 쉽게 알 수 있다. 본 단원에서는 맹자의 天人관계에 대한 고찰을 통하여 '天人合一的 심미관'을 이해하고, 그것을 통하여 '性善論의 심미구조'를 탐구하며, 나아가 그것으로 파생되는 '仁義之道的 심미척도'에 대한 탐구를 차례로 진행한다.

(1) 天人合一的 심미관

天 또는 上帝에 대한 신앙은 고대 동아시아 민족신앙의 주류를 형

---

1) 生化란 문자 그대로 '낳고 변화한다'라는 뜻이다. 유가철학에서는 天을 意志的 人格天 혹은 主宰天으로 인정하면서도 나아가 生化의 실체로 이해한다. 天道와 도덕 심성은 生이라는 관점에서 보면 동일 성격의 실체이다. 비록 천도의 生化가 객관 존재물의 실재에 관한 것이라면, 도덕 심성의 生化는 만물의 化育을 도와 만물로 하여금 올바른 위치를 얻게 하는 것이다(황갑연, 『공맹 철학의 발전』, 서광사, 1998, 〈머리말〉 참조). 이러한 生化的 天觀에 맹자의 天觀이 그 정점에 위치한다.

2) 『中庸集註』〈中庸章句序〉 참조.

성하였던 것으로 보이는데, 사상의 발달과 더불어 天관념에도 변화가 생기게 된다. 그 주된 흐름은 역시 초월적·종교적인 것으로부터 내재적·인문적인 것으로의 이행이라고 볼 수 있다. 牟宗三은 이를 天命, 天道가 下貫되어 性이 되는 추세로 파악하며, 이는『중용』의 '天命之謂性'으로 귀결된다고 말한다.[3]

天命은 매우 오래된 관념이다. 儒學思想에서 天命은 인간의 도덕에서 결정되는 것으로 이해한다. 즉 天命, 天道는 우환의식에서 생긴 敬을 통해 점차 아래로 관통하여 인간에게 이르러 인간의 주체가 된다는 것이다. 인간의 주체가 되는 敬의 대상은 초월적인 인격신이 아니다. 유학사상에서 중시하는 것은 敬을 행하는 주체이지, 敬의 대상이 되는 객체가 아니기 때문이다. 그러므로 천명, 천도가 아래로 관통하면 할수록 인간의 주체는 더욱 확고해진다.[4] 이러한 과정 속에서 맹자의 天觀에 대한 이해는 매우 중요한 의미를 갖는다. 맹자의 천관을 이해하기 위하여 먼저 공자의 천관에 대해서 간단히 살펴보기로 하자.

공자는 "述而不作 信而好古"라는 평소의 신념대로 재래의 天사상을 이어받지만, 그에게 있어서 天은 인간을 발견하고 자아를 의식하여 人性 속에 내재한 道德律을 통하여 나의 속에서 느껴지고, 이해되고, 우러나 自覺된 하늘인 만큼 재래의 敬天思想과 같이 공포와 신비와 驚異의 심정으로부터 보이는 순종과 굴복만이 있는 天과는 다르다.[5] 공자가 말한 '天生德於予'에서의 핵심은 초월적인 天에 있는 것이 아니라, 바로 나의 속에 내재되어 있는 인간의 본질로서의 德에 있는 것이

---

3) 牟宗三,『中國哲學的特質』, 學生書局, 臺灣, 1980, 26쪽 참조.
4) 蔡仁厚,『孔孟荀哲學』, 學生書局, 臺灣, 民國 77, 100쪽 참조.
5) 柳承國,『東洋哲學研究』, 근역서재, 1984, 107쪽.

다. 그리하여 이러한 인간의 諸德을 통섭하는 명칭으로서 仁 개념이 제기된다. 그러므로 天을 이해함에 있어서 인간의 본질인 仁을 통해서만 이해될 수 있는 것이요, 인간의 주체성으로서의 仁과 遊離되어서는 天이 天 되는 所以를 알 수 없게 된다.6) 결국 공자의 天論에서 파생되는 심미의식이란 仁사상의 심미적 轉化 측면에서 이해할 수밖에 없는 것이다. 맹자는 이러한 공자의 天觀을 이어받는다.

『맹자』 속에는 『詩經』과 『書經』에서 다룬 天을 인용한 것들이 많다. "하늘이 백성을 내셨으니, 사물이 있으면 법칙이 있다."7) "하늘이 흐리고 비가 오기 전에"8) "하늘의 봄은 우리 백성들이 보는 것으로부터 하고, 하늘의 들으심은 우리 백성들이 듣는 것으로부터 한다."9) "하늘에는 두 태양이 없고, 백성에게는 두 임금이 없다."10) 등과 같이 일반적인 天의 개념으로 쓰기도 하는데 이러한 것들은 본서에서 다루지 않기로 한다. 여기서는 맹자가 직접 한 말 중에 思想과 관련 있는 것들을 중심으로 살피기로 한다.11)

> 舜은 논밭 가운데서 출발하셨고, 부열은 공사판에서 등용되었으며, 교격은 어시장에서 등용되었고, 관이오는 사관에게 갇혔다가 등용되었으며, 손숙오는 바닷가에서 등용되었고, 백리해는 시장에서 등용되었다. 그러므로 하늘이 장차 큰 임무를 이 사람에게 내리려 할 때에는 반드시 먼저 그 心志를 괴롭게 하고, 筋骨을 수고롭게 하며,

---

6) 柳承國, 『東洋哲學研究』, 근역서재, 1984, 107쪽.

7) 『孟子』「告子 上」6: 天生蒸民 有物有則.

8) 『孟子』「公孫丑 上」4: 迨天之未陰雨.

9) 『孟子』「萬章 上」5: 天視自我民視 天聽自我民聽.

10) 『孟子』「萬章 上」4: 天無二日 民無二王.

11) 廖名春의 『맹자적 지혜』(중국 연변대학출판부 편, 도서출판 조선, 1992)에서는 맹자의 天命觀에 대해서 自然天과 主宰天(좌지우지하는 천)으로 나누고, 자연천적 관점을 體, 주재천적 관점을 用으로 풀이하면서 맹자의 천명관을 소박한 유물주의라고 규정하기도 한다.

그 體膚를 굶주리게 하고, 그 몸을 궁핍하게 하여, 행함에 그 하는
바를 어기고 어지럽히니, 이것은 마음을 분발시키고 성질을 참게
하여 능하지 못한 것을 增益시키려는 것이다.[12]

순이 천하를 소유한 것은 누가 준 것인가? 하늘이 준 것이다. ……
옛날에 요가 순을 하늘에 천거하니 하늘이 받아들이셨다. …… 순
이 요를 도와주기를 28년 동안 하였으니, 이것은 인력으로 할 수
있는 것이 아니요, 하늘이 그렇게 하도록 한 것이다.[13]

길을 가는 것은 누가 혹 시켜서이며, 멈추는 것은 혹 저지해서이다.
그러나 가고 멈추는 것은 사람이 시킬 수 있는 것이 아니다. 내가
노나라 군주를 만나지 못함은 하늘의 뜻이다. 장 씨의 아들이 어떻
게 나로 하여금 만나지 못하게 할 수 있겠는가![14]

이상의 각 인용문 중의 天은 모두 意志天의 성격을 가진 生化의 실
체로서의 天이다. 天에 어떤 의지를 부여했을 때 天은 天命의 개념으
로 바뀐다. 맹자의 핵심적 天觀은 모두 天命으로 이해할 수 있다. 그것
은 공자가 말한 "나를 알아주는 자는 하늘일 것이다."[15] "하늘이 나
에게 덕을 주었으니 환퇴가 나를 어찌하겠는가!"[16] "아 하늘이 나를
버리시는구나! 하늘이 나를 버리시는구나!"[17] 등의 말과 같은 類型으
로 이해할 수 있다. 그러면 여기서 맹자는 天과 命(천명)을 어떻게 구
분하고 이해하는지를 알아보자.

---

12) 『孟子』「告子 下」15: 舜發於畎畝之中 傅說 擧於版築之間 膠鬲 擧於魚鹽之中 管夷吾 擧於士 孫叔敖
　　擧於海 百里奚 擧於市 故天將降大任於是人也 必先苦其心志 勞其筋骨 餓其體膚 空乏其身 行拂亂其所
　　爲 所以動心忍性 曾益其所不能.

13) 『孟子』「萬章 上」5: 然則舜有天下也 孰與之乎 曰天與之 天與之 …… 昔者堯薦舜於天而天受之 ……
　　舜相堯二十有八載 非人之所能爲也 天也.

14) 『孟子』「梁惠王 下」16: 行或使之 止或尼之 行止非人所能也 吾之不遇魯侯天也 臧氏之子 焉能使予不遇哉.

15) 『論語』「憲問」37: 知我者其天乎.

16) 『論語』「憲問」22: 天生德於予 桓魋其如予何.

17) 『論語』「先進」8: 顏淵死 子曰 噫 天喪予 天喪予.

舜·禹·益의 도움이 오래고 뎗과 그 아들의 어질고 불초함은 다 하늘의 뜻이니, 인력으로 할 수 있는 것이 아니다. 그렇게 함이 없는데도 그렇게 되는 것은 天이요, 이르게 함이 없는데도 이르는 것은 命이다.[18)

맹자는 그렇게 함이 없는데도 그렇게 되는 것을 天, 이르게 함이 없는데도 이르는 것을 命이라고 본다. 가볍게 보면 天과 命이 별도의 독립적인 존재로 이해하고 있는 듯이 보이나, "이치로 말하면 天이요, 사람으로 말하면 命이니 사실은 하나일 뿐"[19)인 것이다. 그래서 맹자는 말한다. "仁이 부자간에 있어서와 義가 君臣 간에 있어서와 禮가 賓主 간에 있어서와 智가 賢者에 있어서와 聖人이 天道에 있어서는 命이지만, 性을 가지고 있기 때문에 군자는 이것을 命이라고 말하지 않는다."[20)는 것이다. 仁義禮智와 天道가 사람에 있어서는 命에서 부여받은 것이지만, 받은 것이 厚薄과 淸濁이 있을 수 있다. 그러나 性은 善하기 때문에 배워서 다할 수 있으므로 命이라고 말하지 않는 것이다.[21) 여기서 우리는 비로소 맹자가 天을 인력으로써 어떻게 할 수 없는 인간과 완전히 분리된 존재로 인식하고 있지 않다는 것을 알 수 있다. 맹자가 말한 天은 모두가 人事와 관련 있는 天이다. '筋骨이 수고로운 사람'이나, '천하를 소유한 순임금'이나, '노나라 임금을 만나지 못한 맹자'는 모두 하늘의 뜻에 따라 그렇게 되었고, 그렇게 한 하늘은 언제나 人事에 간여한 하늘이다. 이것은 맹자의 天觀이 天人合一을 지향하

<hr>

18) 『孟子』「萬章 上」6: 舜禹益相去久遠 其子之賢不肖 皆天也 非人之所能爲也 莫之爲而爲者 天也 莫之致 而至者 命也.

19) 『孟子集註』「萬章章句 上」6: 蓋以理言之 謂之天 自人言之 謂之命.

20) 『孟子』「盡心 下」24: 仁之於父子也 義之於君臣也 禮之於賓主也 智之於賢子也 聖人於天道也 命也 有 性焉 君子不謂命也.

21) 『孟子集註』「盡心章句 下」24: 程子曰 仁義禮智天道在人 則賦於命者 所稟 有厚薄淸濁 然而性善 可學 而盡 故不謂之命也. 참조.

고 있음을 보여 주는 것이다. 그래서 맹자는 命을 알아서(知命) 命을 바르게(正命) 할 수 있다고 말한다.

> (길흉화복은) 命이 아닌 것이 없으나, 그 바른 것을 따라서 받아들여야 한다. 그러므로 命을 아는 자는 위험한 담장 아래에 서지 않는다. 道를 다하고 죽는 것이 命을 바르게(正命) 하는 것이다. 桎梏으로 죽는 것은 命을 바르게 하는 것이 아니다.[22]

'命이 아닌 것이 없다'는 말은 命을 안다는 것이다. 命을 안다는 것은 天을 안다는 말이며, 天을 안다는 것은 性을 안다는 것이고, 性을 안다는 것은 그 心을 다하는 것으로 가능해진다.[23] 그러므로 맹자의 天觀을 제대로 이해하기 위해서는 그의 心・性論을 함께 고찰해야 하는 문제가 따른다.[24]

위의 인용문에서는 '命을 바르게 하는 것(正命)'에 대해서 말하고 있는데 이것은 매우 중요한 문제이다. 맹자는 '道를 다하고 죽는 것이' 命을 바르게 하는 것이라고 말한다. 맹자의 道는 仁義之道인데[25] 맹자는 인의를 다하기 위해서는 목숨도 버릴 수 있는 것이라고 말한다(舍生取義). 가치도 없이 함부로 생명을 버려서도 안 되지만, 구차하게 생명을 연장하기 위하여 仁義를 져버리지 말아야 한다는 것이다.

> 물고기도 내가 원하는 것이요, 곰 발바닥도 내가 원하는 것이다. 이 두 가지를 함께 얻을 수 없다면 물고기를 버리고 곰 발바닥을

---

22) 『孟子』「盡心 上」2: 莫非命也 順受其正 是故知命者 不立乎巖牆之下 盡其道而死者 正命也 桎梏死者 非正命也.

23) 『孟子』「盡心 上」1: 盡其心者 知其性也 知其性 則知天矣.

24) 본서 제Ⅲ부 1.-1)-(2) '성선론적 심미구조' 참조.

25) 본서 제Ⅲ부 1.-1)-(3) '仁義之道的 심미척도' 참조.

택하겠다. 삶도 내가 원하는 것이요, 義도 내가 원하는 것이다. 두
가지를 함께 얻을 수 없다면 삶을 버리고 義를 택하겠다. 삶도 내
가 원하는 것이지만 삶보다 더 원하는 것이 있다. 그러므로 삶을
구차하게 얻으려고 하지 않는 것이다. 죽음도 내가 싫어하는 것이
지만 죽음보다 더 싫어하는 것이 있다. 그러므로 환난도 굳이 피하
지 않는 것이다.26)

맹자는 사람이 원하는 것 중에는 삶을 초월한 것도 있기 때문에 구
차하게 삶을 유지하는 것을 원치 않으며, 사람이 싫어하는 것 중에는
죽음보다 더한 것이 있기 때문에 어떤 때는 죽음마저 피하지 않는다
는 점을 지적한다. 죽음을 피하지 않는 것은 부모가 물려준 육신을
버린 것이 아니라, 고결한 삶을 이룸으로써 不義와 치욕에 빠지는 것
을 면하는 것이다. 그러므로 의연히 유한한 생명을 무한한 정신적 가
치와 바꿀 수 있다. 삶을 버리고 義를 취하는 것은 자각적으로 자신의
생명을 주재하여 가치를 창조하고 완성할 수 있다는 것을 보여 준다.
공자의 '殺身成仁'이나 맹자의 '舍生取義'는 모두 삶을 초월한 인생가
치의 극치를 이루어 天人合一의 경계를 보여 주는 것이다. 맹자의 "상
하가 天地와 더불어 흐른다.",27) 주자의 "德業의 성함은 천지의 조화
와 더불어 운행되어 온 세상을 도야한다."28)라는 말도 天道와 人道가
하나로 융합하여 조화를 이루는 천인합일의 상태를 말하는 것이다.
이와 같은 맹자의 천인합일적 관점은 그의 심미관과 직결된다. 맹자
는 마음을 통해서 天을 알고, 天을 앎으로써 천인합일의 경지에 이를

---

26) 『孟子』「告子 上」10: 孟子曰 魚我所欲也 熊掌 亦我所欲也 二者 不可得兼 舍魚而取熊掌者也 生亦我所
　　欲也 義亦我所欲也 二者 不可得兼 舍生而取義者也 生亦我所欲 所欲 有甚於生者 故不爲苟得也 死亦我
　　所惡 所惡 有甚於死者 故患有所不辟也.

27) 『孟子』「盡心 上」13: 上下與天地同流.

28) 『孟子集註』「盡心章句 上」13: 是其德業之盛 乃與天地之化 同運並行 擧一世而甄陶之.

수 있고, 천인합일의 경지를 이룸으로써 物我一體的 즐거움을 얻을 수
있다고 말한다.

> 그 마음을 극진히 한다는 것은 그 性을 아는 것이니, 그 성을 알면
> 곧 하늘을 알게 된다. 그 마음을 잘 보존하여 性을 기르는 것이 하
> 늘을 섬기는 것이다. 요절하거나 장수함을 의심하지 않고, 몸을 닦
> 고 명을 기다리는 것이, 바로 명을 세우는(立命) 것이다.[29]

> 만물이 모두 나에게 갖추어져 있으니, 몸을 돌이켜 보아 성실하면
> 즐거움이 이보다 클 수 없다.[30]

心을 극진히 하여 性을 알고, 性을 앎으로써 天을 안다는 것은 천인
합일을 말하는 것이다. 心이 性이요, 性이 天인 것이다. 그래서 程子는
理로 말하면 天이요, 稟賦한 것으로 말하면 性이요, 사람에 보존된 것
으로 말하면 心이라고 말함으로써[31] 맹자의 천인합일론을 뒷받침한
다. 천인합일의 경계를 이루면 만물이 모두 나에게 갖추어진다. 그렇
게 되면 만물이 나이고, 내가 만물이 된다. 내 안에는 우주만물이 가
득하다. 하늘을 나는 새들도 연못에서 뛰노는 물고기들도, 이름 모를
들풀도 깊은 숲속의 짐승들도 모두 내 안에 충만한 만물의 존재들이
다.[32] 그들의 生長收藏이 모두 나를 한없는 기쁨과 즐거움의 세계로
인도한다. 그것은 바로 天人合一·物我一體의 심미적 悅樂의 경계에 도
달했음을 의미한다. 맹자의 천인합일적 天觀은 이렇게 그의 미학사상

---

29) 『孟子』「盡心 上」1: 盡其心者 知其性也 知其性 則知天矣 存其心 養其性 所以事天也 夭壽不貳 修身以
　　俟之 所以立命也.

30) 『孟子』「盡心 上」4: 萬物皆備於我矣 反身而誠 樂莫大焉.

31) 『孟子集註』「盡心章句 上」1: 程子曰 心也 性也 天也 一理也 自理而言 謂之天 自稟受而言 謂之性 自存
　　諸人而言 謂之心.

32) 『周易』의 '鳶飛魚躍'이나 율곡 선생이 『南史』에서 인용하여 유명해진 '性同鱗羽 愛止山壑'이라는 말은
　　모두 이것을 잘 표현한 名句들이다.

의 근본적 위치를 점유한다.

(2) 性善論的 심미구조

性이란 선험적이고 보편적이라고 상정된 인간의 본성을 가리키는 말이다. 字意的으로 보면 性은 心과 生이 합하여 이루어진 글자로 '살려는 마음 혹은 살려는 의지'라고 풀이한다.[33] 그것은 인간이 태어나자마자 하늘로부터 품부한 본성을 의미하며, 하늘이 命하고 하늘이 부여한 天生의 원칙이요, 인간이 인간 되는 까닭의 근본을 가리킨다. 性이라는 글자는 『시경』, 『서경』 등에도 보이지만 이것이 철학적 범주가 된 것은 春秋時代에 이르러서이다. 공자는 "사람마다 본성은 서로 가깝고 습관은 서로 멀다."[34]라고 하여 인간의 선험적 본성을 인정한다. 이러한 性이 본래 善하다는 입장을 취하는 것이 바로 性善論이다.

戰國時代에 이르러 重民思想의 발전과 治國이라는 정치적 수요에 따라 인간의 본성에 대한 논의는 광범위하게 진행된다. 맹자 이전에도 性善을 말한 경우가 있는데, 『시경』에 "하늘이 뭇 백성을 내시니 物이 있으면 법칙이 있다. 백성들은 변치 않는 큰 것을 잡고, 이 아름다운 德을 좋아한다."[35] 『서경』에 "하늘의 질서에 법이 있다."[36] "하늘의 질서에 禮가 있다."[37] 『주역』에 "한 번 陽하고 한 번 陰하는 것을 道라

---

33) 李基東, 『論語講說』, 성균관대학교출판부, 1996, 41쪽 참조.

34) 『論語』「陽貨」2: 子曰 性相近也 習相遠也.

35) 『詩經』「大雅 · 蒸民」: 天生蒸民 有物有則 民之秉彝 好是懿德.

36) 『書經』「皐陶謨」: 天敍有典.

37) 『書經』「皐陶謨」: 天秩有禮.

하고, 이것을 계승하는 것이 善이며, 이것을 이루는 것이 性이다."38)라고 한 말들은 모두 성선론의 연원으로 볼 수 있다. 공자가 말한 '性相近'의 性과 性善의 性은 그 의미에 있어서 서로 통한다. 맹자가 "마음이 같은 바는 무엇인가? 理이며 義이다."39)라 한 것은 공자의 相近之性과 맹자의 性善이 일치함을 보여 주는 것이다. 맹자의 성선이라 함은 인간 고유의 본질로서 人性이 善하다는 것이며 후천적으로 인간의 경험에 의하여 좌우되는 성선이 아니라는 뜻이다. 그것은 天道인 理와 人道인 義(仁義)에 뿌리를 둔 성선인 것이다. 맹자와 그의 제자 公都子와의 대화를 보면 맹자의 성선에 대한 입장을 분명하게 알 수 있다.

공도자가 물었다. "고자가 말하기를 '性은 선함도 없고 불선함도 없다(性無善無不善)' 하고, 혹자는 말하기를 '性은 선할 수도 있으며 불선할 수도 있다(可以爲善爲不善). 그러므로 文王과 武王이 일어나면 백성들이 善을 좋아하고, 幽王과 厲王이 일어나면 백성들이 포악함을 좋아한다' 하며, 혹자는 말하기를 '性이 선한 이도 있고, 성이 불선한 이도 있다(有性善有性不善). 그러므로 堯를 군주로 삼았는데도 象이 있었으며, 瞽瞍를 아버지로 삼았는데도 舜이 있었으며, 紂를 형의 아들로 삼고 또 군주로 삼았는데도 微子 啓와 왕자 比干이 있었다'라고 하였는데, 지금 (선생님께서) 性이 善하다고 말씀하시니, 그렇다면 저들은 모두 틀린 것입니까?" 맹자가 말했다. "그 實情으로 말하면 선하다고 할 수 있으니, 이것이 내가 말하는 선하다는 것이다. 불선을 행하는 것으로 말하면 타고난 재질의 죄가 아니다. 측은지심을 사람마다 다 가지고 있으며, 수오지심을 사람마다 다 가지고 있으며, 공경지심을 사람마다 다 가지고 있으며, 시비지심을 사람마다 다 가지고 있으니, 측은지심은 仁이요, 수오지심은 義요, 공경지심은 禮요, 시비지심은 智이니, 仁義禮智가 밖으로부터 나를 녹여서 들어오는 것이 아니요, 나에게 고유한 것이지만 사람들이 생각하지 못할 뿐이다. 그러므로 '구하면 얻고 버리

---

38) 『周易』「繫辭 上」: 一陰一陽之謂道 繼之者善也 成之者性也.

39) 『孟子』「告子 上」7: 心之所同然者 何也 謂理也義也.

면 잃는다’ 하는 것이다. 혹은 (선악의) 거리가 서로 두 배가 되고,
다섯 배가 되어 계산할 수 없는 것은 그 재질을 다하지 못했기 때
문이다.『시경』에 이르기를 ‘하늘이 뭇 백성을 내시니, 사물이 있으
면 법칙이 있도다. 사람들이 마음에 떳떳한 본성을 가지고 있는지
라, 이 아름다운 덕을 좋아한다’라 하였는데, 공자께서 말씀하시기
를 ‘이 시를 지은 자는 그 道를 알 것이다. 그러므로 사물이 있으면
반드시 법칙이 있으니, 사람들이 떳떳한 본성을 가지고 있는지라,
그러므로 이 아름다운 德을 좋아한다’고 하셨다.”40)

위의 인용문에서 우리는 맹자 이전에도 이미 性에 대한 논의가 있
었으며, 그것은 크게 세 가지로 분류되었음을 알 수 있다. 첫째, 告子
의 주장으로 ‘性無善無不善論’이다. 고자는 인간의 性은 선함도 없고
불선함도 없다고 한다. 그는 인간 본성의 선악은 선천적으로 타고난
것이 아니고 오히려 후천적 習染에 의해 결정되는 것이라고 생각한
다. 맹자는 고자가 생리적 본능을 性이라고 이해한 점을 비판하고, 인
간의 사회성·도덕성에 주목할 것을 강조한다. 둘째, ‘可以爲善爲不善
論’이다. 性은 善하게 될 수도 있고 不善하게 될 수도 있다는 설이다.
어떤 사람의 본성은 선하게 될 수도 있고, 어떤 사람의 본성은 악하
게 될 수도 있다는 주장이다. 셋째, ‘性有善有惡論’이다. 이것은 世碩의
주장으로 한 인간의 본성은 선할 수도 있고 악할 수도 있다는 것이다.
세석의 주장은 후에『論衡』「本性」에도 소개되고 있다.41) 사실 이러한
세 가지 性論은 ‘사는 것을 性이라 한다(生之謂性)’는 생리적 본성을 性

---

40)『孟子』「告子 上」6: 公都子曰 告子曰 性 無善無不善也 或曰性可以爲善 可以爲不善 是故 文武興則民好
善 幽厲興則民好暴 或曰有性善 有性不善 是故以堯爲君而有象 以瞽瞍爲父而有舜 以紂爲兄之子 且以
爲君而有微子啓王子比干 今曰性善 然則彼皆非與 孟子曰 乃若其情則可以爲善矣 乃所謂善也 若夫爲不
善 非才其罪也 惻隱之心 人皆有之 羞惡之心 人皆有之 恭敬之心 人皆有之 是非之心 人皆有之 惻隱之
心仁也 羞惡之心義也 恭敬之心禮也 是非之心智也 仁義禮智 非由外鑠我也 我固有之也 弗思耳矣 故曰
求則得之 舍則失之 或相倍徙而無算者 不能盡其才者也 詩曰天生蒸民 有物有則 民之秉夷 好是懿德 孔
子曰 爲此詩者 其知道乎 故有物必有則 民之秉夷也 故好是懿德.

41) 王充,『論衡』「本性」: 周人世碩 以爲人性有善有惡.

으로 이해한 고자의 性論에 속하는 것들이다. 이것은 性을 氣의 측면에서 바라보는 '氣質之性'으로서의 性을 말하는 것이다.[42] 그러나 맹자의 性論은 '氣質之性'적 차원에서 다루어서는 그 진정한 의미를 터득할 수 없다.

맹자의 性은 理의 측면에서 바라보는 '義理之性'으로 이해해야 한다. '의리지성'은 '기질지성'을 배척하는 것이 아니라 氣를 통해서 理를 드러내어 생활의 원리를 개발하고 생명의 길을 개척하는 것이다. 왜냐하면 '기질지성' 중의 善은 氣質에 의한 淸濁이 있을 수 있으므로 善의 가치를 항상 성취한다고 보장할 수 없기 때문이다. 그러므로 반드시 도덕실천이 가능한 근거를 확립하여 사람들로 하여금 도덕실천이 필연적으로 가능하도록 하고, 자각적인 도덕실천 속에서 도덕가치를 완성할 수 있도록 해야 한다. 그래서 理의 측면에서 性을 고찰함이 필요하다. 理의 측면에서 말하는 性은 초월적 성이며 하늘이 인간에게 명령한 것이고 하늘이 인간에게 부여한 것이며 天道와 天命이 인간의 생명 속에 내재하여 인간의 性이 된 것이다. '義理之性'이야말로 도덕실천을 가능하게 하는 근거를 확립할 수 있으며, 性善論의 가치 또한 확립될 수 있는 것이다. 이러한 性을 맹자는 才를 통하여 부연 설명한다. 才를 性의 동의어로 쓰고 있는 것이다.

> 불선을 행하는 것은 타고난 재질의 죄가 아니다. …… 그러므로 '구하면 얻고 버리면 잃는다' 하는 것이다. 혹은 (善惡의) 거리가 서로 두 배가 되고 다섯 배가 되어 계산할 수 없을 정도가 되는 것은 재질(才)을 충분히 발휘하지 못했기 때문이다.[43]

---

42) 蔡仁厚, 『孔孟荀哲學』, 臺灣 學生書局, 民國 77, 222쪽 참조.

43) 『孟子』「告子 上」6: 若夫爲不善 非才之罪也 …… 故曰求則得之 舍則失之 或相倍徙而無算者 不能盡其才者也.

풍년에는 자제들이 의지함이 많고, 흉년에는 자제들이 포악함이 많
다. 이것은 선천적인 재질(才)이 이와 같이 다른 것이 아니라, 그 마
음을 빠뜨리는 것이 그렇게 만드는 것이다.[44]

비록 사람들에게 보존된 것인들 어찌 仁義의 마음이 없겠는가? 그
양심을 버림이 도끼로 날마다 나무를 베어 가는 것과 같다. ……
사람들은 그 금수 같은 행위만 보고서 일찍이 훌륭한 재질(才)이
없다고 여기니, 이것이 어찌 사람의 實情이겠는가![45]

첫 번째 인용문에서의 "재질의 죄가 아니다. 재질을 충분히 발휘하
지 못했다."라는 말은 "性의 죄가 아니다. 본성을 충분히 발휘하지 않
았다."라는 말로 이해할 수 있다. 두 번째 인용문에서의 "선천적인 재
질이 이와 같이 다른 것이 아니다."라는 말은, '마음이 똑같이 옳게
여기는 것(心之所同然)'과 통한다. 세 번째 인용문에서의 "일찍이 훌륭
한 재질이 없다."라는 말은 바로 앞의 "어찌 仁義의 마음이 없겠는
가."라는 말을 받는다. 이렇게 볼 때 맹자가 말한 才는 天道와 仁義禮
智에 근거하고 있는 性을 다르게 표현한 것이라는 것을 알 수 있다.

이제 性을 심미적 관점으로 고찰해 보자. 맹자는 性과 命을 구분하
여 설명함으로써 性을 쉽게 이해시키려 한다.

입이 맛에 있어서와 눈이 색깔에 있어서와 귀가 음악에 있어서와
코가 냄새에 있어서와 사지가 安逸에 있어서는 性이지만 命에 달
려 있다. 그러므로 군자는 이것을 性이라고 말하지 않는다. 仁이
부자간에 있어서와 義가 군신 간에 있어서와 禮가 賓主 간에 있어
서와 성인이 天道에 있어서는 命이지만 거기에는 性이 있다. 그러
므로 군자는 命이라고 말하지 않는다.[46]

---

44) 『孟子』「告子 上」7: 富世子弟多賴 凶世子弟多暴 非天之降才爾殊也 其所以陷溺其心者然也.

45) 『孟子』「告子 上」8: 雖存乎人者 豈無仁義之心哉 其所以放其良心者 亦猶斧斤之於木也 …… 人見其禽
獸也 而以爲未嘗有才焉者 是豈人之情也哉.

이목구비와 사지는 視, 聽, 味, 嗅, 觸覺의 감각을 가진 감각기관이다. 五官은 각기 좋아하는 것이 있다. 이러한 생리적 욕망은 모두 날 때부터 타고난 본성으로 맹자는 이것을 일단 性(본성)이라고 한다. 告子가 말한 '生之謂性'과 같은 의미로 본 것이다. 그러나 비록 나면서부터 가지고 있는 性이라고는 하지만, 이러한 性은 자기 자신에게서 구할 수 없고 반드시 외부에서 구해야 한다. 이처럼 외부에서 구해야 하는 것은 반드시 얻을 수 있는 것이 아니기 때문에, 맹자는 命에 달려 있다고 한다. 命은 제약을 뜻한다. 五官이 무엇을 얻고 얻지 못하는 것은 모두 객관적으로 한계가 있다. 외부에서 구해야 하므로 반드시 얻을 수 있는 것이 아니다. 이것은 본성이 본래부터 가지고 있는 것이 아니며, 또한 사람을 사람답게 하는 근본이 될 수 없다. 그러므로 "군자는 그런 것을 性이라 하지 않는다."고 한다. 즉 자연 본성을 사람의 '진정한 성(眞性)·바른 성(正性)'이라고 생각하지 않은 것이다.

사람에게는 자연 본성 외에 감성의 욕구를 초월하는 도덕이성이 내재되어 있는데, '仁義禮智'와 天道가 그것이다. 공자 이전에 이미 천명, 천도가 아래로 관통하여 性이 된다는 사상적 흐름이 있었으며, 이것은 후에 『중용』의 '天命之謂性'으로 귀결된다. 맹자 또한 도덕 심성은 하늘이 나에게 부여한 것(天所與我)이라고 말한다. 그러므로 여기서 말하는 性은 天道와 仁義禮智를 함께 말한 것이다. 맹자는 性과 命을 대비하여 사람의 진정한 性과 바른 性은 자연 본성에 있는 것이 아니라 仁義禮智와 天道에 있음을 지적한다. 자연 본성은 육체의 제약을 받고 命의 제약을 받기 때문에 자주적일 수 없다. 오직 감성의 욕구를

---

46) 『孟子』「盡心 下」24: 口之於味也 目之於色也 耳之於廳也 鼻之於臭也 四肢之於安佚也 性也 有命焉 君子不謂性也 仁之於父子也 義之於君臣也 禮之於賓主也 智之於賢者也 聖人之於天道也 命也 有性焉 君子不謂命也.

초월하고 육체의 제한을 받지 않는 내재적 도덕성만이 사람의 性情 속에 본래 갖추어져 있는 진정한 性이요 바른 性이라고 할 수 있다. 이것의 표현이이야말로 맹자가 말하는 진정한 아름다움이라고 말할 수 있는 것이다. 맹자는 본래의 아름다움에 대하여 다음과 같이 말한다.

> 牛山의 나무가 일찍이 아름다웠다. 그러나 대국의 변방이 되어 도끼로 찍어 내는데 아름다울 수 있겠는가? 밤에 자라나고 이슬에 젖어서 싹이 돋는 일이 없는 것은 아니나, 소와 양을 함부로 놓아먹였기 때문에 저와 같이 민둥산이 된 것이다. 사람들이 그 민둥산을 보고 일찍이 그 산에는 나무가 없었다고 말한다고 하더라도 그것이 어찌 산의 性이겠는가? 사람의 몸에 있는 것인들 어찌 仁義의 마음이 없으리오. 그 양심을 잃어버리는 것이 마치 도끼로 나무를 날마다 찍어 내는 것과 같으니 어찌 아름다울 수 있겠는가? 밤으로 자라나는 청명한 기운의 양심이 사람에게 가까워지기도 하나 낮에 저지르는 소행이 양심을 속박해서 기능을 잃게 한다.[47]

우산의 나무는 본래 아름다웠다. 그러나 도끼로 찍어 내고, 소와 양들이 뜯어먹으니 보기 흉하게 변해 버린 것이다. 사람의 본성도 본래 아름다운 것인데 외부세계의 영향으로 보기 흉하게 변해 버렸다는 것이다. 아름다움은 良心의 표현이요, 양심은 仁義에 근거한다. 맹자가 "어찌 仁과 義를 아름답다 하지 않으리오."[48]라고 말한 것처럼, 여기서도 사람은 仁義가 있기 때문에 본래 아름다운 존재라는 것을 말하고 있다. 이러한 아름다운 성품인 仁義는 천성적으로 존재하는 것인데, 나무를 도끼로 찍어 내듯 양심을 잃어버리기 때문에 아름답

---

47) 『孟子』「告子 上」8: 牛山之木 嘗美矣 以其郊於大國也 斧斤 伐之 可以爲美乎 是其日夜之所息 雨雲之所潤 非無萌蘗之生焉 牛羊 又從而牧之 是以 若彼濯濯也 人見其濯濯也 以爲未嘗有材焉 此豈山之性也哉 雖存乎人者 豈無仁義之心哉 其所以放其良心者 亦猶斧斤之於木也 旦旦而伐之 可以爲美乎 其日夜之所息 平旦之氣 其好惡與人相近也者幾希 則其旦晝之所爲 有梏亡之矣.

48) 『孟子』「公孫丑 下」2: 豈以仁義爲不美也.

지 않게 된다는 것이다. 그래서 본래의 그 아름다움을 되찾기 위해서 잃어버린 그 양심을 되찾아야 한다. 그것은 惡을 제거하여 善을 되찾는 방법과 같은 것이 된다.

맹자는 惡의 기원을 '물욕에 빠지는 것, 勢, 放心, 夜氣亡'의 네 가지로 본다. 물욕이란 육체에서 오는 욕망이며, 勢란 세력의 뜻으로 환경이나 분위기를 말한다. 放心이란 無反省·無良心의 뜻이며, 夜氣亡이란 사악한 망상이 가라앉은 새벽의 청명한 정신상태가 없어지는 것을 말한다. 그는 악이 발생하는 것을 막기 위한 몇 가지 방법을 제시한다. 四端을 확충할 것, '浩然之氣'를 기를 것, 知言의 수양을 하여 다른 사람의 말을 듣고 즉시 그 말의 正邪曲直을 정확히 판단할 것, 寡慾할 것, 夜氣를 보존하고 放心을 되찾을 것 등이 그것이다.[49] 이렇게 해야 인간의 성선을 회복하여 아름다움을 되찾을 수 있다는 것이다. 맹자는 오직 사람만이 가지고 있는 '인의예지'와 天道라는 내재적 도덕성을 사람의 진정한 性으로 보고, 그것을 회복함으로써 아름답게 될 수 있음을 강조한 것이라고 말할 수 있다.

(3) 仁義之道的 심미척도

맹자 철학과 그의 미학사상에 있어서 仁義는 바로 道이다. 道는 인간이 걸어가야 할 바른길이다. 그 바른길이란 추상적 길이다. 그래서 그 길의 구체적 내용을 알기란 쉽지 않다. 그러나 그 내용을 바르게

---

49) 사실 이러한 惡의 발생을 막는 방법들은 본서 곳곳에서 전반적으로 다루는 문제들이다. 결코 간단하게 몇 마디 말로 설명될 수 있는 성질의 것이 아니다. 惡의 발생을 막고 善을 충실하게 채운다는 것은 맹자 미학에 있어서의 심미활동에 해당하는 것으로 이해할 수 있으며, 그것은 한 사람의 아름다운 인간으로 완성되어 감을 의미하는 것이다.

알아야만 제대로 걸어갈 수 있다. 그 내용을 맹자는 仁義로 규정한다. 仁義의 내용을 제대로 알고 그것을 따라가면 그것이 正道가 된다. 그러나 그 인의의 내용도 추상적이기 때문에 간단하게 한마디로 말하기는 어렵다. 이제『맹자』의 내용을 통해서 인의의 내용을 하나하나 찾아보자. 그것을 찾아서 바른길을 인도하고 아름다운 인생미학의 척도를 제시해 보기로 하자. 이에 앞서 道의 구체적 의미부터 살펴본다.

‘道’는『尙書』「旅獒」에 처음 나타나며,50) 「湯誥」에는 "하늘의 道는 湯임금의 善政에 복을 주어 보답하고, 桀왕의 잘못은 죄를 주어 응징한다."51)라고 하여 道를 天道로 파악함으로써 天에 대한 인격화 현상을 보이기 시작한다. 후에 공자와 유가학파에 의해 天의 인격화 현상은 더욱 확고하게 인간생활의 행동규범으로 설정된다. 이러한 결과 天道는 인간이 노력하는 최종의 목표로 설정되기에 이른다. 道는 사물의 당연한 이치로서 영원무궁한 것이므로 사멸이 있을 수 없다. 도는 진리의 본원으로 철학에 있어서는 보편적 無上의 진리이며 모든 인간에 있어서는 실천하여야 할 최고의 善이다. 그러나 공자는 "사람이 道를 넓힐 수 있는 것이지 道가 사람을 넓힐 수 있는 것이 아니다."52)라고 하여 道가 인간에 의하여 창조되고 이루어질 수 있는 것으로 본다. 이처럼 道는 영원불멸하게 존재하면서도 새롭게 이루어질 수 있는 두 측면을 지니고 있다. 道가 최고의 것으로서 어디에도 통할 수 있는 것이라면 아무런 제한도 있을 수 없다. 그러나 그것이 어떤 제한을 받게 되면 이 제한 때문에 일정한 의미를 지니게 된다. 이 때문에 道는 天

---

50)『尙書·周書』「旅獒」: 志以道寧 言以道接.
51)『尙書·商書』「湯誥」: 天道福善禍淫 降災于夏 以彰闕罪.
52)『論語』「衛靈公」28: 子曰 人能弘道 非道弘人.

또는 人으로 규정하여 天道와 人道의 구별이 생긴다. 그러므로『주역』
에서도 道를 세 가지로 분류하기에 이른다.

> 天道를 세워서 陰과 陽이라 말하고, 地道를 세워서 柔와 剛이라 말
> 하며, 人道를 세워서 仁과 義라 말한다.[53]

이것은 인간이 인간으로서 인간의 문화를 형성하고 살아간다는 차
원에서 어쩔 수 없는 현실적 구분일 수밖에 없다. 道란 本源으로서의
道이기 때문에 구분할 수 없는 것이라면 더 이상 논의 자체가 불가능
하며 무의미하게 된다.『주역』에서 구분한 세 가지 道 중에서 地道와
人道는 사실상 人道에 대한 재구분이라고 볼 수 있다. 天下라든가 地上
이라는 말이 인간사회를 지칭하는 것이라는 것을 상기하면 쉽게 이
해할 수 있다. 儒家는 인간을 위한 인간 중심의 人道에 관심을 갖는다.
  人道는 두 방면으로 나누어 설명할 수 있다. 하나는 인간 본성에 갖
추어진 '仁義禮智'의 도리요, 또 하나는 父子, 君臣, 夫婦, 長幼, 朋友 관
계에서의 의무와 권리인 '親義別序信'의 도리, 즉 五倫이다. 이 중 인간
본성에 갖추어진 '인의예지'의 도리로서의 人道란, 곧 자기 본성의 끊
임없는 확충을 의미하며, 親義別序信은 인간의 상호관계에서 꾸준히
실천해야 할 도리를 의미한다.[54] 공자는 "道에 뜻을 두었다."[55] "아침
에 道를 들으면 저녁에 죽어도 좋다."[56]라고 할 정도로 궁극적 진리
탐구에 열정적이다. 공자는 도를 말할 때에 '吾道'라 하여 다른 사람

---

53)『周易』「說卦傳」: 立天之道曰陰與陽 立地之道曰柔與剛 立人之道曰仁與義.
54) 성균관대 유학과 교재편찬위원회,『유학사상』, 성균관대학교출판부, 1996, 65~66쪽 참조.
55)『論語』「述而」6: 子曰 志於道 據於德 依於仁 游於藝.
56)『論語』「里仁」8: 子曰 朝聞道 夕死可矣.

들이 말하는 도의 개념과 구별하여 강조하고, 제자들도 '夫子之道'라
한 것을 보면 당시 일반적으로 道라는 용어를 사용하는 것과는 그 내
용이 달랐음을 알 수 있다.57) 공자가 "나의 道는 하나로 꿰뚫었다."58)
라고 하자, 曾子는 그 도를 '忠恕'라고 이해하기도 한다. '忠恕'는 인간
의 마음을 內·外的으로 표현한 말이다.59) 이것으로 공자의 道 역시
仁義를 바탕으로 한 人道에 중점을 두고 있음을 알 수 있다.

맹자는 공자를 충실히 계승한다.60) 사실 위에서 人道를 인간 내면
의 道理인 仁義禮智와 외적 道理인 親義別序信의 두 방면으로 나눈 것
은 맹자의 이론에 따른 것이다. 개인의 주체 확립이라는 측면에서는
仁義禮智로 나타나고, 인간 상호관계에서 인간이 서로 마땅히 실천해
야 할 도리라는 측면에서는 親義別序信으로 나타난다. 다시 말하면 仁
義禮智는 仁에 대한 세분이며 親義別序信은 義에 대한 세분이라 말할
수 있다. 결국 이것은 맹자사상의 핵심인 仁義 개념의 세분과 확대에
지나지 않는다. 맹자사상에 있어서 仁義는 사람과 금수를 구별해 주
는 핵심요소이며, 덕을 이루고 성인이 될 수 있는 근거가 된다.61) 인
륜세계의 모든 善이 이로부터 나오므로『맹자』에는 仁義에 대한 언급
이 특히 많은 것이다.62)

---

57) 道家에서 말하는 道의 의미가 주로 우주의 본체, 우주의 원리, 즉 천지자연의 道를 말한다면, 儒家는 주로
인간이 걸어가야 하고 실행하여야만 하는 바른길, 즉 인륜의 道를 말한다. 공자 당시의 道에 대한 개념적
이해는 대개 道家的 의미의 道가 일반적이었기 때문에 이같이 말한 것으로 이해할 수 있다.

58)『論語』「里仁」15: 吾道一以貫之.

59) 忠은 中+心, 즉 가운데 마음, 속마음, 본마음 등으로 이해할 수 있으며, 恕는 如+心, 즉 '같은 마음'으로
너와 나의 마음이 같다는 뜻으로 이해할 수 있다. 나와 너의 마음이 같아지기 때문에 容恕할 수 있는 것
이다.

60)『孟子』「公孫丑 上」2: 乃所願則學孔子也.

61)『孟子』「離婁 下」19: 孟子曰 人之所以異於禽獸者幾希 庶民去之 君子存之 舜明於庶物 察於人倫 由仁
義行 非行仁義也.

62)『孟子』첫 편 제1장에서부터 맹자는 양혜왕과의 대화를 통해 仁義를 강조한다. 맹자 사상은 仁義라는 준

仁은 사람이다. 합하여 말하면(合而言之) 道이다.[63]

仁은 사람의 본성이자 사람을 사람답게 하는 가장 내재적인 본질이다. 그러므로 仁을 사람이라고 말한다. 사람으로서 不仁하다면 사람이 아니다. '合而言之'에서의 합은 人과 仁을 합한다는 뜻이다. 人이 명칭이라면 仁은 본질이다. 사람으로서 不仁하다면 사람이라는 명칭은 있지만 그 내용은 없는 것이다. 人과 仁이 일치할 때 人道에 도달할 수 있다. 이처럼 仁을 실현한다는 것은 온몸으로 道를 체득하여 육체와 道가 하나가 됨을 뜻한다. 맹자는 말한다.

仁은 사람의 마음이다. 義는 사람이 가야 할 길이다.[64]

仁은 사람의 편안한 집이며, 義는 사람의 바른길이다.[65]

맹자에 있어서 '사람의 마음'이란 모든 사람이 가지고 있는 四端心이다. '사람이 가야 할 길'이란 사람으로서 당연히 행해야 할 길이며, 사람이라면 누구나 가야 할 길이다. 사람의 모든 활동은 진정한 사람이 되기 위한 것이며 義는 바로 그 궤도이다. 『중용』에 "義는 마땅한 것이다."[66]라고 한 것은 바로 이것을 말하는 것이요, 주자가 "마땅함이란 사리를 분별하여 각기 마땅한 바가 있는 것"[67]이라 한 것도 바로 이것을 의미한다. "곤궁함에 처해도 義를 잃지 않고 부귀영달을

칙을 세우고 모든 事와 物을 仁義에 대입하여 판단한다.

63) 『孟子』「盡心 下」16: 仁也者人也 合而言之道也.

64) 『孟子』「告子 上」11: 仁人心也 義人路也.

65) 『孟子』「離婁 上」10: 仁人之安宅也 義人之正路也.

66) 『中庸』〈第20章〉: 義者 宜也.

67) 『中庸集註』〈第20章〉: 宜者 分別事理 各有所宜也.

누려도 道를 떠나지 않으며"[68] "取하여도 청렴함을 잃지 않으며, 주어도 은혜로움이 손상되지 않는"[69] 그러한 마땅함이다. 육체와 마음은 모두 安樂處가 있어야 한다. 육체의 안락처는 집이며 마음의 안락처는 善한 本性이다. 선한 본성은 仁의 근원처이다. 그래서 仁에 살면 마음이 편안하다. 마음이 편안하면 理를 체득하여 하늘을 우러러 부끄럼이 없으며, 사람을 대함에 부끄럼이 없다. 또한 義를 따라 행하는 행위는 늘 정정당당하다. 그러므로 義는 사람의 바른길이 되는 것이다. 이렇게 볼 때 맹자에 있어서 仁義는 바로 道이며, 道는 仁義之道라 말할 수 있다. 이러한 道를 유가에서는 '常道'라고 한다. 반면에 맹자는 '權道'를 말하기도 한다.

> 순우곤이 "남녀 간에 주고받기를 친히 하지 않는 것이 禮입니까?" 하고 물으니, 맹자가 "禮이다."라고 대답했다. "제수가 물에 빠지면 손으로 구원하여야 합니까?" 하고 묻자, 대답하기를 "제수가 물에 빠졌는데도 구원하지 않는다면, 이는 승냥이와 같으니, 남녀 간에 주고받기를 직접 하지 않음(授受不親)은 禮이고, 제수가 물에 빠져 손으로 구원함은 權이다."라 하였다.[70]

맹자는 여기서 남녀 간의 '授受不親'이 비록 禮라고는 하나, 다급한 상황을 대처함에 있어 權을 행해야 함을 말하고 있다. 사람의 목숨이 달려 있는 문제를 禮의 굴레에 얽매어 죽게 할 수는 없기 때문이다. 맹자가 말한 權은 한 차원 더 높은 仁義에 근거한 禮를 말한 것으로 보아야 한다. 그래서 朱子도 "상황을 저울질하여 알맞음(時中)을 얻었

---

68) 『孟子』「盡心 上」9: 窮不失義 達不離道.

69) 『孟子』「離婁 下」23: 孟子曰 可以取 可以無取 取傷廉 可以與 可以無與 與傷惠.

70) 『孟子』「離婁 上」17: 淳于髡曰 男女授受不親 禮與 孟子曰禮也 曰嫂溺則援之以手乎 曰嫂溺不援 是豺狼也 男女授受不親 禮也 嫂溺援之以手者 權也.

다면 이것이 禮이다."[71]라고 말한다. 맹자는 禮의 실질은 바로 仁義를 節文하는 것이라고 한다.[72] 節文이란 '品節文章'의 준말로 절도에 맞게 행동하고 文飾을 가하여 가장 適宜한 상태를 유지하는 것이다. 이것은 仁義의 심미적 표현이다. 事親과 從兄이 仁義의 실질이라고 말한 것은 仁義에 대한 일면만을 말한 것이지만, 事親과 從兄을 잘 節文한 인간은 아름다운 인간이라는 것을 어느 누구도 부인할 수 없을 것이다.

『맹자』의 첫 편이 仁義에 대한 내용으로 시작하는 것을 보면 그 중요성을 충분히 짐작하고도 남음이 있다.[73] "맹자가 양혜왕을 만나니 왕이 말했다. '노인께서 천 리를 멀리 여기지 않고 오셨는데, 장차 무엇을 가지고 우리나라를 이롭게 할 수 있겠습니까?' 맹자가 대답했다. '왕은 하필 利를 말씀하십니까? 역시 仁義가 있을 뿐입니다'"[74] 양혜왕은 利를 묻는데 맹자는 仁義를 말한다. 맹자는 利보다 仁義를 훨씬 중요하게 여긴다. 王이 무엇으로 나라를 이롭게 할까를 생각하면 大夫들은 무엇으로 家를 이롭게 할까를 생각하고, 선비나 서민들은 무엇으로 내 몸을 이롭게 할까만을 생각하게 되어 나라가 위태롭게 될 것이라고 말한다. 利를 추구하다 보면 빼앗지 않고는 만족할 수 없기 때문이다.[75] 그러므로 마음의 德이요 사랑의 원리인 仁을 따르고, 마음의 법도요(制) 일의 마땅함인 義를 행해야 한다.[76] 그렇다면 어떻게

---

71) 『孟子集註』「離婁章句 上」17: 權稱錘也 稱物輕重而往來以取中者也 權而得中 是乃禮也.

72) 『孟子』「離婁上」27: 仁之實 事親是也 義之實 從兄是也 智之實 知斯二者 禮之實 節文斯二者是也.

73) 儒家의 주요 경전인 『大學』, 『論語』, 『孟子』, 『中庸』 및 『荀子』 등은 모두 그 첫 편의 내용이 가장 핵심적인 내용으로 구성되어 있다.

74) 『孟子』「梁惠王 上」1: 孟子見梁惠王 王曰 叟不遠千里而來 亦將有以利吾國乎 孟子對曰 王何必曰利 亦有仁義而已矣.

75) 『孟子』「梁惠王 上」1 참조.

76) 『孟子集註』「梁惠王章句 上」1: 仁者 心之德 愛之理 義者 心之制 事之宜也.

仁義를 행할 수 있을까? 맹자는 말한다. "仁에 살고 義를 따르라(居仁由義)."고 한다.

> 왕자 墊(점)이 물었다. "선비는 무엇을 해야 합니까?" 맹자가 대답했다. "志를 숭상해야 합니다." "무엇이 志를 숭상하는 것입니까?" "仁義일 뿐입니다. 죄가 없는 사람을 한 사람이라도 죽임은 仁이 아니며, 자기 것이 아닌 것인데도 취하는 것은 義가 아닙니다. 어디에 살아야 합니까? 仁입니다. 어디에 길이 있습니까? 義입니다. 仁에 살고 義를 따른다면 大人의 일이 구비되는 것입니다."[77]

> 맹자가 말했다. "스스로 해치는 자와는 더불어 말할 수 없고, 스스로 버리는 자와는 더불어 일할 수 없다. 예의가 아닌 것을 말하는 것은 스스로 해치는 것이며, 나 자신은 仁에 살고 義를 따를 수 없다고 하는 것은 스스로 버리는 것이다. 仁은 사람의 편안한 집이며, 義는 사람의 바른길이다. 편안한 집을 비워 두고 거처하지 않으며 바른길을 두고 가지 않으니 애석하도다."[78]

선비는 仁義에 뜻을 두기 때문에 옳지 못한 일을 할 수 없다. 仁은 사람의 편안한 집이므로 당연히 仁에 살아야 한다. 義는 사람이 가야 할 바른길이므로 당연히 義를 따라 행해야 한다. 大人은 仁에 살고 義를 따라 행할 뿐이다. 사실 仁義가 내재해 있고 모든 사람이 이것을 가지고 있다면 仁에 살고 義를 따르는 것은 선비만이 아니라 모든 사람이 해야 할 일이다. 뿐만 아니라 마땅히 仁으로 마음을 보존하고 義를 따라 행해야 한다. 이것은 외부에서 주어진 책임이 아니라 사람의 천직이며 인간의 본분이다. 부여받은 것이 부족하면 보완할 수 있으

---

77) 『孟子』「盡心 上」33: 王子墊問曰 士何事 孟子曰 尙志 曰 何謂尙志 曰 仁義而已矣 殺一無罪 非仁也 非其有而取之 非義也 居惡在 仁是也 路惡在 義是也 居仁由義 大人之事備矣.

78) 『孟子』「離婁 上」10: 孟子曰 自暴者 不可與有言也 自棄者 不可與有爲也 言非禮義 謂之自暴也 吾身不能居仁由義 謂之自棄也 仁 人之安宅也 義 人之正路也 曠安宅而弗居 舍正路而不由 哀哉.

며, 기질이 아름답지 않으면 변화시킬 수 있다. 그러므로 모든 사람은
마땅히 仁에 살고 義를 따라 행하여 자신의 생명을 편안하게 하고 삶
의 가치를 개척해야 한다. 오직 자포자기하는 사람만이 禮義를 비방
하고 믿지 않으며, 仁義를 배척하고 실천하지 않는다. 참으로 애석한
일이다.

> 순임금은 사물의 이치에 밝으셨으며 인륜을 잘 살피셨다. 이것은 仁
> 義를 따라 행하는 것이지, 仁義를 행하려고 하신 것이 아니었다.[79]

"仁義를 따라 행한다"는 것은 선천적으로 가지고 있는 仁義라는 天
理를 따라 행하는 것이다. 이러한 도덕실천이야말로 자각적이고 자주
적이며 자발적인 명령이다. 칸트는 이것을 '자율도덕'이라 한다. 반면
"仁義를 행한다"고 하는 것은 仁義를 외부에 있는 가치 기준으로 보
고, 그것을 준수하여 행하는 것이다. 이러한 도덕실천은 외부에 있는
도덕가치의 표준을 피동적으로 따르는 것이지, 내적인 생명의 원칙에
따라 스스로 결정해서 실천하는 것이 아니다. 따라서 "仁義를 행한다"
는 것은 자력에 의한 것이 아니라 타력에 의지하는 것이 되며, 도덕
실천 또한 선천적인 필연성을 잃게 된다. 이것을 '타율도덕'이라 한
다. 맹자가 말하는 도덕은 '자율도덕'이다. 자율도덕의 근거는 인간의
내면에 있는 도덕적 心性이다. 그것은 바로 仁義에 뿌리박고 있다.

> 순임금이 깊은 산중에 있을 때, 나무와 돌과 함께하며 사슴과 멧돼
> 지와 함께 놀았는데, 野人과 다를 것이 없었다. 하지만 한마디 좋
> 은 말을 듣고 한 가지 선행을 보면, 마치 江河의 제방을 터놓아 물

---

79) 『孟子』「離婁 下」19: 舜明御庶物 察於人倫 由仁義行 非行仁義也.

이 급류가 되어 내려가듯 하였으니 누구도 막을 수 없었다.[80]

이 글은 '仁義를 따라 행하는 것'의 좋은 예이다. 깊은 산중에 있을 때란 순임금이 歷山에서 밭을 갈 때를 말한다. 이때 순임금의 생활은 野人과 그다지 다를 것이 없었다. 그런데도 사람들이 그를 성인으로 여긴 것은 그가 모든 사람이 가지고 있는 도덕 본심을 먼저 깨달았기 때문이다. 순임금은 善을 보고 듣는 즉시 心性을 발하여, 마치 강둑을 터놓은 것처럼 仁義를 따라 행한다. 한 번 발동하면 무엇으로도 막을 수 없으니, 결국에는 커다란 업적을 이룬다. 이처럼 성선의 뿌리는 水源처럼 그침이 없으며 주야를 가리지 않고 흘러내려 至善에 이른다. 맹자의 도덕적 이상주의의 확고한 신념은 바로 여기에 기초한 것이다. 맹자의 모든 심미척도는 이러한 仁義에 근거하고 있다. 그래서 맹자는 "어찌 仁義를 아름답다 하지 않으리오."[81]라고 말하는 것이다.

2) 善과 美의 심미관계

맹자의 미학사상에 있어서 善과 美는 상호 不可不離的 내외관계를 이룬다. 善은 美의 충실조건으로서, 美는 善의 발현조건으로서 그 존재 의의가 있다. 충실이란 내적 충실을 의미하며, 발현이란 내적 충실이 달성되어 그것이 밖으로 드러나 느낄 수 있는 상태를 의미한다. 다시 말해서 내적 충실 없이는 외적 발현도 없다는 뜻이다. 그러므로 맹자의 미학사상은 內在의 문제에 중점을 둔다. 맹자는 美를 善, 信,

---

80) 『孟子』「盡心 上」16: 舜之居深山之中 與木石居 與鹿豕遊 其所以異於深山之野人者幾希 及其聞一善言 見一善行 若決江河 沛然而莫之能禦也.
81) 『孟子』「公孫丑 下」2: 豈以仁義爲不美也.

美, 大, 聖, 神의 여섯 등급으로 나누어 설명한다. 善, 信, 美는 '내적 충실조건'이 되며, 大, 聖, 神은 '외적 발현조건'이 된다. 본 단원에서는 '내적 충실조건으로서의 善'과 '외적 발현조건으로서의 美'라는 주제를 놓고 고찰을 시작한다.

(1) 内的 充實條件으로서의 善

맹자의 미학사상은 내적 충실을 중요시한다. 따라서 맹자의 미학사상을 논함에 있어 内外의 문제는 매우 중요한 의미를 갖게 된다. 内外의 문제는 주로 義의 내재냐 외재냐의 문제로 집약되며 告子와의 논변을 통해서 심층적으로 다루어지고 있다. 告子는 義의 외재를 주장하고 맹자는 義의 내재를 주장한다.

> 고자가 말했다. "…… 仁은 내적인 것이지 외적인 것이 아니며, 義는 외적인 것이지 내적인 것이 아니다." 맹자가 물었다. "어떻게 해서 仁은 내적인 것이고 義는 외적인 것이라고 말하는가?" 고자가 대답했다. "그가 연장자라서 내가 그를 연장자로 공경하는 것이지, 나에게 연장자로 섬기려는 공경심이 있는 것은 아니다. 그것은 마치 저것이 희기 때문에 내가 그것을 흰색이라고 하는 것과 같다." 맹자가 말했다. "…… 연장자를 義라고 하는가? 연장자로 받드는 것을 義라고 하는가?"[82]

告子는 仁은 내적인 것이고 義는 외적인 것이라고 주장하고, 맹자는 仁과 義 모두가 내적인 것이라고 주장한다. 고자는 仁만이 내부에서 나오고 義는 외부에서 온 것으로 외부에 의해 결정된다고 생각한다.

---

82) 『孟子』「告子 上」4: 告子曰 …… 仁內也 非外也 義外也 非內也 孟子曰 何以謂仁內義外也 曰 彼長而我長之 非有長御我也 猶彼白而我白之 從其白於外也 故謂之外也 曰 …… 謂長者義乎 長之者義乎.

그러므로 "그가 연장자라서 그를 연장자로 공경하는 것이지, 나에게
연장자로 섬기려는 공경심이 있는 것은 아니다."라고 말한다. 이 말
은 그가 연장자이기 때문에 내가 그를 공경하는 것이지, 내 마음속에
먼저 공경하는 마음이 있기 때문은 아니라는 것이다. 이에 대하여 맹
자는 "연장자를 義라고 하는가? 연장자로 받드는 것을 義라고 하는
가."라는 반문으로 이 이론에 대하여 별 어려움 없이 반박한다.

연장자란 실재하는 대상으로서 그가 공경받고 공경받지 못하는 것
은 다른 사람에게 달려 있다. 연장자는 피동적으로 공경을 받는 대상
에 불과하다. 즉, 연장자는 義를 받는 대상일 뿐 義를 행하는 주체는
아니다. 반대로 연장자를 공경할 것인지 공경하지 않을 것인지, 공경
한다면 어떻게 공경할 것인지 하는 것은 공경할 주체가 고려해서 판
단할 일이다. 그러므로 공경할 주체가 바로 義를 행하는 주체이다. 義
는 행위자에게서 나오는 것이지 대상에서 나오는 것이 아니다. 따라
서 義는 외부에 있는 연장자라는 대상에 있는 것이 아니라, 공경을 나
타내는 나에게 있는 것이다. 연장자는 그 사람이며 외부에 있고, 연장
자를 공경하는 것은 나이며 내부에 있다. 그러므로 맹자는 義는 내적
인 것이지 외적인 것이 아니라고 주장한다.

고자는 義가 내부에서 표출되는 도덕판단이며 이로부터 수립된 행
위의 준칙이라는 점을 깨닫지 못한 것으로 보인다. 그래서 고자는 외
부에 있는 대상에 중점을 두고 대상의 관점에서 義를 본다. 그러나 대
상은 객관적 존재에 불과하며 그것을 아는 것은 대상을 인지하는 것
일 뿐, 義·不義와는 관계가 없다. 대상에 대해서 도덕적 판단을 하고
그에 상응하는 행위의 준칙을 결정하는 것이 바로 義이기 때문이다.
그러므로 義는 實然(실제로 그러함)의 문제가 아니라, 應然(마땅히 그

러함)의 문제라고 할 수 있다. 객관적 대상 그 자체는 사실이다. 사실에 대해서는 지식적 측면에서 '맞다, 틀리다'는 판단만 성립될 뿐, 도덕적으로 당연히 그래야 한다는 應然의 판단은 성립되지 않는다. 왜냐하면 當爲와 不當爲는 인지 대상에 관한 문제가 아니라, 어떻게 행위 해야 합리적인가 하는 응연의 문제이기 때문이다. 義는 도덕상의 응연 판단이며, 義·不義의 판단은 행위자의 마음에서 나오는 것이다.[83] 그러므로 義는 내적인 것이지 외적인 것이라고 할 수 없다.

> 맹계자가 공도자에게 물었다. "어째서 義가 내부에 있다고 하는가?" 공도자가 대답했다. "내 마음에서 공경심이 나오기 때문에 내부에 있다." 맹계자가 또 물었다. "마을 사람이 형보다 나이가 한 살 더 많으면 누구를 공경해야 하는가?" 공도자가 대답했다. "형을 공경해야 한다." "술을 따를 때는 누구에게 먼저 따르는가?" "마을 사람에게 먼저 따른다." 맹계자가 말했다. "그렇다면 공경하는 것은 형에게 있지만, 연장자로 받드는 것은 마을 사람에게 있는 것이다. 따라서 義는 외부에 있는 것이지 내부에 있는 것이 아니다." 공도자가 답변하지 못하고 이에 대해 맹자에게 물었다. 맹자가 말했다. "'숙부를 공경하는가? 아우를 공경하는가' 하고 물으면 그는 '숙부를 공경한다'고 할 것이다. 그에게 다시 '아우가 尸童이 되면 누구를 공경하는가' 하고 물어보아라. 그러면 그는 '아우를 공경한다'고 할 것이다. 자네는 '그렇다면 숙부를 공경한다는 것은 어디에 있는가' 하고 물어보아라. 그는 (아우가 尸童의) '자리에 있기 때문이다'라고 할 것이다. 그러면 자네 역시 '마을 사람이 손님이기 때문이다'라고 대답해라. 평상시의 공경은 형에게 있고, 잠시의 공경은 마을 사람에게 있는 것이다." 계자가 이 말을 듣고 말했다. "숙부를 공경하게 되면 숙부를 공경하고, 아우를 공경하게 되면 아우를 공경하니, 義는 외부에 있는 것이지 내부에 있는 것이 아니다." 공도자가 말했다. "겨울에 따뜻한 물을 마시고, 여름에 시원한 물을 마신다. 그렇다면 마시고 먹는 것도 또한 외부에 있는 것이로세."[84]

---

83) 蔡仁厚, 『孔孟荀哲學』, 臺灣 學生書局, 民國 77, 213~214쪽 참조.

84) 『孟子』「告子 上」5: 孟季子問公都子曰 何以謂義內也 曰 行吾敬故 謂之內也 鄕人長於伯兄一歲 則誰敬

공도자의 "내 마음에서 공경심이 나오기 때문에 내부에 있다."는 말은 옳다. 그래서 주자는 "공경하는 바의 사람은 비록 외부에 있지만 마땅히 공경해야 함을 알아서 내 마음으로부터 나오는 공경심으로 공경하니, 외부에 있는 것이 아니다."[85]라고 말한다. 이처럼 공경받는 사람은 외부에 있지만 공경할 수 있는 마음은 내부에 있다. 이와 같이 義와 仁은 모두 공경하는 주체이지 공경받는 객체가 아니다. 위의 인용문에서는 공경을 행하고 義를 행하는 데 있어서 時宜의 문제까지 언급한다. 그런데 공도자는 이 점을 이해하지 못하고 맹자가 지적한 후에야 비로소 알게 된다. 맹계자는 공경하는 것은 대상에 따라 차이가 있으므로 義는 외부에 있다고 주장한다. 이에 대하여 맹자는 법칙(經)과 상황(權)으로 문제를 설명한다. 즉 형을 공경하는 것은 변하지 않는 공경(經)이고, 연장자에게 술을 먼저 권하는 것은 일시적인 공경이라는 것이다. 공경을 행하는 것은 본래 應然 판단을 통하여 마땅함을 구하는 것이다. 언제 형을 공경해야 하며 언제 연장자를 공경해야 하는지, 언제 숙부를 공경해야 하며 언제 아우를 공경해야 하는지 하는 것은 모두 마음의 주재적 판단에 의해 마땅한 행동을 구하는 것이다. 따라서 義는 외부에 있는 것이 아니라, 내가 대상에 대해 어떻게 대해야 합당한가에 있는 것이다. 그러므로 맹계자의 말은 합당하지 않다. 맹계자가 다시 자신의 주장을 펴자, 공도자는 곧바로 "겨울에는 따뜻한 물을 마시고 여름에는 시원한 물을 마신다. 마시는

曰 敬兄 酌則誰先 曰 先酌鄕人 所敬在此 所長在彼 果在外 非由內也 公都子不能答 以告孟子 孟子曰 敬叔父乎 敬弟乎 彼將曰敬叔父 曰弟爲尸童則誰敬 彼將曰敬弟 子曰惡在其敬叔父也 彼將曰在位故也 子亦曰在位故也 庸敬在兄 斯須之敬 在鄕人 季子問之 曰 敬叔父則敬 敬弟則敬 果在外 非由內也 公都子曰 冬日則飮湯 夏日則飮水 然則飮食 亦在外也.

85) 『孟子集註』「告子章句 上」5: 所敬之人在外 然知其所當敬 而行吾心之敬以敬之 則不在外也.

것은 외부에 있어서 다르지만, 그것을 취사선택하는 것은 내 마음의 응연 판단이다. 이러한 취사선택이 외부에 있는가."라고 반박한 것이다.[86]

義의 內·外在를 분별하는 것은 다음의 세 가지 의미를 파악하는 것으로 확실해진다. 첫째, 仁과 義는 모두 내부(心)에서 나오는 것이지 외부에서 나오는 것이 아니다. 둘째, 주체와 객체를 판단하는 데 있어서 공경의 대상은 외부에 있지만, 공경의 주체는 내부에 있다. 仁과 義는 모두 주체이지 객체가 아니다. 그러므로 仁義는 내부에 있다. 셋째, 實然과 應然에서 실연은 '무엇인가'의 문제이며, 응연은 '마땅히 어떻게 해야 하는가'의 문제이다. '무엇인가'는 지식적 측면에서 맞다·틀리다는 판단만 성립될 뿐, 도덕상의 당연·부당연의 판단은 성립되지 않는다. 義는 사리의 올바름으로 도덕상의 응연 판단에 속한다.[87] 그러므로 義는 행위 대상인 사물 자체에 있는 것이 아니라 사물에 대한 사람의 합리적인 조치에 있다. 내재한 仁義는 인간이 본래 가지고 있는 것이며 인간의 내면에 있는 도덕심성이다. 그래서 맹자는 仁義를 따라 행하는 것이지, 仁義를 행하려는 것이 아니라고 말한다. 이렇게 仁義의 내재를 강력히 주장하는 것은 善의 근거가 바로 仁義에 있기 때문이다. 이러한 주장은 '充實之謂美'라는 그의 심미관과 직결된다. 충실이란 내적 충실을 의미하기 때문이다.

> 浩生不害가 물었다. "樂正子는 어떠한 사람입니까?" 孟子가 말했다. "善人이며 信人이다." "무엇을 善이라 하며 무엇을 信이라 합니까?" "하고자 할 만한 것을 善이라 하고, 善을 자기가 지속적으로 가지고 있는 것을 信이라 하며, 善이 몸속에 가득 차서 실하게 된

---

86) 蔡仁厚, 『孔孟荀哲學』, 臺灣 學生書局, 民國 77, 215~216쪽 참조.
87) 蔡仁厚, 『孔孟荀哲學』, 臺灣 學生書局, 民國 77, 216~217쪽 참조.

것을 美라 하고, 가득 차서 빛을 발함이 있는 것을 大라 하며, 大의
상태가 되어서 남을 변화시키는 것을 聖이라 하고, 聖스러우면서
알 수 없는 것을 神이라 한다. 樂正子는 두 단계 속에 있고 네 단계
아래에 있다."[88]

이것은 맹자가 美에 대해서 정확하게 정의를 내리는 대목이다. 한
인간이 아름답기 위해서는 내적으로 어떠한 조건이 갖추어져야 하며,
외적으로 어떠한 상태가 되어야 좀 더 품격 높은 아름다움을 지닌 인
간이 되는가에 대해서 분명하게 피력하고 있다. 맹자는 인간을 善, 信,
美, 大, 聖, 神의 여섯 단계로 나누어 설명한다. 善, 信, 美는 인간 내면
의 상태를, 大, 聖, 神은 인간 외면의 상태를 형용한 말이다. 그러나 大,
聖, 神이 비록 외면의 형용이라 하더라도 그것은 반드시 善, 信, 美라
는 내면의 충실한 기반 위에서만 형성될 수 있는 단계들이다. 우리는
여기서 맹자가 美를 인간 내면의 영역에 포함시키고 있음에 주목해야
한다. 이것은 지금까지 우리가 살펴본 '천인합일적 심미관', '성선론
적 심미구조', '仁義之道的 심미척도' 등의 단원에서 일관되게 주장하
는 內－直－性善의 문제와 직결되기 때문이다. 이것은 인간의 내면 깊
숙이 자리한 性은 본래 善한 것[89]이라는 맹자의 일관된 주장에 의해
서 제기된 심미표준이라고 말할 수 있다. 맹자가 善을 '하고자 할 만
한 것(可欲)'이라고 말한 것은 性善의 바탕 없이는 나올 수 없는 말이
다. 따라서 맹자에 있어서 외면의 문제는 내면의 연속선상에 있음을
알 수 있다.

---

88) 『孟子』「盡心 下」25: 浩生不害問曰 樂正子 何人也 孟子曰 善人也 信人也 何謂善 何謂信 曰 可欲之謂
　　善 有諸己之謂信 充實之謂美 充實而有光輝之謂大 大而化之之謂聖 聖而不可知之之謂神 樂正子 二之
　　中 四之下也.
89) 『孟子』「滕文公 上」1: 道性善 言必稱堯舜.

① 善

善은 도덕 실천상의 가치를 나타내는 말로 惡과 상대되는 개념이다. 字形으로 보면 言과 羊이 합하여 된 글자로『설문해자』에서는 "善은 吉한 것이다. 誩(경)과 羊이 합쳐진 것이며 義·美와 뜻이 같다."[90]라고 풀이한다.[91] 두 개의 言(誩) 자는 두 사람이 각자의 주장에 대한 정당성을 神에게 서약하고 논쟁한다는 의미를, 羊은 서로 논쟁하는 두 사람 사이에 서서 각 주장의 是非曲直을 귀신을 대신해서 심판한다는 것을 상징한다. 羊은 羊의 머리를 쓴 절대자(羊人爲美)를 상징한다.

'可欲之謂善'에서 可欲이란 '하고자 할 만한 것'이라고 해석하는 것이 가장 무난하다. 그러나 '하고자 해야 할 것'이라고 해석할 수도 있다. 사람의 하고자 함이란 善도 惡도 어느 것도 다 가능하지만 天命과 仁義에 뿌리를 둔 '할 만한 것', 즉 '하고자 할 만한 것'이 선의 진정한 의미라고 하겠다. 맹자가 善을 '하고자 할 만한 것'이라고 풀이하는 것은 '순수의욕'을 뜻하는 것이다. 죽기를 싫어하고 살기를 원하는 것은 '하고자 함'의 조건 없는 순수의욕이다. 그러므로 살기를 좋아하고 죽기를 싫어하는 것은 인간의 常情이다. 따라서 살고자 하는 마음(生＋心＝性)은 그대로 인간의 본성이며 善이 되는 것이다. 그래서 "내가 하고자 하는 것을 남으로 하여금 하게 할 수 있으며"[92] 자신의 본성에 따라 행하여도 결코 善에 위배되지 않는다는 믿음이 생긴다. 이렇게 '可欲'의 뜻은 性이 곧 '可欲적인 것'이라고 여긴 것이며, 여기서의 欲은 바로 '仁義禮智'에 합치한다는 뜻이다. 또한 '可欲'이란 應當의 의

---

90) 『說文解字』: 善吉也 從言言從羊 此與義美同意.

91) 『說文解字』에서 善, 義, 美를 동일 개념으로 풀이하는 것은 맹자의 미학사상과 완전히 일치한다. 이것은 『說文解字』의 작자 許愼이 맹자의 영향을 많이 받았음을 시사하는 것이다.

92) 『孟子正義』「盡心 下」25 〈趙注〉: 己之所欲 乃使人欲之 是善人.

미를 갖는다. 주자는 "천하의 理 중에 善한 것은 반드시 하고자 할 만하다."93)라 하여, 선의 가치를 적극 긍정한다. 이것은 인간 내심의 요구로부터 나오는 善도 '可欲'이려니와 인간 외부에 존재하는 선 또한 '可欲'적인 것이기 때문에 응당 '해야만 하는 선'이며 '하고자 할 만한 선'이라는 것이다. 이것은 곧 인간을 위주로 하고 있음을 뜻하며, 만물의 영장이라는 인간의 능력과 善을 믿는 데서 나오는 자신감의 표현이다. 이렇기 때문에 적극적으로 현실적 자아실현의 요구와 대외적 '止於至善'의 요구까지도 가능하게 되는 것이다. 맹자가 '可欲之謂善'이라고 주장한 것도 바로 이런 자아실현의 요구를 가리킨다. '可欲'은 모든 선의 추구를 포함하며, 모든 실현능력의 근거를 제공하는 마음의 작용이다. 마음은 性에 뿌리를 두고 있다.

性은 마음 가운데 天命으로 주어진 것이요, 느껴서 流出된 것은 心中의 善情이다. 여기서 유출이라는 것은 心의 기능이요, 이 기능 여하에 따라서 情은 惡으로도 善으로도 표출될 수 있다. 즉 善惡은 성과 정에 대한 심의 통솔에 매여 있다. 하늘로부터 부여받은 성의 방향으로 심이 순종하면 善情으로 나타나고, 기질에 끌리어 성이 아닌 방향으로 심이 작용될 때 이는 惡情으로 나타난다. 심은 理와 氣를 합친 것이며, 성과 정을 통솔한다. '惻隱, 羞惡, 辭讓, 是非'는 성의 '인의예지'의 단서로 심중에 반응된 善情으로서 맹자는 이것을 사단이라고 한다. 사단은 善의 단서요 美의 단서이다. '可欲'은 이러한 단서를 끊임없이 추구하여 내 안에 간직하려고 하는 욕구이다. 이 욕구는 善에 대한 갈망을 실현시켜 주는 원동력이다. 이렇게 실현된 善은 맹자 미학의 원천이요 뿌리가 된다.

---

93) 『孟子集註』「盡心章句 下」25: 天下之理 其善者 必可欲.

② 信

信을 맹자는 '有諸己之謂信', 즉 '자신에게 간직하고 있는 것을 信이라 한다'라고 풀이한다. 여기서 자신에게 간직하고 있는 것은 바로 앞에서 살펴본 善을 의미한다. 이와 같은 선을 자기 자신에게 간직하는 것이 信이라는 뜻이다. 선을 간직한 信, 이러한 信은 믿음 그 자체이다. 그래서 맹자는 붕우 간에는 信이 있어야 함을 강조한다. 『중용』에서는 모든 인간사회의 보편적 인간관계 가운데 벗과의 관계를 五達道의 하나로 중시하고, 그 사이에는 信이 가장 중요한 것임을 밝히고 있다.[94] 信은 인간과 인간의 관계에서는 물론 개인과 집단, 집단과 집단 사이의 관계에서도 매우 중요한 덕목이다. 五常으로서의 信은 나머지 四端과는 달리 구체적인 양상을 갖는 것이 아니라, 사단을 사단이게 하는 터전이다. 즉 信은 사단을 그대로 드러나게 하는 진실성 그 자체를 뜻한다. 또한 『주역』에서는 인간 내면 속에서 서로의 믿음을 가능하게 하는 孚로 표현하는데, 程子는 이를 "誠信이 이 속에 충실한 상태로 있는 것"[95]이라 하고, 주자는 "孚는 信이 속에 있는 것이다."[96]라 한다. 信 개념의 이와 같은 심화는 공자의 '忠信'을 거쳐 『중용』의 誠으로 계승되어 유학사상의 중심 개념의 하나로 전개된다.

다시 맹자가 말한 '有諸己之謂信'으로 돌아가 보면, 信을 맹자는 美가 되기 바로 직전의 두 번째 자리에 위치시킨다. 하고자 할 만한 善을 나의 내면에 간직한 상태는 아직 가득 채운 상태는 아니다. 그래서 맹자의 기준에 의하면 아직 완전한 아름다움의 단계에는 미치지

---

94) 『中庸章句』〈第20章〉: 獲乎上有道 不信乎朋友 不獲乎上矣 信乎朋友有道 不順乎親 不信乎朋友矣.

95) 『周易傳義』〈需卦〉: 有剛健中正之德而誠信 充實於中 中實 有孚也.

96) 『周易本義』〈需卦〉: 孚 信之在中者也.

못한 상태를 의미한다. 그러나 그것은 곧 아름다워질 수 있는 조건을
충분히 보유하고 있다. 그래서 주자는 "무릇 善을 다 실제로 소유하
여 악취를 싫어하듯 하며, 예쁜 색을 좋아하듯 한다면 信人이라고 할
수 있다."[97]고 하여 맹자의 '羞惡之心'을 연상케 하는 풀이를 한다. 수
오지심은 義의 단서이기 때문에 수오지심이 義의 전부라고는 말할 수
는 없다. 그것이 義의 전부라면 그것은 곧 美 자체가 된다. 그렇게 되
면 信과 美를 구분할 수가 없게 된다. 주자의 풀이는 그야말로 경계가
분명하면서도 절묘하다. 또한 張橫渠는 "진실로 자신을 善하게 하는
것을 信이라 한다."[98]라 하여 주자처럼 명료한 경계까지를 제공하지
는 못하지만 역시 비슷한 풀이를 하고 있다. 『설문해자』에 "信은 誠이
며, 誠은 實과 같다."[99]는 뜻 역시 비슷하다. 이와 같은 풀이들은 美가
되기 위한 충분조건, 즉 '充實之謂美'로 발전해 가는 바로 이전 단계를
정확하게 지적하고 있는 것이다. 다시 말하면 맹자의 '有諸己之謂信'
은 심미적 필수요소인 善을 개체 자신에 지속적으로 충만시키는 과정
을 심미적으로 표현한 말이라고 할 수 있다.

③ 美

美를 맹자는 '充實之謂美'라고 풀이한다. '충만하게 채워져 실한 상
태를 美라고 한다'는 뜻이다. 충만하게 채웠다는 것은 善을 채웠다는
말이다. 그것은 善과 信의 단계를 계속 유지 확충시켜서 이룬 단계이
다. 그래서 朱子는 "그 善을 힘써 행하여 充滿하고 積實함에 이르면 美

---

97) 『孟子集註』「盡心章句 下」25: 凡所謂善 皆實有之 如惡惡臭 如好好色 是則可謂信人 참조.

98) 『孟子集註』「盡心章句 下」25: 張子曰 …… 誠善於身之謂信.

99) 『說文解字』〈人部〉: 信誠也 誠猶實也.

는 그 안에 있을 것이니 밖에서 기다릴 것이 없다."[100]고 말한다. 美는 좁은 의미에서 보면 미학의 기본 범주로서 醜와 상대되는 개념이다. 美를 字意的으로 풀이하면 보통 두 가지로 요약된다. 첫째, 『설문해자』에 나타나는 '羊大爲美'로서, "美는 달다(甘)는 뜻으로 羊 자와 大 자의 합자이다. 양은 六畜의 하나로 주된 반찬이다. 美는 善과 같은 뜻이다."[101]라고 하는 전통적인 해석이다. 여기서 '美는 달다'라는 말은 美가 감각적인 가치를 내포하고 있음을 말해 준다. 羊은 당시 생활수단의 중요한 원천이었으며, 음식물이기도 하였으니 살지고 크면 클수록 사람들은 좋아하고 아름답게 여겼을 것이다. 또한 양은 吉祥을 상징하는 짐승으로 제사의 희생으로도 사용된다. '미와 선은 같은 뜻이다'라 함은 美的인 사물이 실용적인 것과 결합되어 있음을 보여 준다.[102]

다른 하나는 이른바 '羊人爲美'이다. 우선 美 자의 형태를 보면 위는 羊이고 아래는 大이니 美는 羊에서 파생된 것이다. 그런데 『설문해자』에서 "大는 사람의 모습을 본떠 그렸다."[103]라 하고 있는 것을 보면 아래의 大 자는 당초에는 肥大의 뜻이 아니고 사람의 뜻이었다는 것이다. 이 밖에 유력한 학설로서 최근에 蕭兵은 美의 원래 의미는 원시사회에서 권력을 지닌 무당이나 추장과 같은 大人이 무술의식을 집행할 때 양의 머리나 양 뿔을 머리에 쓰고 신비함과 권위를 나타낸 데에서 美라는 의미가 나왔다고 한다. 즉 최초에는 '羊人爲美'였으나 후에 '羊大爲美'로 변했다는 것이다.[104] 그러나 '羊人爲美'나 '羊大爲美'

---

100) 『孟子集註』「盡心章句 下」25: 力行其善 至於充滿而積實 則美在其中而無待於外矣.

101) 『說文解字』: 美 甘也 從羊從大 羊在畜主給膳 美與善同意.

102) 權瑚 옮김, 李澤厚 저, 『華夏美學』, 동문선, 1990, 〈제1장〉 '禮樂傳統/羊大則美 – 사회와 자연' 부분 참조.

103) 『說文解字』: 天大地大人亦大 故大象人形.

104) 廖群 著, 陳炎 主編, 『中國審美文化史』·先秦卷, 山東畵報出版社, 2003, 144쪽 참조.

모두 다음과 같은 두 가지 의미를 내포한다. 하나는, 미의 기원은 사람의 생산실천 활동과 밀접하게 연계되어 있으며, 먼저 공리적 관념을 가지고 있다가 그 후에 심미적 관념으로 옮겨 갔다는 것이다. 다른 하나는, 미적 개념은 구체적인 사물의 외관 형식에 대하여 심미활동을 진행시킨 기초 위에서 형성되는 것이므로, 미는 구체적인 형상을 벗어날 수 없다는 것이다. 이와 같은 美에 대한 字意的 풀이는 원시사회에서 형성된 초보적 미의식을 설명하는 데 불과하다. 뒤에 儒家에서 주로 나타나는 도덕과 정치상의 미는 본래의 뜻에서 확장된 것으로, 美의 뜻이 외관적·형식적 제한에서 부단히 확대되어 인격의 品과 位까지를 포함하는 인생의 예술화된 경계일 뿐 아니라, 사회의 예술화된 경계까지를 포괄하는 개념으로 확장된다. 이러한 경향은 先秦시대에 이미 보편화된 상황을 보여 주고 있는 것이다.

맹자의 '充實之謂美'는 美가 善을 내용으로 하여 충실하게 채우는 것을 의미하지만, 그것을 채우는 과정은 信의 단계를 거치면서 이루어지게 된다. 信에 대해서는 바로 앞에서 살펴본 바 있고, 채운다는 의미에 대해서 맹자의 말을 통해 알아본다. 맹자는 채운다는 것을 擴充이라는 말로 표현한다.

측은히 여기는 마음은 仁의 단서요, 부끄러워하고 미워하는 마음은 義의 단서요, 사양하는 마음은 禮의 단서요, 옳고 그르게 여기는 마음은 智의 단서이다. 사람에게 四端이 있는 것은 그에게 四體(사지)가 있는 것과 같으니, 이 사단이 있고도 스스로 (仁義를) 할 수 없다고 하는 것은 스스로를 해치는 자요, 그 임금이 (仁義를) 할 수 없다고 하는 자는 그 임금을 해치는 자이다. 무릇 四端이 나에게 있는 것을 다 넓혀서 채울 줄 알면, 마치 불이 처음 타오르고 샘물이 처음 도달하듯 할 것이니, 진실로 그것을 채울 수 있다면 四海를 보존

할 것이요, 채우지 못한다면 족히 부모도 섬기지 못할 것이다.[105]

위의 예문은 맹자가 말한 充實의 뜻을 정확하게 설명하고 있다. 충실이 미가 될 수 있다는 것은 그것이 인간의 형체에 영향을 주기 때문이다. 내적 충실은 외적 위대함으로 나타날 수도 있고, 성스러움으로 나타날 수도 있고, 알 수 없는 경지로 나타날 수도 있다. 이것이 美에 대한 좀 더 고양된 표현방법으로서의 '大, 聖, 神'의 심미범주이다. 여기서 잠시 우리는 맹자가 美와 善의 관계에 대해서 어떻게 이해하고 있으며 공자와의 차이점은 무엇인지에 대해서 상기할 필요가 있다. 그것은 이후의 '大, 聖, 神'에 대한 서술과 상호 연관되기 때문이다.

공자는 美와 善을 구별하여 선을 윤리·도덕의 내용(質)으로 이해하고, 미는 그에 대한 형식(文)으로 이해한다. 따라서 공자가 주장한 質과 文의 통일은 곧 善으로서의 내용과 美로서의 형식의 통일이다. 그러나 맹자는 美를 善과 일체형식으로 파악한다. 그것은 내용과 형식의 일체를 의미한다. 그렇기 때문에 善 자체가 내용과 형식의 일체적 감성형태가 되며, 美 자체 또한 내용과 형식의 일체적 감성형태가 되는 것이다. 이로써 맹자가 파악한 美는 善의 외재형식으로만 존재하는 것이 아니라, 美 속에는 이미 善의 내용으로 충만한 美善一體적 감성형태로 존재한다는 것을 알 수 있다. 이러한 이해가 전제되어야 이어서 나오는 '大, 聖, 神'에 대한 내포적 의미를 정확하게 이해할 수 있다. 맹자에 있어서 비어 있거나 쭈그러진 것은 美의 대상이 되지 않는다. 善이 없는 것은 비어 있는 것이고, 善이 부족한 것은 쭈그러진

---

105) 『孟子』「公孫丑上」6: 惻隱之心 仁之端也 羞惡之心 義之端也 辭讓之心 禮之端也 是非之心 知(智)之端也 人之有是四端也 猶其有四體也 有是四端而自謂不能者 自賊者也 謂其君不能者 賊其君者也 凡有四端於我者 知皆擴而充之矣 若火之始然 泉之始達 苟能充之 足以保四海 苟不充之 不足以事父母.

것이다. '充實之謂美'라는 말은 善을 확충시켜 大人, 聖人으로 거듭나기 위한 초석을 제시한 인격적 심미표준이다. 그것은 인간 개체에 善의 정신이 깃들어 있을 때, 구체적으로 직관할 수 있는 대상으로서의 준칙을 '充實之謂美', 즉 아름다움의 표준으로 상정한 것임을 알 수 있다.

(2) 外的 발현조건으로서의 美

앞에서 우리는 맹자가 본 아름다움의 조건은 '충실함'이라는 것을 알았다. 충실이란 내적 충실을 의미하며 善의 충만을 가리킨다. 이렇게 충만한 善, 즉 아름다움은 외부로 발현되게 마련이다. 그것은 의도하지 않아도 저절로 그렇게 되어 얼굴이 윤택해지고 등에 가득 차며 四肢에 베풀어져 숨길 수가 없게 된다. 그 발현한 정도에 따라서 맹자는 大, 聖, 神으로 구분하여 단계별로 설명한다. 大, 聖, 神으로의 발현은 美라는 조건을 충족한 바탕 위에서 가능하게 된다.

① 大

大를 맹자는 '充實而有光輝之謂大'로 표현한다. "충실하게 채워져 광채가 나는 것을 大라고 한다."는 말이다. 大는 일종의 感性對象을 초월하는 것으로 찬란하게 빛나는 아름다움을 상징한다. 季札은 『左傳』에서 "韶箾(소소: 요순의 樂舞)를 본 자가 말하기를 지극한 德이로다! 크도다(大). 하늘이 덮지 못함이 없는 것과 같고, 땅이 싣지 못함이 없는 것과 같구나."[106]라 하여 최초로 大의 심미범주를 제기한다.[107] 후에

---

106) 『春秋左傳』「襄公」29年: 見舞韶箾者 曰 德至矣哉 大矣 如天之無不幬也 如地之無不載也.

107) 『中華美學大詞典』, 林同華 主編, 安徽教育出版社, 2002, 98쪽 참조.

大는 인격의 품위를 나타내는 심미범주로 통용되어 공·맹·순 三子
가 공히 大의 중요성을 역설하게 된다. 공자는 "크도다, 堯의 임금됨
이여! 위대하도다, 오직 하늘만이 크나니 堯임금만이 그것을 본받았
구나. 넓고 넓도다. 백성들이 이름 붙일 수 없구나. 높고 높도다. 그
성공함이여! 빛나도다, 그 문채 남이여."[108]라고 말하여 성인의 위대
한 모습과 업적을 찬양하는 데 大의 의미를 사용한다. 공자가 말한 大
의 의미는 곧 하늘과 같은 존재를 가리킨다. 이러한 인격미를 소유한
사람을 『주역』에서도 大人으로 표현한다.

> 무릇 大人이란 천지와 그 덕이 부합하고, 日月과 그 밝음이 부합하
> 며, 四時와 그 질서가 부합하고, 귀신과 그 길흉이 부합한다. 하늘
> 보다 먼저 하여도 하늘이 어기지 않으며, 하늘보다 뒤에 하여도 天
> 時를 받든다. 이처럼 하늘도 그를 위배하지 않는데, 하물며 사람이
> 위배하겠는가? 하물며 귀신이 위배하겠는가?[109]

이와 같은 『주역』의 大人에 대한 언급은 매우 추상적 의미를 담고
있지만 맹자의 大에 관한 심미 범주와 흡사하여 일맥상통하고 있다.
이것은 儒家의 大人觀에 대한 정의의 성격을 가진다고 말할 수 있다.
이러한 기본 인식을 가지고 맹자의 심미범주로서의 大에 대한 논의를
시작한다.

> 하고자 하는 것을 善이라 하고, 善을 자기 몸에 갖추고 있는 것을
> 信이라 하며, 충만하여 實한 것을 美라 하고, 충만하고 實하며 광

---

108) 『論語』「泰伯」19: 子曰 大哉 堯之爲君也 巍巍乎 唯天爲大 唯堯則之 蕩蕩乎 民無能名焉 巍巍乎 其有
成功也 煥乎 其有文章.

109) 『周易』「乾卦·文言傳」: 夫大人者 與天地合其德 與日月合其明 與四時合其序 與鬼神合其吉凶 先天而
天弗違 後天而奉天時 天且弗違 而況於人乎 況於鬼神乎.

채가 나는 것을 大라 한다.110)

　善을 쌓고 쌓아서 充實한 상태가 됨을 맹자는 아름다움이라고 하는데, 여기서 한 걸음 더 나아가 충실하여 겉으로 광채가 나는 것을 大라고 말한다. 이것은 맹자가 한 개인의 인격에 대하여 묘술한 심미범주이다. 이러한 인격의 소유자를 大人이라고 명명한 것이다. 대인은 仁義禮智가 마음속에 뿌리내려 그 얼굴빛에 나타남이 윤택하고, 등에 가득하며, 四肢에 베풀어지는111) 사람이다. 마침내 내적 아름다움이 외적 아름다움으로 발현되는 현상에 이른 것이다. 맹자는 이러한 대인은 언제나 志를 숭상한다고 말한다. 志란 마음이 향해 가는 것이며,112) 그 목적지는 仁義이다. 그래서 맹자는 왕자 塾(점)의 "무엇이 志를 숭상하는 것입니까?"라는 물음에 "仁義일 뿐입니다."라고 대답한다. 죄가 없는 사람을 한 사람이라도 죽임은 仁이 아니며, 자기 것이 아닌 것인데도 취하는 것은 義가 아니다. 仁에 살고 義를 따른다면 大人의 일이 갖추어지는 것이다.113) 仁은 사람의 편안한 집이며, 義는 사람의 바른길이기 때문이다.114) 이러한 대인은 '赤子之心'을 잃지 않으며,115) 禮 아닌 禮와 義 아닌 義를 행하지 않는 사람이다.116) 그러한 사람을 맹자는 '大丈夫'라 칭한다.

---

110) 『孟子』「盡心 下」25: 可欲之謂善 有諸己之謂信 充實之謂美 充實而有光輝之謂大.

111) 『孟子』「盡心 上」21: 仁義禮智根於心 其生色也 睟然見於面 盎於背 施於四體.

112) 『尙書大傳』: 志者 心之所之也.

113) 『孟子』「盡心 上」33: 王子塾問曰 士何事 孟子曰 尙志 曰 何謂尙志 曰 仁義而已矣 殺一無罪 非仁也 非其有而取之 非義也 居惡在 仁是也 路惡在 義是也 居仁由義 大人之事備矣.

114) 『孟子』「離婁 上」10: 仁人之安宅也 義人之正路也.

115) 『孟子』「離婁 下」12: 大人者 不失其赤子之心也.

116) 『孟子』「離婁 下」6: 非禮之禮 非義之義 大人弗爲.

天下의 넓은 집에 거처하며, 天下의 바른 자리에 서며, 天下의 大道
를 행하여, 뜻을 얻으면 백성과 함께 道를 행하고, 뜻을 얻지 못하
면 홀로 그 道를 행하여, 富貴가 마음을 방탕하게 하지 못하며, 貧
賤도 절개를 옮겨 놓지 못하며, 威武가 지조를 굽히게 할 수 없는
것, 이것을 大丈夫라 한다.[117]

朱子는 넓은 집을 仁, 바른 자리를 禮, 큰길을 義라고 풀이한다. 백
성과 함께 행한다는 것은 그 얻은 것을 남에게 미루어 나가는 것이요,
홀로 그 道를 행한다는 것은 그 얻은 것을 자기 몸에 지킨다는 것이
다.[118] 仁, 禮, 義에 입각한 道의 실천은 누구의 간섭도 불필요하다. 맹
자가 강조한 '大丈夫' 정신은 사람들로 하여금 정신의지를 강화시켜
흔들리지 않는 굳센 힘을 발휘하여 필요할 때 '殺身成仁'할 수 있는
힘을 준다. 어떠한 동물도 이러한 美의 극치에 도달할 수는 없다고 말
하는 학자처럼,[119] 이것은 진정으로 맹자의 조금도 거리낄 것 없는
자신에 찬 개인 인격의 美的 宣揚이라고 말하지 않을 수 없다.

맹자는 공자에 비하여 한 걸음 더 나아가 美學을 확대·심화시킨
다. 그는 인간은 사는 것을 좋아하고 죽는 것을 싫어하지만, 진정한
인간은 "하고자 하는 것이 사는 것보다 강렬한 것이 있고, 싫어하는
것이 죽음보다 심한 것이 있다."[120]라고 하여, 단지 살기 위해 일체의
것을 무시한 채로 자기 자신의 욕망을 채우기에 급급해서는 안 된다
고 주장한다. 그리고 사는 것도 내가 바라는 것이지만, 義도 내가 바

---

117) 『孟子』「滕文公 下」2: 居天下之廣居 立天下之正位 行天下之大道 得志 與民由之 不得志 獨行其道 富
　　貴不能淫 貧賤不能移 威武不能屈 此之謂大丈夫.
118) 『孟子集註』「滕文公章句 下」2: 廣居仁也 正位禮也 大道義也 與民由之 推其所得於人也 獨行其道 守
　　其所得於己也.
119) 『中國古代美學思想』, 馮滬祥, 臺灣學生書局, 民國 79年, 43쪽.
120) 『孟子』「告子 上」10: 所欲 有甚於生者 …… 有甚於死者.

라는 것이다. 그러나 이 두 가지를 겸하지 못한다면 삶을 버리고 義를 취할 것[121]이라고 하여, 인간은 자신의 생명을 보존하는 것보다 더욱 가치 있는 일이 있음을 알아야 하고, 그것을 위해 자신의 목숨을 희생시킬 수도 있음을 강조한다. 그것이 오히려 영원히 사는 길이라고 맹자는 인식한 것이다.

> 맹자가 宋句踐에게 말했다. "…… 德을 높이고 義를 즐기면 매우 만족할 수 있다. 그러므로 선비는 곤궁해도 義를 잃지 않으며, 현달해도 道를 떠나지 않는다. 곤궁해도 의를 잃지 않기 때문에 선비는 자신의 지조를 지키며, 현달해도 道를 떠나지 않기 때문에 백성들이 실망하지 않는다. 옛사람들은 뜻을 얻으면 은택이 백성에게 더해지고, 뜻을 얻지 못하면 몸을 닦아 세상에 드러나니 곤궁하면 홀로 그 몸을 선하게 하고, 현달하면 천하 사람들을 다 善하게 한다.[122]

이 인용문은 앞에서 인용한 '大丈夫'론과 상통한다. '곤궁해도 義를 잃지 않는다'는 것은 '빈천도 절개를 옮겨 놓지 못한다'는 말과 통하며, '영달해도 道에서 벗어나지 않는다'는 것은 '富貴도 음탕하게 하지 못한다'는 말과 통한다. 이러한 선비야말로 진정한 大人이다. 맹자는 자신이 믿고 있는 진리를 선양하기 위해서는 다른 사람들이 그를 일컬어 '好辯'이라고 하는 것도 두려워하지 않는다. 또한 당시의 權勢家들에 대해서도 조금의 두려움도 갖지 않는다.

혹자들은 맹자가 「盡心 下」에서 '大人을 가벼이 여겼다'는 말을 들어 맹자의 大人觀이 이중성을 갖는다고 주장한다. 그러나 그것은 맹

---

121) 『孟子』「告子 上」10: 生亦我所欲也 義亦我所欲也 二者不可得兼 舍生而取義者也.

122) 『孟子』「盡心 上」9: 孟子謂宋句踐曰 …… 尊德樂義 則可以囂囂矣 故士窮不失義 達不離道 窮不失義 故士得己焉 達不離道 故民不失望焉 古之人 得志 澤加於民 不得志 修身見於世 窮則獨善其身 達則兼善天下.

자의 진의를 잘못 이해한 것이다. 맹자가 두려워하지 않았던 大人은 '尙志'나 '兼善天下'하는 대인이 아니라, 당시의 權勢家들을 의미한다.123) 맹자는 그가 갈망하던 뜻을 얻었다 하더라도, 權勢家들이 누리는 것과 같이 堂의 높이가 몇 길이나 되고, 밥상의 음식이 한 길이나 되며, 모시는 시종들이 수백 명이나 되고, 음주가무를 즐기며 뒤따르는 수레가 千 대가 된다 하여도 나는 그것을 하지 않을 것이라고 말하면서, 내가 어찌 저들을 두려워하겠는가124)라고 말한다. 이러한 권세가들의 외향적 부유함과 풍요로움은 맹자에 있어서 지향할 바도 아니며, 아무런 위엄과 두려움의 대상도 되지 못한다.

이러한 정신의 소유자인 맹자 자신이야말로 大人의 풍모를 갖춘 진정한 大人이라 할 수 있다. 맹자의 이상적 인격은 자기가 굳건히 믿는 진리를 위해 투쟁하며, 어떠한 사악한 세력 앞에서나, 혹은 어떠한 커다란 곤경에 처함을 막론하고 결코 굴복하지 않는 것이다. 맹자는 찬란한 도덕 생명의 소유자로서 叡智와 웅변력이 뛰어난 기상을 지니고 있다.125) 그의 태산같이 준엄한 大人의 기상은 사람들로 하여금 숭고함과 위대한 人格美를 느끼게 한다.

② 聖

聖이라는 글자가 미학에서의 심미 범주로 채택되어 논의될 때, 그것은 儒家美學을 논하는 자리에서 유난히 그 빛을 발한다. 이 같은 현

---

123) 『孟子集註』「盡心章句 下」 34장에서 趙氏가 말한 "대인은 당시의 존귀한 사람이다(大人 當時尊貴者 也)."의 내용으로 알 수 있다.

124) 『孟子』「盡心 下」34: 孟子曰 說大人則藐之 勿視其巍巍然 堂高數仞 …… 吾何畏彼哉.

125) 蔡仁厚의 『宋明理學 · 北宋篇』(臺灣, 學生書局, 230～234쪽)에 맹자에 대한 이와 같은 찬사는 모두 程顥와 程頤가 성현을 평가하면서 맹자를 평한 말이라고 밝히고 있다.

상은 분명 맹자의 공로이다. 聖은 '지식과 덕성이 갖추어지고 事理에 통달한 경지'를 표현하는 말로, 신성하다는 의미로서 종교현상의 본질적인 가치를 나타내기도 한다. 聖은 『說文解字』에 의하면, 耳와 呈을 합한 形聲文字로 通을 의미하며,126) 『風俗通』에는 "聖은 聲이며, (하늘의) 소리를 듣고 그 실정을 아는 것을 말한다"127)고 되어 있다. 이로써 그 들려오는 소리를 듣고 상대방의 實情을 잘 알아서 수용하는 聖君을 떠올리게 된다. 『書經』의 '乃聖乃神'을 설명한 <傳>에는 "크면서도 끊임없이 변화하여 헤아릴 수 없는 것을 聖이라고 하고"128) '睿作聖'을 설명한 <傳>에는 "聖者는 통하지 않는 것이 없다."129)라고 한다. 종교적 의미로는 이 세상을 초월하여 일상의 경험을 넘어선 고도의 중심적인 가치로서 이것을 체득한 사람을 聖人, 聖者로 표현하는데 성인, 성자는 神과 통하고 그 道는 만물의 운행을 관장한다는 뜻으로 이해할 수 있다. 孔子는 『논어』「雍也」에서 聖을 仁보다 상위 개념에 속하는 도달할 수 없는 경지로130) 묘사한다. 그러나 맹자에 이르러 성인은 신비적인 요소가 사라지고 만인과 본성이 같은 사람, 만인의 도덕적 실천의 모범이 되는 사람으로 묘사된다.131) 다시 맹자의 聖에

---

126) 『說文解字』: 聖通也 從耳呈聲 式正切. 이것은 形聲字로 본 것이다. 그러나 갑골문에는 사람과 크게 그린 귀, 그리고 입 구(口) 자로 구성되어 있기 때문에 會意字로도 볼 수 있다. 귀를 크게 그린 것은 소리를 잘 듣는다는 것을 나타낸 것이고, 口는 발성기관으로 소리를 나타낸다. 그러므로 聖 자는 소리를 잘 듣는 사람이라는 뜻이 된다. 이 사람은 남의 말을 잘 들어 주고, 남이 듣지 못하는 神의 소리도 들을 수 있는 능력을 가졌다고 여겨져 그들의 무리에서 존경과 추앙을 받았다. 여기에서 聖 자는 남다른 능력을 가진 사람, 즉 뛰어난 능력을 가진 사람이란 의미에서 지금의 聖人이란 의미로 발전하게 되었다고 볼 수 있다(秦光豪, 『文字學槪論』, 民族文化, 1997, 153쪽 참조).

127) 『說文解字注』: 風俗通日 聖者聲也 言聞聲知情.

128) 『書經』「虞書·大禹謨」: 益日 都帝德廣運 乃聖乃神乃武乃文 皇天眷命 奄有四海 爲天下君./〈傳〉: 廣者大而無外 運者行之不息 大而能運 則變化不測 故自其大而化之而言 則謂之聖.

129) 『書經』「周書·洪範」: 聖者無不通也.

130) 『論語』「雍也」28: 子貢日 如博施於民而濟衆 何如 可謂仁乎 子日 何事於仁 必也聖乎 堯舜其猶病諸.

131) 『孟子』「告子 上」7: 聖人與我同類者.

대한 심미적 해석을 보자.

> 大하면서도 변화시키는 것을 聖이라 한다.[132]

　맹자는 충만하고 實하여 광채가 나면서도 변화시키는 능력이 있는 것을 聖이라고 말한다. 이미 우리가 앞에서 자세히 고찰했던 大의 심미 범주를 모두 갖추고 있으면서, 그것을 가지고 他者를 변화시키는 능력을 가진 자를 聖人으로 설정한다. 다시 말하면 聖人의 능력과 敎化力을 聖으로 표현한 것이다. 맹자는 구체적으로 伯夷, 伊尹, 柳下惠, 孔子를 성인으로 지칭한다.[133] 그리고 그들의 능력과 교화력을 다음과 같이 밝힌다.

> 伯夷는 눈으로는 나쁜 색을 보지 아니하며, 귀로는 나쁜 소리를 듣지 아니하고, 섬길 만한 임금이 아니면 섬기지 아니하며, 제대로 된 백성이 아니면 부리지 아니하여, 세상이 다스려지면 나아가고 혼란하면 물러나서, 나쁜 정치가 나오는 곳과 나쁜 백성들이 거주하는 곳에는 차마 거처하지 못하였으며, 鄕人들과 거처함을 마치 朝服과 朝冠으로 塗炭에 앉은 듯이 생각하였다. 紂의 시대를 맞아서는 북쪽의 바닷가에 거처하면서 천하가 맑아지기를 기다렸다. 그러므로 백이의 風度를 들은 자들은 완악한 사내는 청렴해지고, 나약한 사내는 뜻을 세움이 있게 된다.[134]

> 伊尹은 말하기를, "누구를 섬긴들 임금이 아니며, 누구를 부린들 백성이 아니겠는가." 하여, 세상이 다스려져도 나아가며 혼란해도 나아가서 말하기를, "하늘이 백성을 낸 것은 먼저 안 사람으로 하

---

132) 『孟子』「盡心 下」25: 大而化之之謂聖.

133) 『孟子』「萬章 下」1: 孟子曰 伯夷 聖之淸者也 伊尹 聖之任者也 柳下惠 聖之和者也 孔子 聖之時者也.

134) 『孟子』「萬章 下」1: 孟子曰 伯夷 目不視惡色 耳不聽惡聲 非其君不事 非其民不使 治則進 亂則退 橫政之所出 橫民之所止 不忍居也 思與鄕人處 如以朝衣朝冠 坐於塗災也 當紂之時 居北海之濱 以待天下之淸也 故聞伯夷之風者 頑夫廉 懦夫有立志.

여금 뒤늦게 아는 사람을 깨우치게 하며, 먼저 깨달은 사람으로 하여금 뒤에 깨닫는 사람을 깨우치게 하는 것이니, 나는 하늘이 낸 백성 중에서 먼저 깨달은 사람이므로 나는 장차 이 도를 가지고 이 백성을 깨우치겠다.” 하였으며, 천하의 백성 중에 匹夫匹婦라도 堯舜의 혜택을 입는 데 참여하지 못한 자가 있으면 마치 자기가 그를 밀어서 도랑 가운데에 넣은 것처럼 생각하였으니, 그는 스스로 천하의 중책을 自任하였다.[135]

柳下惠는 더러운 임금을 부끄러워하지 않으며, 작은 벼슬을 사양하지 않으며, 나아가면 어짐을 숨기지 아니하여 반드시 자기의 도리를 다하였다. 버림을 받아도 원망하지 않았고, 곤궁하게 되어도 고민하지 않았으며, 시골의 미천한 사람과 같이 있어도 느긋하여 차마 떠나지 못하고, “너는 너이고 나는 나이니, 비록 내 옆에서 옷을 걷어 올리거나 벗는다 한들 네 어찌 나를 더럽힐 수 있겠는가.” 하였다. 그러므로 柳下惠의 風度를 들은 자들은 비겁한 사내는 너그러워지고, 각박한 사내는 돈독해진다.[136]

孔子가 齊나라를 떠나실 적에 밥하려고 일어 놓은 쌀을 건져 가지고 가셨고, 魯나라를 떠나실 적에는 “더디고 더디다. 나의 걸음이여!” 하셨으니, 부모의 나라를 떠나는 도리이다. 속히 떠나야 되는 상황이면 속히 떠나고, 오래 머물러야 하는 상황이면 오래 머물며, 은둔해야 하는 상황이면 은둔하고, 벼슬해야 하는 상황이면 벼슬하는 것은 공자이시다.[137]

이와 같이 맹자는 네 성인의 특징에 대하여, 伯夷를 성인 중의 淸者로, 伊尹을 성인 중의 任者로, 柳下惠를 성인 중의 和者로, 孔子를 성인 중의 時者로 명명한다.[138] 백이는 인품이 고결하여 淸雅한 면이 두드

---

135) 『孟子』「萬章 下」1: 伊尹 曰何事非君 何使非民 治亦進 亂亦進 曰天之生斯民也 使先知 覺後知 使先覺 覺後覺 予天之先覺者也 予將以此道 覺此民也 思天下之民 匹夫匹婦 有不與被堯舜之澤者 若己推而内之溝中 其自任以天下之重也.

136) 『孟子』「萬章 下」1: 柳下惠 不羞汙君 不辭小官 進不隱賢 必以其道 遺佚而不怨 阨窮而不憫 與鄉人處 由由然不忍去也 爾爲爾 我爲我 雖袒裼裸裎於我側 爾焉能浼我哉 故聞柳下惠之風者 鄙夫寬 薄夫敦.

137) 『孟子』「萬章 下」1: 孔子之去齊 接淅而行 去魯 曰遲遲 吾行也 去父母國之道也 可以速則速 可以久則久 可以處則處 可以仕則仕 孔子也.

138) 『孟子』「萬章 下」1: 孟子曰 伯夷 聖之淸者也 伊尹 聖之任者也 柳下惠 聖之和者也 孔子 聖之時者也.

러져, 완악한 사람은 청렴해지고 나약한 사람은 뜻을 세우도록 하는 교화력을 가지며, 이윤은 사명감을 갖고 적극적으로 일하는 면이 두드러져, 경솔한 사람이 신중해지고 무책임한 사람은 사명감을 갖고 책임 있게 행동하도록 하는 교화력을 가지며, 유하혜는 인품이 너그럽고 온화한 면이 두드러져, 비겁한 사람이 너그러워지고 각박한 사람이 돈독해지는 교화력을 갖는다고 말한다. 공자는 언제 어디서나 상황에 딱 맞게 대처하는 時聖이다. 공자는 앞의 성인들이 가진 부분적인 성스러움을 모두 합쳐서 완벽한 조화를 이룬다. 그래서 맹자는 공자를 '集大成'이라고 표현한다.

> 공자를 集大成이라 한다. 집대성이라 하는 것은 쇠악기로 소리를 퍼뜨리고 옥악기로 거두어들이는 것이다. 쇠악기로 소리를 퍼뜨린다는 것은 條理를 시작하는 것이고, 옥악기로 거두어들인다는 것은 條理를 마무리하는 것이다. 조리를 시작하는 것은 智의 일이고, 조리를 마무리하는 것은 聖의 일이다. 智는 비유하자면 巧에 해당하는 것이고, 聖은 비유하자면 力에 해당하는 것이다. 백 보 밖에서 활을 쏠 때, 화살이 과녁에까지 이르는 것은 너의 힘 때문이지만, 적중하는 것은 너의 힘 때문이 아닌 것과 같다.[139]

이것은 공자가 세 성인의 일을 모아 大聖이 된 것을 음악에 비유하여 설명한 내용이다. 條理는 脈絡과 같은 말로 여러 音을 지칭한다.[140] '集大成'이란 모든 악기가 연주하는 노랫가락이 각각의 개성을 발휘하면서 전체적으로 대조화를 연출하는 것인데, 노랫가락이 각각의 개성을 발휘하기 위해서는 각각의 고유한 음계에 맞추어 음의 높낮이

---

139) 『孟子』「萬章 下」1: 孔子之謂集大成 集大成也者 金聲而玉振之也 金聲也者始條理也 玉振之也者 終條理也 始條理者 智之事也 終條理者 聖之事也 智譬則巧也 聖譬則力也 由射於百步之外也 其至 爾力也 其中 非爾力也.

140) 『孟子集註』「萬章章句 下」1: 條理猶言脈絡 指衆音而言也.

를 달리하면서 길게 여운을 끌어가야 하므로 鐘과 같이 쇠로 된 악기를 사용하는 것이 어울린다. 반면에 전체적으로 대조화를 이루기 위해서는 모든 노랫가락이 조화를 이루어 혼연일체가 되었을 때 더 이상 여운을 남기지 말고 딱 마무리하는 것이 필요하므로, 이때 어울리는 것이 玉으로 된 악기이다. '集大成'을 연주할 때, 가락을 시작할 때는 각 음의 높낮이를 정확하게 분별하여 각각의 고유한 소리를 정확하게 내야 하므로, 음과 소리를 잘 분별할 수 있는 지혜로움이 필요하지만, 가락을 마무리할 때는 모든 가락이 혼연일체가 되어 전체적으로 조화를 이루어야 하므로, 남과 자기가 하나일 수 있는 仁의 마음이 필요하다. 현실적으로 자기의 처지와 남의 처지를 분별하여 자기의 처지에 맞는 고유한 역할을 할 수 있는 사람이 智者라면, 본질적으로 남과 자기가 하나임을 자각하여 남과 자기가 조화를 이룰 수 있는 사람은 仁者이다. 이 둘을 겸한 사람이 聖者가 된다. 음악에 있어서 지혜를 가지고 고유의 음을 분별할 수 있는 사람이 전체적인 조화를 파악할 수 있는 仁을 터득하게 되면 그 순간 聖의 차원으로 승화된다. 그렇기 때문에 맹자는 가락을 마무리하는 '終條理'를 聖에 해당하는 일이라고 한 것이다. 각각의 음을 분별하여 고유한 음을 낼 수 있는 것을 정교함이라고 한다면, 그 음을 끌어서 전체적으로 조화를 이루는 데에까지 가는 것은 추진력이라 할 수 있다. 伯夷, 伊尹, 柳下惠는 추진력이 있어 각각의 고유한 삶의 형태를 끝까지 관철하지만, 상황판단을 정확하게 할 수 있는 분별력이 모자라기 때문에, 화살이 과녁에 적중하는 것처럼 그때그때 놓인 상황에 꼭 맞게 행동할 수 있는 능력이 부족하다. 智와 仁을 완벽하게 갖추어야 완전한 聖이 되는데, 그들은 智에 모자라는 부분이 있기 때문에 聖스러움 또한 부분적일 수밖에 없다.[141] 그러므로 공자를 기다려야만 한다.

이상의 내용을 심미적 관점으로 다시 정리해 보면, 맹자가 말한 심미 범주로서의 聖은 聖人의 정신미 및 인격미의 표현이라고 말할 수 있다. 맹자가 말한 聖人은 大人의 경지를 이룩한 君子가 타인에 대하여 끼치는 교화 작용이 있는 경우, 그러한 사람을 聖人으로 지칭한다. 성인의 정신 및 인격경계를 심미적으로 표현하면 그것은 충실하면서도 광채가 나며(大) 교화력이 있는 '大化之聖'이다. 그러나 聖이라 하여 다 같은 聖은 아니다. 백이의 風度에서 빚어지는 淸聖, 이윤의 풍도에서 빚어지는 任聖, 유하혜의 풍도에서 빚어지는 和聖, 공자의 풍도에서 빚어지는 時聖으로 나눌 수 있다. 淸聖의 교화는 인격 정신의 淸潔美로, 任聖의 교화는 인격 정신의 自任美로, 和聖의 교화는 인격 정신의 溫和美로 나타난다. 그러나 淸, 任, 和聖의 경계는 아직 부분적 미흡함을 내재하고 있는 聖이다. 그러므로 보완이 필요하다. 그 보완은 이 세 가지 聖의 特長點을 '集大成'함으로써 가능해진다. 이 세 가지 聖의 特長을 집대성하여 완벽한 조화와 節奏를 이룬 사람이 공자, 즉 時聖이다. 時聖의 교화는 인격 정신의 時中的 中和美로 나타난다. 時聖의 경계야말로 聖중의 聖으로서 최상의 미적 가치를 갖는 것이라고 말할 수 있다. 맹자가 말한 심미경계로서의 聖은 時聖의 경계에서 완성된다.

③ 神

神은 고대의 철학범주로서 인격의 신령함이나 객관사물의 미묘한 변화를 나타내거나, 혹은 형체와 상대적 개념인 精神을 가리키는 용어로 쓰어 왔다. 이것이 미학적 범주로 전용되면서 예술작품이 도달

---

141) 李基東 역해, 『孟子講說』, 성균관대학교출판부, 1994, 415~416쪽 참조.

하려고 하는 至高한 경계를 표현하는 개념이 되었으며, 예술가의 상상의 세계나 精神을 지칭하기에 이른다. 예술가가 심미대상의 내·외재적 정신경계를 잘 표현해 냈을 때 '그 神과 통했다(通其神)'라고 표현하는 것은 이것을 잘 말해 준다.

진정한 예술창조란 중복될 수도 모방될 수도 없다. 이는 인류의 활동 가운데서 가장 규율의 속박을 받지 않는 활동으로, 고정된 일정한 법칙에서 벗어나 변화 속에서 이루어지는 완전히 주체적인 자유의 활동으로 표현되는142) 행위이기 때문이다. 그러나 그것은 알 수 없는 규율에 부합된다. 이러한 경계의 심미적 범주를 담고 있을 때, 우리는 그것을 神品 혹은 神格을 띠고 있다고 말한다. 『樂記』에서는 "情이 깊으면 문채가 밝고, 氣가 盛하면 변화가 신비롭다(神)."143)고 하여 변화의 결과로 나타나는 상태를 표현하는 말이 神이라는 것을 알게 한다. 『周易』「繫辭傳」에는 "낳고 낳는 것을 易이라 하고, 象을 이루는 것을 乾이라 하며, 본받는 것을 坤이라 하고, 수를 다 헤아려 미래의 일을 아는 것을 占이라 하고, 하늘의 이치에 통달하여 변화시키는 것을 事라 하며, 음과 양이 헤아려지지 않는 것을 神이라 한다(陰陽不測之謂神)."144)는 말이 있다. 이 말은 맹자의 神 개념과 매우 흡사하다.

聖하면서도 알 수 없는 것을 神이라 한다.145)

맹자의 "聖하면서도 알 수 없는 것을 神이라 한다."라는 말은 이미

---

142) 權德周·金勝心 共譯, 李澤厚·劉綱紀 主編, 『中國美學史』, 대한교과서주식회사, 1993, 383쪽.

143) 『樂記』「樂象」: 情深而文明 氣盛而化神./본서 제Ⅱ부 3-2) '公私의 조화·통일적 中和경계' 참조.

144) 『周易』「繫辭傳 上」: 生生之謂易 成象之謂乾 效法之謂坤 極數之來之謂占 通變之謂事 陰陽不測之謂神.

145) 『孟子』「盡心 下」25: 聖而不可知之之謂神.

앞에서 고찰했던 善, 信, 美, 大, 聖의 내용을 함유하고 있는 神이다. 순수한 본성이 하고자 하는 것을 자기 몸에 갖추고 充實하게 채우면 그것이 아름다움이다. 그 아름다움이 겉으로 광채가 나며 對象을 변화시키는 능력이 있으면 그것을 聖이라고 하는데, 이러한 聖을 유지하면서 알 수 없는 그 무엇이 있을 때, 맹자는 그것을 神이라고 말한다. 이것은 『주역』의 "음과 양이 헤아려지지 않는 것을 神이라 한다(陰陽不測之謂神)."라는 말이나, 『書傳』의 "크면서도 끊임없이 변화하여 헤아릴 수 없는 것을 聖이라 하고, 聖하면서 알 수 없는 것으로부터 말하면 神이라고 한다."146)라는 말과 의미상 거의 같다. 程子는 "성스러워 알 수 없다는 것은 聖人이 지극히 妙하여 사람들이 헤아릴 수 없음을 말하는 것이니, 聖人 위에 다시 한 등급의 神人이 있다고 말한 것은 아니다."147)라고 한다. 성인의 변화능력, 즉 교화력의 결과로 나타나는 현상이 神이라는 것이다.

여기서 우리는 좀 더 숙고할 부분이 있다. 儒家에서 말하는 인간의 최고 경지는 당연히 聖人의 경지에서 끝을 맺는다고 할 수 있다. 그러나 그것이 실물인간이 아닌 개념적 가치의 측면에서 보면 神의 개념을 얼마든지 설정할 수 있는 것이다. 맹자 미학이 근본적으로 인간의 인격미를 그 범주대상으로 하고 있음을 상기할 때 실제에서의 神人은 분명 존재하지 않는다. 그러나 정신적 품격 혹은 심미적 품격으로서 神의 品格은 존재할 수 있다. 그 神은 聖하면서도 알 수 없는 경계다. 그래서 맹자는 그 神을 다음과 같이 설명한다.

---

146) 『書傳』「虞書·大禹謨」: 大而能運 則變化不測 故自其大而化之而言 則謂之聖 自其聖而不可知而言 則謂之神.

147) 『孟子集註』「盡心章句 下」25: 程子曰 聖不可知 謂聖之至妙 人所不能測 非聖人之上 又有一等神人.

霸者의 백성들은 자신의 나라가 부강해지고 자신들은 부유해졌기
때문에 지도자의 공을 칭송하고 흐뭇해한다. 그러나 王者의 백성들은
자신의 처지가 너무나 평화롭고 자연스럽기 때문에 모두 만족해한다.
누가 그렇게 만들어 놓았는지 알지 못하며 알려고 하지도 않는다. 堯
임금 때에 한 노인이 "해가 뜨면 일을 하고, 해가 지면 쉬며, 우물 파
서 마시고, 밭을 갈아 먹고사니 제왕의 권력이 나에게 무슨 의미가
있겠는가."149)라고 불렀다는 擊壤歌의 내용은 이것을 잘 대변해 준다.
"죽여도 원망하지 않는다."는 말은, "살려 주는 방법으로 백성을 죽이
면 비록 죽더라도 죽이는 자를 원망하지 않는다."150)는 말과 같다. 이
것은 그대로 易理와 적중한다.

『周易』은 하늘의 작용을 인간에게 알려 준다. 하늘의 작용은 만물
을 살리고 또 살리는 것이다. 이것이 易理이다. 전체를 살리기 위해서
늙고 병든 개체가 죽지 않으면, 전체가 살 수 없다. 개체의 죽음은 전
체의 입장에서 보면 살리는 과정이다. 마치 가을의 낙엽이 낙엽 자체
만으로 보면 소멸하는 것이지만, 나무 전체의 생명에서 보면 살기 위

---

148) 『孟子』「盡心 上」13: 孟子曰 霸者之民 驩虞如也 王者之民 皥皥如也 殺之而不怨 利之而不庸 民日遷
善而不知爲之者 夫君子 所過者化 所存者神 上下與天地同流 豈曰小補之哉.

149) 『孟子集註』「盡心章句 上·細註」25: 帝王通曆 帝堯之時 有老人 擊壤於路曰 吾日出而作 日入而息 鑿
井而飮 耕田而食 帝力於我何哉.

150) 『孟子』「盡心 上」12: 以佚道使民 雖勞不怨 以生道殺民 雖死不怨殺者.

한 과정에서의 현상인 것과 같다. 易은 인간이 이러한 이치를 깨닫고, 충실하게 살 수 있는 지혜를 준다. 본질적으로 개인의 삶은 전체 만물의 삶과 닿아 있고, 하늘의 작용과 이어져 있다. 이러한 원리에 입각하여, 易은 개체적인 삶을 초월하여 전체적 입장에서 삶을 충만하게 하도록 인간을 인도한다.[151]

다시 앞의 인용문을 보면, 군자가 지나가는 곳의 사람들은 군자의 영향을 받아 모두 善한 사람으로 탈바꿈한다. 여기서 군자는 聖人을 가리킨다.[152] 군자가 머물러 있는 곳의 사람들은 군자의 영향을 더욱 많이 받아 善으로 탈바꿈하는 것이 신비스러울 정도가 된다. 그러나 그것이 누구의 힘에 의해서인지 누구의 功勞인지 알지 못한다. 군자는 백성들이 본래 가지고 있는 善性을 유발시키고 계도할 뿐, 그 공로를 말하지 않기 때문이다. 이렇게 되면 너와 내가 하나가 되고, 위로는 하늘과 하나가 되며, 아래로는 땅과 하나가 되어 거대한 조화를 이루면서 함께 흐르게 된다. 그것은 다름 아닌 物我一體·天人合一의 경계를 이룬 심미적 神의 경계를 의미한다. 이것은 온 우주질서의 유기적 작용과 조화로 빚어지는 총체적 아름다움이기 때문에 어느 일부에 국한된 아름다움이 아니다. 그래서 그 아름다움의 제 요소들을 누구도 다 알 수 없다. 그것은 다만 聖스러우면서 알 수 없는 아름다움의 경계라고 말할 수 있을 뿐이다.

사실 유가철학에서 神의 개념은 聖의 작용으로 나타나는 일종의 현상을 의미하는 것이지, 聖 위에 또 한 단계의 層位가 실재하는 것은 아니다. 다시 말해서 聖人 위에 또 하나의 神人이 존재한다는 것을 인

---

151) 李基東 역해, 『周易講說 上』, 성균관대학교출판부, 1997, 325쪽 참조.
152) 『孟子集註』「盡心章句 上」13: 君子 聖人之通稱也.

정하기 어렵다는 말이다. 이러한 현상은 맹·순에 공히 적용된다. 그러나 심미적 경계 측면에서 말하면 상황은 다르다. 맹자는 神을 聖의 외연의 확대에서 빚어지는 알 수 없는 영역으로 파악하여, 심미경계 차원에서는 神의 층위를 인정하고 있다. 그것은 현실정치나 현실생활에서는 이룩되기 어려운 형이상적 경계이지만, 심미활동이나 예술작품을 통해서는 얼마든지 이룩될 수 있는 심미적 경계가 있음을 인정한 것이다. 이것은 맹자 미학이 후세 예술이론의 최고경계를 이루는 '傳神論'이나 '氣韻生動' 이론의 단초를 제공한다는 점에서 그 의미는 더욱 크다.

仁義관념의 심미활동

심미활동이란 심미의식의 작용이며 활용이다. 심미의식은 美와 醜를 식별하는 인간 내면의 지각작용이다. 그 지각작용은 이성적 認知작용과 감성적 直覺작용을 포함한다. 그러나 맹자의 感性은 일반적으로 알려져 있는 五感에 의한 감각적 직각만을 말하는 것이 아니라, 본원적 德性의 직각을 포괄하는 개념이다. 이러한 측면에서 맹자의 심미활동에 관한 이론은 순자의 이론과 가장 큰 차별성을 갖는 부분이다.

1) 심미의식의 集義的 배양활동

맹자 심미의식의 원천은 仁義이다. 仁의 구체적 실천은 義로 드러나며 義의 실천은 맹자에 있어서 심미의식의 실천, 즉 심미활동에 해당한다. 심미활동을 지속시키려면 심미의식을 지속적으로 배양해야 한다. 따라서 義를 결집시키는 일은 심미의식을 결집시키는 것이며 심미의식의 지속적인 결집은 심미활동의 지속을 의미한다. 지속은 道를 의미하며(生生之謂道) 맹자의 道는 仁義之道임을 우리는 이미 앞에서 살펴보았다. 결국 義의 실천은 仁義의 배양이며 仁義의 배양은 심미의식의 배양이라고 할 수 있다. 그것은 '良心의 배양'과 '浩然之氣의 배양'으로 가능하게 된다.

(1) 良心의 反求諸己的 심미의식 배양

맹자의 心은 良心이다. 그것은 나면서부터 하늘이 부여한 善心이다. 맹자의 良心은 심리학에서 말하는 감성층의 심리적 정서활동을 말하는 것도 아니며, 사고 작용을 하는 지성층의 認知心을 가리키는 것도 아니다. 맹자의 양심은 덕성주체로서 내재해 있는 도덕심이며 실재하는 道德本心이다. 그러나 이러한 心은 隱微하기 때문에 잃어버리기가 쉽다. 그래서 맹자는 "공자도 잡으면 보존되고 놓으면 잃어버리는 것이 오직 마음이다"[153]라고 하였음을 상기시킨다. 이러한 양심을 잃어버린다면 어디에서 찾아야 할까? 이에 대하여 맹자는 모두 자신에게서 구해야 한다고 말한다.

> 仁者는 활쏘기를 하는 것과 같으니, 활을 쏘는 자는 자신을 바로잡은 뒤에야 발사하여, 발사한 것이 맞지 않더라도 자신을 이긴 자를 원망하지 않고 돌이켜 자신에게서 찾을(反求諸己) 뿐이다.[154]

이러한 '反求諸己' 이론은 자신에게서 벌어지는 모든 일의 성패의

---

153) 『孟子』「告子 上」8: 孔子曰 操則存 舍則亡 出入無時 莫知其鄉 惟心之謂與.
154) 『孟子』「公孫丑 上」7: 仁者如射 射者正己而後發 發而不中 不怨勝己者 反求諸己而已矣.

원인을 자신에게서 찾아야 한다는 것이다. 자신에게서 찾는다는 것은 자신의 내부에서 그 원인을 찾는다는 것이고, 자신의 내부에서 찾는다는 것은 자신의 마음에서 찾는다는 것이다. 마음이 외적 환경에 의하여 흔들린다 하여도 최종적으로 그 마음을 조절할 수 있는 것은 내 안의 본심, 즉 仁義에 뿌리를 둔 善心에 있기 때문이다. 먼저 맹자는 마음을 어떻게 생각하고 있는지 살펴보자.

> 맹자가 말했다. "사람은 자기 몸에 대하여 사랑하는 것을 겸한다. 사랑하는 것을 겸하면 기르는 것을 겸한다. 한 자 한 치의 살을 사랑하지 않음이 없다면, 한 자 한 치의 살을 기르지 않음이 없을 것이다. 그러므로 잘 기르고 잘못 기름을 살피는 것이 어찌 다른 것이 있겠는가? 자신에게서 취할 뿐이다. 몸에도 귀천이 있으며, 작고 큰 것이 있다. 작은 것으로 큰 것을 해쳐서는 안 되며, 천한 것으로 귀한 것을 해쳐서도 안 된다. 작은 것을 기르는 자는 소인이 되고, 큰 것을 기르는 자는 대인이 된다.[155]

사람의 생명에는 몸과 마음이 공존한다. 둘 다 소홀히 다룰 수는 없다. 그러나 마음과 몸을 비교하면 大小와 貴賤의 차이가 있다. 朱子에 의하면 마음은 大體이고 몸은 小體이며, 대체는 귀하고 소체는 천한 것으로 파악한다.[156] 大小貴賤 모두를 소중히 해야 하지만 작은 것으로 큰 것을 해쳐서도 안 되며 천한 것으로 귀한 것을 해쳐서도 안 된다. 대개 사람들은 몸만 가꾸고 마음을 배양하는 것은 소홀히 한다. 맛있는 음식, 좋은 옷과 집을 구하기 위하여 본심을 돌보지 않는 것이 바로 맹자가 말한 '작은 것으로 큰 것을 해치며, 천한 것으로 귀한

---

155) 『孟子』「告子 上」14: 孟子曰 人之於身也 兼所愛 兼所愛 則兼所養也 無尺寸之膚不愛焉 則無尺寸之膚不養也 所以考其善不善者 豈有他哉 於己取之而已矣 體有貴賤 有大小 無以小害大 無以賤害貴 養其小者爲小人 養其大者爲大人.

156) 『孟子集註』「告子章句 上」14: 賤而小者 口腹也 貴而大者 心志也.

것을 해치는' 행위이다.

수양을 잘하느냐 못 하느냐는 자신의 대체를 배양하느냐, 소체를 배양하느냐에 달려 있다. 소체를 기르면 소인이 되고 대체를 기르면 대인이 된다. 그러나 여기서 반드시 알아 두어야 할 것은 '사람에게 大小貴賤이 있다'는 맹자의 말이 절대로 몸을 비하한 것이 아니라는 점을 인식해야 한다. 몸을 양생할 때 마음과 의지를 기르는 것을 잊지 않는다면 소체의 양생 또한 대체의 재질이 될 수 있다. 다만 둘을 함께 취하지 못하고 하나만을 취할 경우에 生을 버리고 義를 취해야 하며, 작은 것으로 큰 것을 해치지 말아야 한다는 것이다.[157]

> 공도자가 물었다. "똑같은 사람인데 어떤 사람은 대인이 되고 어떤 사람은 소인이 되는 것은 어째서입니까?" 맹자가 대답했다. "그 대체를 따르는 사람은 대인이 되고, 소체를 따르는 사람은 소인이 된다." …… "귀와 눈의 기능은 생각을 못 하기 때문에 사물에 가리어진다. 사물(눈, 귀 등)이 외물과 만나면 거기에 끌려갈 뿐이다. 마음의 기능은 생각하는 것이니 생각하면 얻고 생각하지 않으면 얻지 못한다. 이것은 하늘이 사람에게 부여한 것이니, 먼저 큰 것을 세워 놓으면 작은 것이 빼앗을 수 없다. 이것이 대인이 되는 이유일 뿐이다."[158]

마음은 반성하고 생각할 수 있지만, 눈, 귀는 보고 들을 수 있을 뿐 생각할 수 없다. 사람이 눈, 귀 등의 감관을 좇으면 그가 보는 것은 色일 뿐이요, 듣는 것은 소리일 뿐이다. 세상의 소리와 색은 서로 뒤섞여 있어서 사람들이 정확히 보고 들을 틈이 없다. 이러한 상황에서

---

157) 蔡仁厚, 『孔孟荀哲學』, 臺灣 學生書局, 民國 77, 251쪽 참조.

158) 『孟子』「告子 上」15: 公都子問曰 鈞是人也 或爲大人 或爲小人 何也 孟子曰 從其大體爲大人 從其小體爲小人 …… 耳目之官 不思而蔽於物 物交物 則引之而已矣 心之官則思 思則得之 不思則不得也 此天之所與我者 先立乎其大者 則其小者不能奪也 此爲大人而已矣.

사람들은 소리와 색에 가려지고 이끌려 반성할 수 없게 된다. 이것이
바로 "생각을 못 하기 때문에 사물에 가려진다. 사물이 외물과 만나
면 거기에 끌려갈 뿐이다."라는 뜻이다.

반대로 대체인 마음을 따라가면 상황은 다르다. 마음은 반성하고
생각할 수 있으며, 생각할 수 있으므로 얻을 수 있다. 얻는다는 것은
모든 사람이 공통으로 가지고 있는 理·義를 얻는다는 것이다. 맹자
는 "마음이 똑같이 그러한 것은 무엇인가? 理와 義이다. 성인은 우리
보다 먼저 마음이 똑같이 옳게 여기는 것을 얻었을 뿐이다. 그러므로
理·義가 나의 마음을 기쁘게 하는 것은 고기가 나의 입을 즐겁게 하
는 것과 같다."[159]라고 한다. 진심으로 理와 義를 보기만 하면 자연히
눈, 귀의 욕망과 색·소리의 쾌락에 빠지지 않게 된다. 그것은 理·義
에 의해서 대체인 마음의 기쁨을 얻을 수 있기 때문이다. 그러므로
"먼저 큰 것을 세운다면, 그 작은 것이 빼앗을 수 없다. 이것이 대인
이 되는 이유일 뿐이다."라고 말한 것이다. 대인과 소인의 척도는 바
로 눈, 귀의 감관을 따르느냐, 아니면 마음을 따르느냐에 달려 있다.
어느 것을 따를 것인가는 '反求諸己'를 하면 되는 것이다. 그렇다면 이
러한 마음을 어떻게 기를 수 있을까?

> 마음을 기르는 데는 욕심을 적게 하는 것보다 좋은 것은 없다. 그
> 사람됨이 욕심이 적으면 비록 본심을 보존하지 못할 때가 있더라
> 도 매우 적을 것이며, 그 사람됨이 욕심이 많으면 비록 본심을 보
> 존함이 있더라도 (본심은) 적을 것이다.[160]

---

159) 『孟子』「告子 上」7: 心之所同然者 何也 謂理也義也 聖人先得我心之所同然耳 故理義之悅我心 猶芻豢
　　 之悅我口.

160) 『孟子』「盡心 下」35: 養心莫善於寡欲 其爲人也寡欲 雖有不存焉者 寡矣 其爲人也多欲 雖有存焉者 寡矣.

마음을 기르는 가장 좋은 방법은 욕심을 줄이는 것이다. 마음은 본래 靈明하고 측은함을 간직한다. 그러나 욕심이 지나치면 마음의 영명함을 가려 버리고 측은한 감정을 질식시켜 버린다. 반대로 욕심이 적으면 마음의 영명함은 항상 빛을 발하고 측은한 감정이 항상 드러난다. 이와 같이 되면 본심이 항상 드러나 그 주재작용을 다할 수 있다. 그러므로 욕심이 적은 사람은 어쩌다가 外物의 유혹을 받아 본심을 잃어버릴 때가 있지만, 그것은 극히 드문 일에 속한다. 반면 욕망이 지나치면 본심을 보존하여 잃지 않을 때가 있더라도 그것은 우연히 그러한 것일 뿐이다. 『禮記』에 "음식과 남녀관계에 사람의 가장 큰 욕심이 존재한다."[161]고 한다. 사람이 욕심을 충족하려고 하는 것은 자연스런 일이며, 절도에 맞기만 하면 天理에 어긋나지 않는다. 유가에서는 도덕 수양을 말할 때 모순의 대립을 취하지 않고 主從의 대비를 중시한다. '養心'과 '寡欲'은 이러한 대비적 관계로서 욕심이 적으면 마음을 잘 기를 수 있지만, 욕심이 지나치면 마음을 기를 수 없다. 만약 사람이 주종을 분별하고 적은 욕심으로 마음을 기를 수 있다면 외부에서 구하는 것은 점점 적어지고, 내부에 보존하는 것은 점점 많아질 것이다. 외부에서 구함이 적으면 힘이 적게 소비될 것이며, 내부에 보존함이 많으면 義理가 나날이 충만해질 것이다. 의리가 충만하다는 것은 仁義가 충만하다는 것이며, 인의가 충만하다는 것은 善이 충만하다는 것이고, 善이 충만하다는 것은 진실로 아름답다는 말이다. 이렇게 마음을 기르는 것은 욕심을 줄이는 것으로 가능하며 욕심을 줄이는 것은 바로 심미의식을 배양하는 것이다. 그런데 '寡欲'을 통해서만 심미의식을 배양하는 것은 아니다. '求放心'(잃어버린 마음

---

161) 『禮記』「禮運」: 飮食男女 人之大欲存焉.

을 찾는 것)을 통해서도 심미의식이 배양된다.

> 맹자가 말했다. "仁은 사람의 마음이요, 義는 사람의 길이다. 그 길
> 을 버리고 가지 않으며, 그 마음을 잃어버리고도 찾을 줄을 모르니
> 슬프도다! 사람이 닭이나 개를 잃으면 찾을 줄 알면서 마음을 잃어
> 버리고서는 찾을 줄을 모른다. 학문하는 방법은 다른 것이 없다.
> 그 잃어버린 마음을 찾는 것일 뿐이다."162)

仁은 사람이 사람 되게 하는 근본일 뿐만 아니라 마음이 마음 되게
하는 근본이다. 그러므로 맹자는 '仁은 사람이다'라 하기도 하고 '仁
은 사람의 마음이다'라고도 한다. 義는 몸과 마음이 당연히 지켜야 할
길이다. 사물을 대할 때 義를 따라 행하면 마땅하고 이치에 합당하다.
그렇지 못하면 가야 할 궤도를 벗어나 다른 길로 가게 된다. 그러므
로 義는 사람이 가야 할 길이며, '義는 사람의 바른길'163)이 된다. 바
른길을 따라가지 않으면 반드시 길을 잃고 만다. 이와 같은 이치로
본심을 잃어버리고 구할 줄을 모르는 것은 사람을 사람답게 하는 내
재적 본질을 잃어버리는 것과 다르지 않다. 맹자는 마음을 잃어버린
것을 닭이나 개를 잃어버리는 것에 비유하지만, 이것은 비유일 뿐이
며 양자는 다르다. 닭이나 개를 잃어버리면 밖에서 찾아야 하지만 마
음은 밖에서 찾을 수 없다.

마음을 잃어버렸다는 것 또한 하나의 비유에 불과하다. 그것은 감
성계의 욕구 때문에 마음이 외부에 끌려 거기에 빠져 버린 것을 잃어
버렸다고 표현한 것이다. 맹자가 잃어버린 마음을 찾으라고 한 것은

---

162) 『孟子』「告子 上」11: 孟子曰 仁人心也 義人路也 舍其路而不由 放其心而不知求 哀哉 人有鷄犬放 則
　　　知求之 有放心而不知求 學問之道 無他 求其放心而已矣.
163) 『孟子』「離婁 上」10: 義 人之正路也.

잃어버려 어딘가에 빠져 있는 마음에 즉시 경각심을 가질 것을 요구한 것이다. 이것을 깨달으면 외물에 빠져 있던 본심이 곧바로 일어나고 仁義 속에서 드러나게 된다. 학문이란 어느 하나에 국한되는 것은 아니지만 본심의 발현을 학문의 핵심으로 삼아야 의지와 기개가 맑을 수 있고 義理가 밝게 통할 수 있다. 그래서 『대학』에서도 '明明德'을 첫 번째 강령으로 삼은 것이다.

> 맹자가 말했다. "구하면 얻고 버리면 잃는다. 구하여 얻음에 유익한 것은 자신에게 있는 것을 구하기 때문이다. 구함에는 道가 있고 命이 있다. 구하여 얻음에 유익함이 없는 것은 밖에 있는 것을 구하기 때문이다."164)

구함은 반드시 돌이켜 자기 자신에게서 구해야 한다. 내 마음속에는 본래 天理와 仁義가 내재하기 때문이다. 만약 외부에서 구하려 한다면 힘들게 구했다 하더라도 무익할 것이다. 仁義를 잠시 떠난 마음을 다시 인의로 돌아오게 하는 것이 '求放心'이다. 求放心이 '反求諸己'이며, 反求諸己는 자신에게 있는 것을 구하는 것이다. 求는 외부를 향해 소망하고 추구하는 것이 아니라, 내부를 향해 스스로 돌이켜 구하는 것이다. 그러므로 求放心은 자각공부로서 외물에 빠져 있는 본심을 본래의 상태로 회복하는 것이다. 이 자각은 하나의 감동이며 심미적 자각활동이다. 이것은 자신의 마음이 외물에 빠진 데 대한 측은지심의 발로이며 性善에 대한 자각이다. 다시 말하면 德性의 直覺的 심미활동인 것이다.

---

164) 『孟子』「盡心 上」3: 孟子曰 求則得之 舍則失之 是求有益於得也 求在我者也 求之有道 得之有命 是求無益於得也 求在外者也.

(2) 浩然之氣의 集義的 심미의식 배양

　氣란 자연과 인간을 포함한 모든 존재의 본질과 현상, 내용과 작용 등을 설명하는 개념으로, 儒家뿐 아니라 道家에서도 중요한 개념으로 쓰고 있으며, 그 밖에 의학, 천문학, 정치, 병법, 예술 등에서도 중시하는 개념이다. 특히 宋代의 성리학이 성립된 이후 理와 더불어 존재론, 인성론, 수양론을 설명하는 필수 개념으로 자리를 잡는다. 氣의 개념은 역사의 흐름과 함께 변천하여 왔는데, 대개 '① 자연현상을 의미하는 경우', '② 호흡을 의미하는 경우', '③ 생명력 또는 활동력의 근원으로 사용되는 경우', '④ 모든 존재를 구성케 하는 구체적인 質料를 의미하는 경우' 등의 네 가지로 요약할 수 있다.[165] 맹자가 말한 氣는 대개 위의 '③ 생명력 또는 활동력의 근원으로 사용되는 경우'에 해당하며, 특히 맹자의 氣는 후에 예술이론으로 도입되어 항상 작자의 품격·기개로부터 작품 속에 부여되는 힘차고 강한 감각으로 표현된다는 氣韻生動, 骨法用筆 등의 이론[166]과 관련을 맺게 된다. 맹자는 그의 제자 公孫丑의 "선생님께서는 어디에 장점이 있습니까?"라는 질문에 "나는 나의 '浩然之氣'를 잘 기른다."고 대답한다. 공손추가 다시 '浩然之氣'가 무엇이냐고 물으니 다음과 같이 대답한다.

　　말하기 어렵다. 그 氣 됨이 지극히 크고 지극히 강하니, 直[167]으로

---

165) 『儒敎大事典』, 儒敎事典編纂委員會, 博英社, 1990, 191~192쪽 참조.

166) '氣韻生動' 이론은 南齊의 謝赫에 의해서 정립된 이론이다. 그는 『古畫品錄』에서 그림에는 여섯 가지 법이 있는데 그것을 모두 겸비한 사람은 매우 드물다고 하면서, 氣韻生動, 骨法用筆, 應物象形, 隨類賦彩, 經營位置, 傳移模寫의 六法을 제시하였다.

167) 直: 곧게 행하는 것. 趙岐는 '此至大至剛正直之道也'라 주석하여, 直을 至大至剛과 함께 氣를 형용하는 말로 보았고, 程伊川도 『二程遺書』권15·19와 『易傳』 등에서 『易經』 坤卦에 보이는 直方大의 三德이

잘 기르고 해침이 없으면 천지간에 꽉 차게 된다. 그 氣 됨은 義와 짝하고 道와 함께하니(配義與道), 이것이 없으면 시들어 버린다. 이것은 義를 모아서 생기는 것이지(集義所生), 義가 (밖으로부터) 엄습해 들어와 얻어지는 것이 아니다. 행함이 마음에 만족하지 못하면 곧 시들어 버린다.[168]

맹자의 '浩然之氣'는 본인 스스로도 말로 표현하기가 어렵다고 토로한다. 그것은 '至大至剛'하여 直으로 길러서 해치지 않으면 天地間에 가득 차는데, 언제나 義와 道를 동반한다고 말한다. 의와 도가 없으면 바로 시들어 버리는 것이 浩然之氣다. 朱子는 이 道를 천리의 자연스러움이라 했지만,[169] 본고에서 이미 다루었듯이 맹자의 道는 仁義之道이다. 여기서 맹자가 천지간에 가득 차는 것이 호연지기라고 말한 것은 객관적 질료로서의 氣가 가득 차는 것이 아니라, 인간 내면의 정신상태가 仁義로 가득 차서 조금도 두려움이 없는 분발된 상태를 의미한다. 이렇게 되면 개체 인격에 충만한 仁義之道로서의 호연지기는 物我一體·天人合一의 경지에서 보면 천지간에 가득 찬 氣와 동일한 것이 된다.[170] 그렇기 때문에 程子는 "하늘과 인간은 하나라서 더욱 분별할 수 없으니, 호연지기는 곧 나의 氣이다."[171]라고 말하는 것이다.

이를 좀 더 세분화하여 살펴본다면, 맹자의 호연지기는 개체의 情感意志와 개체가 추구하는 倫理와 道德의 목표가 상호 交融되어 드러나는 일종의 정신상태라고 할 수 있다. '浩然之氣, 配義與道, 集義所生'

여기의 大·剛·直에 해당된다고 하였으며, 明의 焦弱侯 등도 直을 위로 붙여서 해석하였으나, 朱子는 直을 아래에 붙여서 해석하였다(李基東, 『孟子講說』에서 재인용).

168) 『孟子』「公孫丑上」2: 曰難言也 其爲氣也 至大至剛 以直養而無害 則塞于天地之間 其爲氣也 配義與道 無是餒矣 是集義所生者 非義襲而取之也 行有不慊於心 則餒矣.

169) 『孟子集註』「公孫丑章句 上」2: 義者 人心之裁制 道者 天理之自然.

170) 『孟子』「盡心 上」 4장에 보이는 萬物皆備於我는 이를 잘 뒷받침한다.

171) 『孟子集註』「公孫丑章句 上」2: 程子曰 天人一也 更不分別 浩然之氣 乃吾氣也.

등은 情感意志의 요구와 다름없으며, 이러한 정감의지는 개체의 정신을 더욱 高揚시켜 至大至剛의 전혀 두려움이 없는 상태로 만들어 준다. 분명 호연지기는 도덕적 자각을 개체의 자유 상태로 묘사한 것이며, 이러한 묘사는 개체의 情感이 짙을 수밖에 없고, 개체의 의연한 인격적 굳건함과 위대함이 그대로 표출된 것이라고 이해할 수 있다. 따라서 그것은 단지 인격적 善에 대한 평가에서 그치는 것이 아니라, 심미적 성질을 담보함으로써 윤리학의 범주를 넘어 개체 인격미의 특질까지도 지닐 수 있게 되는 것이다.[172]

이러한 호연지기를 맹자는 잘 기른다고 주장한다. 어떻게 해서 잘 기른다는 것일까? 그의 말을 자세히 살펴보면 '直으로 길러 해치지 말 것'과 '義를 모으는 것'으로 요약할 수 있다. '直으로 길러 해치지 말 것'은 그의 조장하지 말아야 한다는 '勿助長' 이론으로,[173] '義를 모으는 것'은 夜氣를 보존해야 한다는 '存夜氣' 이론으로 설명이 가능하다.[174] 먼저 勿助長 이론을 살펴본다.

> 반드시 (호연지기를 기르는 것) 일삼음이 있으면서, 효과를 미리 기대하지 말며 마음에서 잊지도 말고 억지로 조장하지도 말아서, 宋나라 사람과 같이 하지 말아야 한다. 송나라 사람 중에 벼싹이 자라지 못함을 안타깝게 여겨 뽑아 놓은 자가 있었다. 그는 아무것도 모르고 돌아와서 집안사람들에게 말하기를, "나는 오늘 매우 피곤하다. 내가 벼싹이 자라도록 도왔다." 하자, 그 아들이 달려가서 보았더니, 벼싹은 말라 있었다. 천하에는 벼싹이 자라도록 억지로 助長하지 않는 자가 적으니, 유익함이 없다 해서 버려두는 자는 비유

---

172) 權德周・金勝心 共譯, 李澤厚・劉綱紀 主編, 『中國美學史』, 대한교과서주식회사, 1993, 209쪽 참조.
173) 『孟子正義』〈疏〉: 直則義也.
174) 『孟子集註』「公孫丑章句 上」 2장에 "集義 猶言積善"이라는 말이 있는데, 이 말에 근거하면 '存夜氣'는 積善과 상통한다. 夜氣는 사물과 접하기 이전 새벽의 맑은 氣, 즉 '平旦之氣'를 말한다. '平旦之氣'는 純善한 氣이기 때문이다. 純善한 氣를 보존하기 위하여 노력하는 것은 義를 모으는 것과 같은 것이 된다.

하자면 김매지 않는 자요, 억지로 조장하는 자는 벼싹을 뽑아 놓는
자이니, 이는 비단 유익함이 없을 뿐만 아니라, 도리어 해치는 것
이다.175)

浩然之氣는 지극히 크고 지극히 강하다. 그것을 直으로 길러 해치지
않는다면 천지간에 가득 찬다고 맹자는 말한 바 있다. 天으로부터 곧
게 賦與된 性은 善한 것이며, 그 선한 性이 인간의 내면에 곧게 들어와
心의 근원이 되어 心을 다시 곧게 내보내면 그것이 바로 곧은 마음(直
心), 즉 德이 된다. 그 덕이 계속 곧게 작용하여 외부로 표출되면 그것
은 義行으로 드러나게 된다. 이렇게 볼 때 直의 주체는 德과 義이며,
德과 義의 작용은 直이라고 말할 수 있다. 德과 義는 直을 담보하지 않
고서는 제 기능을 제대로 발휘할 수 없다. 그래서 곧게 자라게 해야
한다. 그러나 성급하게 宋人처럼 벼싹을 뽑아 올려 주듯 助長해서도
안 되며, 나 몰라라 방치해서도 안 된다.

德과 義에는 방해하지 않으면 곧게 자라는 본성이 있다. 그것은 '天
命之謂性'으로서의 性, 즉 善한 性에 뿌리를 두고 있기 때문이다.176) 그
래서 곧게 자라는 데 방해가 되는 요소들을 미연에 방지해야 한다.
이것은 儒家의 수양론인 持敬177) 이론과 상통한다. 이렇게 길러진 德
과 義가 천지간에 가득 차면 그것은 바로 호연한 기운의 모습인 浩然

---

175) 『孟子』「公孫丑上」2: 必有事焉而勿正 心勿忘 勿助長也 無若宋人然 宋人 有閔其苗之不長而揠之者 芒
芒然歸 謂其人曰 今日 病矣 予助苗長矣 其子趨而往視之 苗則槁矣 天下之不助苗長者 寡矣 以爲無益
而舍之者 不耘苗者也 助之長者 揠苗者也 非徒無益 而又害之.

176) 그것은 性을 心＋生, 즉 '살려는 마음' 혹은 '살려는 의지'로 보면 쉽게 이해된다.

177) 儒家의 수양론은 소극적 방법인 持敬과 적극적 방법인 誠意로 대별된다. 持敬은 敬공부를 지속한다는 의
미이다. 敬이란 인간에게 稟賦된 天命으로서의 善性이 순수하고 곧게 발할 수 있도록 性에 영향을 주는
의식작용을 미연에 없애 버리는 수양법을 말한다. 이것은 조용히 앉아서 모든 잡념을 끊어 버리는 靜坐
의 방법을 쓰거나, 한 가지 일만을 집중적으로 생각하는 主一無適의 방법을 많이 활용한다. 誠意는 인간
에게 稟賦된 天命으로서의 善性이 이미 욕심의 영향을 받아 굴절되려고 하는 것을, 의식적으로 순수하고
곧게 발할 수 있도록 끊임없이 적극 노력하는 수양법을 말한다. 이것은 格物의 방법을 많이 활용한다.

之氣가 되며, 그것은 결국 이미 앞에서 살펴본 인간 내면의 정신상태가 仁義之道로 가득 찬 조금도 두려움이 없는 분발된 호연지기의 상태와 같은 것이 된다. 호연지기를 기르는 일은 잠시도 쉬지 않고 늘 일삼아야 한다. 이것이 맹자의 '勿助長' 이론의 요지이다.

맹자는 또 하나의 호연지기를 잘 기르는 방법을 제시한다. 그것은 義를 모으는(集義) 일이다. 義를 어떻게 모은다는 것인가? 夜氣를 보존함으로써 가능하게 된다고 말한다.

> 그 양심을 잃어버림이 도끼로 나무를 날마다 베어 가는 것과 같으니, 이렇게 하고서도 아름답게 되겠는가? 그것이 밤낮으로 자라나는 것과 새벽의 맑은 氣(平旦之氣)를 좋아하고 싫어함이 다른 사람과 서로 비슷한 것이 거의 없는데, 낮에 하는 행위가 그 맑은 氣를 질곡하여 없어지게 한다. 그렇게 질곡하기를 반복하면 청명한 氣가 보존될 수 없으며 금수와의 차별이 거의 없게 된다. 사람들은 금수와 같은 행실만 보고 일찍이 재질이 없다고 여기는데, 이것이 어찌 사람의 본래 실정이겠는가? 그러므로 진실로 그 길러 줌을 얻으면 사물마다 자라지 못함이 없고, 진실로 그 길러 줌을 잃으면 사물마다 소멸되지 않는 것이 없다.[178]

'平旦之氣'는 사물과 접하지 않았을 때의 청명한 氣를 말한다. 좋아하고 미워함이 남과 서로 비슷하다는 것은 사람의 마음이 똑같이 그렇게 여기는 것을 말한다.[179] 새벽에 사물과 접하지 않아서 그 氣가 청명할 때에는 良心이 반드시 발현된다. 다만 그 발현됨이 지극히 미약한데 낮에 하는 不善이 또 방해를 한다. 이것은 마치 산의 나무가

---

178) 『孟子』「告子 上」8: 其所以放其良心者 亦猶斧斤之於木也 旦旦而伐之 可以爲美乎 其日夜之所息 平旦之氣 其好惡與人相近也者幾希 則其旦晝之所爲 有梏亡之矣 梏之反覆 則其夜氣不足以存 夜氣不足以存 則其違禽獸 不遠矣 人見其禽獸也 而以爲未嘗有才焉者 是豈人之情也哉 故苟得其養 無物不長 苟失其養 無物不消.

179) 『孟子集註』「告子章句 上」8: 平旦之氣 謂未與物接之時淸明之氣也 好惡與人相近 言得人心之所同然也.

베어도 또한 싹이 돋아나지만, 소와 양이 또 방목되는 것과 같은 현
상이다. 낮에 하는 행위가 이미 밤에 자라는 것을 해치고, 밤에 자라
는 것이 또 낮에 하는 나쁜 행위를 이기지 못한다면, 夜氣가 날로 점
점 희박해져 仁義를 보존할 수 없는 지경에 이르게 된다. 이렇게 되면
平旦의 氣도 또한 맑지 못하여, 좋아하고 싫어하는 것이 끝내 良心과
거리가 멀어지게 된다.180) 결국 '호연지기'는 절대로 길러질 수 없게
되는 것이다.

그래서 맹자는 아직 사물과 접하지 않은 새벽의 맑은 氣를 계속 보
존하여야 한다고 말한다. 새벽의 맑은 기를 계속 보존하려고 노력하
는 것은 直을 계속 실천하는 것이며, 直을 실천하는 것은 義를 실천하
는 것이다. 義를 실천한다는 것은 義를 모으는 행위이며, 이것은 일종
의 심미의식의 배양을 의미한다. 호연지기는 道와 義를 짝하여 배양
되기 때문에 잠시라도 멈추거나 떠나서는 안 되며, 바르고 곧게 길러
야 한다. 그래야만 천지간에 가득 찰 수 있다. 호연지기는 개체의 情
感意志와 개체가 추구하는 倫理와 道德의 목표가 상호 交融되어 드러
나는 일종의 심미적 정신상태이다. 이러한 호연지기는 개체의 정신을
더욱 高揚시켜 至大至剛의 전혀 두려움이 없는 인격미의 군건함과 위
대함을 그대로 표출한 것이다. 호연지기 이론은 맹자의 미학사상에
있어서 심미의식의 배양을 이루는 핵심적 요소라고 아니 할 수 없다.

---

180) 『孟子集註』「告子章句 上」8: 平旦未與物接 其氣淸明之際 良心 猶必有發見者 但其發見至微 而旦晝所
爲之不善 又已隨而梏亡之 如山木旣伐 猶有萌蘖 而牛羊 又牧之也 晝之所爲 旣有以害其夜之所息 夜
之所息 又不能勝其晝之所爲 是以 展轉相害 至於夜氣之生 日以寢薄 而不足以存其仁義之良心 則平旦
之氣亦不能淸 而所乎惡遂與人遠矣.

2) 심미의식의 行義的 확충활동

行義란 '義를 실행하는 것'이며, 擴充이란 '擴而充之'의 준말로 '확대하고 채운다'는 말이다. 맹자의 심미의식의 확충은 義를 실행함으로써 가능하게 된다. 義의 실행은 直의 작용으로 이루어지며, 直의 작용은 心의 심미적 直覺활동을 뜻한다. 이러한 心의 심미적 직각활동은 '四端心'의 확충과 '不忍之心'의 직각활동으로 대변된다. 四端心의 확충은 尙志的 방법으로 이루어지며, 不忍之心의 확충은 심미적 직각활동을 통해서 이루어지게 된다. 이 두 방면은 모두 行義的 심미활동에 해당한다고 볼 수 있다.

(1) 四端之心의 尙志的 심미의식 확충

맹자가 말하는 '四端之心'은 '惻隱, 羞惡, 辭讓, 是非之心'을 가리킨다. 맹자는 仁義禮智라는 四德을 발현하는 단서로 '사단지심'을 말하기도 하고,[181] 仁義禮智 그 자체를 사단지심이라 말하기도 한다.[182] 사단지심을 확충하면 바로 四德이 갖추어지기 때문에 그렇게 보려는 의도로 이해할 수 있다. 사단지심의 확충은 善의 확충이며 그것은 곧 아름다움을 의미한다.

> 측은히 여기는 마음은 仁의 단서요, 부끄러워하고 미워하는 마음은 義의 단서요, 사양하는 마음은 禮의 단서요, 옳고 그르게 여기는

---

181) 『孟子』「公孫丑 上」6: 惻隱之心 仁之端也 羞惡之心 義之端也 辭讓之心 禮之端也 是非之心 知(智)之端也.
182) 『孟子』「告子 上」6: 惻隱之心 仁也 羞惡之心 義也 恭敬之心 禮也 是非之心 智也.

마음은 智의 단서이다. 사람에게 四端이 있는 것은 그에게 四體[사지]가 있는 것과 같으니, 이 사단이 있고도 스스로 (仁義를) 할 수 없다고 하는 것은 스스로를 해치는 자요, 그 임금이 (仁義를) 할 수 없다고 하는 자는 그 임금을 해치는 자이다. 무릇 四端이 나에게 있는 것을 다 넓혀서 채울 줄 알면(擴而充之), 마치 불이 처음 타오르고 샘물이 처음 도달하듯 할 것이니, 진실로 그것을 채울 수 있다면 四海를 보존할 것이요, 채우지 못한다면 족히 부모도 섬기지 못할 것이다.183)

측은지심, 수오지심, 공경지심, 시비지심은 모든 사람이 가지고 있다. 측은지심은 仁이고, 수오지심은 義이며, 공경지심은 禮이고, 시비지심은 智이다. 인의예지가 외부로부터 나를 녹여서 들어오는 것이 아니요, 내가 본래 가지고 있는 것인데 사람들이 생각하지 않을 뿐이다. 그러므로 그것을 구하면 얻고 버리면 잃는다.184)

‘측은, 수오, 사양(공경), 시비지심’은 하늘이 인간에게 품부한 것으로 모든 사람은 다 이것을 가지고 있다. ‘측은지심’은 仁의 단서이며, 이 단서를 따라 확충해 나가는 것이 仁이다. ‘수오지심’은 義의 단서이며, 이 단서를 확충해 나가는 것이 義이다. 禮, 智 역시 이와 같다. 사람에게 四端이 있는 것은 사람에게 사지가 있는 것처럼 모두 선천적으로 갖추고 있는 것이다. 문제는 확충해 나갈 수 있느냐 없느냐의 여부에 달려 있다. 나에게 있는 四端은 물과 불처럼 어떤 곳에서도 표출된다. 즉 확충해 나가기만 하면 끊임없이 샘솟는 샘물처럼 솟아 나와 자신의 德뿐만 아니라 천하의 일을 완성할 수 있다. 그러나 그것을 확충해 나가지 못한다면 不仁·不義하게 되고, 禮와 智도 없게 된다.

---

183) 『孟子』「公孫丑上」6: 惻隱之心 仁之端也 羞惡之心 義之端也 辭讓之心 禮之端也 是非之心 知(智)之端也 人之有是四端也 猶其有四體也 有是四端而自謂不能者 自賊者也 謂其君不能者 賊其君者也 凡有四端於我者 知皆擴而充之矣 若火之始然 泉之始達 苟能充之 足以保四海 苟不充之 不足以事父母.

184) 『孟子』「告子 上」6: 惻隱之心 人皆有之 羞惡之心 人皆有之 恭敬之心 人皆有之 是非之心 人皆有之 惻隱之心 仁也 羞惡之心 義也 恭敬之心 禮也 是非之心 智也 仁義禮智 非由外鑠我也 我固有之也 弗思耳矣 故曰求則得之 舍則失之.

이러한 사람은 금수와 다르지 않으며 부모를 섬기는 일조차 하지 못하게 된다.

> 사람들은 모두 차마 하지 못하는 것을 가지고 있는데, 그것을 차마 하는 것에까지 파급시킨다면 仁하게 된다. 사람들은 모두 하지 않는 것이 있는데, 그것을 하는 데까지 파급시킨다면 義롭게 된다. 사람이 남을 해치려고 하지 않는 마음을 가득 채울 수 있다면(充) 仁을 이루 다 쓰지 못할 것이며, 사람이 담을 뚫거나 넘어가서 도둑질하지 않으려는 마음을 가득 채울 수 있다면 義를 이루 다 쓰지 못할 것이다. 사람이 '너'라고 무시하는 칭호를 듣지 않으려는 마음을 채운다면 가는 곳마다 義를 행하지 않음이 없을 것이다.[185]

맹자는 사람을 해치는 것을 모든 사람이 차마 하지 못하며, 도둑질 또한 사람이 차마 하지 않으려는 것으로 여긴다. 사람을 해치지 않으려는 마음, 도둑질하지 않으려는 마음을 확충해 나가는 것이 '四端之心'의 발로이다. 사람은 어떤 때는 무엇을 탐내서 '사단지심'을 감추고 모욕도 감수한다. 그러나 그의 내심에는 반드시 참회하고 분개하는 마음이 있으니, 이것이 바로 모든 사람이 가지고 있는 '羞惡之心'이다. 맹자는 '수오지심'을 확충해 나가기만 하면 언제 어디서나 義를 실천할 수 있다고 생각한다. 맹자가 순임금은 한마디 좋은 말을 듣고 한 가지 선행을 보면, 마치 江河의 제방을 터놓아 물이 급류가 되어 내려가듯 하였으니 누구도 막을 수 없었다고 한 말은,[186] '사단지심'의 지속적인 확충을 잘 대변하는 말이다.

---

185) 『孟子』「盡心 下」31: 孟子曰 人皆有所不忍 達之於所忍 仁也 人皆有所不爲 達之於其所爲 義也 人能充無欲害仁之心 而仁不可勝用也 人能充無穿踰之心 而義不可勝用也 人能充無受爾汝之實 無所往而不爲義也.

186) 『孟子』「盡心 上」16: 舜之居深山之中 與木石居 與鹿豕遊 其所以異於深山之野人者幾希 及其聞一善言 見一善行 若決江河 沛然而莫之能禦也.

사람은 본래 고유한 '사단지심'을 가지고 있기 때문에 그에 근거하면 모두 善할 수 있다. 이 사단지심은 인간 누구에게나 보편적으로 받은 본심이며, 그 심 자체는 불변적이며, 萬善이 갖추어져 내재한 존재로서의 性이나 마찬가지다. 그러므로 이것을 확충한다는 것은 인간의 가치에 대한 제고활동이며 인격미의 발현을 위한 심미활동과 동등한 의미를 갖는다. 그러나 그 心은 '사단지심'으로 純善無垢한 天性的 心이며 道心이다. 그래서 그 心은 隱微하여 정밀하게 살피고 전일하게 지키지 않으면 위태로운 상태로 흘러 버릴 가능성이 높다.[187] 그러므로 굳은 의지를 가진 마음의 작용이 필요하다. 그 마음의 작용이 바로 志인 것이다. 그래서 맹자는 志를 숭상해야(尙志) 한다고 말한다.

> 왕자 塾(점)이 물었다. "선비는 무엇을 섬겨야 합니까?" 맹자가 대답했다. "志를 숭상해야 합니다." "무엇이 志를 숭상하는 것입니까?" "仁義일 뿐입니다. 죄가 없는 사람을 한 사람이라도 죽임은 仁이 아니며, 자기 것이 아닌데도 취하는 것은 義가 아닙니다."[188]

志는 仁義일 뿐이다. 志는 仁義에서 나와 마음의 주재성과 지향성을 갖는다. 그래서 "志란 마음이 가는 것이며, 人心의 주인이다."[189]라는 말도 있다. 마음이 간다는 것은 어떤 목표를 향해서 마음이 움직이는 것을 뜻한다. 그래서 '지향한다'라는 말을 할 때 志 자를 쓴다. 즉 마음의 지향성을 의미한다. 또한 '인심의 주인'이라는 것은 마음의 주재성을 의미한다. 따라서 志를 숭상한다는 것은 마음의 지향성과 주재

---

187) 『書經』「大禹謨」: 人心惟危 道心惟微 惟精惟一 允執厥中.

188) 『孟子』「盡心 上」33: 王子塾問曰 士何事 孟子曰 尙志 曰 何謂尙志 曰 仁義而已矣 殺一無罪 非仁也 非其有而取之 非義也.

189) 『尙書大傳』: 志者 心之所之也/王夫之, 『張子正蒙注』卷1, 「太和」: 志者 人心之主.

성을 용인하는 것이다. 주재성의 측면에서 말하면 내적으로 진실한 것이 존재하고 있음을 확신하는 도덕적 자각을 의미한다. 지향성의 측면에서 말하면 내적으로 진실한 것이 외부로 드러나는 것을 말하며, 義의 실행을 의미한다. 이렇게 志는 '사단지심'을 확충하는 주동적 역할을 하게 된다. 性이 발현하여 情으로 바뀔 때는 氣가 섞여서 드러나게 된다. 그 氣는 純氣일 수도 있고 雜氣일 수도 있다. 그래서 그 氣를 잘 조절하여 純氣가 발현되도록 해야 한다. 그것을 조절하고 통솔하는 것이 바로 志이다. 이러한 志는 氣를 통솔하는 작용을 통해서 '사단심'을 확충한다.

> 志는 氣를 거느리는 장수이며, 氣는 육체에 꽉 차 있는 것이다. 志가 으뜸이며 氣는 그다음이다. 그러므로 "그 志를 굳게 갖고, 그 氣를 포악하게 만들지 마라."고 하는 것이다.[190]

氣를 통솔한다는 것은 雜駁하여 포악하게 된 기를 순선한 기로 환원할 수 있는 주재성이 있다는 것을 의미한다. 기란 간단히 말하면 인간의 생명력을 가리킨다. 보고 듣고 말하고 행동하는 것 모두가 기의 작용이다. 기가 우리 몸 전체에 충만해 있으므로 "기는 육체에 꽉 차 있다."고 말하는 것이다. 志는 기를 거느리는 장수이므로 기는 마땅히 志가 가는 곳을 따라가야 한다. 이것은 마치 병사가 장수를 따르는 것과 같다. 그래서 '志를 굳게 갖는다(持志)'는 것은 적극적인 측면에서는 志를 움켜잡는다는 것이며, 소극적인 측면에서는 기를 포악하게 만들지 않는다는 뜻으로 이해할 수 있다. 志를 꽉 잡아 지키면 그 안에 主宰하는 것이 있게 되고, 기를 포악하게 만들지 않으면 난폭하

---

190) 『孟子』「公孫丑 上」2: 夫志 氣之帥也 氣體之充也 夫志至焉 氣次焉 故曰 持其志 無暴其氣.

고 방자하던 것이 사라져 아름답게 된다. 그 기를 주재하는 것은 志이며 그 志는 '사단지심'의 발로요, 곧은 움직임이다. 志를 숭상하는 것은 仁義를 숭상하는 것이며, 인의를 숭상하는 것은 결국 '사단지심'을 숭상하는 것이다. 이 사단지심은 志를 통해서 기를 통제하여 순선한 기만을 확충하게 된다. 그러므로 확충은 志의 심미활동이며 行義的 심미활동이라고 말할 수 있는 것이다.

(2) 不忍之心의 直覺的 심미활동

맹자가 말하는 心은 상황에 따라 '良心, 四端心, 不忍之心, 不動心' 등으로 다양하게 불린다.

> 사람은 누구나 다른 사람을 차마 해하지 못하는 마음을 가지고 있다.[191]

> 사람은 누구나 측은지심, 수오지심, 사양지심, 시비지심을 가지고 있다.[192]

여기서 맹자가 말한 心은 '不忍之心'과 '四端之心'을 가리킨다. 불인지심은 '차마 남에게 해하지 못하는 마음'이며 넓은 의미에서의 불인지심은 사단지심과 부합한다. 사단지심은 '惻隱, 羞惡, 辭讓, 是非之心'을 가리키지만, '羞惡, 辭讓, 是非之心'은 사실 측은지심에 포괄된다. 용어의 쓰임이 다를 뿐, 그 내함적 의미는 측은지심의 범위 안에 있다.[193] 측은지심은 본연의 마음으로서 사람의 생명 속에 내재해 있는

---

191) 『孟子』「公孫丑 上」6: 孟子曰 人皆有不忍人之心.
192) 『孟子』「公孫丑 上」6, 「告子 上」6 참조.

善의 뿌리가 된다.[194] 이렇게 볼 때 사단지심은 측은지심으로 대표할 수 있고, 측은지심은 불인지심과 완전히 합일된 개념으로 이해할 수 있다.

> 맹자가 말했다. 사람은 누구나 남에게 차마 하지 못하는 마음(不忍之心)을 가지고 있다. 선왕에게도 남에게 차마 하지 못하는 마음이 있어서 곧 남에게 차마 해하지 못하는 정치가 있었다. 남에게 차마 하지 못하는 마음으로 남에게 차마 해하지 못하는 정치를 행한다면, 천하를 다스리는 것은 손바닥 위에 놓고 움직일 수 있을 것이다. 사람에게는 누구나 차마 하지 못하는 마음을 가지고 있다고 하는 것은, 지금 어떤 사람이 어린아이가 갑자기 우물에 빠지려는 것을 보면 깜짝 놀라며 측은해하는 마음(怵惕惻隱之心)을 갖게 되는데, 이것은 어린아이의 부모와 교분을 맺으려고 해서도 아니며, 마을 사람과 친구들에게 명예를 얻기 위해서도 아니며, 잔인하다는 비난을 싫어해서 그러한 것도 아니다.[195]

여기서 우리가 주의 깊게 보아야 할 것은 '怵惕惻隱之心'이다. 누구나 어린아이가 막 우물에 빠지려는 것을 보면, 모두 '깜짝 놀라고 측은한 마음'을 갖는다. 이것이 바로 '출척측은지심'이다. 사실 어린아이가 막 우물에 빠지려고 하는 상황을 보는 동시에 사람은 누구나 그 어린아이를 빨리 구하려는 마음밖에 일어나지 않을 것이다. 그러한 마음은 어떠한 계산을 하고 난 뒤에 나오는 마음이 아니라, 사람에게 내재되어 있는 본래의 마음이 즉각적으로 발로되는 마음이다. 아이를

---

193) 仁, 義, 禮, 智도 각기 개별적으로 파악하면 하나하나 독립적 의미를 가지지만, 그것을 유기적·종합적으로 파악하면 義禮智는 仁에 대한 보완적 의미를 가진다. 仁을 다른 측면에서 조명하면 義, 禮, 智의 모습으로 드러나는 것뿐이다. 이렇게 볼 때 惻隱之心은 羞惡, 辭讓, 是非之心을 포괄한다고 말할 수 있다.

194) 『孟子』「盡心 上」21: 仁義禮智 根於心.

195) 『孟子』「公孫丑 上」6: 孟子曰 人皆有不忍人之心 先王有不忍人之心 斯有不忍人之政矣 以不忍人之心 行不忍人之政 治天下可運之掌上 所以謂人皆有不忍人之心者 今人 乍見孺子入於井 皆有怵惕惻隱之心 非所以內交於孺子之父母也 非所以要譽於鄉黨朋友也 非惡其聲而然也.

구해 주었다는 이유로 아이의 부모와 교분을 맺거나 마을 사람들로 부터 칭찬을 들으려는 계산에서 나온 마음이 아니다. 또한 아이를 구 해 주지 않았다는 비난을 받기 싫어서 구해야 한다는 계산에서 나온 마음도 아니다. 다시 말해 어떤 이해관계나 욕망의 강압에 이끌린 것 이 아니라 완전히 眞心의 표현이요, 良心의 직접적인 발로이며, 天理의 자연스런 흐름인 것이다.196) 여기에는 근본적으로 어떤 이유도 필요 치 않다. 이것은 바로 맹자의 성선론과 직통하는 것이다. 사람의 性이 본래 선하기 때문에 선한 性에서 즉각적으로 발로되는 心은 선한 모 습으로 나올 수밖에 없다는 논리가 성립된다. 진정으로 단순 명쾌한 설명이라고 하지 않을 수 없다.

우리는 흔히 德性이라는 말을 자주 사용한다. 德과 性의 개념이 크 게 다르지 않기 때문이다. 德의 古字는 惪(直＋心)이다. 즉 곧은 마음이 덕이다. 天命을 우리 가슴속에 받아들인 것을 性이라고 하고,197) 그 性 으로부터 곧게 발로되는 마음이 바로 德이다. 그래서 '惻隱之心'의 발 로는 德性의 直覺작용이며, 德性의 직각작용은 심미적 직각활동이 된 다. 그것은 바로 '不忍之心'의 심미적 직각활동인 것이다. 맹자의 또 다른 '불인지심'의 이론을 통해서 그의 심미적 직각활동에 대한 이론 을 보충할 수 있다. 그것은 齊宣王과의 대화를 통해서 잘 드러난다.

"과인과 같은 자도 백성을 보호할 수 있습니까?" "가능합니다." "무 슨 이유로 나의 가능함을 아십니까?" "신이 다음과 같은 내용을 胡 齕에게서 들었습니다. 왕께서 堂上에 계시는데 소를 끌고 堂下로 지나가는 사람이 있었습니다. 왕께서 이를 보시고 '소가 어디로 가

---

196) 『孟子集註』 「公孫丑章句 上」6: 孺子入井時 其心怵惕 乃眞心也 非思而得 非勉而中 天理之自然也.
197) 『中庸』〈第一章〉: 天命之謂性.

는가' 하고 물으니, 대답하기를 '釁鍾하는 데 쓰려고 합니다' 하였습니다. 왕께서 '놓아주어라. 내가 그 두려워 벌벌 떨며 죄 없이 死地로 끌려감을 차마 볼 수 없다' 하시니, 대답하기를 '그렇다면 흔종을 폐지하오리까?' '어찌 폐지할 수 있겠는가? 羊으로 바꾸어 쓰라' 하셨다 합니다. 알지 못하겠지만 그런 일이 있었습니까?" "그런 일이 있었습니다." "그 마음이 족히 왕 노릇 하실 수 있습니다. 백성들은 모두 왕더러 재물을 아꼈다고 하거니와 신은 진실로 왕의 차마 하지 못하심을 알고 있습니다." 왕이 말했다. "그렇습니다. 진실로 백성들이 비난하는 자가 있겠습니다마는 齊나라가 비록 좁고 작다 하나 내 어찌 한 마리 소를 아끼겠습니까? 이는 벌벌 떨며 죄 없이 사지로 끌려감을 차마 볼 수 없어서였습니다. 그러므로 양으로 바꾸게 한 것입니다." 맹자가 말했다. "왕은 백성들이 왕더러 재물을 아꼈다고 비난함을 괴이하게 여기지 마소서. 작은 양을 가지고 큰 소와 바꿨으니, 저들이 어찌 이것을 알겠습니까? 왕께서 만일 그 죄 없이 사지로 끌려감을 측은히 여기셨다면 소와 양을 어찌 구별하셨습니까?" 왕이 웃으며 말했다. "진실로 무슨 마음이던가? 내 재물을 아껴서 양으로 바꾸게 한 것은 아니건마는 당연히 백성들은 나더러 재물을 아꼈다고 이르겠구나!" 맹자가 말했다. "나쁠 것이 없습니다. 이것이 바로 仁을 하는 방법이니, 소는 보았고 양은 아직 보지 못하였기 때문입니다. 군자는 禽獸에 대해서 산 것을 보고 차마 그 죽는 것을 보지 못하며, 죽으면서 애처롭게 울부짖는 소리를 듣고 차마 그 고기를 먹지 못합니다. 이 때문에 군자는 푸줏간을 멀리하는 것입니다."198)

여기서 맹자는 齊宣王의 마음속에 내재하고 있는 '不忍之心'을 일깨워 주고 있다. 제선왕 자신도 소를 양으로 바꾸라고 말한 자신의 마음이 무슨 마음인지를 알지 못한다. 이때 맹자는 그의 특유한 단순 명쾌한 설명방식의 위력을 발휘한다. 죄 없이 벌벌 떨며 死地로 끌려

---

198) 『孟子』「梁惠王 上」7: 曰若寡人者 可以保民乎哉 曰可 曰何由 知吾可也 曰臣聞之胡齕 曰王坐於堂上 有牽牛而過堂下者 王見之 曰牛何之 對曰 將以釁鐘 王曰 舍之 吾不忍其觳觫若無罪而就死地 對曰 然則廢釁鐘與 曰何可廢也 以羊易之 不識 有諸 曰有之 曰是心 足以王矣 百姓皆以王爲愛也 臣固知王之不忍也 王曰然誠有百姓者 齊國雖褊小 吾何愛一牛 卽不忍其觳觫若無罪而就死地 故以羊易之也 曰王無異於百姓之以王爲愛也 以小易大 彼惡知之 王若隱其無罪而就死地則 牛羊何擇焉 王笑曰 是誠何心哉 我非愛其財而易之以羊也 宜乎百姓之謂我愛也 曰 無傷也 是乃仁術也 見牛 未見羊也 君子之於禽獸也 見其生 不忍見其死 聞其聲 不忍食其肉 是以 君子遠庖廚也.

가는 소는 직접 눈으로 보았고, 양은 보지 못했기 때문이란다. 죄 없이 사지로 끌려가는 소를 본 것은 차마 그대로 내버려 둘 수 없는 마음, 즉 '不忍之心'이 발로한 것이고, 양은 아직 보지 않았기 때문에 그런 마음이 발로되지 않는다는 것이다. 이것이 바로 仁을 행하는 방법이라고 설명한다. 맹자의 설명은 그야말로 단순 명쾌하다.

우물에 빠지려고 하는 어린아이를 보는 순간 '惻隱之心'이 발로되는 것이나, 죄 없이 사지로 끌려가는 소를 보는 순간 '不忍之心'이 발로되는 것은 모두 시각을 통한 仁心의 발로이다. 이것은 感官을 통한 감성의 느낌을 享受한다는 미학의 가장 기본적인 제1차적 차원의 문제이다. 그러나 그것을 통해서 인간 내면의 善한 德性의 샘에서 솟아 나온 '善心, 良心, 四端之心'의 발로를 깨닫는 것은 단번에 고차원의 미학경계로 도약하는 맹자 미학사상의 특징인 것이다. 맹자는 인간의 성선을 인정하고 그것의 즉각적 발로를 純善의 즉각적 표현으로 본 것이다. 그것은 德性의 즉각적 발로이며 '不忍之心'의 심미적 직각활동을 의미한다고 말할 수 있다.

3) 仁義관념의 예술론적 운용

맹자사상이 후기의 미학이나 예술론의 형성에 많은 영향을 끼치고 있음은 지금까지의 논의를 통해서도 충분히 이해할 수 있다. 그러나 『맹자』의 내용 중에서 직접 미학이나 예술론에 대하여 언급한 예는 매우 드물다. 그런 의미에서 맹자의 '以意逆志論'과 '知人論世論'은 아주 보배로운 이론이며, 결코 소홀히 다룰 수 없는 이론이다. 知人論世論과 以意逆志論은 예술작품의 감상법에 대한 이론이지만 그것은 仁義

관념을 기본바탕으로 하여 이루어진 이론이며, 구체적 심미활동에 해당한다.

(1) 以意逆志論의 주관적 운용

以意逆志論은 하나의 예술작품을 감상할 때에 '意로써 志를 거슬러 올라가 그 본의를 안다'는 이론이다. 여기서의 意는 감상자의 意를 의미하며 志는 작자의 志를 나타낸다. 이에 대하여 맹자는 詩의 감상법을 이용하여 설명한다. 그의 제자 함구몽과의 문답이 바로 이것이다.

질문: 옛말에 이르기를 "德이 성한 선비는 군주가 그를 신하로 삼을 수 없으며, 아비가 자식으로 삼을 수 없다. 舜이 南面하고 서 계시거늘 堯가 제후를 거느리고 北面하여 조회하셨고, 瞽瞍 또한 북면하여 조회하자, 舜이 瞽瞍를 보시고 불안하여 위축됨이 있었다." 하거늘 공자께서 "이때는 천하가 매우 위태로웠다." 하셨는데, 알지 못하겠습니다. 이 말이 사실입니까?[199]

대답: 아니다. 이것은 군자의 말이 아니요, 齊나라 동쪽 야인들의 말이다. 堯가 늙어 舜이 섭정한 것이다.[200]

질문: 舜이 堯를 신하로 삼지 못하였던 것은 이제 들어서 알겠습니다만, 시경에 "온 하늘 아래에 왕의 땅이 아닌 것이 없고 이 땅의 끝닿는 데까지 온 백성이 왕의 신하가 아닌 이가 없네."라고 하였습니다. "감히 묻습니다. 舜이 이미 천자가 되었는데 고수가 신하가 되지 않는다는 것은 어떻게 된 것입니까?"[201]

---

199) 『孟子』「萬章 上」4: 咸丘蒙問曰 語云 盛德之士 君不得而臣 父不得而子 舜南面而立 堯帥諸侯 北面而朝之 瞽瞍亦北面而朝之 舜見瞽瞍 其容有蹙 孔子曰 於斯時也 天下殆哉岌岌乎 不識 此語 誠然乎哉.

200) 『孟子』「萬章 上」4: 孟子曰 否 此非君子之言 齊東野人之語也 堯老而舜攝也.

201) 『孟子』「萬章 上」4: 咸丘蒙曰 舜之不臣堯 則吾旣得聞命矣 詩云 普天之下 莫非王土 率土之濱 莫非王臣 而舜 旣爲天子矣 敢問瞽瞍之非臣 如何.

대답: 그 시는 그런 것을 말하는 것이 아니다. 왕의 일에 부역하느라고 부모를 극진히 봉양할 수 없는 자가 한탄하여 지은 시이다. 어느 것도 왕의 일이 아닌 것이 없는데, 나 혼자만이 힘들여 수고한다는 것이 이 시의 뜻이다.[202]

이러한 함구몽과 맹자의 문답은 시를 어떻게 읽어야 하는가에 대한 문답이다. 이 문답에서 맹자는 시의 본의란 '그런 것이 아니고 이런 것이다'라고 정정해 준다. 즉 맹자에게는 시에 대한 특별한 감상법이 존재하고 있음을 예측하게 한다. 그것은 바로 맹자의 다음 말로 해결된다.

그렇기 때문에 시를 말하는 자는 文으로써 辭를 해치지 말며, 辭로써 志를 해치지 말아야 한다. 意를 미루어 지은이의 志를 헤아려야만(以意逆志) 시의 진실을 얻는 것이다. 만일 말만을 가지고 이야기하여 『시경』「大雅」의 <雲漢>에 "주나라의 남은 백성들이 하나도 살아남은 자가 없네."라고 한 것을 그대로 믿는다면 주나라 백성들은 다 죽어서 살아남은 자가 하나도 없다는 뜻이 된다.[203]

朱子는 이에 대하여 "文은 字요, 辭는 말(語)이다. …… 시를 읽는 법은 한 글자로 한 글귀의 뜻을 해치지 않고, 한 글귀로 전체의 뜻을 해치지 않는 것"[204]이라고 주석한다. 맹자가 강조하려는 것은 시를 감상하는 사람은 당연히 전체의 취지에 그 뜻을 두어야 하며, 그 문자의 풀이에 구애되어 말의 뜻을 그르치는 일이 없어야 한다는 말이다. 곧 글에 나타나지 않는 의미는 그 글을 돌이켜서 그 속에 내포된 의

---

202) 『孟子』「萬章 上」4: 曰 是詩也 非是之謂也 勞於王事而不得養父母也 曰 此莫非王事 我獨賢勞也.

203) 『孟子』「萬章 上」4: 故 說詩者不以文害辭 不以辭害志 以意逆志 是爲得之 如以辭而已矣 雲漢之詩曰 周餘黎民 靡有孑遺 信斯言也 是 周無遺民也.

204) 『孟子集註』「萬章章句 上」4: 文 字也 辭 語也 …… 說詩之法 不可以一字而害一句之義 不可以一句而害設辭之志.

미를 찾아야 한다는 것이다. 예컨대 雲漢의 시에 "周나라의 남은 백성들이 하나도 살아남은 자가 없네."라는 글귀를 그 말만 따라 주나라의 백성들이 모두 죽고 없다고 믿어서는 안 된다는 것이다.

'以意逆志'는 곧 독자가 자신의 작품에 대한 주관적인 체험을 근거로 상상·체험·이해의 활동을 거쳐서 시인이 작품 중에 표현하려한 사상·감정을 파악하는 것이다. 만일 예술 창조가 안으로부터 밖으로의 표출, 즉 예술가의 내면 사상과 감정을 밖으로 드러내어 느끼게 하는 작업이라면, 예술 감상은 밖으로부터 안으로 들어가는 것, 즉 예술 형상으로부터 예술가가 표현하고자 하는 사상·감정으로 거슬러 올라가 그의 眞志를 파악하여 느끼는 행위를 말한다. 그것은 감상자의 주관적인 상상·체험·이해 등의 활동을 벗어날 수 없는 것이며, 감상자의 意의 제약을 받지 않을 수 없다. 그러므로 감상자의 여하에 따라 감상의 결과도 다르게 나타날 수밖에 없다.

맹자가 말한 '文으로 말을 해치지 않는다(不以文害辭)'는 것은, 당시의 견해로 본다면 시를 읽는 방법에 대한 심오한 이해를 내포하는 것으로 이해할 수 있다. 여기서의 文은 본래 '시의 文章 혹은 文彩'를 가리킨다. 즉 문자로 쓰인 字句의 修飾性을 뜻하는 것이다. 자구의 수식성 때문에 시의 본의를 이해하고 감상하는 데 방해를 받아서는 안 된다는 말이다. 그러나 오늘날의 견해에 의하면 시는 비유, 과장, 은유, 상징, 암시법 등을 통하여 작가의 사상과 감정을 표현해 내기 위한 예술 수단을 일컫는다. '文으로 말을 해치지 않는다'는 것은, 곧 시가 가지고 있는 이러한 예술 특징을 제대로 이해하기 위한 일종의 감상법이다. 비록 맹자의 以意逆志論은 사람들에게 詩가 표현해 내는 사상·감정을 어떻게 정확하고 본의에 가깝게 이해할 수 있는가의 방법을 가르쳐 주기 위한 것이지만, 그것은 동시에 예술 감상의 특징에 대한 심오한 이해를 포함하는 것이다.[205]

예술 작품의 감상과 이해에 대한 비결은 '以意逆志'에 있기 때문에 주체의 상상력 발휘와 정감의 체험은 매우 중요한 작용을 한다. 주체는 정감을 매개로 하여 상상력의 활발함 속에서 부지불식간에 일정한 이성 인식을 향해 인도된다. 만일 일반적인 개념의 인식 방법으로 예술 작품을 대하면, 그것은 반드시 문자로써 말을 해치고, 말로써 뜻을 해치는 결과가 될 것이며, 예술 감상이라고 말할 것도 없게 된다. 이것은 근본적으로 작품이 표현해 내는 사상·감정을 파악할 방법이 없게 됨을 의미하는 것이다.

(2) 知人論世論의 通時的 운용

맹자의 知人論世論은 하나의 예술작품을 감상하기 위해서는 그 작자에 대한 충분한 정보를 알고 그가 처했던 당대의 사회를 제대로 알아야 한다는 이론이다.

> 孟子가 萬章에게 말했다. "한 시골의 착한 선비라야 한 시골의 착한 선비들과 벗을 할 수 있으며, 한 나라의 착한 선비라야 한 나라의 착한 선비들과 벗을 할 수 있다. 천하의 착한 선비들과 벗하는 것으로도 만족하지 않으며 또 나아가 옛사람들을 논평하면서 그와 벗을 삼는다. 시를 외우고 書를 읽으면서 그 사람(작자)들을 알지 못하면 되겠는가? 그렇기 때문에 그 시대를 논하는 것이니, 이것이 위로 올라가서 옛사람들을 벗한다는 것이다."[206]

---

205) 權德周·金勝心 共譯, 李澤厚·劉綱紀 主編, 『中國美學史』, 대한교과서주식회사, 1993, 228쪽.

206) 『孟子』「萬章 下」8: 孟子謂萬章曰 一鄕之善士 斯友一鄕之善士 一國之善士 斯友一國之善士 天下之善
　　士 斯友天下之善士 以友天下之善士 爲未足 又尙論古之人 頌其詩 讀其書 不知其人 可乎 是以 論其世

이 말은 원래 선비의 수양에 대하여 논한 것이다. 훌륭한 선비는 마땅히 훌륭한 선비와 사귀어 서로 절차탁마해야 하는데, 한 고을 한 나라에 국한하지 말고, 시대를 뛰어넘어 고인과의 대화까지도 꾀해야 한다는 것을 지적한 말이다. 여기서 맹자는 문학비평에 대하여 매우 의미 있는 관점을 제시한다. 맹자는 한 사람의 詩, 書를 이해하려면 반드시 '그 사람'과 '그 시대'를 알아야 한다고 말한다. 즉 그 평생의 사상 및 그가 처한 시대적 환경을 이해해야 한다는 것이다. 시는 의미를 전달하는 노랫말이다. 그러므로 시는 사람의 정서와 사상을 표현한다. 또한 書는 역사를 기록하며 작자의 사상을 표현한다. 따라서 작자의 평생 동안의 사상 및 그 시대를 이해해야만 정확하게 그 작품을 평가할 수 있다는 것이다. 詩와 書가 이미 사람의 정서와 사상을 표현하는 것이라면 詩를 외우고 書를 읽는 것 또한 그 사람을 아는 작업이라고 할 수 있다. 이것이 맹자가 주장하는 '知人論世'論이다. 맹자는 일찍이 자공의 말을 인용하여 "그 禮를 보고 그 정치를 알며 그 樂을 듣고 그 덕을 안다."207)고 한 바 있다. 이것으로 볼 때 맹자는 詩, 書, 禮, 樂에 종사하는 활동을 통하여 사람들의 意志와 情緖를 이해하고 있음을 알 수 있다. 이것은 유가의 전통적 관점으로 작용하게 된다.208)

미학의 관점에서 보면 위와 같은 '知人論世'論은 예술의 심미 의식에 대한 특출한 사회학적 고찰이며, 유가 미학의 뛰어난 점이라고 할 수 있다. 하나의 예술작품은 그 작자의 처한 시대와 사상 및 그의 일생과 결코 분리될 수 없으며, 작자에 관한 이러한 내용을 충분히 이

也 是尙友也.

207) 『孟子』 「公孫丑 上」2: 見其禮而 知其政 聞其樂而 知其德.

208) 김예호・김홍식 공역, 施昌東 지음, 『중국의 미학사상』, 신지서원, 1994, 209~210쪽 참조.

해하지 못하고서는 그 작품을 제대로 감상할 수 없다는 것을 말하고 있다. 오늘날의 관점으로 보면 이것은 보편적인 상식에 불과한 것이지만, 맹자시대에 이러한 견해를 제시한 것은 참으로 독특하고 파격적인 이론에 속한다. 그것은 예술작품의 품격과 품평에 대한 객관성을 확보하려는 노력에서 파생된 이론이며, 예술에 대한 통시적 관점을 갖게 하는 맹자 미학의 공로라 할 수 있다. 이러한 견해는 후세의 劉勰 및 葉燮 등에 의해 계통적으로 발전되며, 아울러 동양미학으로 하여금 예술의 고찰에 대해 항상 역사적인 관점을 유지하게 하며, 예술작품의 품평에 작가의 인격미가 중요한 역할을 담당하게 된다는 사실을 전통으로 남기게 된다.

仁義관념의 심미이상

동양미학의 심미이상은 경계론으로 표현할 수 있으며, 동양미학의 특징은 바로 境界論에서 찾을 수 있다. 미학이라는 학문 자체가 근대 서양에서 일어난 학문이며, 경계라는 개념이 주목받게 된 것도 근대 서구사상과의 접촉에서 비롯된 것이다. 동양의 유수한 학자들이 근대 서구사상과 접촉한 이후로, 자신의 전통문화에 대한 반성적 사고를 전개하는 과정에서 도출된 하나의 산물이 바로 경계론인 것이다. 사실 동양사상의 전통 중 '경계'로 대표되는 어떤 요소야말로 서구사상과 명확히 구별되는 동양적 사유의 중요한 특징이라는 데에는 이론의 여지가 없는 것으로 보인다. 그것은 동양의 전통사상 중에는 이미 경계에 대한 논의들이 매우 활발하고 깊이 있게 진행되어 왔다는 사실을 암시하고 있다는 뜻이다. 다만 근대의 서양식 治學방법으로 연구되지 못했다는 방법론적 차이만 있을 뿐이다. 그렇기 때문에 경계론이 아무리 근대 미학의 산물이라고는 하지만 그 근원적 원두처는 동양고전에 있음을 부인할 수 없는 것이다. 이러한 측면에서 선진유가의 심미경계론을 현대적 치학방법으로 定礎해 본다는 것은 그것 자체로도 매우 의미 있는 일이라고 할 수 있다.

1) 덕성함양의 說樂的 자유경계

맹자의 심미대상은 인격이다. 인격의 高低는 곧바로 심미적 고저로 드러난다. 심미적 고저의 분별기준은 說樂의 久暫[209]에 의해서 결정된다고 할 수 있다. 열락은 기쁨과 즐거움이다. 說을 개체의 內的요인에 의한 기쁨이라고 한다면, 樂(락)은 개체의 외적 요인에 의한 기쁨, 즉 타자와 함께하는 기쁨과 즐거움이라고 말할 수 있다. 이러한 열락의 경계에 영구히 處하는 이상적 인간상을 君子라고 말한다. 그러므로 군자의 열락경계는 심미적 최고경계가 되며, 說樂이 아니면 심미적으로 君子를 설명해 낼 수도 없다.[210] 說은 樂(락)의 전제조건이며 樂은 說을 내포한다. 맹자의 심미경계는 이러한 열락을 바탕으로 한 자유경계라고 말할 수 있다. 열락을 느끼고 발하는 주체는 心이다. 心은 무엇으로 열락을 느낄 수 있을까?

> 입으로 맛보는 맛에는 다 같이 좋아하는 것이 있으며, 귀로 듣는
> 소리에는 다 같이 듣기 좋아하는 것이 있고, 눈으로 보는 색에는

---

209) 경계론에서 논의가 가능한 문제는 사실 자체에 관한 것이 아니다. 사실과 사실에 부여하는 의의가 서로 결합하여 경계를 구성하므로, 사람마다 각기 다른 경계가 있다. 사실의 인식에 관해서는 '옳고 그름(是非)'을 논할 수 있겠지만, 경계는 사실과 사실에 부여하는 의의, 즉 평가가 결부된 것이기 때문에, '옳고 그름'은 경계를 판단하는 기준이 될 수 없고 '높고 낮음(高低)'이나 '길고 짧음(久暫)'이 중요한 표준으로 제시될 수 있는 것이다. 이것이 풍우란 경계론의 요지라고 말할 수 있다(이상우, 『동양미학론』, 시공사, 1999, 참조).

210) 『論語集註』「學而」1: 程子曰 樂由說而後得 非樂不足以語君子.

다 같이 아름답게 여기는 것이 있다. 그러나 마음에 이르러 어찌 홀로 다 같이 그러한 것이 없겠는가? 마음이 다 같이 그러하다는 것은 무엇인가? 이른바 理와 義이다. 성인은 일찍이 나의 마음과 한가지로 그러한 것을 먼저 얻으셨다. 그런 까닭에 理와 義가 내 마음을 기쁘게 하는 것이 마치 소나 양고기 등이 나의 입을 즐겁게 하는 것과 같다.[211]

"理와 義가 내 마음을 기쁘게 하는 것이, 마치 소와 양고기가 나의 입을 즐겁게 하는 것과 같다."고 하는 견해는 동양 미학사나 사상사에서 맹자 이전에는 전혀 볼 수 없었던 것이다. 理와 義를 소리, 색깔, 맛처럼 즐거움을 줄 수 있는 것으로 생각한 것은 맹자 나름의 독특한 견해라고 할 수 있다. 비록 『春秋左傳』에 季札이 "周나라 음악을 듣고 아름답다"[212]고 했다는 기록은 있지만, 그가 形容한 것은 모두 인간들의 功業이나 道德에 속하는 것들로서, 맹자의 경우처럼 理·義를 소리나 색깔, 맛과 아울러 논한 것은 아니다. 맹자가 理와 義를 인간들의 보편적이고 필연적인 즐거움을 발현하는 요소로 보고, 感官을 통해 느낄 수 있는 심미적 즐거움과 아울러 논한 것은 매우 중요한 사실을 인지시켜 준다. 그것은 인간의 道德精神도 심미적 성질을 가지고 있으며, 심미적 즐거움을 불러일으킬 수 있음을 지적한 것이다. 이는 일반적으로 美를 感官을 통한 즐거움으로 한정 짓는 종래의 견해를 타파하고, 인격과 정신 역시 심미대상이 될 수 있다는 것을 밝힌 내용이다. 물론, 맹자 이전에도 美를 가지고 道德的 善을 형용하거나, 직접 그것을 지칭하는 것으로 보는 경우는 있었다. 그러나 이런 사실을

---

211) 『孟子』「告子 上」7: 口之於味也 有同耆焉 耳之於聲也 有同聽焉 目之於色也 有同美焉 至於心 獨無所 同然乎 心之所同然者 何也 謂理也義也 聖人 先得我心之所同然耳 故 理義之悅我心 猶芻豢之悅我口.

212) 『春秋左傳』「襄公」29年: 吳公子札來聘 …… 請觀於周樂 使工爲之歌周南召南 曰 美哉 始基之矣 猶美 也 然勤而不怨矣.

소리나 색깔에서 얻는 즐거움과 연관시켜 그것의 보편·필연적인 성
질을 강조하고 논설한 적은 없었다는 말이다.[213]

　인격과 정신 혹은 도덕적 善을 심미적 즐거움과 연계시켜 명확하
게 하나의 관점에서 다룬 것은 분명 맹자의 공로이다. 이러한 면이
맹자 미학의 심미경계에 관한 高低를 판단하는 결정적 요인이 된다.
미학은 理性과 實際를 초월하는 感性과 직관에 관심을 더 많이 갖는다.
미학에는 超實際的 특징이 있기 때문에 고도의 심미경계를 논할 수
있다. 만약 실제적 상황을 전제로 해야 한다면 고도의 심미경계를 논
함에 현실적 요인의 많은 제약을 받을 수밖에 없다. 그러나 미학이
관심을 갖는 감성과 직관은 실제를 초월하여 형이상적 최고의 심미
경계에까지 도달할 수 있다. 그러한 최고의 심미경계로 이끌어 주는
것이 유가미학에서는 바로 說樂인 것이다.[214]

> 仁의 실상은 어버이를 섬기는 것이며, 義의 실상은 형을 따르는 것
> 이다. 智의 실상은 이 두 가지를 알아서 버리지 않는 것이며, 禮의
> 실상은 이 두 가지를 節文하는 것이요, 樂(악)의 실상은 이 두 가지
> 를 즐기는 것이다. 즐기면 (즐거운 마음이) 생기게 되고, 생겨난즉
> 어찌 그칠 수 있겠는가? 가히 그칠 수 없으니, 발이 뛰며 손이 춤추
> 는 것을 알지 못하도다.[215]

　여기서 맹자가 말하는 즐김의 대상은 仁과 義이다. 樂(악)의 실상은
곧 仁義를 즐기는 것을 말한다. 인의를 즐기면 손과 발이 춤추는 경지

---

213) 權德周·金勝心 共譯, 李澤厚·劉綱紀 主編, 『中國美學史』, 대한교과서주식회사, 1993, 203~204쪽
　　참조.
214) 본서 제Ⅱ부 3.-1) '중용적 인격함양의 열락경계' 참조.
215) 『孟子』「離婁上」27: 孟子曰仁之實 事親是也 義之實 從兄是也 智之實 知斯二者 弗去是也 禮之實 節
　　文斯二者是也 樂(악)之實 樂(락)斯二者 樂則生矣 生則惡可已也 惡可已 則不知足之蹈之 手之舞之.

에 이르는 것도 알지 못한다. 이것은 바로 物我一體의 경지에 이른 개체 인격의 열락경계를 의미하는 것이며, 仁義라는 도덕관념이 심미요소의 기능을 충분히 하고 있음을 뜻한다. 이것은 앞서 언급한 "理·義가 나의 마음을 즐겁게 한다."라는 말과 직결된다. 그렇다면 맹자에 있어서 仁과 理는 경우에 따라서 서로 호환하며 매우 밀접한 관계를 유지하고 있음을 알 수 있다. 仁은 사람이며,[216] 理는 사람이 마땅히 지키고 행해야 할 당연한 준칙[217]이라고 해석하는 것은 이를 잘 뒷받침해 준다. 『孟子』에서는 맹자가 송나라 句踐에게 유세에 대하여 말해 주는 대목에서 義를 즐기는 실상을 이해할 수 있다.

> 맹자가 송구천에게 말했다. "…… 남이 알아주어도 囂囂(욕심 없는 모양)하며, 남이 알아주지 않더라도 또한 효효하라." "어찌해야 효효할 수 있습니까?" 맹자가 말했다. "덕을 높이고 의를 즐기면(尊德樂義) 효효할 수 있다. 그러므로 선비는 궁하여도 義를 잃지 않으며, 영달하여도 道를 떠나지 않는 것이다. 궁하여도 義를 잃지 않으므로 선비는 자신을 지킬 수 있고, 영달하여도 도를 떠나지 않으므로 백성들은 희망을 잃지 않는 것이다."[218]

囂囂는 '자득하여 욕심이 없는 모양'을 말한다. 德을 높이고 義를 즐기는 선비는 아무 부러울 것도 두려울 것도 없다. 그래서 남이 알아줘도 효효하고 알아주지 않아도 효효한다. 그의 가슴속에는 충만한 說樂만이 있을 뿐이다. 그 열락은 義를 즐겨서 채운 것들이다. 그러므로 선비는 곤궁하여도 義를 잃을 수가 없다. 義를 잃으면 열락도 사라

---

216) 『孟子』「盡心 下」16: 仁也者人也.

217) 『孟子』「萬章 下」1: 始條理者 智之事也 終條理者 聖之事也.

218) 『孟子』「盡心 上」9: 孟子謂宋句踐曰 …… 人知之 亦囂囂 人不知 亦囂囂 曰何如 斯可以囂囂矣 曰 尊德樂義 則可以囂囂矣 故士窮不失義 達不離道 窮不失義 故士得己焉 達不離道 故民不失望.

져 버리기 때문이다. 이렇게 선비는 열락에 산다. 이러한 선비를 君子라고 한다. 군자는 열락군자이다. 군자가 즐기는 '본질적인 것(性)'은 천하의 한가운데에 서서 四海 안의 백성들을 안정시키는 것에 있지 않다. 군자가 '본질적인 것'으로 여기는 것은 비록 출세하여 그 뜻이 크게 행해지더라도 보태지지 않으며, 곤궁하게 살더라도 줄어들지 않는다. 본분이 정해져 있기 때문이다. 군자가 '본질적인 것'으로 여기는 것은 仁義禮智가 마음속에 뿌리를 내리고 있으면서, 그것이 얼굴로 맑고 윤택하게 나타나고 등에 가득 차서, 온몸에 퍼져 온몸이 말을 하지 않아도 저절로 깨닫게 되는 것이다.[219] 이렇기 때문에 군자는 열락에 산다. 이러한 군자가 임금이 되어도 그것은 하나도 다를 것이 없다. 舜이 그런 열락군자이다.

> 맹자가 말했다. "천하 사람들이 크게 좋아하면서 장차 자신에게 돌아오려 하는데, 천하 사람들이 좋아하면서 자신에게 돌아오는 것 보기를 草芥와 같이 여기신 것은 오직 순임금이 그러하셨다. 어버이에게서 기쁨을 얻지 못하면 사람이 될 수 없고, 어버이를 (道에) 순하게 하지 못하면 자식이 될 수 없다. 舜이 어버이 섬기는 도리를 다함에 瞽瞍(순의 아버지)가 기쁨을 이루었으니, 고수가 기쁨을 이룸에 천하가 교화되었으며, 고수가 기쁨을 이룸에 천하의 부자간이 안정되었으니, 이것을 일러 大孝라 하는 것이다."[220]

舜은 임금이 되었다고 기쁠 것도 없고, 천하 사람들이 자신이 좋아서 몰려와도 기쁠 것이 없다. 어버이로부터 기쁨을 얻지 못하면 사람이 될 수 없기 때문이다. 순이 어버이 섬기는 도리를 다하여 마침내

---

219) 『孟子』「盡心章句 上」21 참조.

220) 『孟子』「離婁 上」28: 孟子曰 天下大悅而將歸己 視天下悅而歸己 猶草芥也 惟舜 爲然 不得乎親 不可以爲人 不順乎親 不可以爲子 舜盡事親之道而瞽瞍底豫 瞽瞍底豫而天下化 瞽瞍底豫而天下之爲父子者定 此之爲大孝.

아버지가 기쁨을 이루니, 비로소 순은 사람 노릇을 한 것으로 여긴다.
순에게는 그것이 더 큰 기쁨이다. 그것이 바로 군자가 '본질적인 것
(性)'으로 여기는 것이기 때문이다. 이것이 바로 天命인 性을 따르는
열락이다. 그래서 맹자는 순이 '본질적인 것'으로 여기는 것을 따르기
위해서는 임금의 자리도 미련 없이 버릴 것이라고 말한다.

> 桃應이 물었다. "舜임금이 천자가 되시고, 皐陶가 士가 되었는데,
> 瞽瞍가 살인을 했다면 어떻게 하겠습니까?" 맹자가 말했다. "체포
> 할 뿐이다." "그렇다면 순임금이 금하지 않겠습니까?" "순임금이
> 어떻게 금할 수 있겠는가. 전수받은 바가 있는 것이다." "그렇다면
> 순임금은 어떻게 하시겠습니까?" "순임금은 천하 버리는 것 보기를
> 마치 헌신짝 버리듯 하여, 몰래 업고 도망하여 바닷가를 따라 거처
> 하면서 종신토록 흔쾌히 즐거워하면서 천하를 잊으실 것이다."221)

군자에게는 본분이 정해져 있기 때문에 권세와 부가 더해진다 해
도 열락이 커질 것도 없고, 곤궁한 바닷가에 산다 하여 열락이 줄어
들 것도 없다. 그것은 '본질로 여기는 것'(性)에 뿌리를 두고 있느냐
없느냐의 문제에 달려 있다. '본질로 여기는 것'에 뿌리를 두고 있으
면 언제 어디서나 기쁘고 즐거울 수 있다. 이렇게 되면 군자는 열락
의 경계에서 영원히 長處할 수 있다. 이러한 것이 풍우란의 경계론에
서 말하는 久暫의 문제 중에서 久에 해당하는 것이라고 볼 수 있다.
이러한 군자는 아무 두려워할 것도 거리낄 것도 없는 열락적 자유경
계에서 노닌다. 맹자가 바로 그런 군자이다. 맹자와 제선왕과의 일화
는 이러한 면모를 잘 보여 준다.

---

221) 『孟子』「盡心 上」35: 桃應問曰 舜爲天子 皐陶爲士 瞽瞍殺人 則如之何 孟子曰 執之而已矣 然則舜不
禁與 曰 夫舜 惡得而禁之 夫有所受之也 然則舜如之何 曰 舜視棄天下 猶棄敝蹝也 竊負而逃 遵海濱
而處 終身訢然樂而忘天下.

맹자는 齊宣王에게 조언을 하려고 조회에 나가려던 참이었다. 그런
데 왕으로부터 감기에 걸려서 나가 맞이할 수 없으니 내일 아침에 나
와 달라는 전갈을 받는다. 이에 대하여 맹자도 병이 있어서 나가지
못하겠다고 응수하고, 다음 날 엉뚱한 東郭氏에게 조문하러 가서 제
선왕의 使者를 조우하는 사건이 벌어진다. 이에 뒷날을 두려워한 맹
자의 제자들이 조문하러 간 맹자를 돌아오지 말고 조정에 나갈 것을
종용한다. 할 수 없이 맹자는 조정으로 가다가, 길목의 景丑氏에게 가
서 留宿하게 된다. 이때 景丑氏가 맹자에게 묻는다.

> 저는 왕께서 선생을 공경하는 것은 보았고, 선생께서 왕을 공경하
> 는 것은 보지 못하였습니다. …… 禮에 이르기를 아버지가 부르시
> 면 빨리 대답하고, 임금이 명하여 부르시면 (말에) 멍에하기를 기다
> 리지 않는다고 하였는데, 진실로 조회를 하시려다 왕명을 듣고서
> 마침내 결행하지 않으셨으니, 마땅히 禮와는 서로 같지 않은 듯합
> 니다.222)

이렇게 景丑氏가 맹자의 행동에 대하여 禮답지 않다고 꼬집는다. 景
丑氏로서는 도저히 이해되지 않는 행동이었기 때문이다. 이에 대하여
맹자는 다음과 같이 말한다.

> 어찌 이것을 말한 것이겠는가? 증자께서 말씀하시기를 "晉나라와
> 楚나라의 부유함은 내 따를 수 없거니와, 저들이 그 부유함을 가지
> 고 나를 대하면 나는 나의 仁으로 대하며, 저들이 그 官爵을 가지
> 고 대하면 나는 나의 義를 가지고 대할 것이니, 내 어찌 부족할 것
> 이 있겠는가." 하였으니, 이 어찌 不義인 것을 증자께서 말했겠는
> 가? 이것도 혹 한 가지 방법일 것이다. 천하에 두루 통하는 존귀함

---

222) 『孟子』「公孫丑 下」2: 丑見王之敬子也 未見所以敬王也 …… 禮曰 父召無諾 君命召 不俟駕 固將朝也
聞王命而遂不果 宜與夫禮 若不相似然.

세 가지가 있는데, 官爵이 하나요, 나이(齒)가 하나요, 德이 하나이
다. 조정에는 관작만 한 것이 없고, 鄕黨에는 나이만 한 것이 없으
며, 세상을 돕고 백성을 자라게 하는 데는 德만 한 것이 없으니, 어
찌 그 한 가지를 가지고서 둘을 가진 사람을 소홀히 할 수 있겠는
가? 그러므로 장차 크게 훌륭한 일을 할 수 있는 군주는 반드시 함
부로 부르지 못하는 신하가 있었다. 그리하여 도모하고자 하는 일
이 있으면 찾아갔으니, 德을 높이고 道를 즐거워함이 이와 같지 않
으면, 더불어 훌륭한 일을 할 수 없는 것이다.223)

맹자는 세상을 살아감에 두루 통하는 세 가지 존귀함(三達尊)이 있
는데, 관공서에서는 관작의 직급이, 마을에서는 나이의 高下가, 세상
을 돕고 백성을 기르는 데는 德의 厚薄이 그것이라고 말한다. 맹자가
볼 때 이 三達尊 중에서 하나를 가진 자가 둘을 가진 자를 오라 가라
하는 것은 義가 아니라고 판단한 것이다. 또한 군주도 함부로 부르지
못하는 신하(不김之臣)가 있음을 상기시키고, 德을 높이고 道를 즐기려
면 직접 찾아와야 할 것을 강조한다. 이와 같이 맹자는 義에 부합하지
않는 행동이라고 판단하면, 막강한 권력을 소유한 왕이 불러도 가지
않는다. 맹자는 아무 거리낄 것도 두려울 것도 없기 때문이다. 그것은
이미 맹자가 仁義之道를 즐기는 심미적 열락경계에 長處하고 있음을
의미하는 것이다.

군자에게는 세 가지 즐거움이 있으나, 천하의 왕 노릇 하는 것은
그 속에 존재하지 않는다. 부모가 모두 계시고, 형제에게 사고가
없는 것이 첫 번째 즐거움이고, 우러러 하늘에 부끄럽지 않고, 고
개 숙여 사람에게 부끄럽지 않음이 두 번째 즐거움이며, 천하의 영

---

223) 『孟子』「公孫丑 下」2: 曰 豈謂是與 曾子曰 晉楚之富 不可及也 彼以其富 我以吾仁 彼以其爵 我以吾
義 吾何慊乎哉 夫豈不義 而曾子言之 是或一道也 天下 有達尊三 爵—齒—德— 朝廷莫如爵 鄕黨莫如
齒 輔世長民 莫如德 惡得有其— 以慢其二哉 故將大有爲之君 必有所不김之臣 欲有謀焉 則就之 其尊
德樂道 不如是 不足與有爲也.

재를 얻어 그를 교육함이 세 번째 즐거움이다.[224]

　인용문에서의 첫 번째 즐거움은 자신의 의지에 따라 이루어지는 즐거움이 아니다. 그것은 하늘에 달려 있다. 세 번째 즐거움 역시 자신의 의지대로 모두 이루어지는 즐거움이 아니다. 그것은 남에게 달려 있다. 오직 두 번째 즐거움만이 스스로 이룰 수 있는 즐거움이다. 하늘을 우러러 부끄럽지 않고 땅을 굽어보아 부끄럽지 않을 수 있다는 것은 天理와 仁義에 조금도 거리낄 것이 없다는 것을 말한다. 그것은 인격의 완성을 이룬 성인의 경지에 도달한 자만이 누릴 수 있는 즐거움이며, 맹자만이 외칠 수 있는 至高至純한 열락적 자유경계라고 말하지 않을 수 없다. 도무지 범인으로서는 감히 범접도 못 할 너무나 숭고한 경계라서 경외감이 앞설 뿐이다. 이러한 경계야말로 맹자의 특징이 가장 잘 반영된 최고의 심미적 자유경계라고 말할 수 있을 것이다.

2) 物我合一의 同樂的 和諧경계

　유가미학은 개인의 열락을 이루면 그것으로 자족하는 것이 아니라 그 열락을 타자와 함께 누리는 것을 더 큰 가치로 여긴다. 맹자 역시 마찬가지다. 타자와 함께 누리는 열락경계는 조화로운 和平的 열락이어야 한다. 한 번의 不義를 행하고 무고한 한 사람을 죽이면 천하를 얻게 된다 하더라도 하지 않는 것이 유가의 성현들이다.[225] 그것은

---

224) 『孟子』「盡心上」20: 孟子曰 君子有三樂而王天下 不與存焉 父母俱存 兄弟無故 一樂也 仰不愧於天 俯不怍於人 二樂也 得天下英才而敎育之 三樂也.

225) 『孟子』「公孫丑 上」2: 行一不義 殺一不辜 而得天下 皆不爲也.

진정한 화평이 될 수 없으며, 진정한 열락도 될 수 없다. 그래서 맹자역시 그러한 것은 하지 않는다고 말한다. 맹자는 모두가 함께 즐겨야함을 강조한다. 그것이 바로 '與民同樂' 사상이다. 맹자의 여민동락 사상은 주로 임금과 백성들의 관계에서 이루어지는 同樂을 의미한다. 임금은 백성들이 즐거워하는 것을 즐거워할 때 진정한 즐거움을 누릴 수 있다는 것이다. 이렇게 自他가 함께 즐기기를 지향하는 심미경계를 본고에서는 和諧境界로 명명하기로 한다. 함께 즐기는 도구로는樂(악)이 안성맞춤이다. 맹자와 齊宣王과의 대화를 살펴보자.

> 맹자가 "혼자서 樂을 즐기는 것과 사람들과 함께 樂을 즐기는 것은 어느 쪽이 더 즐겁겠습니까?"라고 묻자, "사람들과 함께 즐기는 것만이야 못하겠지요."라고 대답했다. 다시 맹자가 "소수의 사람들과 악을 즐기는 것과 여러 사람들과 함께 악을 즐기는 것은 어느 쪽이 더 즐겁겠습니까?"라고 묻자, "여러 사람들과 함께 즐기는 것만이야 못하겠지요."라고 제선왕이 말했다. …… 만일, 왕께서 이곳에서 樂을 연주하시는데, 백성들이 왕의 종과 북을 치는 소리나 생황과 통소를 부는 소리를 듣고서 모두들 기꺼이 희색을 나타내면서, 서로 '우리 임금님께서는 제발 아프지 않으셔야지. 그렇지 않으면 어떻게 악을 연주하실 수 있으리오'라고 한다거나, 또는 왕께서 이곳에서 사냥을 하시는데, 백성들이 왕의 수레와 말 달리는 소리를 듣거나 깃발의 깃털 장식의 아름다움을 보고서, 모두들 기꺼이 희색을 나타내면서, 서로 '우리 임금님께서는 제발 아프지 않으셔야지. 그렇지 않으면 어떻게 사냥을 하실 수 있으리오'라고 말한다면, 그러한 까닭은 다름이 아니라 백성들과 함께 樂과 사냥을 즐기기 때문입니다. 지금이라도 왕께서 백성들과 더불어 즐기신다면(與民同樂) 참다운 왕 노릇을 하실 수가 있게 될 것입니다.[226]

226) 『孟子』「梁惠王 下」1: 曰 獨樂樂 與人樂樂 孰樂 曰 不若與人 曰 與少樂樂 與衆樂樂 孰樂 曰 不若與
      衆 …… 今王 鼓樂於此 百姓 聞王鍾鼓之聲 管籥之音 擧欣欣然有喜色而相告曰 吾王 庶幾無疾病與
      何以能鼓樂也 今王 田獵於此 百姓 聞王車馬之音 見羽旄之美 擧欣欣然有喜色而相告曰 吾王 庶幾無
      疾病與 何以能田獵也 此 無他 與民同樂也 今王 與百姓同樂 則王矣.

여기에서 맹자는 여러 사람들과 함께 樂(악)을 즐기는 것이 혼자서 악을 즐기는 것보다 좋은 것이며, 소수의 사람들과 함께 악을 즐기는 것보다 많은 사람들이 함께 악을 즐기는 것이 좋음을 분명하게 지적한다. 맹자는 다른 사람들과 더불어 즐기고 감상하며, 다른 사람들과 더불어 정감의 교류와 공감을 함께 만들어 낼 것을 주장하고 있는 것이다. 특히 人君이 된 자는 백성들이 함께 참여하여 즐길 수 있도록 만들어 내야 하며, 그것이 참다운 왕 노릇이라는 것을 강력히 주장한다. 혼자서 악을 즐기는 것에 만족하지 않고, 여러 사람들과 함께 즐기기를 희망하는 것은 인간의 심미적 사회성의 표현이다. 사회는 제왕과 백성들이 함께 만들어 간다. 그러나 제왕은 강자요, 백성은 약자이다. 강자와 약자가 함께 즐길 수 있으려면 강자는 낮춰 주고 약자는 올려 주어야 한다. 맹자는 특히 강자를 낮추는 데 더 많은 관심을 갖고 더 많은 요구를 한다. 이것은 순자와 매우 다른 부분이다. 맹자는 양혜왕(梁惠王)과의 대화에서 통치자가 만일 백성들과 더불어 즐기지 않는다면, 결국에는 그 자신도 역시 즐길 수 없을 것이라는 것을 지적한다.

> 맹자가 양혜왕을 만났는데, 왕이 못가에 서서 큰기러기와 작은 기러기, 고라니와 사슴을 돌아보면서 말하기를, "어진 사람도 역시 이런 것을 즐기나요?"라고 묻자, 맹자가 대답하여 말하기를, "어진 사람이 된 후에라야 이런 것을 즐깁니다. 어질지 못한 사람은 비록 이런 것을 가지고 있다 하더라도 즐길 수가 없습니다. …… 문왕은 백성의 힘으로 臺를 만들고 못을 만들었으나, 백성이 그것을 기뻐하고 즐겁게 여겨 그 대를 일컬어 靈臺라 부르고, 그 늪을 일컬어 靈沼라 하여, 그곳에 크고 작은 사슴과 물고기와 자라가 있음을 즐겼으니, 옛사람은 백성과 더불어 같이 즐겼기 때문에 즐길 수 있었습니다. 『書經』의 「湯誓」 편에서 이르기를, '이 해(日)는 언제나 없

어질고? 나는 너와 함께 죽으리라'라고 하였습니다. 백성이 함께 죽기를 원한다면 비록 대와 못에 새나 짐승이 있다 한들 어찌 혼자서 즐길 수 있겠습니까?"227)

오직 어진 사람만이 이러한 즐거움을 누릴 수 있다는 것은, 어질기 때문에 모든 백성들이 자기 아버지의 일처럼 생각하고 즐거이 참여할 수 있다는 뜻이다. 그러므로 하루도 못 되어 靈臺를 만들고 靈沼도 만들 수 있는 것이다. 그렇게 되면 그 연못가에서 왕과 백성들과 새와 짐승들이 하나가 되어 즐거워한다. 이것이 物我一體요 天人合一이다. 이것이 다름 아닌 하늘을 즐기는 것이다. 이러한 경계에 도달한 임금이 湯王과 文王이다.

제선왕이 물었다. "이웃 나라를 사귀는 데 방법이 있습니까?" 맹자가 대답했다. "있습니다. 오직 仁者만이 대국의 입장에서 소국을 섬길 수 있습니다. 그러므로 湯이 葛나라를 섬겼고 문왕이 昆夷를 섬긴 것입니다. 오직 智者만이 소국의 입장에서 대국을 섬길 수 있습니다. 그러므로 大王이 獯鬻(훈육)을 섬겼고 句踐이 오나라를 섬긴 것입니다. 대국의 입장에서 소국을 섬기는 자는 하늘을 즐기는 자이고, 소국의 입장에서 대국을 섬기는 자는 하늘을 두려워하는 자이니, 하늘을 즐기는 자는 천하를 보전하고 하늘을 두려워하는 자는 자기 나라를 보전합니다."228)

大國으로 小國을 섬기는 것은 仁者만이 할 수 있는 일이다. 인자는 天을 알고 天을 즐긴다. 天을 즐긴다는 것은 모두가 하나라는 전체적

---

227) 『孟子』「梁惠王 上」2: 孟子見梁惠王 王立於沼上 顧鴻雁麋鹿曰 賢者亦樂此乎 孟子對曰 賢者而後 樂此 不賢者 雖有此 不樂也 …… 文王 以民力爲臺爲沼 以民歡樂之 謂其臺曰靈臺 謂其沼曰靈沼 樂其有麋鹿魚鼈 古之人 與民偕樂 故 能樂也 湯誓曰 時日 害喪 予及女 偕亡 民欲與之偕亡 雖有臺池鳥獸 豈能獨樂哉.

228) 『孟子』「梁惠王 下」3: 齊宣王問曰 交隣國有道乎 孟子對曰有 惟仁者 爲能以大事小 是故湯事葛 文王事昆夷 惟智者 爲能以小事大 故大王事獯鬻 句踐事吳 以大事小者 樂天者也 以小事大者 畏天者也 樂天者保天下 畏天者保其國.

인 입장에서 바라보는 것을 의미한다. 전체를 살리기 위해서는 큰 것으로 작은 것을 섬길 수 있다. 그것이 인자만의 용기이다. 이러한 인자가 湯王이요 文王이며 진정한 君子이다. 군자가 지나가는 곳의 사람들은 군자의 영향을 받아 모두 善한 사람으로 탈바꿈한다. 군자가 머물러 있는 곳의 사람들은 군자의 영향을 더욱 많이 받아 善으로 탈바꿈하는 것이 신비스러울 정도가 된다. 그러나 그것이 누구의 힘에 의해서인지 누구의 功勞인지 알지 못한다. 군자는 백성들이 본래 가지고 있는 善性을 유발시키고 계도할 뿐 그 공로를 말하지 않는다. 그저 군자와 백성들이 하나가 되어 열락의 경계에 長處할 뿐이다. 이렇게 되면 너와 내가 하나가 되고, 위로는 하늘과 하나가 되며, 아래로는 땅과 하나가 되어 거대한 조화를 이루면서 함께 흐르게 된다. 그것은 다름 아닌 物我一體, 天人合一의 경계를 이룬 최고의 심미적 和諧경계를 의미하는 것이다. 이것은 온 우주질서의 유기적 작용과 조화의 원리로 빚어지는 총체적 아름다움이기 때문에 그 아름다움의 제 요소들을 누구도 다 알 수 없다. 이러한 경계를 본고에서는 '物我合一의 同樂的 和諧境界'라고 명명해 보는 것이다.

제IV부 순자미학

―禮義관념의 외재적 인간사회미학―

완전하고 精粹하지 않은 것은 아름답기에 부족하다

禮義관념의 心性論的 심미체계

禮義는 순자사상의 핵심이다. 따라서 순자의 미학사상을 이해하는 데는 禮義觀念에 대한 충분한 이해가 선행되어야 한다. 그것은 순자 특유의 天觀과 心性論에 대한 기본 관점을 충분히 검토하고, 그것이 禮義와 어떠한 심미적 구조를 형성하고 있는지에 대해서 규명함으로써 올바른 이해를 할 수 있다. 순자 미학사상의 특징을 한마디로 말하면 禮義觀念의 심미적 표현이다. 禮義라는 말은 순자에 있어서는 道이며 禮이다. 이미 제Ⅱ장에서 살펴본 공자 미학사상에 있어서의 '禮의 심미적 文飾활동' 부분은 본 장에서 다루고자 하는 순자 미학사상의 禮義觀念과 밀접한 관련을 맺는다. 그것은 순자 禮義觀念의 심미원류이다. 순자 미학사상의 최대 관심은 오로지 아름다운 인간사회의 건설에 집중되어 있다.

순자의 禮義觀念은 心의 능동적 주재성에 의하여 형성된 관념이다. 心은 육체의 주재자이며 神明의 주인으로서 명령을 내리되 명령을 받지 않는다. 心은 스스로 금지하고 스스로 부리며 스스로 취하고 스스로 가고 스스로 멈춘다.[1] 또한 순자가 이해한 性은 자연으로부터 받은 본성을 의미한다. 자연이 곧 天이며 天은 인간사회와는 전혀 무관하게 운행하는 자연일 뿐이다. 그래서 天은 적극적으로 제어하고 이용해야 할 대상에 불과하다. 이러한 天으로부터 타고난 본성은 惡하기 때문에 善하게 다스려야만 한다. 그 다스림의 주체가 바로 心인 것이다. 이것이 순자 心性論의 기본관점이다.

1) 禮義와 性論의 심미체계

순자는 인간의 性은 惡하다고 말한다. "性은 天이 나아가는(就) 것이다."[2]라는 말에서, 天은 자연을 의미하며 '나아간다(就)'는 것은 이동을 의미한다. 그러므로 순자가 보는 性은 자연의 성질이 그대로 인간에게 이동한 것을 의미한다. 자연의 성질은 타고난 본성을 의미하며 그 본성이 악하다고 보는 것이 순자의 기본 입장이다. 그래서 순자는 악한 性을 변화시켜 善하게 만들어야 한다고 말한다. 그래야 아름다울 수 있기 때문이다. 선하게 만드는 작업이 인위(僞)이다. 인위는 완전하고 精粹해야만 한다. 조금이라도 불완전하거나 정수하지 못하면 아름답기에 부족하다.

---

1) 『荀子』「解蔽」: 心者 形之君也 而神明之主也 出令而無所受令 自禁也 自使也 自奪也 自取也 自行也 自止也.

2) 『荀子』「正名」: 性者 天之就也.

(1) 化性起僞的 심미의식

순자의 性論을 이해하려면 그의 天觀을 먼저 이해해야 한다. 순자는
天을 천지만물을 가리키는 自然으로 본다. 그러므로 天은 경외의 대상
이 아니라 治用의 대상일 뿐이다. 그의 철학은 주로 천인관계에 관한
논술 및 인식론에 편중되어 있다. 순자에 있어서 천인관계에 관한 문
제는 곧 사람과 자연의 관계에 관한 문제로 집약된다. 순자는 자연계
(天)에는 의지와 목적이 없으며 자신의 객관적 규율만이 존재하는 것
으로 파악한다. 그래서 이러한 규율은 사람의 의지와 소망으로 바뀌
는 것이 아니라고 말한다.

> 하늘의 운행은 항상성이 있다. 요임금 때문에 존재하는 것도 아니
> 고, 桀(걸) 때문에 망하는 것도 아니다.[3]

> 하늘은 사람이 추위를 싫어하기 때문에 겨울을 거두어 가지 않고,
> 땅은 사람이 요원(遼遠)함을 싫어하기 때문에 그 넓음을 거두어 가
> 지 않는다.[4]

> 많은 별들이 선회하며, 해와 달이 갈마들며 비추고, 사시(四時)가
> 교대로 이끌며, 음양이 크게 변화하고, 비바람이 널리 베풀면, 만물
> 이 각자 그것을 조화하여 생겨나며, 각자 그 기름(養)을 얻어 완성
> 된다. 그 일은 보지 못하지만 그 功은 보는 것, 이것을 일러 神이라
> 고 하고, 그 이룩되는 까닭은 알면서도, 그 형체가 없음을 알지 못
> 하는 것, 이것을 일러 天功이라고 한다.[5]

---

3) 『荀子』「天論」: 天行有常 不爲堯存 不爲桀亡.

4) 『荀子』「天論」: 天不爲人之惡寒也輟冬 地不爲人之惡遼遠也輟廣.

5) 『荀子』「天論」: 列星隨旋 日月遞炤 四時代御 陰陽大化 風雨博施 萬物各得其和以生 各得其養以成 不見
其事而見其功 夫是之謂神 皆知其所以成 莫知其無形 夫是之謂天.(楊倞의 注에는 '天'자 뒤에 '功'자가 탈
락됐다고 했으며, 王念孫도 이 말이 맞다고 했다.)

위의 인용문들은 모두 자연(天) 자체는 목적이 없고 의지도 없으며, 자연계의 규율은 사회와 人事의 변화에 대하여 독립적으로 존재한다는 것을 설명한 것이다. 이러한 관점은 매우 명확하게 유물주의적 관점을 보여 주는 사상이다.[6] 하늘은 단지 일정한 궤도를 따라 기계적·자연적으로 운행할 뿐이라는 것이다. 순자는 "하늘에는 변하지 않는 道가 있고, 땅에는 변하지 않는 조리(數)가 있다."[7]고 한다. 변하지 않는 道란 자연의 법칙과 질서를 의미한다. 이러한 자연의 법칙과 질서는 항상 지켜지므로 '常道'라고 말한다. 일식과 월식이나 폭풍우와 혜성의 출현 등과 같은 기현상은 천지운행의 정상적인 궤도에서 벗어난 것이 아니라, 어느 시대에나 항상 있었던 현상이라는 것이다. 그러므로 禹임금 때는 9년간의 홍수가, 湯임금 때는 7년간의 가뭄이 있었다고 말한다. 순자가 말하는 하늘은 종교적인 것도 도덕적인 것도 아닌 자연현상을 의미할 뿐이다. 그렇기 때문에 순자는 하늘의 직분과 사람의 직분(天人之分)이 따로 있음을 주장한다.

> 하지 않아도 이루어지고, 구하지 않아도 얻어지는 것, 이것을 일러 '天職'이라고 한다. 이와 같은 것이 비록 깊다 하더라도 사람은 사려를 더하려 하지 않고, 비록 크다 하더라도 능력을 더하려 하지 않으며, 비록 정교하다 하더라도 관찰을 더하려 하지 않는다. 이것을 일러 하늘과 직분을 다투지 않는다고 말하는 것이다.[8]

하늘은 하늘, 사람은 사람, 그 맡은 바 직분은 각기 따로 있기 때문

---

6) 葉朗, 『中國美學史大綱』, 上海人民出版社, 2001, 135쪽.

7) 『荀子』「天論」: 天有常道矣 地有常數矣.

8) 『荀子』「天論」: 不爲而成 不求而得 夫是之謂天職 如是者 雖深 其人不加慮焉 雖大 不加能焉 雖精 不加察焉 夫是之謂不與天爭職.

에 사람은 하늘의 직분에 대하여 알거나 간섭할 필요가 없다. 하늘이 만물을 낳는 것은 자연적 사실로서 모든 사람들이 알고 있는 일이지만, 하늘이 어떻게 만물을 낳는가에 대해서는 아무도 알지 못한다. 단지 사람은 하늘이 하지 않아도 저절로 이루는 것을 볼 뿐이며, 하늘이 무엇을 구하려 하지 않아도 저절로 얻는 것을 볼 뿐이다. 그래서 순자는 "천지만물에 대해 그 '所以然'을 이해하려고 노력하지 않지만 천지가 생성한 만물을 잘 이용한다."[9]고 말한다. 이와 같은 전제는 순자로 하여금 적극적으로 자연(天)을 제어하고 이용해야 한다는 이론을 낳게 한다.

> 하늘을 존대하고 사모하는 것이, 物을 기르고 제어하는 것만 하겠는가? 하늘을 따르고 칭송하는 것이 천명을 제어하고 이용하는 것만 하겠는가? 때를 바라고 기다리는 것이 때에 대응하여 부리는 것만 하겠는가? 物에 인연하여 많게 하는 것이 능력에 의지하여 변화시키는 것만 하겠는가? 物을 생각하여 物로 여기는 것이 物을 다스려 잃지 않는 것만 하겠는가?[10]

이것은 사람들이 마땅히 자연의 힘을 맹목적으로 숭배하거나 두려워하지 말아야 하며, 소극적으로 자연의 혜택을 기다리지 말아야 함을 설명하는 것이다. 순자는 하늘을 자연으로 여기고 그것을 다스리려고 하며, 하늘이 낳은 만물을 기반으로 그것을 이용하려고 한다. 또한 절기에 맞게 경작하여 그것을 부리려고 하고, 재능을 활용하여 생산을 증가시키고자 하며, 만물을 다스려 저마다 적절하게 쓰이게 하

---

9) 『荀子』「君道」: 其於天地萬物也 不務說其所以然 而致善用其材.

10) 『荀子』「天論」: 大天而思之 孰與物畜而制之 從天而頌之 孰與制天命而用之 望時而待之 孰與應時而使之 因物而多之 孰與騁能而化之 思物而物之 孰與理物而勿失之也.

고자 한다. 만물의 생성은 하늘에 있으며, 만물을 완성하는 것은 인간에 있다는 것이 순자의 생각이다. 인간의 행위 속에서 가치를 성취하기 위해서는 반드시 하늘이 생성한 자연물을 다스리고 이용해야 한다는 것이다.

> 하늘에는 四時가 있고 땅에는 자원이 있으며, 인간에게는 그것을 다스리는 방법이 있다. 이것을 能參이라고 한다. 참여하는 수단을 버리고 참여하기만을 바라면 미혹에 빠진다.[11]

> 그러므로 천지가 합해져야 만물이 생겨나고, 음양이 접촉해야 변화가 일어나며, 性과 僞가 결합해야 천하가 다스려진다고 말한다. 하늘은 만물을 낳을 수 있으나 만물을 다스릴 수 없다. 땅은 인간을 싣고 있으나 인간을 다스릴 수 없다. 인류를 포함한 우주만물은 聖人을 기다린 후에야 분별된다.[12]

이것은 순자가 「富國」 편에서 말한 "천지는 만물을 낳고, 성인은 만물을 완성한다."[13]는 '天生人成'의 원칙을 분명하게 보여 준다.[14] 천지는 사계절과 자원을 공급할 수 있을 뿐이고, 그것을 이용하는 것은 인간이며, 그렇게 할 수 있는 것이 바로 '能參'이라는 것이다. 參이란 '다스리다', '성취하다'라는 의미를 내포한다. 순자에 의하면, "참여하는 수단을 버리고 참여하기만을 바란다."는 것은 인간이 다스릴 수 있는 능력을 포기하고, 잘 다스려지기만을 바라는 것이다. 이것은 인간이 인간이기를 포기하고 하늘에 종속되는 것이며, 근본을 버리고

---

11) 『荀子』「天論」: 天有其時 地有其財 人有其治 夫是之謂能參 舍其所以參 而願其所參 則惑矣.

12) 『荀子』「禮論」: 故日 天地合而萬物生 陰陽接而變化起 性僞合而天下治 天能生物 不能辨物也 地能載人 不能治人也 宇中萬物生人之屬 待聖人然後分也.

13) 『荀子』「富國」: 天地生之 聖人成之.

14) 牟宗三은 天生人成(하늘은 낳고 인간은 완성한다)이라는 말이 순자사상의 기본원칙이라는 것을 가장 먼저 지적하였다(牟宗三, 『名家與荀子』, 臺灣, 學生書局, 213～228쪽 참조).

말단을 좇는 것이다. 그러므로 "미혹에 빠진다."라고 말한다. 또한 하늘은 만물을 낳고 땅은 인간을 싣고 있을 뿐, 만물을 분별하고 인간을 다스릴 수는 없다는 것을 말한다. 만물과 인류는 성인의 道를 통해서만 분별되고 다스려진다는 것이다. 이러한 순자의 自然天 사상은 자연을 알고 제어하여 인간생활에 이로움과 편리함을 주어야 한다는 심미의식을 형성하게 한다. 순자는 天을 어떻게 알고 있는지 살펴보자.

> 天의 직분이 이미 서고 天의 기능이 이미 이루어졌으며 인간의 형체도 갖추어지고 의식이 생겨 好惡와 喜怒哀樂의 감정이 의식 속에 있게 되니, 이것을 天情이라고 한다. 이목구비와 몸은 각기 접촉하는 것이 있지만 서로 기능을 능가할 수 없으니, 이것을 天官이라고 한다. 心은 육체의 가운데 위치하여 오관을 다스리니, 이것을 天君이라고 한다. 財用은 인류 이외의 자연물로 인류를 길러 주는 것이니, 이것을 天養이라고 한다. 인류가 필요로 하는 것에 순응하는 것을 福이라 하고 역행하는 것을 禍라 하는데, 이것을 天政이라고 한다. 자신의 天君을 어둡게 하고 天官을 어지럽게 하며, 天養을 버리고 天政을 거역하며, 天情을 위배하여 하늘의 기능(天功)을 상실하는 것을 大凶이라고 한다. 聖人은 자신의 天君을 맑게 하고, 天官을 바르게 하며, 天養을 충실히 하고, 天政을 따르며, 天情을 함양하여 하늘의 기능을 온전하게 한다. 이와 같이 하면 자신이 해야 할 것과 하지 말아야 할 것을 알 수 있고, 천지를 주재할 수 있으며 만물을 부릴 수 있다. 그 행위가 두루 다스려지고 그 길러 줌이 두루 적합하며, 그 삶이 상처받지 않는다면 이것을 일러 하늘을 안다(知天)고 하는 것이다.[15]

하늘의 직분과 기능은 하늘에 속하며, '天情, 天官, 天君, 天養, 天政'

---

15) 『荀子』「天論」: 天職旣立 天功旣成 形具而神生 好惡喜怒哀樂臧焉 夫是之謂天情 耳目鼻口形 能各有接 而不相能也 夫是之謂天官 心居中虛 以治五官 夫是之謂天君 財非其類 以養其類 夫是之謂天養 順其類 者謂之福 逆其類者謂之禍 夫是之謂天政 暗其天君 亂其天官 棄其天養 逆其天政 背其天情 以喪天功 夫 是之謂大凶 聖人淸其天君 正其天官 備其天養 順其天政 養其天情 以全其天功 如是 則知其所爲 知其所 不爲矣 則天地官而萬物役矣 其行曲治 其養曲適 其生不傷 夫是之謂知天.

등은 인간에 속한다. '天情, 天官, 天君'은 천성적으로 타고난 것이기에 天을 붙였으며, '天養, 天政'은 천성적인 자연에 따르는 것이므로 天을 붙였다고 이해할 수 있다. 순자는 자연의 원리를 잘 이용하여 인류를 위하여 활용하는 것 자체를 자연에 순응하는 것, 즉 '知天'으로 이해하고 있다.

순자는 '喜怒哀樂' 등의 감정을 '天情', 각기 독자적인 기능을 가지고 있는 이목구비 등의 감각기관을 '天官', 그 천관들을 다스리는 心을 '天君'이라고 말한다. 또한 財用을 갖추어 인류를 잘 기르는 것을 '天養', 인류에 순응하면 복을 받고 인류를 거역하면 화를 입게 되는 것을 '天政'이라고 이해한다. 이러한 다섯 가지는 심미적 요소로서의 기능을 충분히 가지는 것들이다. 이것들을 잘 기른다면 바로 심미의식이 배양된다. 그렇다면 이러한 심미요소의 기능을 가장 잘 배양할 수 있는 존재는 누구일까? 순자는 그를 聖人으로 꼽는다. 그래서 성인은 자신의 마음을 맑게 하고 감각기능을 바르게 활용하여 백성들을 잘 기르고 인류를 위하여 政事를 잘 펼친다고 말한다. 그것은 바로 '희로애락' 등의 감정을 잘 배양하여 '天功'을 완전하게 하는 심미의식의 형성과 배양의 의미를 갖는 것이다. 이러한 모든 행위와 과정을 순자는 '知天'으로 이해하고 있다. 결국 순자의 知天을 미학적 측면에서 보면 하나의 심미의식의 형성과 배양의 과정을 의미하는 것이다.

순자는 인간의 性은 惡하다고 말한다. 그렇다면 惡은 어디로부터 오며, 언제까지 계속될 것인가? 이와 같은 물음은 철학자에게 제기된 가장 곤혹스런 질문이고 풀기 어려운 문제이기도 하다. 프랑스의 철학자 리꾀르(P. Ricoeur)는 프로테스탄트 신자로서 가장 주목을 끄는 사상가에 속한다. 1985년 그는 스위스 로잔느 대학 신학과에서 행한

강연에서 惡의 도전에 대한 철학적 · 신학적 응전을 시도한다.[16] 그리고 그는 惡을 두 가지 현상으로 분류한다. 하나는 '도덕적으로 범한 악'이고 다른 하나는 '고통을 당한 악'이 그것이다. 누구든지 시인할 수 있는 '도덕적으로 범한 악'에 대해서는 그 형벌과 고통을 타율적으로 적용시키는 것이지만, '도덕적으로 범한 악'과 무관하게 인간에게 오는 무수한 고통은 인간을 이해할 수 없는 고통의 희생자로 만들기에, '고통을 당한 악'에서 우리는 말로 표현할 수 없는 '통곡'을 체험한다. '범한 악'에 대해서는 심판과 징계가 수반하지만, '당한 악'은 어쩔 수 없는 '통곡'이 수반된다. 이 '당한 악'이 나의 생각을 가득 메울 때 우리는 언제까지 그런 고통스런 악의 시련을 받아야 하는가! 왜 하필이면 그 고통이 나에게 다가왔는가 하는 물음을 갖게 된다.[17]

이에 대한 대답으로 동양에서는 惡의 원인을 자기 자신에게서 찾아야 한다는 이론이 발생했다. 이 이론에 의하면 모든 악이 주는 고통은 우리가 알든 모르든 개인적 · 집단적 죄의 대가이기에 고통은 그 죄의 형벌이라는 것이다. 이 이론은 고통과 도덕적 질서와의 완벽한 관계를 설정하여 설명하려고 한다. 그 단적인 예를 『春秋左傳』에 나타나는 "惡의 도래는 자기가 스스로 취한 것이다."[18] "길흉은 사람으로 말미암은 것이다."[19]라는 말을 통해서 알 수 있다. 그러나 이와 같은 이론도 그렇게 만족스러운 것이 못 된다. 왜냐하면 그 이론은 다음과 같은 질문 앞에서 지극히 무력해지기 때문이다. 왜 현실 역사에서 善人이 惡人보다 더 고통을 당하는 일이 생기는가? 왜 순진무구

---

16) P. Ricoeur, *Le Mal*, Genève 참조.

17) 김형효 지음, 『물학 · 심학 · 실학』, 청계출판사, 2003, 15~19쪽 참조.

18) 『春秋左傳』「宣公」13年: 惡之來也 己則取之.

19) 『春秋左傳』「僖公」16年: 吉凶由人.

한 어린아이가 고통 속에서 죽어 가야 하는가? 전쟁, 전염병, 지진이나 홍수 등 자연재해와 같은 집단적 고통은 왜 무차별적으로 닥쳐오는가? 이러한 질문에 『춘추좌전』도 명확한 답변을 제공하지 못한다.[20] 그렇다면 惡은 영원히 극복할 수 없는 것인가? 정녕 그렇게도 추앙받는 聖人・賢哲들도 이에 대한 해답을 제공해 주지 못하는가? 순자는 악을 어떻게 보았으며, 그리고 그것을 어떻게 극복하려고 하였을까? 순자는 이러한 문제를 해결할 수 있는 대안을 제시했을까?

　이러한 물음들에 대한 대답을 찾아내려는 것이 본 연구의 주제는 아니다. 그러나 惡에 대하여 가장 고민을 많이 하고 그 악을 改善시키려고 최대의 노력을 경주한 賢哲 중의 한 사람이 순자라고 할 때, 순자의 '性惡論'을 통한 심미의식을 궁구하다 보면 어느 정도 이러한 물음들에 대한 순자 나름대로의 처방에 대하여 그 일면을 엿볼 수 있을 것이다.

> 인간의 성은 나면서부터 이익을 좋아한다. …… 나면서부터 미워하고 시기하는 본능이 있다. …… 나면서부터 눈과 귀의 욕구가 있어서 아름다운 색깔과 소리를 좋아한다.[21]

> 눈은 아름다운 색깔을 좋아하고, 귀는 고운 소리를 좋아하며, 입은 맛있는 것을 좋아하고, 마음은 이익을 좋아하며, 몸은 편안함을 좋아한다. 이것은 모두 인간의 性情에서 나오는 것이다.[22]

> 대체로 사람에게는 동일한 것이 있다. 배가 고프면 먹으려 하고, 추우면 따뜻함을 원하고, 피로하면 쉬기를 원하고, 이익을 좋아하고 손해를 싫어한다. 이것은 인간이 나면서부터 가지고 있는 것이

---

20) 김형효 지음, 『물학・심학・실학』, 청계출판사, 2003, 19쪽.

21) 『荀子』「性惡」: 今人之性 生而有好利焉 …… 生而有疾惡焉 …… 生而有耳目之欲 好聲色焉.

22) 『荀子』「性惡」: 若夫 目好色 耳好聲 口好味 心好利 骨體膚理好愉佚 是生於人之情性者也.

며, 다른 사람의 가르침을 기다릴 필요도 없이 자연적으로 그러한
것이다. 이것은 禹임금이나 桀왕이나 모두 같다. 눈은 흰색과 검은
색, 아름다움과 추함을 구별하고, 코는 향기와 비린내를 구별하며,
입은 신맛, 짠맛, 쓴맛을 구별한다. 이 또한 인간이 나면서부터 가
지고 있는 것으로, 다른 사람의 가르침을 기다릴 필요도 없이 자연
적으로 그러한 것이다. 이것은 禹임금이나 桀이나 모두 같다.[23]

이상에서 본 순자의 性에 대한 입장은 대개 세 가지로 요약할 수
있다. 첫째는 감각기관의 본능으로, 소리, 색, 맛, 냄새를 구별하고, 몸
이 추위, 더위, 아픔 등을 구별하는 것이다. 둘째는 생리적 욕망으로,
배고프면 먹으려 하고 추우면 따뜻함을 원하며, 피로하면 쉬기를 원
하는 등의 욕구이다. 셋째는 심리적 반응으로, 이익을 좋아하고 그것
을 얻으려 하며, 해로움을 싫어하고 악한 것을 싫어하는 감정이다.
이상의 세 가지는 모두 인간의 동물적인 특성을 말하고 있다. 여기
서 우리는 인간이 동물인 까닭만을 알 수 있을 뿐, 인간이 인간으로
서 갖는 도덕가치의 의미는 전혀 찾아볼 수 없다. 동물적 특성에서
볼 때, 性에는 단지 맹목적으로 좋아하고 싫어함만이 있을 뿐이지 합
리적으로 받아들이고 거절함이 없으며, 생물적인 활동만 있을 뿐 마
땅히 그렇게 해야 한다는 도덕가치는 없다. 순자가 본 인간의 본성은
바로 생물의 생리적 욕구뿐이다. 만약 생물의 생리적 활동만 따르고
절제하지 않는다면, 性惡에 이르는 것은 자연스런 귀결로 이어진다.
순자는 性, 情, 欲을 매우 밀접한 관계로 설명한다.

性은 자연(天)이 나아간 것이다. 情은 性의 본질이다. 欲은 情이 반

---

23) 『荀子』「榮辱」: 凡人有所一同 飢而欲食 寒而欲煖 勞而欲息 好利而惡害 是人之所生而有也 是無待而然
者也 是禹桀之所同也 目辨白黑美惡 耳辨音聲淸濁 口辨酸鹹甘苦 鼻辨芬芳腥臊 骨體膚理辨寒暑疾養
是又人之所常生而有也 是無待而然者也 是禹桀之所同也.

응한 것이다.[24]

"性은 자연이 나아간 것이다."라는 것은 인간이 날 때부터 자연성
이 옮겨 온 것, 즉 타고난 것이 性이라는 점을 말한다. "情은 性의 본
질이다."라는 것은, 성은 정을 그 본질로 삼으며 정을 벗어난 성은 없
음을 의미한다. 정이 곧 성이며 성과 정은 거의 동일하다는 개념으로
파악하고 있음을 알 수 있다. 그러므로 『순자』에서는 情과 性 두 글자
를 함께 쓰는 경우를 자주 본다.[25] "欲은 情이 반응한 것이다."라는
말은 정에 반응하여 생긴 것이 欲이라는 뜻이다. 귀와 눈이 소리와 색
깔을 좋아하는 것 등이 欲이며, 欲은 좋아하는 감정에 의해 생기고,
좋아하는 감정이 있으면 얻고자 하는 욕구가 생긴다. 그러므로 이익
을 좋아하여 그것을 얻으려고 하는 것이 인간의 본성이라고 말한 것
이다.

순자는 性, 情, 欲을 구분하여 규정하였지만, 오히려 실질적으로는
세 가지에 별 차이가 없음을 설명하고 있다. 결국 순자가 말하는 性論
의 가장 뚜렷한 특징은 '欲을 性으로 본 것'이며,[26] 欲을 性으로 보았
기 때문에 '性惡論'이 나오게 되었다고 말할 수 있다. 유가미학에서 美
는 善을 바탕으로 하고 있음을 이미 보아 온 것처럼[27] 순자의 입장에
서도 惡은 美의 대상이 될 수 없다. 그렇다면 '性惡論'과 심미의식은
어떠한 관계를 갖는 것일까? 다시 순자의 말을 들어 보자.

---

24) 『荀子』「正名」: 性者 天之就也 情者 性之質也 欲者 情之應也.

25) 『荀子』「性惡」: 此人之情性也/「性惡」: 是生於人之情性者也.

26) 『中國人性論史 - 先秦篇』, 徐復觀, 上海三聯書店, 2001, 202~205쪽 참조. 여기서 서복관은 사실상 性,
情, 欲은 분명하게 구분이 안 되는 것으로, 하나이면서 명칭만 셋일 뿐이라고 규정하고 있다.

27) 본서 제Ⅲ부, 1-2)-(1) 참조.

그러므로 반드시 師法의 교화와 禮義의 도리가 있은 연후에, 사양
이 생기고, 문리에 합치되어 치세(治)로 돌아간다. 이것으로 보건대,
사람의 性은 악함이 분명하고, 그 선한 것은 僞이다.28)

그러므로 情性을 따르면 사양하지 않게 되니, 사양은 情性에 위배
되는 것이다. 이렇게 볼 때, 인간의 性이 악하다는 것은 분명하며,
그 선한 것은 僞이다.29)

위의 인용문에서 순자는 善한 것은 僞라고 분명히 밝히고 있다. 악
한 性을 善으로 돌려놓으려면 僞를 가해야 한다. 이러한 僞를 가해야
아름다울 수 있다고 보는 것이 순자의 입장이다. 그래서 그는 "性이라
는 것은 본래 재질이 투박하고, 僞라는 것은 文理가 융성한 것이다. 性
이 없으면 僞가 더할 것이 없고, 僞가 없으면 性이 스스로 아름다울 수
가 없다."30)고 말한다. 순자는 性과 僞를 분명하게 구분하고 있지만,
그러나 性이 없으면 僞도 가할 곳이 없음을 강조한다. 이것은 구분은
하되 分離할 수는 없다는 것을 의미하며, 상대가 존재함으로써 자신의
존재근거가 있음을 밝히고 있는 것이다. 그래서 순자는 性을 파멸의
대상으로 보지 않고 교화의 대상으로 본다. 얼마든지 교화시켜 善으로
인도하고 美의 대상으로 바꿀 수 있는 것이 性이라는 말이다.

그는 인간의 본성은 惡하니, 반드시 성왕의 다스림과 예의의 교화
를 받은 후에야 비로소 다스려지고 善에 부합된다고 말한다.31) 눈은
아름다운 색깔을 좋아하고 육신은 편안함을 좋아한다. 이는 모두 인
간의 性情에서 나오는 것으로, 외물과 감응하여 저절로 그렇게 되는

---

28) 『荀子』「性惡」: 故必將有師法之化 禮義之道 然後出于辭讓 合于文理 而歸于治 用此觀之 然則人之性惡
明矣 其善者僞也.

29) 『荀子』「性惡」: 故順情性則不辭讓矣 辭讓則悖於情性矣 用此觀之 然則人之性惡明矣 其善者僞也.

30) 『荀子』「禮論」: 性者 本始材朴也 僞者 文理隆盛也 無性則僞之無所加 無僞則性不能自美.

31) 『荀子』「禮論」: 今人之性惡 必將待聖王之治 禮義之化 然後皆出於治 合於善也.

것이지 노력해서 생기는 것이 아니다. 외물과 감응해도 저절로 될 수가 없고, 반드시 노력을 함으로써 비로소 그렇게 되는 것을 僞에서 나온다고 한다. 이것이 性과 僞가 나온 근거이며, 그 둘이 다르다는 증거이다. 그러므로 聖人은 性을 변화시켜 僞를 일으킨다.[32] 순자의 性을 변화시켜 僞를 일으킴으로써 아름다울 수 있다는 이론은, 그의 완전하고 精粹해야만 아름다울 수 있다는 '全粹爲美' 이론으로 완성된다.

(2) 全粹爲美的 심미표준

순자의 美에 대한 관점은 공·맹과는 사뭇 다른 기초 위에서 세워진 것이다. 이 점을 이해하지 못한다면 순자 미학사상의 실질을 파악하기는 매우 어렵게 된다. 따라서 순자의 심미표준을 고찰하기 이전에 순자 미학사상이 공·맹과 다른 점을 살펴보고, 그러한 특징이 형성되게 된 배경에 대해서 먼저 정리하는 선행연구가 필요하다.

순자는 자신을 앞선 각 학파들을 비판하고 그것을 토대로 자신의 미학사상을 종합하려는 시도를 한다. 그는 유가 외의 묵자, 장자 등을 비판할 뿐만 아니라, 맹자에 대해서까지도 서슴지 않고 비판한다. 다만 공자에 대해서는 비판하지 않고 철저하게 공자를 계승하려는 입장을 취한다. 그는 맹자를 포함한 각 학파의 사상은 편협성(有所蔽)이 있다고 생각하며,[33] 이러한 편협성을 깨끗이 제거하여 그가 바라는 정확하고 전면적인 사상을 건립함으로써 공자의 기본 주장을 관철시

---

32) 『荀子』「性惡」: 若夫 目好色 …… 骨體膚理好愉佚 是皆於人之情性也 感而自然 不待事而後生者也 夫感而不能然 必且待事而後然者 謂之生於僞 是性僞之所生 其不同之徵也 故聖人化性而起僞.

33) 『荀子』「性惡」: 孟子曰 人之學者 其性善 曰 是不然 是不及知人之性 而不察乎人之性僞之分者也./孟子曰 人之性善 曰 是不然 古今天下之所謂善者 正理平治也 등의 말들이 이를 증명한다.

키고자 한다. 순자의 이와 같은 시도는 어떠한 배경에서 이루어진 것일까? 순자의 美에 대한 기본 견해로부터 살펴본다.

> 性이라는 것은 본래 재질이 투박하고, 僞라는 것은 文理(꾸밈)[34]가 융성한 것이다. 性이 없으면 僞가 더할 것이 없고, 僞가 없으면 性이 스스로 아름다울 수가 없다.[35]

여기서 순자는 美의 근거를 僞(인위)에서 찾는다. 후천적 인위를 가해야만 아름다울 수 있음을 말하고 있다. 그렇다면 僞를 순자는 어떻게 정의하고 있을까?

> 性으로부터 나타나는 좋아함과 싫어함, 기쁨과 노여움, 슬픔과 즐거움을 情이라 한다. 情이 그러하여 마음이 그것을 선택하는 것을 사려(慮)라 한다. 마음이 사려해 그것을 위해 움직이는 것을 僞[36]라 한다. 사려가 쌓이고 능력이 익숙해진 다음에 이루어지는 것도 僞[37]라 한다.[38]

순자는 마음이 어떤 대상을 위하여 사려하고, 그 사려가 쌓여서 능

---

34) 文理에 대해서 많은 해석서가 '條理'로 번역하고 있다. '조리'라 함은 "말, 글 또는 일이나 행동에서 앞뒤가 들어맞고 체계가 서는 갈피"를 뜻한다(새우리말 큰사전). 이러한 번역은 文理를 후세에 변천된 의미인 '문장의 이치' 정도로 번역하는 데서 오는 편협함이라고 말할 수 있다. 문자학적으로 보면 文은 '紋'이며, 理는 '玉의 무늬'라고 풀이할 수 있다(『說文解字注』 참조). 이렇게 본다면 文理는 '외적 꾸밈'이라는 말이 좀 더 순자 본의에 가깝다고 할 수 있다.

35) 『荀子』「禮論」: 性者 本始材朴也 僞者 文理隆盛也 無性則僞之無所加 無僞則性不能自美.

36) 김학주 역, 『순자』(을유문화사, 2003)에서는 '작위'로 번역하였으며, 王忠林 註譯 『荀子讀本』(三民書局)에서는 '作用 측면에서 말한 僞'라고 풀이하여(這個僞指作用而言) 김학주의 번역과 상통한다. 『漢文大系·荀子集解』에서는 矯로 풀이하여 마음에 선택함이 있으면 움직여 행할 수 있으니 矯가 되며 본성을 바로잡는 것이라고 풀이한다(僞矯也 心有選擇 能動而行之 則爲矯 拂其本性也).

37) 王忠林 註譯, 『荀子讀本』(三民書局)에서는 僞의 결과적인 측면에서 말한 것(這是指僞的結果而言)이라고 풀이한다.

38) 『荀子』「正名」: 性之好惡喜怒哀樂 謂之情 情然而心爲之擇 謂之慮 心慮而能爲之動 謂之僞 積慮焉 能習焉 而後成 謂之僞.

력이 익숙해진 상태에서 이루어지는 인위적인 功力을 僞라고 본다.
이러한 순자의 견해는 매우 숙련된 장인의 솜씨를 연상시킨다. 그렇
다면 숙련되고 정교하기만 하면 모두 아름다운 것이라고 할 수 있을
까? 僞가 가리키는 진정한 의미는 과연 무엇일까? 그것은 순자의 다
음 말에서 그 해답을 찾아낼 수 있다.

> 사람의 性은 악하다. 선한 것은 僞이다.[39]

> 사람의 性을 따르고 情을 따르면, 반드시 쟁탈을 일으켜, 분수를
> 범하고 이치를 어지럽힘에 합당하여 폭력으로 돌아간다. 그러므로
> 반드시 師法의 교화와 禮義의 도리가 있은 후에, 사양이 생기고,
> 문리에 합치되어 치세(治)로 돌아간다. 이것으로 보건대, 사람의 성
> 은 악함이 분명하고, 그 선한 것은 僞이다.[40]

> 인간의 性은 악하니 반드시 성왕의 다스림과 예의의 교화를 받은
> 후에야 비로소 다스려지고 善에 부합된다.[41]

僞는 다름 아닌 善이다. 순자는 분명하게 善한 것은 僞라고 말한다.
순자의 논리에 따르면 善한 것은 僞이고, 어떤 사물에 僞를 가하면 아
름답게 된다는 것이다. 따라서 자연적인 性은 악하기 때문에 반드시
僞를 가해야만 아름다울 수 있다. 순자가 말한 僞의 내용은 善인 동시
에 師法의 교화와 禮義의 도리인 것이다. 性은 자연발생적인 것이고
師法의 교화와 禮義의 도리 등은 인위적인 것이다. 그러므로 악한 性
을 후천적인 학습과 교화를 통해서 善으로 바꿔 놓아야 한다. 결국 순

---

39) 『荀子』「性惡」: 人之性惡 其善者僞也.

40) 『荀子』「性惡」: 然則從人之性 順人之情 出必于爭奪 合于犯分亂理而歸于暴 故必將有師法之化 禮義之
   道 然後出于辭讓 合于文理 而歸于治 用此觀之 然則人之性惡明矣 其善者僞也.

41) 『荀子』「性惡」: 今人之性惡 必將待聖王之治 禮義之化 然後皆出於治 合於善也.

자의 이러한 심미적 관점에는 그의 '性惡論'이 배경이 되고 있음을 알 수 있다. 그렇다면 '性惡論'이 나오게 된 배경은 어디에 있었을까? 이에 대해서 李澤厚・劉綱紀 主編의 『中國美學史』에서는 다음과 같이 진단한다.

> 사회 생산의 증대・발전과 통치자들 간의 투쟁이 끊임없이 격화됨에 따라, 노예주 계급의 통치욕과 점유욕도 날로 더 격렬해져 갔다. 노예주 계급은 갈수록 최대한도로 자기의 욕망을 만족시키기 위해, 씨족제도의 여러 가지 遺風을 버리고 일체의 유효한 수단을 동원해서 자기의 통치를 확대하고 강화하여 가능한 한 많은 물질과 재산을 만들고 차지하고자 했다. 순자의 사상은 바로 노예주 계급의 이러한 사상과 요구의 초보적인 반영인 것이다.[42]

이러한 견해는 순자사상이 탄생될 수밖에 없는 필연적 원인을 시대적 배경에서 찾는 것이라 할 수 있다. 당시의 사회가 가장 탐욕적인 욕망에서 비롯된 가장 잔혹한 투쟁의 시대로 변해 가고 있음을 인정하고, 이러한 상황을 구제해 보려는 순자의 衷情에서 나타난 것이라고 파악하는 것이다. 이와 같은 시대적 배경 또한 순자 미학의 심미표준에 영향을 주었음은 자명하다. 순자는 말한다.

> 군자는 완전하지 못하고 精粹하지 못한 것은 아름답기에 부족하다는 것을 안다.[43]

순자는 여기서 한 단계 더 상승된 심미표준을 제시한다. 외적 文飾의 완전함과 빼어남이 없는 것은 아름다움이 되기에 부족하다는 것

---

42) 權德周・金勝心 共譯, 李澤厚・劉綱紀 主編, 『中國美學史』, 대한교과서주식회사, 1993, 385쪽.
43) 『荀子』「勸學」: 君子知夫不全不粹之不足以爲美.

이다. 외적 인위를 가해야 아름답다고 하는 것은 순자의 기본 관점이다. 그런데 그 아름다움의 조건이 충족되려면 완전하고 精粹한 것이어야 한다. 조금이라도 인위적 가공의 수준이 불완전하거나 精粹하지 않다면 아름답기에는 부족한 것이다. 예를 들면 '和氏璧'과 같은 아름다운 玉이 있다고 할 때, 그 옥이 가공되기 이전의 原石은 볼품없는 돌덩이에 불과한 것이지만, 최고의 장인이 정밀하게 가공하여 아름다운 '화씨벽'으로 탄생시켰다면 그것은 천하의 아름다운 寶玉으로서의 가치가 있다는 견해와 같다. 그러므로 순자의 심미표준을 한마디로 말할 때 '全粹爲美'라고 표현할 수 있는 것이다. '全粹爲美'라는 용어는 공자가 『논어』에서 그의 심미표준을 '里仁爲美'라고 표현한 것에 착안하여 생성한 용어이다.44) 全은 넓이의 무한함을 가리키고 粹는 깊이의 무한함을 가리킨다는 말처럼,45) 全粹는 횡적·종적 혹은 평면적·입체적으로 인위의 지극함을 가리키는 말이다. 이것은 순자의 심미표준이 후천적 학습에 의한 積僞, 즉 積善에 있음을 증명하는 것이다. 그것은 다름 아닌 禮義의 축적을 통해서 심미의식이 형성됨을 의미한다.

善의 표현이 美라는 입장은 공·맹·순 三子가 모두 일치한다. 그러나 그 표현 방법상에 있어서는 서로 다르게 나타난다. 공자는 美와 善의 조화와 통일을 주장하고, 맹자는 일체화된 美와 善의 內的 充實을 주장하며, 순자는 일체화된 美와 善의 外的 文飾을 주장한 것으로 이해할 수 있다.

---

44) 이와 같은 표기는 『中國古典美學擧要』(于民·孫通海 編著, 安徽敎育出版社, 2000)의 표기를 따른 것이다.
45) 于民·孫通海 編著, 『中國古典美學擧要』, 安徽敎育出版社, 2000, 124쪽 참조.

2) 禮義와 心論의 심미구조

순자의 心은 맹자의 心과는 다르다. 맹자의 心이 良心으로서 도덕심이며 도덕주체라고 한다면, 순자의 心은 사고하고 분별하는 心으로서 認知心이며 인지주체라고 할 수 있다. 牟宗三은 맹자는 仁으로 心을 인식하고(以仁識心), 순자는 智로 心을 인식했다고(以智識心) 말한다.[46] ‘仁으로 인식한 心’은 도덕성으로서의 德性心을 가리키며, 맹자 이래로 정통유가의 공통된 견해를 이룬다. ‘智로 인식한 심’은 理智性으로서의 認知心을 가리키며, 이것은 순자의 독창적인 견해라고 할 수 있다.[47] 이러한 순자의 心論은 대개 심미적으로 ‘徵知心의 심미적 주재성’과 ‘解蔽的 明澄구조’, ‘虛壹而靜的 淸明구조’ 등의 내용에 대하여 고찰함으로써 禮와 心論의 심미구조를 이해할 수 있을 것이다.

(1) 徵知心의 심미적 주재성

순자의 心은 사물객체에 대한 인식으로서의 認知心이다. 순자의 고유 용어로 말한다면 ‘徵知心’이다. 징지심은 지식으로 인식한 智識心을 말한다. 지식심은 知性層과 超知性層으로 나눌 수 있다. 지성층의 지식심을 認知心이라고 한다. 인지심의 활동은 ‘주객대립’의 구조 속에서 진행된다. 즉 인지의 주체인 心이 인지대상인 객관사물을 인지하는 활동을 말한다. 이때의 앎이란 張載(1020~1077)가 말한 ‘見聞之知’[48]이다. ‘견문지지’를 통해야 지식이 성립된다. 지성층의 認知心으

---

46) 牟宗三, 『名家與荀子』, 臺灣 學生書局, 225쪽 참조.
47) 蔡仁厚, 『孔孟荀哲學』, 臺灣 學生書局, 民國 77, 405쪽 참조.

로서의 心을 말한 것은 순자이다. 순자가 마련한 이러한 사상의 단초
에 주자의 심론 및 卽物窮理 방식이 더해짐으로써 지식에 대한 학문을
개발할 수 있는 계기가 만들어졌다고 볼 수 있다.49) 이러한 인식을 가
지고 순자의 '徵知心의 심미적 주재성'에 대해서 살펴보기로 한다.

> 인간은 나면서부터 인지할 수 있는 능력을 가지고 있다. …… 心은
> 나면서부터 인지능력을 가지고 있다.50)

> 心은 육체의 주재자이며 神明의 주인이므로, 명령을 내리되 명령을
> 받지 않는다. 심이 스스로 금지하고 스스로 부리며 스스로 취하고
> 스스로 가고 스스로 멈춘다. 그러므로 입으로 하여금 강제로 침묵
> 하게 할 수도 있고 말을 시킬 수도 있으며, 육체로 하여금 강제로
> 구부리게 할 수 있고 펴게 할 수도 있다. 하지만 심은 강제로 그 뜻
> 을 바꾸게 할 수 없다. 심은 스스로 옳다고 생각하면 받아들이고
> 그르다고 생각하면 물리친다.51)

> 心은 가운데의 빈 곳에 거처하면서 五官을 다스리니, 이것을 天君
> 이라고 한다.52)

순자는 사람은 나면서부터 인지능력을 가진다고 말한다. 인지능력
은 心의 주재성을 확보하는 근거가 된다. 心이 인지능력을 가지고 육

---

48) 張載는 『正蒙』「大心」에서 "견문지지는 사물과 만나서 이루어진 것이며, 덕성이 아는 것이 아니다. 덕성
이 아는 것은 견문에서 싹트지 않는다(見聞之知 乃物交而知 非德性所知 德性所知 不萌於見聞)."라고 하
였다.

49) 超知性層의 智識心 또한 認知心에서 발전되어 나온 것으로 도가의 虛靜心과 불가의 般若智心이 이에 속
한다. 超知性이란 인지심의 '주객대립'을 초월하여 道心과 반야지심의 관조를 통하여 '주객융합과 주객일
체'의 경지에 도달하는 것이다. 도가와 불가에서 말하는 心은 모두 초지성적 智慧心이다(蔡仁厚의 『孔孟、
荀哲學』, 臺灣 學生書局, 民國 77 참조).

50) 『荀子』「解蔽」: 人生而有知 …… 心生而有知.

51) 『荀子』「解蔽」: 心者 形之君也 而神明之主也 出令而無所受令 自禁也 自使也 自奪也 自取也 自行也 自
止也 故口可劫而使墨云 形可劫而詘申 心不可劫而使易意 是之則受 非之則辭. -詘申은 屈伸, 墨은 黙
의 뜻이다.

52) 『荀子』「天論」: 心居中虛 以治五官 夫是之謂天君.

체를 주재하고 五官(天官)을 다스리기 때문에 심을 '天君'이라고 표현한다. 심은 육체의 가운데에 위치하여 마치 군주와 같은 절대적 능력을 가지고 있음을 인정하기 때문이다. 이러한 心이 인식작용을 거쳐서 인지한 결과를 순자는 智(지식)라고 명명한다.[53] 따라서 순자가 파악한 心은 智識心이며 認知心이다. 그러나 이러한 인지심은 氣에 의하여 왜곡될 가능성이 상존한다. 五官에 의해 발현된 '희로애락' 등의 감정은 모두 氣이기 때문이다. 그래서 순자는 氣를 잘 다스리고 心을 잘 길러야 한다고 말한다. 그래야만 심의 주재능력 또한 제대로 발휘될 수 있기 때문이다. 이것이 순자의 '治氣養心論'이다.

순자의 氣는 血氣를 의미한다. 『순자』 全篇을 통하여 氣를 논한 부분은 7편이다.[54] 표기방법은 氣와 血氣를 혼용하여 사용하고 있지만 그 의미하는 바는 모두 血氣의 뜻으로 사용한다.[55] 血氣란 "목숨을 유지하는 피와 血氣이며, 격동하기 쉬운 의기, 혹은 왕성한 의기"를 말한다. 그래서 血氣方壯, 血氣之憤, 血氣之勇 등의 말을 흔히 사용하며, 過度한 의기나 기백을 주로 나타낸다. 그래서 공자도 "젊을 때는 아직 혈기가 정해지지 않아서 色에 대하여 경계해야 하고, 장년기에는 血氣가 方强하여 싸움에 대하여 경계해야 한다."[56]고 말한다. 이러한 공자의 혈기 개념을 순자는 그대로 계승한다. 순자는 '氣나 血氣가 무엇이다'라는 정의를 내리지는 않았다. 그것은 일반적으로 누구나 알고 있는 정도의 血氣라는 의미 이외에 특별한 의미를 가지지 않는 것으로 보인다.

---

53) 『荀子』「正名」: 所以知之在人者 謂之知 知有所合 謂之智.

54) 「勸學·非相·君道·正論·禮論·樂論·賦」 편이다.

55) 「勸學」·「樂論」에서는 氣를 단독으로 쓰고 있지만 그 의미하는 바는 역시 血氣이다.

56) 『論語』「季氏」: 少之時 血氣未定 戒之在色 及其壯也 血氣方强 戒之在鬪.

하늘과 땅 사이에 살아 있는 것 중에서 血氣가 있는 종류라면 반드
시 지각이 있을 것이며, 지각이 있는 무리라면 그의 무리를 사랑하
지 않는 것이 없을 것이다.57)

지금 세상에서 난동을 부리는 백성들과 시골의 약삭빠른 자들은
모두가 아름답고 멋지며, 특이한 옷을 입고 부인같이 꾸미는데, 그
들의 血氣와 태도는 여자와 비슷하다.58)

명철하고 통달한 지혜는 하늘과 땅을 두루 감싸며 만 가지 변화를
잘 다스려 의심할 것이 없게 된다. 그들의 血氣는 화평하고 그들의
뜻은 넓고 크며, 그들이 행하는 의로움은 하늘과 땅 사이에 가득
차니, 이는 仁과 知의 극치이다.59)

논자들은 天子가 노쇠하여 선양하였다고 말하는데, 그것도 그렇지
않다. 血氣와 근력은 쇠하지만 지혜나 생각에 의한 판단은 쇠함이
없다.60)

행위나 動靜이 그것에 의지한 연후에야 적합하게 되는 것이겠지?
血氣의 정령이며 의지의 영화로다.61)

이상의 인용문에서와 같이 순자는 어떤 내용을 설명하기 위하여
血氣라는 말을 사용할 뿐 血氣 자체에 대해서 설명하지는 않는다. 그
저 우리가 앞에서 간단히 살펴보았던 '목숨을 유지하기 위한 혈기,
혹은 격동하기 쉬운 의기' 정도로 이해하면 될 것이다. 이러한 혈기
는 불완전하다. 그래서 순자는 "氣를 다툼이 있는 자와는 더불어 논
변하지 마라."62)라든가, "저 사악하고 더러운 氣가 가까이할 수 없도

---

57) 『荀子』「禮論」: 凡生乎天地之間者 有血氣之屬必有知 有知之屬莫不愛其類.
58) 『荀子』「非相」: 今世俗之亂君 鄕曲之儇者 莫不美麗姚冶 奇衣婦飾 血氣態度擬於女子.
59) 『荀子』「君道」: 明達用天地理萬變而不疑 血氣和平 志意廣大 行義塞於天地之間 仁知之極也.
60) 『荀子』「正論」: 曰 老衰而擅 是又不然 血氣筋力則有衰 若夫志慮取舍則無衰.
61) 『荀子』「賦」: 行爲動靜待之而後適者邪 血氣之精也 志意之榮也.
62) 『荀子』「勸學」: 有爭氣者 勿與辯也.

록 하라.”63)는 말을 한다. 그렇기 때문에 氣를 잘 다스리는 것은 매우 중요하다. 이에 대하여 순자는 다음과 같이 그 방법을 제시한다.

氣를 다스리고 마음을 기르는 방법이 있다. 혈기가 굳세고 강하면 곧 조화시켜 부드럽게 한다. 지혜와 생각이 너무 깊으면 곧 평이하게 하여 단순하게 한다. 용감하고 사나우면 곧 순하게 인도하여 돕는다. 너무 잽싸고 서두르면 곧 행동을 절제케 해 준다. 마음이 좁고 옹졸하면 곧 넓고 크게 틔워 준다. 비굴하고 느슨하며 이익을 탐하면 높은 뜻으로 드높여 준다. 용렬하고 아둔하면 곧 스승과 벗으로 그런 성질을 없애 준다. 게으르면서도 경박하면 곧 재앙으로 경고해 분명히 알게 해 준다. 어리석다 할 정도로 정성스럽고 우직하면 곧 禮와 樂으로 알맞게 해 주고, 思索으로 융통성 있게 해 준다. 모든 氣를 다스리고 마음을 기르는 방법은 禮를 따르는 것보다 더 빠른 길은 없고, 스승을 얻는 것보다 더 중요한 것은 없으며, 좋아하는 것을 한결같게 하는 것보다 더 신통한 것은 없다. 대체로 이상과 같은 것을 氣를 다스리고 마음을 기르는 방법이라 한다.64)

순자가 말한 氣는 血氣로서의 氣이며, 교정과 보완을 받아야만 하는 대상이다. 氣는 과하거나 모자라서 나타나는 현상이다. 그러므로 과한 것은 덜어 내고 모자란 것은 보태 주어야 한다. 그러한 기능은 禮가 맡는다. 氣를 다스리는 것은 禮를 따르는 것이 가장 빠른 길이며, 스승을 얻는 것이 제일 중요하고, 좋아하는 것을 한결같게 하는 것이 제일 신통하다. 순자의 氣는 과도한 血氣로서 不美, 醜, 惡의 의미를 내포하며, 禮와 師友의 도움을 받아야만 아름다울 수 있는 불완전한 존재이다. 그래서 禮로써 잘 다스려야 한다. 이것을 잘 다스림으로써 心

---

63) 『荀子』「樂論」: 使夫邪汚之氣 無由得接焉.

64) 『荀子』「修身」: 治氣養心之術 血氣剛强 則柔之以調和 知慮漸深 則一之以易良 勇膽猛戾 則輔之以道順 齊給便利 則節之以動止 狹隘褊小 則廓之以廣大 卑濕衆遲貪利 則抗之以高志 庸衆駑散 則刦之以利師友 怠慢僄弃 則炤之以禍災 愚款端愨 則合之以禮樂 通之以思索 凡治氣養心之術 莫徑由禮 莫要得師 莫神一好 夫是之謂治氣養心之術也.

이 길러질 수 있는 길도 마련되는 것이다. 이제 '心을 기르는 것'(養心)
에 대해서 알아보자.

> 군자가 心을 기르는 데에는 誠보다 더 좋은 것이 없다. 정성을 다
> 하면 다른 문제(事)는 없을 것이다. 오직 仁을 지키고 義를 행하라.
> 정성된 心으로 仁을 지키면 그것이 겉으로 드러나고, 그것이 드러
> 나면 신묘해지고, 그것이 신묘해지면 백성들을 교화시킬 수 있다.
> 정성된 心으로 義를 행하면 조리가 서고, 조리가 서면 시비가 명확
> 해지며, 시비가 명확해지면 변화시킬 수 있다. 변화가 끊임없이 번
> 갈아 일어나는 것을 天德이라고 한다. 하늘이 말하지 않아도 사람
> 들은 그 높음을 우러러 받들고, 땅이 말하지 않아도 사람들은 그
> 두터움을 우러러 받들며, 四時가 말하지 않아도 백성들은 그 변화
> 를 예측한다. 이처럼 변하지 않는 常道가 있는 것은 그 정성을 지
> 극하게 했기 때문이다. 군자는 덕이 지극하여 묵묵히 말을 하지 않
> 아도 사람들은 그의 뜻을 알고, 베풀지 않아도 사람들은 친근하게
> 느끼며, 성내지 않아도 위엄이 있다. 이것은 명에 따라 정성되게
> 그 홀로 있을 때도 정성을 다했기(愼獨) 때문이다. 道를 잘 행하는
> 사람도 정성되지 않으면 愼獨할 수 없으며, 신독하지 않으면 밖으
> 로 드러나지 않는다. 밖으로 드러나지 않으면 비록 마음속에 있는
> 것을 얼굴에 나타내고 말을 한다 해도 백성들은 따르려고 하지 않
> 을 것이며, 비록 따른다 해도 반드시 의심하게 될 것이다. 천지가
> 위대하지만 정성되지 않으면 만물을 화육할 수 없다. 성인은 지혜
> 가 있지만 정성되지 않고는 백성들을 교화할 수 없다. 부자관계는
> 친한 것이지만 정성되지 않으면 멀어진다. 군주는 비록 존귀하지만
> 정성되지 않으면 비천해진다. 정성이란 군자가 반드시 굳게 지켜야
> 하는 것이요, 정치의 근본이다.[65]

순자가 보는 心을 기르는 방법은 오직 정성(誠)뿐이다. 정성은 수양

---

65) 『荀子』「不苟」: 君子養心莫善於誠 致誠則無它事矣 惟仁之爲守 惟義之爲行 誠心守仁則形 形則神 神則
能化矣 誠心行義則理 理則明 明則能變矣 變化代興 謂之天德 天不言而人推其高焉 地不言而人推其厚
焉 四時不言而百姓期焉 夫此有常 以至其誠者也 君子至德 嘿然而喩 未施而親 不怒而威 夫此順命 以愼
其獨者也 善之爲道者 不誠則不獨 不獨則不形 不形則雖作於心 見於色 出於言 民猶若未從也 雖從必疑
天地爲大矣 不誠則不能化萬物 聖人爲知矣 不誠則不能化萬民 父子爲親矣 不誠則疏 君上爲尊矣 不誠
則卑 夫誠者 君子之所守也 而政事之本也.

의 핵심이요, 변화의 원천이다. 천지의 화육도 정성으로 이루어지고, 聖人의 교화도 정성으로 이루어진다. 부자관계도 정성으로 이루어지며 군주의 존귀함도 정성으로 이루어진다. 그러므로 정성은 군자가 반드시 지켜야 하는 조리요, '常道'이다. 이러한 순자의 誠에 대한 이론은, "정성스러우면 밖으로 드러나고, 드러나면 뚜렷해지며, 뚜렷해지면 명확해지고, 명확해지면 움직이며, 움직이면 변하고, 변하면 남을 교화할 수 있다."[66] "지극한 정성은 神과 같다."[67] "지극한 정성은 쉼이 없다."[68]라는『중용』의 내용과 정확하게 일치한다. 이렇게 心은 정성에 의하여 길러진다.

다시 心의 심미적 주재성에 대해서 좀 더 살펴보자. 순자는 사람의 인식은 사람의 감각기관(天官)과 사유기관(天君)에 의지해야만 한다고 생각한다. 사람의 인식은 사람의 감관이 外物에 대하여 감각하는 데에서 시작되고, 거기에 思惟的 작용을 더해야만 비로소 외물에 대한 인식을 가질 수 있다는 것이다.

> 형체와 색 때문에 다르게 보고, 소리의 청탁과 악기의 奇聲 때문에 다르게 듣고, 달고 쓰고 짜고 싱겁고 맵고 신 맛 때문에 다르게 맛보며, 향기와 악취 비린내와 상큼한 냄새 때문에 다르게 냄새 맡고, 병나고 차고 덥고 미끄럽고 거칠고 가볍고 무거움 때문에 다른 모양을 하며, 맺힌 마음을 푸는 喜怒哀樂愛惡欲 때문에 다르게 心을 쓴다. 心에는 徵知(앎을 이룸)가 있다. '징지'는 귀로 인해서 소리를 앎이 가능하고, 눈으로 인해서 형체를 앎이 가능하다. 그러나 '징지'는 반드시 天官이 그 부류에 접하기를 기다린 뒤에야 가능하다.[69]

---

66) 『中庸』〈第23章〉: 誠則形 形則著 著則明 明則動 動則變 變則化.

67) 『中庸』〈第24章〉: 至誠如神.

68) 『中庸』〈第26章〉: 至誠無息.

69) 『荀子』「正名」: 形體色理以目異 聲音淸濁調竽奇聲以耳異 甘苦鹹淡辛酸奇味以口異 香臭芬鬱腥臊洒酸奇臭以鼻異 疾養凔熱滑鈹輕重以形體異 說故喜怒哀樂愛惡欲以心異 心有徵知 徵知則緣耳而知聲可也

心은 바로 사유기관이다. 심은 감각재료에 대하여 분석과 변별을 진행하고, 개념과 판단을 형성하며, 이성인식을 형성한다. 순자는 그 것을 '徵知'라고 한다. 심의 '징지'는 감각재료에 의지해야만 한다. 즉 '징지'는 반드시 감각기관이 그 부류에 접하기를 기다린 뒤에야 '인 식의 이룸'이 가능하다는 것이다. 그러므로 이러한 이성인식을 형성 하려면 心의 감성작용에 의지해야만 한다. 이것이 순자의 '징지심'이 심미적 성격을 갖게 되는 당위성이라 말할 수 있다.

> 心이 부리지 않으면 흑백이 앞에 있어도 눈이 보지 못하며, 큰북이 곁에서 울려도 귀가 듣지 못하는데, 하물며 (못 하도록) 부리는 데 에 있어서랴![70]

> 心이 근심하고 두려우면 입이 맛있는 고기를 먹어도 그 맛을 알지 못하고, 귀가 좋은 음악을 들어도 그 소리를 알지 못하고, 눈이 아 름다운 무늬를 보더라도 그 상태를 알지 못하며, 가볍고 따뜻한 자 리를 깔더라도 몸이 그 편안함을 알지 못한다. 그러므로 만물의 아 름다움을 바치더라도 만족할 수 없다.[71]

이 두 단락의 의미는 만약 心이 발휘작용을 하지 않거나 혼란을 일 으켜 병이 발생하면, 감각기관도 함께 영험함을 잃고, 만물의 아름다 움을 대면하고서도 심미적 기쁨을 얻을 수 없다는 것을 설명한 것이 다. 이것 또한 심의 주재적 이성인식을 통해서 감성작용을 일으킬 수 있다는 실례를 보여 주는 것이다. 이것은 심오한 사상이며, 후대 미학

緣目而知形可也 然而徵知必將待天官之當簿其類然後可也.

70) 『荀子』「解蔽」: 心不使焉 則白黑在前而目不見 雷鼓在側而耳不聞 況於使者乎.

71) 『荀子』「正名」: 心憂恐 則口銜芻豢而不知其味 耳聽鐘鼓而不知其聲 目視黼黻而不知其狀 輕暖平簟而體 不知其安 故嚮萬物之美而不能嗛也. ─嚮은 享과 같고 바치다(獻)의 뜻이며, 嗛은 만족하다(足), 상쾌하다 (快)는 뜻이다(『荀子集解』).

자들로 하여금 심미창조와 심미감상을 연구하는 데 있어서 중요한
계발작용을 하게 한다.[72] 그렇다면 이러한 心의 심미적 주재성이 잘
발휘되게 하려면 어떻게 해야 할까? 그것은 마음을 편견과 어둠 속으
로부터 구해 내면 된다. 편견과 어둠은 '가림(蔽)' 때문에 생긴다. 그
'가림을 걷어 내야(解蔽)' 한다는 이론이 순자의 '解蔽論'이다.

(2) 心의 解蔽的 明澄구조

순자는 心으로 道를 안다고 말한다.[73] 道란 人道로서 군자가 지켜야
할 道를 의미한다. 순자가 말하는 인식과 판단의 주체는 心이다. 心은
때때로 한 모서리가 가려져 비뚤어진 견해를 고집하는 경우가 있다.
心이 옳은 인식과 바른 판단을 하려면 언제나 맑고 깨끗한 상태, 즉
明澄하고 淸明한 상태를 유지해야만 한다. 그것은 心의 한편을 가리고
있는 '가림(蔽)'을 걷어 내야 가능하게 된다.

> 무릇 사람의 병폐는 한 모퉁이가 가려져 있어 큰 道(大理)에 어둡
> 다는 데 있다. 잘 다스리면 정상으로 되돌아오지만, 心이 두 갈래
> 로 갈라지면 의혹이 생긴다. 천하에는 두 가지 도가 없으며, 성인
> 은 두 가지 心이 없다. 지금 제후들은 제각기 다른 정치를 하고 百
> 家들은 제각기 다른 학설을 주장하고 있으니, 반드시 어떤 것은 옳
> 고 어떤 것은 그른 것이며, 어떤 것은 잘 다스려지고 어떤 것은 혼
> 란한 것이다.[74]

---

72) 葉朗, 『中國美學史大綱』, 上海人民出版社, 2001, 137쪽 참조.

73) 『荀子』「解蔽」: 人何以知道 曰心.

74) 『荀子』「解蔽」: 凡人之患 蔽於一曲 而闇於大理 治則復經 兩疑則惑矣 天下無二道 聖人無兩心 今諸侯異
政 百家異說 則必或是或非 或治或亂.

이 인용문에서 모든 병폐는 心이 두 갈래로 갈라지면서 생기게 된다고 말한다. 제후들이 제각기 다른 정치를 하고, 많은 학파들이 제각기 다른 학설들을 늘어놓는 것은 마음이 갈라져 의혹이 생겼기 때문이라는 것이다. 이러한 의혹은 무엇 때문에 생길까? 그것은 心의 한편을 덮고 있는 '가림' 때문이다. 그 '가림'의 내용을 순자는 다음과 같이 말한다.

> 그러므로 心을 欲과 惡이 가리고, 始와 終이 가리며, 遠과 近이 가리고, 博과 淺이 가리며, 古와 今이 가린다. 만물은 모두 다른 것인데 사물의 한 면만 보게 되면 다른 면을 보지 못한다. 이것이 사유 방법의 공통된 병폐이다.[75]

'가림'은 모두 열 가지이지만 두 개씩 서로 대응관계를 이루기 때문에 다섯 가지로 압축하여 살펴볼 수 있다. **첫째**, 欲과 惡의 가림이다. 欲과 惡는 좋아함과 싫어함을 말한다. 좋아하고 싫어하는 것 자체는 잘못된 것이 아니다. 좋아함과 싫어함이 올바르지 못하면 가림이 생기며, 반대로 좋아함과 싫어함이 올바르면 가림이 사라진다. 일찍이 공자는 "오직 인자만이 사람을 좋아할 수 있고 미워할 수 있다."[76]고 한 바 있다. 좋아함과 싫어함은 쉽게 평정을 잃게 만든다. 순자가 欲과 惡를 열 가지 '가림' 중에서 첫 번째로 놓은 것은 매우 의미심장하다. **둘째**, 始와 終의 '가림'이다. 始와 終은 시간적 측면의 生과 死 양 끝을 말한다. 始와 終을 신중하게 하면 가림이 사라진다. 삶을 중시하고 죽음을 가볍게 여기는 것은 始 때문에 생기는 가림이다. 반대로 죽

---

75) 『荀子』「解蔽」: 故爲蔽 欲爲蔽 惡爲蔽 始爲蔽 終爲蔽 遠爲蔽 近爲蔽 博爲蔽 淺爲蔽 古爲蔽 今爲蔽 凡萬物異則莫不相爲蔽 此心術之公患也.

76) 『論語』「里仁」: 子曰惟仁者 能好人 能惡人.

음을 중시하고 삶을 경시하는 것은 終 때문에 생기는 가림이다. 시작만을 보고서 결과를 묻지 않는 것은 始의 가림이며, 결과만 보고서 始를 묻지 않는 것은 終의 가림이다. 언어를 해석할 때 어원을 찾아 참고하는 것은 좋지만, 변천하여 나중에 파생된 언어를 무시하고 원래의 의미만 고집한다면 학술사상에 폐해와 오류를 초래하게 되는 것도 이에 속한다. **셋째**, 遠과 近의 '가림'이다. 遠과 近이란 공간상의 거리를 말한다. 순자는 산 정상에서 산 밑의 소를 보면 양과 같이 작으며, 산 밑에서 산 위의 나무를 보면 젓가락같이 작다고 한다. 이러한 가림은 일상적인 경험에 의해 해결이 가능한 것이다. 최근의 학자들이 서양을 따르고 우리의 전통에 대해서는 무지한데 이것은 원근의 가림에 해당한다. **넷째**, 博과 淺의 '가림'이다. 견문이 적으면 지식이 고루해지니, 이것이 淺의 가림이다. 해박하지만 핵심이 없으며 잡다하여 체계가 없는 것이 博의 가림이다. 淺의 가림은 사람들이 쉽게 알지만 博의 가림은 쉽게 알 수 없다. **다섯째**, 古와 수의 '가림'이다. 古수이란 시간의 선후로서 그 자체에는 가림이 없다. 그러나 옛것은 반드시 옳고 현재의 것은 그르다든지, 혹은 현재의 것은 반드시 옳고 옛것은 그르다고 한다면 가림이 생긴다. 그러므로 古를 말하는 사람은 반드시 수에 적절하게 해야 하며, 수을 말하는 사람은 반드시 古에 대한 검증을 해야 한다.[77] 이와 같이 할 때 '가림'이 없어진다. 순자는 제자백가의 가림에 대해서도 다음과 같이 평한다.

> 墨子는 실용성에 가려서 예악을 몰랐고, 宋子는 寡欲에 가려서 욕망이 그지없음을 몰랐으며, 愼子는 법에 가려서 현자를 알아보지

---

77) 蔡仁厚, 『孔孟荀哲學』, 臺灣 學生書局, 民國 77, 420∼421쪽 참조.

　　못했고, 申子는 권세에 가려서 인간의 지혜를 몰랐으며, 惠子는 궤
변에 가려서 실질을 몰랐고, 莊子는 天에 가려서 사람을 몰랐다.[78]

　　墨子의 학문은 실용주의·공리주의적 경향을 띤다. 그래서 是非善
惡을 논할 때, 유용성과 이득을 그 기준으로 삼는다. 그는 본래 '내용
으로 형식을 구제하려고(以質救文)' 했으나, 결과는 오히려 비인간적
인 것이 되어 버렸으며 예악문화의 가치를 소홀히 하게 되었다. 그래
서 실용에 가려서 예악을 모른다는 비판을 받는다. 宋子는 宋銒(송견)
이다. 『맹자』에는 宋牼으로 나온다. 그는 "인간의 情은 욕심이 적다."[79]
고 말하는데, 인간에게는 '더 많은 것을 원하고, 이득을 탐하는' 면이
있다는 것을 간과한 것이다. 그래서 순자가 "寡欲에 가려서 욕망이 그
지없음을 몰랐다."고 지적한 것이다. 순자는 "心이 가는 바가 理에 맞
는다면 欲이 비록 많다 해도 어찌 다스림에 해가 되겠는가? …… 心이
가는 바가 理에 맞지 않는다면 욕이 비록 적다 해도 어찌 혼란을 멈
추게 하겠는가."[80]라고 말한다. 이처럼 순자는 寡欲을 귀하다고 하지
않는데 이것이 宋子의 견해와 상반되는 점이다. 愼子는 愼到이다. 그
는 조나라 사람으로 법가에 속한다. 법가는 법을 중시하여 법을 최고
의 기준으로 삼는다. 그러나 이름뿐인 법은 스스로 실행할 수 없으며,
반드시 어진 사람이 있어야 실행할 수 있다는 것을 알지 못한 것이다.
그래서 순자는 신도가 "법에 가려 현자를 알아보지 못한다."고 평한
다. 申子는 申不害를 말하며, 법가의 인물이다. 韓나라 昭侯의 재상으

---

78) 『荀子』「解蔽」: 墨子蔽於用而不知文 宋子蔽於欲而不知得 愼子蔽於法而不知賢 申子蔽於勢而不知知 惠
　　子蔽於辭而不知實 莊子蔽於天而不知人.

79) 『荀子』「正論」: 人之情 欲寡.

80) 『荀子』「正名」: 心之所可中理 則欲雖多 奚傷於治 …… 心之所可失理 則欲雖寡 奚止於亂.

로서 권세를 업고 법술로 통치할 것을 주장한 사람이다. 하지만 권세
는 반드시 지혜로운 사람에게 있어야 그 효과를 발휘할 수 있다는 것
을 알지 못한 것이다. 그래서 순자는 "권세에 가려서 지혜를 모른다."
고 평한다. **惠子**는 惠施이며 名家에 속한다. 혜자는 '合同異論'을 주장
하면서 "하늘은 땅과 같이 낮고, 산은 못과 같이 평평하다."고 하는데
이는 사실과 다르다. 『장자』「天下」와 『순자』「非十二子」에 그들의 학
설이 실려 있다. 名家의 학설은 논리성은 있지만, 과장되고 괴이한 말
이 종종 사물의 실정과 맞지 않는다. 따라서 "궤변에 가려서 실상을
모른다."고 순자는 지적한다. **莊子**는 도가에 속한다. 天은 무위자연의
道를 말하고, 人은 인위를 말한다. 장자는 天을 근본으로 하여 자연을
받들었으며, 인문을 중시하지 않는다. 이것은 인위를 중시하고 자연
의 이용을 주장한 순자의 사상과 상반된다. 그래서 순자는 장자에 대
하여 "자연에 가려서 인위를 모른다."고 비판한다.[81] 결국 순자는 다
음과 같이 결론을 내린다.

> 그러므로 실용성으로 말미암는 것을 道라고 하는 것은 功利만을
> 극진히 한 것이다. 欲으로 말미암는 것을 도라고 하는 것은 만족만
> 을 극진히 한 것이다. 法으로 말미암는 것을 도라고 하는 것은 술
> 수만을 극진히 한 것이다. 권세로 말미암는 것을 도라고 하는 것은
> 편의만을 극진히 한 것이다. 말로 말미암는 것을 도라고 하는 것은
> 논의만을 극진히 한 것이다. 天으로 말미암는 것을 도라고 하는 것
> 은 원인만을 극진히 한 것이다. 이러한 몇몇 주장은 모두 道의 일
> 부분에 지나지 않는 것이다.[82]

---

81) 蔡仁厚, 『孔孟荀哲學』, 臺灣 學生書局, 民國 77, 422~424쪽 참조.

82) 『荀子』「解蔽」: 故由用謂之道 盡利矣 由俗謂之道 盡嗛矣 由法謂之道 盡數矣 由勢謂之道 盡便矣 由辭
謂之道 盡論矣 由天謂之道 盡因矣 此數具者 皆道之一隅也./"由俗謂之道 盡嗛矣"에서 俗은 欲으로 보
는 것이 좋을 듯함.〈楊倞注〉

　순자는 이들 사상이 모두 편벽된 道의 일부에 가려 있어서 道 전체를 보지 못하는 것으로 파악한다. 道라는 것은 항구 불변한 것을 본체로 하지만, 그 작용은 무궁하므로 일부만을 가지고 도를 개괄할 수 없다. 한쪽만 아는 사람은 도의 한쪽만을 보기 때문에 도를 정확하게 알 수 없다. 그래서 자신의 도에 만족하면서 그것을 꾸미게 된다. 이로 인해 안으로는 스스로를 어지럽히고 밖으로는 사람들을 미혹하게 하며, 윗사람인 경우에는 아랫사람을 가리고 아랫사람인 경우에는 윗사람을 가리니, 이것이 곧 가리어지고 막혀서 생기는 재난이 되는 것이다.83) 이러한 재난의 원인자인 '가림'을 깨끗이 제거하여 明澄한 상태를 유지해야만 心의 옳은 인식과 바른 판단을 되찾을 수 있다. 心은 마치 대야의 물과 같아서, 그것을 바르게 놓고 움직이지 않으면 탁한 것은 가라앉고 맑은 것은 위에 있어, 수염과 눈썹까지도 비추어 보고, 잔주름까지도 살필 수 있다. 그러나 미풍이라도 불면 탁한 것이 아래에서 올라오고 맑은 것은 위에서 어지러워져 큰 물건조차도 비춰 볼 수 없게 된다. 心도 이와 똑같은 것이다.84) 그러므로 心의 '가림'을 걷어 내면 그것이 바로 心의 明澄한 심미인식과 심미판단 능력을 되찾는 것이 된다. 이러한 心의 明澄상태는 '虛壹而靜'을 통해서 한 차원 높은 淸明상태로 진입할 수 있다.

---

83) 『荀子』「解蔽」: 夫道者 體常而盡變 一隅不足以擧之 曲知之人 觀於道之一隅而未之能識也 故以爲足而識之 內以自亂 外以惑人 上以蔽下 下以蔽上 此蔽塞之禍也.

84) 『荀子』「解蔽」: 故人心譬如槃水 正錯而勿動 則湛濁在下 而淸明在上 則足以見鬚眉而察理矣 微風過之 湛濁動乎下 淸明亂於上 則不可以得大形之正也 心亦如是矣.

(3) 心의 虛壹而靜的 淸明구조

虛·壹·靜은 管子學派가 먼저 제기한 인식론 명제이며, 순자는 관자학파의 명제를 계승한다. 관자학파가 말한 虛는 '無己'와 '無臧'을 가리킨다. 無己는 주관적 欲念을 버리는 것이며, 無臧은 주관적 成見을 버리는 것이다. 관자학파는 이미 얻은 지식과 장차 얻으려는 지식의 관계에 대하여 뚜렷하게 말하지 않았다. 관자학파가 '뜻에 전념하며 마음을 한결같게 함(專于意 一于心)'과 '마음을 고요히 함(心靜)'을 강조한 것은 순자와 같으나, 一과 多의 관계와 靜과 動의 관계에 대해서는 분명하게 말하지 않았다.[85] 순자는 여기에서 진일보된 이론을 제시한다.

> 인간에게는 나면서부터 인지능력이 있고 인지해서 기억할 수 있으니, 기억이란 바로 저장이다. 그런데도 비어 있다고 하는 것은 이미 저장된(臧) 것들이 장차 받아들일 것을 방해하지 않기 때문이다. 이것을 일러 虛라고 한다.[86]

> 心이 생기면 인식의 능력이 있고, 사물을 인식하면 구별이 생기니, 구별이란 두 가지 이상을 동시에 인지하는 것이다. 두 가지 이상을 동시에 인지하는 것을 兩이라 한다. 그러면서도 한결같게 할 수 있는 것은 저 하나로 이 하나를 해치지 않기 때문이니, 이것을 일러 壹이라고 한다.[87]

> 心은 잠자면 꿈을 꾸고, 해이해지면 방종하니, 심을 쓰면 어떤 일을 계획한다. 그러므로 심은 항상 움직이는 것이다. 그러면서도 고

---

85) 葉朗, 『中國美學史大綱』, 上海人民出版社, 2001, 137~138쪽 참조.

86) 『荀子』「解蔽」: 人生而有知 知而有志 志也者 臧也 然而有所謂虛 不以所已臧害所將受 謂之虛.

87) 『荀子』「解蔽」: 心生而有知 知而有異 異也者 同時兼知之 同時兼知之 兩也 然而有所謂一 不以夫一害此 一 謂之壹.

요할 수 있다고 하는 것은 想像이나 잡념(夢劇)이 인식능력을 흐리
게 할 수 없기 때문이니, 이것을 일러 靜이라고 한다.[88]

이것은 心의 특성을 세 가지로 예리하게 분석하여 설명한 순자의
탁견이다. 인간은 인지할 수 있으며, 인지된 하나하나의 사물을 心 속
에 기억할 수 있다. 그러므로 臟이라고 한다. 그러나 心이 지식을 저
장하는 것은 한정된 곡식창고와는 달리, 비어 있으면서도 제한 없이
무한한 양을 수용한다. 이미 저장된 과거의 지식 때문에 장차 받아들
일 새로운 지식을 물리치지 않는다. 이것을 순자는 虛라고 본 것이다.
心의 인지작용은 사물의 다른 점을 판별하는 데서 가장 분명하게 나
타난다. 서로 다른 사물을 동시에 인지하여 판별할 수 있으므로 兩이
라고 한다. 心은 동시에 서로 다른 사물을 인지하고, 主從, 輕重, 先後,
緩急 등을 판별할 수 있으며 하나를 선택하여 전심전력하므로 한 가
지 일 때문에 다른 한 가지 일이 방해받지 않는다.[89] 순자는 이것을
壹이라고 한다. 心은 잠잘 때 꿈을 꾸고, 해이해질 때 허튼 생각을 하
며, 심을 사용하여 계획할 수 있다. 이처럼 心은 한시도 가만히 있지
않는다. 夢劇이란 헛된 잡념을 뜻하는 말인데, 夢은 상상이나 자신으
로 인해 일어나는 잡념을 말하며, 劇은 다른 것으로 인해 일어나는 잡
념을 말한다.[90] 이러한 잡념들이 心의 작용을 혼란스럽게 하지 못한
다. 이것을 순자는 靜이라고 한다. 순자의 이러한 ‘虛壹而靜’ 이론의
특성은 일종의 공부이다. ‘虛壹而靜’의 공부를 통해서 심미적 경계로

---

88) 『荀子』「解蔽」: 心臥則夢 偸則自行 使之則謀 故心未嘗不動也 然而有所謂靜 不以夢劇亂知 謂之靜.

89) 이것은 순자가 같은 곳에서 말한 "類는 둘이 될 수 없다. 그러므로 知者는 하나를 택하여 한결같게 한다
(類不可兩也 故知者擇一而壹焉)."라는 말과도 통한다.

90) 王先謙 撰, 『荀子集解 下』(中華書局)에는 夢은 想像이고, 劇은 시끄럽고 번잡한 것이라고 注하였다(夢想
像也 劇囂煩也).

끌어올릴 수 있다는 이론이 순자의 '大淸明' 이론이다.

> 올바른 道를 아직 터득하지 못하고 도를 추구하고 있는 사람에게
> 는 心을 텅 비우고 한결같게 추구하라고 말하라. …… 道에 대해
> 알고 그것을 잘 살펴 이해하며, 도에 대해 알고 그것을 실천하는
> 것이 올바른 도를 체득한 사람이다. 心이 텅 비고 한결같고 고요한
> 것을 大淸明이라고 한다.[91]

> (이러한 경지에 이르면) 만물이 형체가 있는 것이라면 보이지 않는
> 것이 없게 되고, 보이는 것들은 조리가 없는 것이 없으며, 조리가
> 있는 것들은 자기 자리를 잃는 일이 없게 된다. 방 안에 앉아서도
> 온 세상을 볼 수 있게 되고, 현재에 살고 있으면서도 옛일을 논할
> 수 있게 된다. 만물을 꿰뚫어 보아 그 실정을 알게 되고, 다스려지
> 고 어지러워지는 일을 참고하고 고증해 그 법도에 통달하게 된다.
> 천지의 운행을 바로잡고 만물이 제대로 존재할 수 있도록 위대한
> 섭리를 정돈하여 우주를 원리대로 존재토록 한다.[92]

'大淸明'한 心은 '虛壹而靜'의 공부를 통해 도달한 최고의 경지이다.
'道를 인지하여 통찰하고 도를 인지하여 실천'한다는 말과 心이 도를
인지하고(知道), 도를 긍정하며(可道), 도를 지키고(守道), 도가 아닌 것
을 금지(禁非道)할 수 있다는 말에 근거하면, 순자가 말한 인지심에는
知와 行이 포함되어 있음을 알 수 있다. 즉 심은 인지능력을 갖추고
있을 뿐만 아니라, 실천의 의미까지도 가지고 있는 것이다.[93] 순자의
心은 所以然者로서의 心이기 때문이다.

大淸明한 心이 있으면 "방 안에 앉아서 사해를 내다보고, 지금 여기
에 있으면서 먼 옛날(久遠)을 논할 수 있게 된다." 이 말의 앞 구절은

---

91) 『荀子』「解蔽」: 未得道而求道者 謂之虛壹而靜 …… 知道察 知道行 體道者也 虛壹而靜 謂之大淸明.

92) 『荀子』「解蔽」: 萬物莫形而不見 莫見而不論 莫論而失位 坐於室而見四海 處於今而論久遠 疏觀萬物而
　　知其情 參稽治亂而通其度 經緯天地而材官萬物 制割大理而宇宙裏矣.

93) 蔡仁厚, 『孔孟荀哲學』, 臺灣 學生書局, 民國 77, 416~417쪽 참조.

공간(四海)을 초월할 수 있으므로 만물을 총괄적으로 보아 그 실정을 알 수 있다는 것을 말한 것이고, 뒤 구절은 시간(久遠)을 초월할 수 있으므로 治亂을 참고하여 그 법칙을 알 수 있다는 것을 말한 것이다. 心이 대청명해지면 천지를 다스리고 만물을 활용하며, 도를 제어하고 우주를 포괄할 수 있다. 도를 제어한다는 것은 대청명한 心을 가지고 禮義를 실행함으로써 우주의 만사 만물이 모두 조리 있게 되며, 각각 적재적소에 쓰일 수 있음을 말한 것이다. 이것은 心의 대청명적 覺을 통해서 획득할 수 있는 순자의 독특한 심미경계를 이루는 이론이라 할 수 있다.

순자는 心을 "나면서부터 사물을 인지하는 능력을 가지고 있는 존재"94)로 파악한다. 인지능력을 가지고 있는 心은 사물을 인지하여 지식을 쌓아 갈 뿐만 아니라 道를 인지할 수 있다고 말한다. 道를 인지할 수 있으려면 心을 비우고(虛), 專一하고(壹), 고요하게 함(靜)으로써 가능하다고 보는 것이다. 그것은 心의 한 모서리를 가리고 있는 '가림'을 걷어 냄으로써 가능하게 된다. 그렇게 되면 방 안에 가만히 앉아 있으면서도 四海를 내다볼 수 있고 만물을 활용하며 道를 제어할 수 있음을 뜻하는 것이 된다. 이것은 순자의 心論이 虛壹而靜의 공부를 통한 知性之覺으로서의 심미의식을 보여 주는 고유한 미학이론이라 할 수 있다.

---

94) 『荀子』「解蔽」: 心生而有知.

禮義관념의 사회적 심미활동

인간과 동물의 본능은 특정한 상황에서는 동일하게 나타난다. 즉 생존경쟁, 약육강식, 尊卑貴賤 등은 동물의 세계나 인간사회가 다를 것이 없다. 그러나 인간은 높은 지능을 통하여 언어와 문자를 발명하고 群居를 통하여 禮를 만들어 인간의 안녕과 행복을 도모한다.[95] 禮는 天理에 의해 규정된 인간 행동의 고유한 질서이다. 인간은 形氣와 感官을 가지고 있으며, 감관은 욕망을 가지고 있기 때문에 인간에게는 누구나 그 욕망을 충족시키려는 경향이 있다.[96] 그래서 공자는 이러한 생물학적 자아를 극복하여 자기의 생활을 禮에 부합시켜야 한다는 가르침을 克己復禮의 문답을 통하여 전해 주고 있다.[97] 그 결과로 인간은 생물학적 자아의 욕구를 통제하고 도덕적 생활을 영위할 수 있게 된다.

---

95) 郭偉川, 『儒家禮治與中國學術』, 北京圖書館出版社, 2002, 64쪽 참조.

96) 성균관대 유학과 교재편찬위원회, 『유학사상』, 성균관대학교출판부, 1996, 79쪽.

97) 『論語』「顔淵」: 顔淵問仁 子曰 克己復禮爲仁 一日克己復禮 天下歸仁焉 爲仁由己 而由人乎哉.

그러나 禮는 너무 복잡하고 다양하며 구체적인 행동규범이기 때문에 인간의 자유스런 행동을 속박하는 요소가 될 수 있다. 그리고 이 禮를 모두 지키며 사는 사람이나 지키지 않고 사는 사람이나 죽고 나면 다 같이 한 줌의 흙으로 변하므로 다를 바가 없다고 생각하게 되면, 속박된 삶을 영위하면서까지 이 禮를 지켜야 할 진정한 가치를 느낄 수 없게 된다. 이러한 점이 禮가 갖는 한계성인데 이 한계성으로 말미암아 禮에 대한 거부반응이 일어나게 되면, 禮가 아무리 중요하다 하더라도 실천력을 상실하고 만다. 그렇다면 禮가 갖는 한계성을 극복하는 방법은 무엇일까? 그것은 禮가 인간의 자유를 속박하는 단순한 행동규범이 아니라 가장 가치 있는 삶을 영위한 결과 나타나는 자연스런 행동양식임을 자각하고, 禮를 통하여 그 속에 내포되어 있는 가장 가치 있는 삶을 인식하여 실천하는 데 있다고 할 수 있다.[98]

그렇다면 가장 가치 있는 삶이란 어떠한 삶이어야 하는가? 그것은 道를 알고 터득하여 道를 따라 사는 삶일 것이다. 先秦諸家의 어느 학파를 막론하고 인간의 행복을 위해서 존재하지 않는 학파는 없다. 그들이 제시하는 道의 구체적인 내용은 다르다 하더라도, 인간의 행복을 위하여 존재한다는 사실 하나만은 道의 내용에 공통적으로 존재한다. 이러한 점을 더욱 강조한 학파가 儒家라 할 수 있다. 儒家는 '親義別序信'의 五倫에 대한 실천을 통해서 道의 터득과 道를 따르는 삶이 가능하게 된다고 가르친다. 이것을 『중용』에서는 '모든 인간이 공통적으로 지켜야 하는 道'란 의미에서 五達道[99]라고 한다. 이 다섯 가지

---

98) 李基東 역해, 『論語講說』, 성균대학교출판부, 1994, 35∼36쪽 참조.

99) 『中庸』〈第20章〉: 天下之達道五 所以行之者三 曰君臣也 父子也 夫婦也 昆弟也 朋友之交也 五者 天下之達道也.

의 道를 구체적으로 실천하는 덕목이 바로 禮가 되는 것이다. 禮는 다섯 가지 道에 대한 구체적 행동양식을 제시해 준 節目의 기능을 하기 때문이다.[100] 이러한 禮는 인간의 행복과 안녕을 위한 인위적 질서이다. 순자는 이 인위(僞)를 禮로 보며 아름다움으로 본다.

1) 禮論의 심미적 조화작용

禮의 원초적 형태는 대개 종교적 의례의 형태로 나타난다. 그러나 이러한 종교적 의례가 세속화되면서 禮는 정치의 근본으로 인식되기도 하고, 개인행위의 규범으로 작용하기도 한다. 그러므로 인간의 모든 윤리적인 德目이 禮가 아니면 성립될 수 없다고 보며, 禮는 인간이 가지는 모든 덕목을 포괄하는 총체적인 개념이 된다.[101] 禮는 오늘날 우리가 禮儀, 凡節 등으로 이해하지만 그렇게 단순한 개념이 아니다. 예가 포함하고 있는 의미는 대단히 넓고 복잡하여 한마디로 규정하기 어렵다. 古代에 있어서 禮는 儀禮를 의미하는 것으로 이 의례를 실행함으로써 후세의 법률, 정치, 도덕, 종교 등의 역할을 수행했다. 즉 예는 물론 의례의 실행을 의미하지만, 대사회적 측면에서는 오늘날의 법률, 정치, 도덕, 종교, 경제 등의 사회적 효용을 종합한 힘을 가지고 사회를 규정하는 종합물이라 할 수 있는 것이다. 다시 말하면 禮는 각 분과로 분화되지 않는 종합적 문화이며, 이 미분화의 總體라는 말이다.[102] 이러한 예가 갖는 기능적 특성을 이해한다면 심미적 측면의

---

100) 李基東 역해, 『論語講說』, 성균관대학교출판부, 1994, 35~39쪽 참조.

101) 『禮記』「曲禮」: 道德仁義 非禮不成 敎訓正俗 非禮不備.

102) 加藤常賢, 『中國思想史』, 11쪽 참조(李相殷, 「유가의 예악사상에 관한 연구」, 성균관대 박사학위 논문, 1990, 재인용).

이해를 도모할 수 있을 것이다. 순자의 禮에 대한 이해도 여기에서 조금도 벗어나지 않기 때문이다.

(1) 禮, 禮義, 禮樂의 본질적 상관관계

禮가 갖는 기능적 특성은 대개 다섯 가지로 분류할 수 있다. **첫째,** 禮는 불변하는 이치(理)이다. 『管子』에는 "禮란 이치가 있음을 말한다."[103]라고 하며, 『순자』에는 "禮란 이치의 바꿀 수 없는 것이다."[104]라고 하고, 『예기』에도 "禮는 곧 이치이다."[105]라고 한다. 禮가 비록 祈福에서 기원하는 것이라고 하지만 성인이 理宜로써 文飾함에 이르러서는 인간 이성의 구체적 표현이 곧 예가 되는 것이다. 따라서 이성과 사리에 맞는 것이 바로 예라고 이해할 수 있다. **둘째,** 禮는 性情과 人欲을 길러 주는 것이다. 『순자』「禮論」에는 "禮는 길러 주는 것이다."[106]라고 되어 있다. 禮義와 文理는 우리의 성정을 바르게 인도하는 것이며, 또한 인욕을 事物에 다하게 하지 않고 사물도 인욕에 굴하지 않게 하여 서로를 잘 길러 준다는 것이다. 이처럼 예는 인간의 욕구를 억제하려는 것이 아니라 온전하게 실현되도록 하는 것이어야 한다. **셋째,** 禮는 절도에 맞게 하는 것이다. 『순자』「致士」에는 "예란 節奏의 준칙이다."[107]라 하고, 『예기』에도 "禮라는 것은 人情에 따라서 그것을 節文한 것이다."[108]라고 한다. 禮에도 물론 조화가 강조되

---

103) 『管子』「心術」: 禮者 謂有理也 明分以論義之意也.

104) 『荀子』「樂論」: 禮者 理之不可易者也.

105) 『禮記』「仲尼燕居」: 禮者 理也.

106) 『荀子』「禮論」: 禮者 養也.

107) 『荀子』「致士」: 禮者 節奏之準也.

는 것이지만, 禮의 참다운 기능은 역시 절도와 질서에 있다고 할 수 있다. **넷째**, 禮는 분별하는 것이다. 樂의 작용이 만물을 同化 속으로 통일시키는 것이라면(統同), 예의 작용은 사물의 차이를 분별하여 질서 지우는 것(辨異)이라고 할 수 있다. 이는 『순자』「樂論」과 『예기』「樂記」에 잘 나타나 있다. **다섯째**, 禮는 실천하는 것이다. 『說文』에는 "예란 실천하는(履) 것이다."[109]라고 설명하고 있으며, 예를 실천의 뜻인 履와 같은 개념으로 파악하고 있는 것은 이미 『주역』의 <履卦>와 <大壯卦>[110] 등에 잘 나타나 있다. 결국 예는 추상적 이론으로서가 아니라 구체적 실천으로서 비로소 의미를 갖게 되는 것이다.[111]

순자는 禮 그 자체를 최고의 가치기준으로 상정한다. 그래서 순자는 禮야말로 도덕의 극치이며,[112] 인도의 극치라고 말한다.[113] 다시 말하면 순자의 禮는 우리의 올바른 행위규범이자 모든 인성의 자연스런 경향(欲)을 절제하는 규범인 동시에 儀文형식을 포함하는 모든 규범의 총칭을 가리킨다. 그래서 순자는 禮야말로 우리와 무관한 어떤 외부의 힘에 의한 영향이 아니라, 인간 자신의 끊임없는 노력과 실천에 의한 영향 속에서 등장되었으며, 인간의 능동적·적극적 행위의 결실임을 강조한다.[114]

순자의 禮論을 고찰함에 있어 한 가지 염두에 두어야 할 문제가 있

---

108) 『禮記』「坊記」: 禮者 因人情而爲之節文.

109) 『說文解字』: 禮 履也.

110) 『周易』〈履卦〉: 履虎尾 不咥人 亨. 범의 꼬리를 밟더라도 사람을 물지 않는 형국이니 과감하게 실천해야 함./〈大壯卦〉: 象曰雷在天上 大壯 君子以非禮弗履. 象에서 말하길 "우뢰가 하늘 위에 있는 것이 大壯이니, 군자는 이 괘의 이치를 살펴서 예가 아니면 실행하지 않는다."고 했다.

111) 李相殷, 「유가의 예악사상에 관한 연구」, 성균관대 박사학위 논문. 1990 참조.

112) 『荀子』「禮論」: 故學至乎禮而止矣 夫是之謂道德之極.

113) 『荀子』「禮論」: 禮者 人道之極也.

114) 김철운 지음, 『순자와 인문세계』, 서광사, 2003, 119쪽 참조.

다. 순자는 어떤 경우는 禮 하나만을 단독으로 쓰기도 하고, 어떤 경우는 義를 붙여서 禮義로 쓰기도 한다. 그러나 그 의미는 별로 다르지 않다. "義는 도리이므로 행하는 것이며, 禮는 절도이므로 완성하는 것이다."[115]라는 그의 말을 통해서도 義와 禮의 효용과 목적이 같음을 알 수 있다. 따라서 禮나 禮義로 쓰는 것은 모두 禮의 뜻으로 이해하면 된다. 이후에 나오는 순자의 禮에 관한 내용은 모두 이것에 준하는 것이다. 그러나 義를 단독으로 쓰거나 仁義로 쓰는 경우는 좀 더 깊은 논의가 필요하다.

> 仁이라는 것은 남을 사랑하는 것이다. 남을 사랑하므로 남을 해치는 것을 미워한다. 義는 禮를 따르는 것이다. 예를 따르므로 남을 어지럽히는 것을 미워한다.[116]

> 대저 義라는 것은 안으로는 사람들을 節文하고 밖으로는 만물을 절문하는 것이다.[117]

> 義와 利는 사람이 가지고 있는 바의 두 가지이다. 비록 堯舜이라도 利를 바라는 백성들의 마음을 없앨 수는 없다. 그러나 그들이 利를 좋아하는 마음이 義를 좋아하는 마음을 이기지 못하게 하는 것이다. …… 그러므로 義가 利를 이기는 나라는 잘 다스려지는 세상이고, 利가 義를 이기는 나라는 어지러운 세상이다.[118]

> 義를 앞세우고 利를 뒤로하는 것을 영화롭다 하고, 利를 앞세우고 義를 뒤로하는 것을 치욕이라고 한다.[119]

---

115) 『荀子』「大略」: 義理也 故行 禮節也 故成. ─따라서 순자가 '예의' 두 글자로 쓰는 경우는 禮儀로 이해해도 무방하다.

116) 『荀子』「議兵」: 彼仁者愛人 愛人 故惡人之害之也 義者循禮 循禮故惡人之亂之也.

117) 『荀子』「彊國」: 夫義者 內節於人而外節於萬物者也.

118) 『荀子』「大略」: 義與利者 人之所兩有也 雖堯舜不能去民之欲利 然而能使其欲利不克其好義也 …… 故義勝利者爲治世 利克義者亂世.

119) 『荀子』「榮辱」: 先義而後利者榮 先利而後義者辱.

意와 志가 잘 닦이고 덕행이 두터우며 知慮가 밝은 것, 이것은 영
화로움이 내부로부터 나온 것이다. 이것을 일러 義의 영화로움이라
고 한다. 벼슬이 높고 俸祿이 많으며 형세가 좋아서 위로는 천자와
제후가 되고 아래로는 卿相과 대부가 되는 것, 이것은 영화로움이
외부로부터 오는 것이다. 이것을 일러 세력의 영화로움이라 한다.[120]

위의 인용문에서 앞의 두 문장은 읽자마자 義를 禮로 쓰고 있음을
알 수 있다. 그러나 뒤의 세 문장은 얼핏 보아 맹자의 義와 다르지 않
은 것처럼 보인다. 그러나 자세히 살펴보면 그렇지 않다. 순자는 여기
서 義를 利와 勢의 상대 개념으로 사용하고 있다. 利와 勢의 상대 개념
으로 쓰기 위하여 義를 차용하고 있으나 그 속뜻은 모두 禮를 의미한
다. 그것은 義의 자리에 禮를 대입시켜 읽어 보면 오히려 순자의 사상
에 더욱 적합함을 금방 알 수 있다. 다만 義를 利의 상대 개념으로 쓴
것은 맹자를 의식하여 쓴 것으로 이해할 수 있을 것이다. 다섯 번째
인용문 역시 勢의 상대 개념으로 쓰고 있는데 "의지가 잘 닦이고 덕
행이 두터우며 지려가 밝다는 것"은 禮義의 節文에 의한 결과로 나타
나는 현상을 풀이한 말로 이해할 수 있다. 따라서 순자의 禮, 禮義, 義
는 모두 禮의 다른 표현에 불과한 것이라고 말할 수 있다.[121]

본 단원에서 한 가지 더 다루어야 할 것은 순자의 예의관념을 다루
고 있는데 왜 禮樂을 거론하고 樂을 고찰하느냐의 문제이다. 이에 대
한 문제는 제Ⅱ장에서도 이미 간략히 다룬 문제이기 때문에 여기서

---

120) 『荀子』「正論」: 志意修 德行厚 知慮明 是榮之由中出者也 夫是之謂義榮 爵列尊 貢祿厚 形勢勝 上爲
天子諸侯 下爲卿相大夫 是榮之從外至者也 夫是之謂勢榮.

121) 다만 「榮辱」에 君子의 용기를 논하는 부분에서 맹자와 흡사하게 義를 사용하고 있지만, 이때의 義는 순
자에게 있어서는 道를 의미하는 것으로 볼 수 있기 때문에 순자의 道는 禮義之道라는 차원에서 이해하
면 역시 여기서의 義도 禮와 다른 것은 아니다. 그 내용은 다음과 같다. "義를 가지고 있는바 권력에 기
울어지지 않으며 利를 돌아보지 않는다. 나라를 통째로 주어도 눈길을 주지 않으며, 거듭 죽어도 義를
간직하여 흔들리지 않는다. 이것을 군자의 용기라 한다(義之所在 不傾於權 不顧其利 擧國而與之不爲改
視 重死而持義不橈 是君子之勇也)."

도 간단히 살피기로 한다. 선진시대에 있어서의 禮樂은 인류문화를 상징하는 총체적 개념이라고 말할 수 있다. 禮는 인간의 외재적 행위에 대한 규범 요소로서, 樂은 인간의 내재적 性情에 대한 감발 요소로서 상호 보완·조화·통일되면서 인류문화를 형성하여 왔다. 『논어』의 「八佾」편에는 禮에 대한 논의가 집약되어 있다. 그러나 거기에는 禮에 대한 내용만이 있는 것이 아니라 樂에 대한 내용도 섞여 있다. 그래서 주자는 "앞 편의 끝 2장을 관통하여 모두 예악에 관한 일을 논하였다."[122]라고 말한다. 樂을 연주함에는 하나에서 열까지 禮 아닌 것이 없다. 따라서 禮만을 말하여도 그 속에는 樂이 들어 있고, 樂만을 말해도 그 속에는 禮가 이미 진하게 녹아 있다. 禮樂은 서로 떼려야 뗄 수 없는 관계에 놓여 있는 것이다.[123] 바로 이러한 측면에서 禮義 觀念을 논하는 곳에서 樂을 논하지 않을 수 없게 된다는 점을 이해하면 된다. 순자의 禮, 禮義, 禮樂의 관계는 禮와 禮義는 동일한 개념으로, 禮와 禮樂의 관계는 相補相含 관계로 규정할 수 있겠다.

(2) 禮義之統論의 심미적 변별작용

禮는 天地間의 모든 事象을 一貫하는 질서라고 할 수 있다. 이는 『예기』「樂記」에 잘 나타나 있는 것으로 천지의 조화로서 樂에 대응하는 상관관계 속에서 말해지고 있다. 또한 禮는 역사 전개의 법칙, 즉 사회변동과 문명전개의 법칙으로서 이른바 大經大法을 의미하기도 한다. 이는 『예기』「禮運」의 大同과 小康의 이론과 연관해서 이해할 수

---

122) 『論語集註』「八佾」: 通前篇末二章 皆論禮樂之事.

123) 『禮記』「樂記」: 禮者殊事合敬者也 樂者異文合愛者也 禮樂之情同.

있다.[124] 이러한 禮는 순자가 말하는 통치질서를 확립하는 국가의 법제와 같은 것으로, 모든 事象을 禮로 일관하는 그의 '禮義之統論'으로 귀결된다.

> 禮는 어디에서 생겨났는가? 사람은 나면서부터 욕망이 있는데, 바라면서도 얻지 못하면 곧 추구하지 않을 수 없고, 추구함에 일정한 기준과 한계가 없다면 곧 다투지 않을 수 없게 된다. 다투면 어지러워지고 어지러워지면 궁핍해진다. 옛 임금들께서는 그 어지러움을 싫어하셨기 때문에 禮義를 제정해 이들의 分界를 정함으로써, 사람들의 욕망을 충족시켜 주고 사람들이 원하는 것을 공급케 하였던 것이다. 그리하여 욕망은 반드시 물건에 궁핍해지지 않도록 하고, 물건은 반드시 욕망에 부족함이 없도록 해, 이 두 가지가 서로 균형 있게 발전하도록 하였다. 이것이 禮가 생겨난 까닭이다.[125]

> 사람은 태어나면서부터 여럿이 모여 살지 않을 수 없다. 여럿이 모여 살면서도 신분의 분별이 없다면 다투게 될 것이고, 다투면 혼란해지고, 혼란하면 서로 이탈하고, 이탈하면 약해지며, 약해지면 만물을 이겨 낼 수가 없다. 그러면 사람들은 집에 살 수 없게 될 것이다. 잠시라도 예의를 버려서는 안 된다고 말하는 것은 이 때문이다.[126]

순자는 禮의 발생이 인간의 욕망을 충족시켜 주기 위함에 있다고 진단한다. 이것은 순자의 성악설과도 직결되는 문제이지만, 순자가 인간의 욕망을 일정부분 인정하고 있음을 의미한다. 욕망을 충족시키기 위해서 禮가 필요하다는 것이 순자의 기본 입장이다. 타고난 본성에 따라 욕구를 추구하면 다투게 되고 다투면 어지러워지며 어지러

---

124) 李相殷, 「유가의 예악사상에 관한 연구」, 성균관대 박사학위 논문, 1990, 9쪽 참조.

125) 『荀子』「禮論」: 禮起於何也 曰 人生而有欲 欲而不得 則不能無求 求而無度量分界 則不能不爭 爭則亂 亂則窮 先王惡其亂也 故制禮義以分之 以養人之欲 給人之求 使欲必不窮乎物 物必不屈於欲 兩者相持而長 是禮之所起也.

126) 『荀子』「王制」: 人生不能無群 群而無分則爭 爭則亂 亂則離 離則弱 弱則不能勝物 故宮室不可得而居也 不可少頃舍禮義之謂也.

워지면 모두가 궁핍한 지경에 빠지게 된다. 이러한 현상을 방지하기 위해서 일정한 分界를 정해야 하는데 이것이 바로 禮라는 것이다.

순자는 또한 禮의 기능과 효용은 개인보다는 집단에서 더욱 커진다고 본다. 사실 禮는 인간이 군거생활을 시작하면서 자연스럽게 파생된 것이며, 儒家에서는 堯·舜의 禪讓으로부터 그 근원을 찾기도 한다.[127] 순자 역시 인간의 군거생활에서부터 그 근원을 찾는다. 群居는 인간의 사회생활을 의미한다. 그것은 다른 동물들보다 신체적 조건이 열악한 인간의 생존을 위한 자구책의 일환이다. 한 집단이 유지 존속되기 위해서는 단결해야 하고 그러기 위해서는 조직이 혼란스럽지 않고 안정되어야 하는데, 그것은 신분의 차등적 분별을 통해서 가능하다고 순자는 인식한다. 신분의 차등적 분별은 尊卑貴賤의 禮的 질서를 의미한다. 크고 작은 모든 집단은 이러한 禮的 질서를 통해서 유지 발전될 수 있다는 것이 순자의 입장이다. 집단의 규모가 가장 큰 국가에서 禮의 역할은 더욱 중요하다. 그러나 그것은 너무나 복잡하고 多岐하여 누구나 쉽게 파악하여 실천하기가 어렵다. 그래서 순자는 複雜多岐한 禮를 같은 類끼리 간단하게 계통화시켜야 함을(統類) 강조한다. 그것이 바로 禮儀之統論이다.

'統類'는 순자의 독창적인 개념이다. 牟宗三[128]과 陳大齊[129]가 이 개념의 중요성을 제일 먼저 지적한 이후로 여러 학자들이 이에 대한 관심을 갖고 연구하게 되었다. 순자는 '지혜가 統類를 통달해 있는(知通統類)' 사람을 聖人으로 본다. 이처럼 統類는 상당히 중요한 의미를 갖

---

127) 郭偉川, 『儒家禮治與中國學術』, 北京圖書館出版社, 2002, 65쪽 참조.
128) 牟宗三, 『名家與荀子』(臺灣 學生書局 1953)에 수록.
129) 陳大齊, 『荀子學說』(臺灣, 中國文化大學出版部, 1955)에 수록.

는다. 類는 『순자』에서 대부분 類似, 同類, 種類 등의 뜻으로 쓰인다.
이것은 모두 그의 사상과 무관하거나 직접적인 관계가 없는 것들이
다. 오로지 統 자와 결합되든지 혹은 法 자와 상대되는 뜻으로 쓰일
때 비로소 순자사상에서 특정한 의미를 갖게 된다. 統 자와 결합된 예
를 먼저 보자.

> 단정하도다, 그 統類를 이용한 실천이여.[130]
>
> 갑자기 한쪽에서 일어나도, 統類를 가지고 그것에 대응한다.[131]
>
> 의지는 공정함을 편안하게 여기고, 실천은 수양을 편안하게 여긴다.
> 지혜가 統類를 통달했다면 이와 같은 사람을 大儒라고 할 만하다.[132]
>
> 말을 많이 해도 화려하고 체계가 있으며, 온종일 어떤 까닭을 논의
> 하여도 말하는 바는 무수히 변화하지만 그 統類는 하나이다. 이것
> 이 聖人의 지혜이다.[133]

統과 類는 모두 이치에서부터 이루어지며, 조리, 질서의 의미가 있
다. 각종 類의 공통된 이치에 의해 계통이 이루어지므로 統과 類를 합
하여 統類라고 한다. 統은 類보다 상위의 개념이다. 統은 類를 다시 더
큰 類로 계통화시킨 것을 의미한다. 『중용』에 "禮儀는 三百이요, 威儀
는 三千이로다."[134]라는 말이 있다. 여기서 禮儀는 統에 해당하고 威儀
는 類에 해당한다고 말할 수 있다. 다시 類가 法 자와 상대하여 쓰인

---

130) 『荀子』「儒效」: 修修兮 其用統類之行也.
131) 『荀子』「儒效」: 卒然起一方 舉統類而應之.
132) 『荀子』「儒效」: 志安公 行安修 知通統類 如是則可謂大儒矣.
133) 『荀子』「性惡」: 多言則文而類 終日議其所以 言之千舉萬變 其統類一也 是聖人之知也.
134) 『中庸』〈第27章〉: 禮儀三百 威儀三千.

예를 보자.

> 법이 있으면 법에 따라 행하고, 법이 없으면 類로 처리한다.[135]

> 법에 의하고 또 그 類를 깊이 알게 된 후에야 온화해진다.[136]

> 성왕이 제정한 것을 법으로 삼아, 그 법칙을 본받아 그 統類를 구한다.[137]

이처럼 법은 구체적이며 類는 원칙적이다. 명문화된 법이 없으면 반드시 類에 근거하여 추리해야 한다. 類는 법 속에 깊이 있어서 쉽게 볼 수 없으며, 항상 법에 의거하여 탐색한 후에야 얻을 수 있다. "그러므로 말이 많아도 類에 맞으면 聖人이요, 말이 적지만 법에 맞으면 군자이다."[138] 類는 알기 어렵고 법은 알기 쉬우므로 類가 법보다 한층 심오하다. 類를 말하는 사람은 성인이며, 법을 말하는 사람은 군자이다. 類는 법보다 상위 개념이다. 이렇게 類는 法과 상대적 개념으로 쓰인다. 이것 역시 統類를 의미한다. 統－類－法의 순차적 분별을 이루고 있는 것이다.

統類는 모든 각종 종류의 근거가 되는 공통된 이치이며, 전장제도의 원리 원칙이다. 순자가 禮義를 받들고 詩書를 폄하한 것은 그가 비록 시서의 감흥은 알지 못했으나 예의의 통류는 깊이 인식하고 있음을 나타낸다. 이른바 통류를 안다는 것은 예의 발전 속에서 드러나는 공통된 원리이며 원칙을 발현한다는 것이다. 공통된 이치는 예의 법

---

135) 『荀子』「王制」: 有法者以法行 無法者以類擧.

136) 『荀子』「修身」: 依乎法 而又深其類 然後溫溫然.

137) 『荀子』「解蔽」: 以聖王之制爲法 法其法以求其統類.

138) 『荀子』「非十二子」: 故多言而類 聖人也 少言而法 君子也.

제가 공동으로 의거하는 원리이다. 순자는 자신이 규정한 智識心으로
이 원리를 파악하여 그것을 '禮義之統'이라고 명명한 것이다.139)

> 군자가 後王의 道를 자세히 살펴서 이전의 역대 제왕의 도를 논하
> 는 것은 마치 두 손을 마주 잡고 의논하는 것처럼 쉽다. 禮義之統
> 을 미루어 시비의 구분을 명확히 하고, 천하를 다스리는 요령을 총
> 괄하여 四海의 백성들을 다스리니, 마치 한 사람을 다스리는 것과
> 같다. 그러므로 행하는 방법이 간단할수록 이루는 일은 커서, 다섯
> 치에 불과한 네모난 자를 가지고 천하의 네모꼴을 남김없이 헤아
> 리는 것과 같다. 그러므로 군자는 방 안에서 나오지 않고도 세상에
> 서 일어나는 모든 사정을 자신에 축적해 놓은 듯이 하니, 행하는
> 방법을 잘 잡아서 그렇게 된 것이다.140)

'禮義之統'이란 역대 제왕이 축적한 법도를 하나로 통일하고 체계
적으로 종합하여 이루어진 것을 말한다. 군자가 자세히 관찰한 후왕
의 道 및 조정하는 방법 역시 禮義之統을 가리킨다. 장악한 것은 비록
간단하지만 그 효과는 크다. 사물의 시비를 분별하여 사리에 맞게 구
분하고 천하를 다스리는 요령을 파악하여 백성들을 다스린다면 간단
한 것으로 복잡한 것을 다스리고 무거운 것을 가벼운 것처럼 들 수
있다. 어떻게 이렇게 할 수 있는가? 禮義之統을 파악하면 어떤 변화에
도 응할 수 있다. 그래서 "類가 뒤섞이지 않으면 비록 오래되어도 이
치는 같다."141)고 말한다. 사물이 일단 類로 나뉘면 그 속에는 조리가

---

139) 『荀子』「榮辱」에는 "今以夫先王之道 仁義之統 以相群居 以相時養"이라고 하여 仁義之統이라는 용어
　　를 쓴다. 이것은 이미 앞에서 禮義를 논할 때에도 仁義는 禮의 뜻을 벗어나는 것이 아님을 밝힌 바 있
　　다. 여기서의 仁義도 孔孟의 仁義와는 다른 것이다. 순자의 仁義는 대체로 禮義를 가리킨다. 李滌生은
　　禮義之統類라고 하였다(『荀子集解』 67쪽 참조).

140) 『荀子』「不苟」: 君子審後王之道 而論於百王之前 若端拜而議 推禮義之統 分是非之分 總天下之要 治
　　海內之衆 若使一人 故操彌約 而事彌大 五寸之矩 盡天下之方也 故君子不下室堂 而海內之情擧積此者
　　則操術然也.

141) 『荀子』「非相」: 類不悖 雖久同理.

있어 찾기가 쉽다. 그러므로 統類의 이치는 복잡한 일에 두루 통한다. 이것이 바로 "類로 복잡한 것을 해결하고, 하나로 만사를 해결한다."[142]는 말의 뜻이다. 統類를 파악하여 사물에 응하면 방 안에 앉아서 사해를 내다보고, 지금 여기에 있으면서도 먼 옛날을 논할 수 있다. 천하 고금의 모든 사물과 제도는 가감이 있고 변화가 있을 수 있지만 '예의지통'을 헤아리면 이에 응할 수 있다. 이러한 '예의지통'은 모두 변별활동의 일환이다. 변별활동은 천하를 다스리는 데에도 절대적으로 필요하다.

> 농부는 토지를 분배받아 농사를 짓고, 상인은 재화를 분배받아 팔며, 각종 기술자는 일을 분배받아 근면하게 일하고, 사대부는 직책을 분배받아 국사를 처리하며, 제후는 땅을 분배받아 지키고, 三公은 국사를 총괄하여 의논하면, 천자는 자기 자신의 몸만 공손히 하면 된다. …… 이것이 역대 제왕의 공통된 방법이며, 예법의 큰 분별이다.[143]

이렇게 각자의 직분에 따라 행하게 하는 것이 예법의 큰 분별이다. 禮는 법도를 제정하는 대원칙이다. 그래서 반드시 禮義가 있은 후에 법도가 제정되는 것이다. 농부가 농사를 짓는 것으로부터 三公이 나랏일을 총괄하는 것에 이르기까지 모두가 정치상의 제도지만 그것을 변별하는 기준은 禮義이다. 이것 또한 統類이다. 이러한 통류적 심미활동의 기준은 오로지 禮義 하나뿐인 것이다.

이와 같이 禮義之統이란 복잡한 萬事萬物을 계통에 따라 분류하여

---

142) 『荀子』「王制」: 以類行雜 以一行萬.

143) 『荀子』「王覇」: 農分田而耕 賈分貨而販 百工分事而勤 士大夫分職而聽 建國諸侯之君分土而守 三公總方而議 則天子共己而止矣 …… 是禮法之大分也.

체계화하는 것을 말한다. 그렇게 되면 누구나 쉽게 알고 편리하게 이용할 수 있다. 그것은 심미적으로 보면 간단명료하게 분별하는 간결미의 표현활동이라고 말할 수 있다. 예술활동에 있어서 간결미의 표현은 쉽게 이룰 수 있는 경계가 아니다. 번잡하고 화려한 표현은 많은 노력을 통해서 얼마든지 가능하지만, 단순하고 간결한 표현은 노력만으로 이루기는 힘들다. 많은 노력과 오랜 세월과 높은 인격수양을 통해서 이루어지는 至高한 심미경계인 것이다. 순자의 심미표준이 '全粹爲美'이기 때문에 오로지 치밀하고 복잡한 예술작품에서 풍기는 아름다움만을 떠올려서는 안 될 것이다. 禮義之統 이론을 예술작업에 도입하여 표현한다면 최고수준의 간결미적 심미경계를 표현할 수도 있다. 물론 그것은 후인들의 몫이라는 것을 잊어서는 안 된다.[144] 인간의 예술작품은 인간의 손에 의하여 만들어진다. 아무리 인간경계를 뛰어넘는 초월적 심미경계가 담겨 있는 예술작품이라 하더라도, 그것은 인간경계를 떠나지 않은 인간의 感性을 통해서만 그 존재의의를 갖게 된다. 인간은 인간세계를 떠나서는 그 존재의의가 사라지기 때문이다.

(3) 禮義之道觀의 심미적 文飾작용

선진유가에서 강조하는 禮는 개인의 수양과목으로서의 역할도 중요시한다. 순자 역시 마찬가지이다. "禮는 자신을 바르게 해 주는 존재이다."[145]라는 순자의 말은 그것을 분명하게 시사한다. 이러한 禮

---

144) 秋史 김정희의 말년 작품 〈板殿〉, 부석사 무량수전·수덕사 대웅전의 〈배흘림기둥〉, 조선백자 〈달항아리〉 등은 이러한 측면에서 최고의 간결미를 표현한 예술품이라고 말할 수 있을 것이다.

를 수양적 차원에서 말한다면 군자와 소인을 들지 않을 수 없다. 순
자가 말한 군자와 소인의 차이점도 바로 이 禮에서 비롯된 것이다.

> 천지는 만물의 시작이요, 禮義는 다스림의 시작이며 君子는 예의의
> 시작이다. 예의를 행하고 익히고 쌓으며 더없이 좋아하는 것이 군
> 자가 되는 시작이다. 그러므로 천지는 만물을 낳고, 군자는 천지를
> 다스린다. 군자는 천지가 만물을 다스리는 데 참여하며, 만물의 강
> 령이고, 백성의 부모이다. 군자가 없으면 천지에 조리가 없어지고
> 예의에 체계가 없어지며, 위로는 군주와 스승이 없고, 아래로는 父
> 子가 없게 된다. 이것을 지극한 혼란이라고 한다.146)

이렇게 천지와 함께 만물을 다스리고 백성의 부모가 되는 군자는
예의를 행하고 익히고 쌓으며 더없이 좋아하는 사람이다. 그래서 순
자는 "오늘날의 사람들도 師法의 교화를 받아 학문을 쌓아서 禮義를
따라 행하는 자는 군자가 되고, 性情을 방임하여 제멋대로 행동하며
예의에 어긋나는 자는 소인이 된다."147)라고 말한다. 性情을 따르면
형제간이라도 다투게 되고, 禮義에 교화되면 남이라도 양보하게 되며,
예의가 없으면 난폭해지고, 예의를 모르면 어그러진다.148) 개인의 수
양은 禮를 익혀서 행하고 축적하는 가운데 이루어짐을 강조한 것이
다. 순자 禮論의 개인적 수양 차원에서 말한 특징이 바로 이것이다.

순자가 말하는 道는 사실상 禮(禮義)를 가리킨다. 禮는 순자 철학 체
계에서 모든 것의 기준이 되며, 편견과 中道를 가늠하는 기준이 된다.

---

145) 『荀子』「修身」: 禮者 所以正身也.

146) 『荀子』「王制」: 天地者 生之始也 禮義者 治之始也 君子者 禮義之始也 爲之 貫之 積重之 致好之者 君
　　子之始也 故天地生君子 君子理天地 君子者 天地之參也 萬物之總也 民之父母也 無君子 則天地不理
　　禮義無統 上無君師 下無父子 夫是之謂至亂.

147) 『荀子』「性惡」: 今之人 化師法 積文學 道禮義者 爲君子 縱性情 安恣睢 而違禮義者 爲小人.

148) 『荀子』「性惡」: 故順情性 則兄弟爭矣 化禮義 則讓乎國人矣 …… 人無禮義則亂 不知禮義則悖.

그러므로 禮를 숭상하면 비록 지식이 밝지 못해도 존경받을 만한 선비라고 할 수 있지만, 禮를 숭상하지 않으면 비록 사물을 잘 고찰하고 논변을 잘한다 해도 쓸모없는 선비에 불과하게 된다. 그래서 학문도 禮에서 끝마쳐야 함을 강조한다.

> 학문은 어디에서 시작하여 어디에서 끝마치는가? 학문의 순서는 경전을 읽는 것에서 시작하여 禮를 읽는 것에서 끝마친다. 학문의 의의는 도덕 수양을 하는 선비에서 시작하여 聖人이 되는 것에서 끝마친다. 진실로 오래도록 힘써 행하면 학문의 道에 들어가는 것이니 학문이란 생명이 다한 뒤라야 끝나는 것이다. …… 『서경』은 政事를 기록한 책이고, 『시경』은 中和의 소리를 모아 놓은 것이며 『예기』는 법의 큰 나뉨이요, 類의 紀綱이다. 그러므로 학문이 禮에 이르면 마치는 것이니, 이것을 도덕의 극치라고 한다.[149]

이러한 禮를 따르지 않고 『시경』과 『서경』으로 학문을 대신하는 것은, 손가락으로 황하를 측량하고, 창끝으로 방아를 찧으며, 송곳으로 병 속에 든 음식을 집어 먹으려는 것에 비유할 수 있으니, 아무것도 얻을 수 없을 것이다.[150] 그래서 위로는 스승을 가까이하지 않고 아래로는 禮를 받들지 않으면서, 잡다한 학설을 주워 배우고, 詩書의 글귀만 외우고 따를 뿐이라면 평생토록 학문을 한다고 하더라도 고루한 선비에서 벗어날 수 없다[151]고 순자는 말한다. 순자는 국가를 다스리는 각종 규범과 국가를 바르게 하는 도구도 禮로 인식한다.

---

149) 『荀子』「勸學」: 學惡乎始 惡乎終 日 其數則始乎誦經 終乎讀禮 其義則始乎爲士 終乎爲聖人 眞積力久 則入 學至乎沒而後止也 …… 故書者 政事之紀也 詩者 中聲之所止也 禮者 法之大分 類之綱紀也 故學 至乎禮而止矣 夫是之謂道德之極.

150) 『荀子』「勸學」: 不道禮憲 以詩書爲之 譬之以指測河也 以戈舂黍也 以錐飡壺也 不可以得之矣.

151) 『荀子』「勸學」 참조.

나라에 禮가 없으면 바르지 못하다. 예는 나라를 바로잡는 것이다.[152]

禮란 차이를 구분해서 직분을 정하는 최고의 법칙이요, 나라를 강대하고 굳건하게 하는 근본이며, 위엄이 행해지는 첩경이며, 공적과 명예의 집합이다.[153]

선왕의 道는 仁을 숭상하는 것으로서 中을 따라 행하는 것이다. 무엇을 中이라 하는가? 禮義가 바로 그것이다. 도란 하늘의 道도 아니요, 땅의 道도 아니며, 사람으로서 가야 할 길이며 군자가 가야 할 길이다.[154]

이렇게 인식한 禮야말로 순자에 있어서는 道 그 자체라고 아니 할 수 없다. 그렇기 때문에 개인의 생존과 사업의 성취, 그리고 국가의 安寧까지도 모두 예의 규범에서 벗어날 수 없는 것이다. "인간에게 禮가 없으면 살아갈 수 없고, 일에 예가 없으면 이루어지지 않으며, 국가에 예가 없으면 편안할 수 없다."[155] 순자의 道를 禮義之道的 차원에서 본 蔡仁厚의 관점은 이를 잘 뒷받침한다. 채인후는 순자와 주자를 비교하여 다음과 같이 말한다.

순자가 말하는 禮義는 사실 道이며 주희의 性理와 같다.[156]

이상과 같이 순자 미학에서의 道는 禮를 의미하며, 道가 의미하는 심미범주는 禮의 범주를 의미한다. 그러므로 순자는 "禮란 人道의 극

---

152) 『荀子』「王霸」: 國無禮則不正 禮之所以正國也.

153) 『荀子』「議兵」: 禮者 治辨之極也 强固之本也 威行之道也 功名之總也.

154) 『荀子』「儒效」: 先王之道 仁之隆也 比中而行之 曷謂中 曰 禮義是也 道者 非天之道 非地之道 人之所以道也 君子之所以道也.

155) 『荀子』「修身」: 人無禮則不生 事無禮則不成 國家無禮則不寧.

156) 蔡仁厚, 『孔孟荀哲學』, 臺灣 學生書局, 民國 77, 525쪽 참조.

치(極)이다."157)라고 말하는 것이다. 유가미학에서의 道란 미의 규율, 미의 근원, 미의 본체, 미의 표현 등을 포함하며 일반적으로 審美理想을 지칭한다고 할 때,158) 순자의 禮는 이러한 모든 심미범주를 함유하는 것이다.

> 禮란 너무 긴 것은 자르고 너무 짧은 것은 이어 주며 남음이 있는 것은 덜어 주고 부족함이 있는 것은 보태 주어 사랑과 존경의 文飾을 통달하여 行義의 아름다움을 기르고 완성하는 것이다.159)

여기서 순자는 아름다울 수 있도록 조절하는 것이 禮라고 말한다. 長短의 부조화, 수량의 부조화를 조화롭게 바꿔 줄 수 있는 것이 禮이며, 사랑과 존경의 표시와 義를 행하는160) 아름다움을 길러 주고 완성할 수 있게 하는 것도 바로 禮라는 것이다. 그렇기 때문에 "음식, 의복, 거처, 행동거지를 모두 禮에 따르면 조화롭고 절도가 있지만, 예를 따르지 않으면 재앙에 빠져서 병폐가 생기며, 용모, 태도, 진퇴, 趨行 등이 예를 따르면 아름답고(雅), 예를 따르지 않으면 오만하고 편벽되고 저속하고 촌스럽다."161)고 말하는 것이다. 그래서 순자는 우리의 일신상에 나타나는 감정과 의식주까지도 禮에 맞아야 함을 강조한다.

---

157) 『荀子』「禮論」: 禮者 人道之極也.

158) 林同華 主編, 『中華美學大詞典』, 安徽敎育出版社, 2002, 92쪽 참조.

159) 『荀子』「禮論」: 禮者 斷長續短 損有餘 益不足 達愛敬之文 而滋成行義之美者也.

160) 여기서 行義를 '義를 행하다'로 번역했지만, 문맥상 儀로 이해하여 '예의 바른 행동을 하다'라는 뜻으로 이해해도 큰 무리는 없을 것이다. 순자의 義는 禮를 가리키는 경우가 대부분이다.

161) 『荀子』「修身」: 飮食衣服居處動靜 由禮則和節 不由禮則觸陷生疾 容貌態度進退趨行 由禮則雅 不由禮則夷固僻違 庸衆而野.

즐거워 얼굴에 고운 윤택이 나는 것과 근심과 슬픔으로 핼쑥하고 나쁜 안색을 하는 것은 길흉 및 근심과 즐거움의 감정이 안색에 나타난 것이다. 노래하고 농담하며 웃거나 울고 곡하는 것은 길흉 및 근심과 즐거움의 감정이 목소리에 나타난 것이다. 고기와 쌀밥, 단 술과 술 등은 …… 길흉 및 근심과 즐거움의 감정이 음식에 나타난 것이다. 평상복과 黼黻의 장식 등은 …… 길흉 및 근심과 즐거움의 감정이 의복에 나타난 것이다. 탁 트인 방과 웅장한 집, 돗자리와 침대 등은 …… 길흉 및 근심과 즐거움의 감정이 거처에 나타난 것이다. 이 두 가지 감정은 사람이 나면서부터 본래 가지고 있는 단서이다. 만약 그것을 자르기도 하고 이어 주기도 하며, 넓혀 주기도 하고 좁혀 주기도 하며, 더해 주기도 하고 덜어 주기도 하여, 어울려 충분히 발휘되고 성대하고 아름답게 해 주어, 本末과 始終으로 하여금 순순히 따르지 않을 수 없게 하고, 족히 만세토록 법칙이 될 만하게 한다면 곧 이것이 禮인 것이다.162)

위의 예문은 인간의 신체 중 안색과 목소리에 나타나는 길흉 및 근심과 즐거움의 감정들, 그리고 의식주에 나타나는 길흉 및 근심과 즐거움의 감정들은 태어나면서부터 가지고 있던 것이 나타난 것이라는 것을 말하고 있다. 그렇다면 그것은 순자에 있어서는 惡한 존재로 분류될 수밖에 없다. 그러기에 과한 것은 덜어 주고 부족한 것은 더해 주어 잘 조절해야만 아름다울 수 있다는 논리가 성립한다. 그것을 담당하는 것이 바로 禮이며, 禮는 인간의 욕망을 제약하고 통제하는 기능을 통해서 가장 이상적인 조화를 추구함으로써, 오히려 인간의 욕망을 길러 줄 수 있는 최고의 가치가 될 수 있다고 순자는 인식한 것이다.

---

162) 『荀子』「禮論」: 故說豫婏澤 憂戚萃惡 是吉凶憂愉之情發於顔色者也 歌謠謷笑 哭泣諦號 是吉凶憂愉之情發於聲音者也 芻豢稻粱酒醴 …… 是吉凶憂愉之情發於飮食者也 卑絻黼黻文飾 …… 是吉凶憂愉之情發於衣服者也 疏房檖貌 越席牀第 …… 是吉凶憂愉之情發於居處者也 兩情者 人生固有斷焉 若夫斷之繼之 博之淺之 益之損之 類之盡之 盛之美之 使本末終始莫不順比 足以爲萬世則 則是禮也.

그러므로 禮는 길러 주는 것이다. 芻豢, 稻粱 등 五味가 조화된 맛은 입을 기르기 위한 것이고, 산초, 난초, 향기로운 풀 등은 코를 길러 주기 위한 것이다. 깎고 쪼아서 만든 조각품과 黼黻의 문채는 눈을 길러 주기 위한 것이고, 종, 북, 피리, 경쇠, 거문고, 비파, 생황 등은 귀를 길러 주기 위한 것이다. 탁 트인 방과 웅장한 궁정과 돗자리와 침대와 안석과 방석은 몸을 길러 주기 위한 것이다. 그러므로 禮란 길러 주는 것이다. 군자가 이미 그 길러 줌을 얻었다면 또한 그 분별을 좋아할 것이다. 분별이란 무엇을 말하는가? 그것은 貴賤의 등급이 있고, 長幼의 차례가 있어서, 貧富輕重이 모두 알맞게 어울리는 것을 말한다.[163]

禮는 인간의 욕망을 충족시켜 주기 위하여 인간의 의식주에 나타나는 감정들을 알맞게 조절한다. 貴賤의 등급, 長幼의 차이, 貧富輕重이 모두 알맞게 조화를 이룰 때 인간의 욕망은 오히려 극대화된다고 순자는 인식한다. 그것이 바로 순자에 있어서는 가장 아름다운 모습이 된다. 우리는 이미 순자의 性論을 통해서 그의 심미의식을 살펴본 바 있다. 순자는 性을 변화시켜 僞(인위)를 일으킴으로써 아름다움으로 나아갈 수 있다고 하는 化性起美的 심미태도를 보여 준다는 것을 알고 있다. 순자의 禮論에서 살펴볼 수 있는 심미의식도 역시 化性起美의 연속선상에 있는 것이다. 化性起僞의 僞는 美로 나아가는 행위, 즉 禮를 행하는 주체로서의 인간행위를 의미하기 때문이다.

순자에 있어서 美의 대상은 철저하게 인간의 문화에 집중한다. 인위적 가공을 거치지 않은 자연물은 그의 미적 대상에서 제외된다. 이미 살펴보았던 化性起美나 全粹爲美의 내용도 모두 이를 증명하는 내용들이며, 여기에서 고찰해 본 禮의 심미적 측면에서도 모두 일관되

---

163) 『荀子』「禮論」: 故禮者養也 芻豢稻粱 五味調香 所以養口也 椒蘭芬苾 所以養鼻也 彫琢刻鏤 黼黻文章 所以養目也 鐘鼓管磬 琴瑟竽笙 所以養耳也 疏房檖貌 越席牀第几筵 所以養體也 故禮者 養也 君子旣得其養 又好其別 曷謂別 曰 貴賤有等 長幼有差 貧富輕重皆有稱者也.

게 나타나고 있다. 순자는 인간이 이루어 놓았거나 앞으로 이루어 놓아야 할, 인간의 문화에 모든 관심을 기울이고 그것을 가장 이상적인 세계, 가장 아름다운 세계로 만들기 위하여 정력을 쏟았던 사상가이다. 그 소망은 분명히 인간의 힘, 즉 禮로 이루어 낼 수 있다고 굳게 믿었던 것으로 보인다. 순자는 모든 행위의 규범요소를 禮(禮義)로 인식한 禮義之道的 입장을 견지한 것이며, 그것을 심미적 文飾활동에도 그대로 적용하고 있음을 알 수 있다. 순자를 평할 때, 그의 性惡論을 들어 단순하게 인간을 믿지 못한 데서 그의 철학이 출발했다고 하는 견해는 전적으로 수용할 만한 것이 못 된다. 오히려 순자는 인간을 지극히 신뢰한 철저한 인문주의자라고 말할 수 있을 것이다.

2) 樂論의 심미적 사회교화활동

樂은 본래 樂器를 나타내는 글자이다. 『說文』에는 "五聲과 八音을 총칭하는 이름이며, 크고 작은 북들을 나무틀에 걸어 놓은 것을 상징한다."[164]고 되어 있다. 五聲은 宮, 商, 角, 徵, 羽의 오음을 뜻하며, 八音은 金, 石, 絲, 竹, 匏, 土, 革, 木의 여덟 악기소리를 의미한다. 이 오성과 팔음을 조화시키는 것이 樂이다. 『禮記』「樂記」에는 "樂이란 천지의 조화이다. …… 조화롭기 때문에 百物이 다 변화한다."[165]고 하여 樂의 조화기능을 설명한다. 古代에 있어서 樂은 오늘날 우리가 사용하는 '음악'이라는 용어와 일치하는 것이 아니다. 「樂記」에는 "소리가 상응

---

164) 『說文解字』: 樂 五聲八音之總名 象鼓鞞 木 虡(거)也./鼓는 큰북, 鞞(鼙)는 작은 북이며, '樂' 자의 윗부분(木을 뺀 부분) 중에서 가운데는 鼓를 양옆은 鞞를 나타낸다. 木은 악기를 걸어 놓는 틀(栒)이다(『說文解字注』 참조).

165) 『禮記』「樂記」: 樂者天地之和也 禮者天地之序也 和故百物皆化 序故群物皆別.

하면 변화가 일어나니, 변화가 형식을 갖춘 것을 音이라 한다. 그 音을 여러 가지 악기로 연주하며 竽戚, 羽旄의 춤을 곁들인 것을 樂이라 한다.”166)라고 하며, 『史記正義』에는 “하늘에는 日月星辰이 있고, 땅에는 강산과 바다가 있으며, 세월에는 만물의 성숙이 있고, 나라에는 賢聖과 궁궐 서민과 관료가 있으며, 사람에게는 언어와 의복과 體貌와 단정한 修身이 있다. 이 모두를 일러 樂이라 한다.”167)라고 되어 있다. 이와 같이 고대의 樂은 詩, 歌, 舞 등의 각종 예술장르를 포괄하는 종합예술적 성격을 갖는다. 이것을 보면 우주, 인생, 사회의 모든 것이 樂에 영향을 주기도 하고 받을 수도 있음을 설명하는 것으로 이해할 수 있다. 그러므로 樂은 詩, 歌, 舞를 포괄하는 고대 인류의 문화활동을 지칭하는 것이라고 할 수 있다. 樂이 기타의 각종 예술에 비하여 가장 중요한 지위를 차지하고, 가장 중요한 작용을 하는 것도 이러한 이유에서이다.

순자는 인간의 욕망을 천부적인 것이라 하여 피할 수 없는 존재로 긍정한다. 그의 樂論의 심미적 의미를 제대로 파악하기 위해서는 이러한 점을 충분히 이해해야 한다. 그의 樂論은 주로 개체인격의 감화와 사회적 移風易俗에 중점을 두고 있으며, 특히 墨子의 非樂論을 비판하는 데 많은 힘을 기울이고 있다. 樂은 사람에게 미치는 영향이 매우 크고, 사람들을 매우 빠르게 변화시킨다.168) 순자의 樂論은 심미적으로 볼 때 아름다운 인생의 완성과 아름다운 사회의 건설에 집중되어 있다.

---

166) 『禮記』「樂記」: 聲相應 故生變 變成方謂之音 比音而樂之及竽戚羽旄謂之樂./變成方謂之音에서 方은 文章과 같다. 〈禮記鄭注〉

167) 『史記正義』: 天有日月星辰 地有山陵河海 歲有萬物成熟 國有賢聖宮觀周域官僚 人有言語衣服體貌端 修 咸謂之樂(李相殷, 「유가의 예악사상에 관한 연구」, 성대관대 박사학위논문, 1990, 15~16쪽에서 재인용).

168) 『荀子』「樂論」: 夫聲樂之入人也深 其化人也速.

(1) 인격수양적 개체감화작용

순자는 '喜怒哀樂愛惡慾'이라는 인간의 감정은 천부적이며 자연적인
것이라고 인식한다. 그러므로 그것을 순자는 天情[169]이라고 하며, 天情
을 발현하는 감각기관을 天官이라고 한다. 天官은 "눈은 색깔을 극진하
게 하려 하고, 귀는 음악을 극진하게 하려 하며, 입은 맛을 극진하게
하려 하고, 코는 냄새를 극진하게 하려 하며, 마음은 편안함을 극진하
게 하려 한다. 이 다섯 가지의 극진하게 하려 함은 사람의 감정에서
절대로 피할 수 없는 것이다."[170] 이러한 자연발생적인 정감을 제어하
지 않는다면, 매 개인마다 무제한적으로 자기욕망의 만족을 추구하게
되어, 그것은 다툼과 혼란을 야기하게 될 것이다. 그러므로 반드시 사
람의 정감욕망에 대하여 절제와 규범을 가해야 한다. 바른 樂이야말로
바로 이러한 작용을 일으킬 수 있다는 것이 순자의 생각이다.

순자 樂論의 심미작용에 대한 탐구는 그의 심미표준인 化性起美的
입장에서 이해해야 한다. 개인의 아름다운 인격수양도 학습과 교화를
통한 후천적 인위에 의하여 이루어질 수 있다는 것이 순자의 기본 입
장이다. 이때의 학습과 교화의 도구가 禮와 樂인 것이다. 禮에 대한 내
용은 이미 앞에서 충분히 다루었기 때문에 여기서는 樂의 심미적 감
화작용에 대해서만 살펴보기로 한다. 樂이 제대로 행해지면 의지가
맑아지고 耳目이 총명해지며, 사람의 혈기를 화평하게 할 뿐만 아니
라, 좋은 풍속으로 바꾸어(移風易俗) 천하를 모두 평안하게 하고(天下

---

169) 『荀子』「正名」: 形具而神生 好惡喜怒哀樂臧焉 夫是之謂天情.

170) 『荀子』「王霸」: 夫人之情 目欲綦色 耳欲綦聲 口欲綦味 鼻欲綦臭 心欲綦佚 此五綦者 人情之所必不免
也./綦는 極의 뜻.

皆寧), 미와 선이 서로 즐겁게 하는(美善相樂) 특수한 작용을 일으킬 수 있다는 것이다. 순자는 樂을 제정한 이유를 개체적 차원에서 다음과 같이 말한다.

樂이란 즐거운 것이라서, 人情으로는 반드시 피할 수가 없다. 그러므로 사람에게는 樂(악)이 없을 수 없으며, 즐거우면 곧 그것이 목소리로 나타나고 행동으로 드러난다. 그래서 사람이 목소리와 행동 및 性術의 변화를 이끌어서 여기에서 다 발휘하였다. 그러므로 사람은 즐거워하지 않을 수 없으며, 즐거우면 겉으로 표현되지 않을 수 없고, 겉으로 표현되었는데 올바로 인도하지 않으면 혼란이 없을 수 없다. 先王께서는 그러한 혼란을 싫어하셨다. 그러므로 雅, 頌의 소리를 제정하고 이끌어서, 그 소리로 하여금 충분히 즐거우면서도 어지러움으로 흐르지 않게 하고, 그 형식으로 하여금 충분히 분별되면서도 없어지지 않게 하고, 그 소리의 복잡하고 단순한 가락과 뾰족하고 둥그스름한 장단으로 하여금 충분히 사람의 착한 마음을 감동시켜서 저 사악하고 더러운 기운이 가까이할 수 없도록 한 것이다. 이것이 先王께서 樂을 제정하신 이유이다.[171]

인간의 즐거움은 막을 수 없다. 그래서 제대로 인도하지 않으면 혼란이 생긴다. 그러므로 先王이 이것을 싫어하여 雅, 頌을 만든 것이라 한다. 雅, 頌은 즐거우면서도 혼란으로 흐르지 않게 하며, 충분히 사람의 착한 마음을 감동시켜서 사악하고 더러운 기운이 가까이할 수 없게 하는 작용을 한다. 즉 개체에 대한 감화작용이 충분하다는 것이다. "그러므로 雅, 頌을 들으면 마음과 뜻이 넓어질 수 있다. 干戚을 잡고서 몸을 숙이고 젖히고 구부리고 펴는 동작을 익히면 용모가 웅장해질 수 있다. 춤추는 위치와 나가고 들어갈 자리를 알게 하고 樂의 장

---

171) 『荀子』「樂論」: 夫樂者 樂也 人情之所必不免也 故人不能無樂 樂則必發於聲音 形於動靜 而人之道聲音動靜性術之變盡是矣 故人不能不樂 樂則不能無形 形而不爲道 則不能無亂 先王惡其亂也 故制雅頌之聲以道之 使其聲足以樂而不流 使其文足以辨而不諰 使其曲直繁省廉肉節奏 足以感動人之善心 使夫邪汙之氣無由得接焉 是先王立樂之方也.

단을 맞추게 되면 행렬이 바르게 될 수 있고 나아가고 물러나는 행동이 정해질 수 있다."[172] 이것이야말로 樂으로 개체를 감화시키는 모습이다. 올바른 道에로의 인도이다. 그 모습은 군자의 모습을 떠올리게 한다. "군자는 귀해질 수는 있지만 남들이 자기를 반드시 귀하게 여기도록 하지는 못한다. 믿을 만하게 될 수는 있지만 남들이 자기를 반드시 믿도록 할 수는 없다. 쓰일 수 있게 되기는 하지만 남들이 자기를 반드시 쓰게 하지는 못한다. 그러므로 군자는 자신을 수양하지 못한 것을 부끄럽게 여기지만, 남들이 더럽게 보는 것을 부끄럽게 여기지는 않는다. 信義가 없는 것은 부끄럽게 여기지만, 남들이 믿어 주지 않는 것을 부끄럽게 여기지는 않는다. 능력이 없는 것을 부끄럽게 여기지만 쓰이지 않는 것을 부끄럽게 여기지는 않는다. 이 때문에 명예에 유혹되지 않고 남의 비방을 두려워하지도 않는다. 도를 따라 행동하며 단정히 자기를 올바르게 유지하기만 하지, 외물에 의해 기울어지는 일이 없다. 이런 사람을 두고 진실로 군자라고 하는 것이다."[173] 순자가 말하는 군자의 모습은 『논어』「學而」에서 공자가 말하는 군자의 모습과 매우 흡사하다. 이것은 공자가 말한 不慍君子의 모습을 상세하게 보충 설명하는 듯하다. 그러므로 군자는 올바른 도를 터득하는 것으로 즐거움을 삼는다고 순자는 말한다.

> 그러므로 樂이란 즐기는 것이라고 하는 것이다. 군자는 올바른 도
> 의 터득을 즐기고, 소인은 그의 욕망 얻기를 즐긴다. 올바른 도로

---

172) 『荀子』「樂論」: 故聽其雅頌之聲 而志意得廣焉 執其干戚 習其俯仰屈伸 而容貌得莊焉 行其綴兆 要其節奏 而行列得正焉 進退得齊焉.

173) 『荀子』「非十二子」: 君子能爲可貴 不能使人必貴己 能爲可信 不能使人必信己 能爲可用 不能使人必用己 故君子恥不修 不恥見汚 恥不信 不恥不見信 恥不能 不恥不見用 是以不誘於譽 不恐於悱 率道而行 端然正己 不爲物傾側 夫是之謂誠君子.

욕망을 통제하면 곧 즐거우면서도 어지럽지 않게 되고, 욕심만 내고 올바른 도를 잊어버린다면 곧 미혹되어 즐겁지 않게 된다. 그러므로 樂이란 즐거움을 인도하는 방편이다. 쇠와 돌과 실과 대나무로 만든 악기들은 덕으로 인도하는 방편이다. 악이 바르게 연주되면 백성들이 올바른 길로 향하게 된다. 그러므로 악이란 사람들을 올바로 다스리는 성대한 것이다.[174]

군자는 올바른 道의 터득을 즐기는 사람이다. 올바른 도로 욕망을 조절하면 즐거우면서도 어지럽지 않다. 樂(악)은 즐거움으로 인도하는 방편이며 올바른 길로 향하게 하는 성대한 존재이다. 이러한 樂에 감화된 군자를 순자의 말을 빌리면 ‘大儒’라고 한다. 순자는 儒者를 ‘俗儒, 雅儒, 大儒’로 구분한다. 俗儒는 先王을 내세우며 어리석은 자들을 속여 옷과 음식을 마련하며 재물을 쌓아 그의 입에 먹을 것이 충분해지면 의기양양해지며, 뜻을 이루기 위해서는 상대방 長子를 따라다니기도 하고, 상대방 측근자들을 섬기기도 하며, 상대방의 上客들과 교제하고 편안히 평생의 포로가 된 것처럼 지내면서 감히 딴 뜻은 품어 보지도 못하는 자들이다.[175] 雅儒는 後王을 법도로 삼으며 제도를 통일하고 禮義를 높이며, 아는 것을 안다 하고 모르는 것을 모른다 하며, 안으로는 스스로 속이지 않고 밖으로도 스스로 거짓말하지 않으며, 현명한 사람을 존경하고 법도를 두려워하며 감히 태만하거나 오만하지 않는 자들이다.[176] 그렇다면 大儒는 어떠한 모습의 군자를 말하는 것일까?

---

174) 『荀子』「樂論」: 故曰 樂者 樂也 君子樂得其道 小人樂得其欲 以道制欲 則樂而不亂 以欲忘道 則惑而不樂 故樂者 所以道樂也 金石絲竹 所以道德也 樂行而民鄕方矣 故樂者 治人之盛者也.

175) 『荀子』「儒效」: 呼先王以欺愚者而求衣食焉 得委積足以揜其口 則揚揚如也 隨其長子 事其便辟 擧其上客 億然若終身之虜而不敢有他志 是俗儒者也.

176) 『荀子』「儒效」: 法後王 一制度 隆禮義 …… 知之曰知之 不知曰不知 內不自以誣 外不自以欺 以是尊賢畏法而不敢怠傲 是雅儒者也.

先王을 법도로 삼고 禮義와 제도를 통일하며, 淺近한 것으로 博深
한 것을 알며, 옛일을 근거로 지금의 일을 알며, 하나를 근거로 만
가지 일을 잘 처리한다. 진실로 仁義에 대한 것이라면 비록 禽獸
중에 있다 하더라도 흑백을 분별하듯 가려내며, 기이한 물건이나
괴상한 변화가 생겨 전에 들어 본 적도 없고 본 일도 없는 것이 갑
자기 한편에 나타나더라도, 統類(類를 크게 계통화함)를 들어 이에
대응해 의심하거나 부끄러워하는 일이 없다. 법도를 적용시켜 한
일에 대해 헤아려 보면 마치 符節이 딱 들어맞는 것과 같다. 이런
사람이 大儒이다.177)

순자가 말한 大儒는 禮義에 통달한 知的 博深함을 이룩한 사람이다.
그런 사람은 어떠한 변칙적 상황이 닥쳐오더라도 조금도 당황하지
않는다. 그에게는 禮義라는 확실한 기준이 항상 서 있기 때문이다. 이
러한 儒者가 조정에 있으면 곧 아름다운 정치를 하고, 아랫자리에 있
으면 풍속을 아름답게 한다178)고 말한다. 그 아름다움은 다음과 같은
大儒의 功效와 업적 그리고 도덕인격의 찬란함 등의 세 가지 특징으
로 나타난다.

大儒란 비록 궁색하고 누추한 집에 살면서 송곳 하나 꽂을 땅조차
없더라도 왕과 제후가 그와 명성을 다툴 수 없는 사람이다. …… 사
방 백 리에 불과한 조그마한 땅을 다스리더라도 천 리나 되는 큰 나
라의 제후도 그와 승부를 겨룰 수 없다. 난폭한 나라를 격퇴하여 천하
를 통일한 자라도 그를 쓰러뜨릴 수 없다. 이것이 大儒의 효능이다.179)

그의 말은 법칙에 합하고, 행위는 禮에 맞으며, 일을 처리함에는

---

177) 『荀子』「儒效」: 法先王 統禮義 一制度 以淺持博 以古持今 以一持萬 苟仁義之類也 雖在鳥獸之中 若
別白黑 倚物怪變 所未嘗聞也 所未嘗見也 卒然起一方 則擧統類而應之 無所儗怎(怍) 張法而度之 則唵
然若合符節 是大儒者也.

178) 『荀子』「儒效」: 儒者在本朝則美政 在下位則美俗 儒之爲人下 如是矣.

179) 『荀子』「儒效」: 彼大儒者 雖隱於窮閭漏屋 無置錐之地 而王公不能與之爭名 …… 用百里之地 而千里
之國莫能與之爭勝 笞棰暴國 齊一天下 而莫能傾也 是大儒之徵也.

후회하는 일이 없으며, 위험이 닥쳐와도 그때그때 알맞게 처리하여
합당하다. 때와 더불어 옮기고 세상과 더불어 함께하여 천 번을 움
직이고 만 번을 변해도 그의 도는 오직 하나이다. 이것이 大儒의
업적이다.[180]

그가 곤궁에 처하면 俗儒들이 비웃지만, 그가 通하면 영웅호걸도
그에게 감화를 받는다. 괴상한 행동을 하던 사람들은 도망가고, 사
악한 학설을 부르짖던 사람들은 그를 두려워하며, 일반 사람들은
부끄러워한다. 通하면 천하를 통일하고, 窮하면 홀로 고귀한 명성
을 세상에 떨치니, 하늘도 그를 죽일 수 없으며 땅도 그를 묻을 수
없다. 걸왕과 도척이 살던 무도한 세상이라도 그를 더럽힐 수 없으
니, 大儒가 아니면 그와 같은 명성을 세울 수 없다. 공자와 子弓이
이런 사람이다.[181]

첫 번째 인용문에서는 大儒의 功效를 말한 것으로 맹자의 大丈夫論
을 연상시킨다. 仁義禮智에 뿌리박은 대장부의 의지는 빈천과 부귀 또
는 그 어떠한 威武도 그를 굴복시킬 수 없다는 말과 같이, 禮義之道로
무장한 大儒의 의지는 王侯도 그와 명성을 다툴 수 없으며, 천하를 통
일한 패자라도 그를 쓰러뜨릴 수 없다. 이것이 大儒의 효능으로 나타
나는 아름다움이다. 두 번째 인용문에서는 大儒의 업적을 설명한 것
으로 맹자가 孔子를 가리켜 '時聖'이라고 표현한 말을 연상시킨다.[182]
또한 순자가 「儒效」 첫머리에서 周公의 업적을 자세히 밝힌 내용을
연상시키기도 한다. 어떠한 위험이 닥쳐와도 그때그때 알맞게 처리하
여 합당하며, 때와 더불어 옮기고 세상과 더불어 함께하여 천 번을
움직이고 만 번을 변해도(千動萬變) 그의 道는 오직 하나임을 말한다.

---

180) 『荀子』「儒效」: 其言有類 其行有禮 其擧事無悔 其持險應變曲當 與時遷徙 與世偃仰 千擧萬變 其道一
　　也 是大儒之稽也.

181) 『荀子』「儒效」: 其窮也 俗儒笑之 其通也 英傑化之 嵬瑣逃之 邪說畏之 衆人媿之 通則一天下 窮則獨
　　立貴名 天不能死 地不能埋 桀跖之世不能汚 非大儒莫之能立 仲尼子弓是也.

182) 『孟子』「萬章 下」: 孔子 聖之時者也.

이것이 大儒의 업적에서 나타나는 아름다움이다. 세 번째 인용문에서는 大儒의 도덕 인격의 찬란함을 설명한 것으로, 맹자가 大人(君子)의 풍모는 그 얼굴빛에 나타남이 윤택하고 등에 가득하며 四肢에 베풀어진다[183]고 한 말을 연상시킨다. 이상이 순자가 말하는 大儒로서의 군자의 모습이다.

순자는 이러한 군자의 德을 玉에 비유(比德)하여 묘사한다. "자공이 공자께 물었다. 군자가 玉은 귀하게 여기고 珉은 천하게 여기는 것은 어째서입니까? 玉은 적고 珉은 많기 때문입니까? 공자가 대답했다. 아! 賜야 그게 무슨 말이냐? 군자가 어찌 많다고 그것을 천하게 여기고 적다고 그것을 귀하게 여긴단 말이냐? 玉이란 군자의 德과 견줄 만한 것이다. 온화하고 윤택이 있는 것은 仁의 덕이다. 분명히 드러나게 文理가 있는 것은 知의 덕이다. 굳고 강하고 굽히지 않는 것은 行의 덕이다. 꺾어질지언정 굽히지 않는 것은 勇의 덕이다. 옥티와 옥빛이 나란히 드러나는 것은 誠의 덕이다. 그것을 두드리면 소리가 맑고 높게 멀리 들리며, 두드리는 것을 멈추면 딱 그치는 것은 辭의 덕이다. 그러므로 비록 珉의 조각이 아름답다 하더라도 玉의 밝은 윤택만은 못한 것이다."[184] 이러한 군자가 수립한 도덕 인격은 백세에 빛나기 때문에 영웅호걸 및 모든 사람들이 感化되며, 하늘도 그를 죽일 수 없고 땅도 그를 묻을 수 없어 영원불멸한다는 것이다. 이것이 도덕 인격의 찬란한 아름다움이다. 이러한 찬란한 인격적 아름다움을 간직한 사람

---

183) 『孟子』「盡心 上」: 仁義禮智根於心 其生色也 晬然見於面 盎於背 施於四體.

184) 『荀子』「法行」: 子貢問於孔子曰 君子所以貴玉賤珉者 何也 爲夫玉之少而珉之多邪 孔子曰 惡賜 是何言也 夫君子豈多而賤之 少而貴之哉 夫玉者 君子比德焉 溫潤而澤仁也 栗而理知也 堅剛而不屈義也 廉而不歲刂 行也 折而不橈勇也 瑕適竝見情也 扣之 其聲清揚而遠聞 其止輟然辭也 故雖有珉之雕雕 不若玉之章章.

이야말로 진정한 군자이며, 그러한 경계에 가장 빠르고 확실하게 도
달시킬 수 있는 것이 바로 樂이라는 것이다.185) 樂의 인격수양적 개체
감화작용은 여기에서 완성되는 것이라고 이해할 수 있다. 樂은 개인
의 행복과 불행에 이르기까지 깊이 관계하고 있다. 그것은 국가와 사
회에까지 확산 반영되어 국가와 사회로 하여금 개인의 행복과 安寧에
깊은 영향을 주기 때문이다. 이러한 樂의 사회적 심미활동에 대한 내
용은 다음의 '移風易俗的 사회교화작용'을 통해서 좀 더 깊이 있게 이
해할 수 있다.

(2) 移風易俗的 사회교화작용

> 樂이 종묘에 있으면 군신상하가 함께 들으니 조화하며 공경하지
> 않을 수 없고, 집 안에 있으면 부모형제가 함께 들으니 和親하지
> 않을 수 없고, 마을에 있으면 어른 아이가 함께 들으니 和順하지
> 않을 수 없다.186)

> 樂이라는 것은 화합하여 변할 수 없게 하는 것이고, 禮라는 것은
> 꾸며 주어 바뀔 수 없게 하는 것이다. 악은 같은 것을 합하고(樂合
> 同), 예는 다른 것을 분별한다(禮別異). 예악의 통일은 人心에서 관
> 리된다.187)

순자의 입장에서 보면 樂의 기능은 和하고 合하는 데 있다. 和는 상
하좌우가 아름답게 조화를 이루는 것이고, 合은 모든 것을 한데 모아
어울리게 하는 것이다. 이러한 樂의 기능은 사회적 심미작용을 의미

---

185)『荀子』「樂論」: 夫聲樂之入人也深 其化人也速.

186)『荀子』「樂論」: 故樂在宗廟之中 君臣上下同聽之 則莫不和敬 閨門之內 父子兄弟同聽之 則莫不和親
　　　鄕里族長之中 長少同聽之 則莫不和順.

187)『荀子』「樂論」: 樂也者 和之不可變者也 禮也者 理之不可易者也 樂合同 禮別異 禮樂之統 管乎人心矣.

한다. 순자는 樂이 사람의 정감에 영향을 줌으로써 이러한 작용을 일으킨다고 생각한다. 순자 「樂論」은 대부분 移風易俗에 대한 내용이라고 해도 과언은 아니다. 묵자의 非樂論을 비판한 것도 移風易俗的 차원에서 이루어진 것이다. 樂이 中正하면 백성들을 바르게 교화할 수 있다는 순자의 말도 모두 이러한 예를 보여 주는 것이다.

> 대저 聲과 樂은 사람에게 미치는 영향이 매우 크고, 사람들을 매우 빠르게 변화시킨다. 그러므로 先王들은 삼가 그 형식을 갖추게 하였다. 樂이 중정하고 화평하면 곧 백성들은 화합하며 빗나가지 않게 되고, 악이 엄숙하고 장중하면 곧 백성들은 질서가 있어 어지럽지 않게 된다. 백성들이 화합하고 질서가 있으면 곧 나라의 군대는 강하고 성이 견고해져 적국이 감히 침략하지 못한다. 그렇게 되면 백성들은 모두가 그의 거처에서 안락하게 지내고 그의 고을에서 즐겁게 지내며 그의 임금에 대해 지극히 만족하게 될 것이다. 그렇게 된 뒤에야 명성이 뚜렷이 드러나고, 그의 빛이 크게 빛나게 되어, 온 세상 백성들은 그를 자기네 우두머리로 삼기를 바라지 않는 사람이 없게 된다. 이것이 왕자로서의 시작이다. 樂이 요염하고 음흉하면 곧 백성들은 빗나가고 그릇되며, 야비하고 천박하게 된다. 빗나가고 그릇되면 어지러워지고, 야비하고 천박하면 다투게 되며, 어지럽고 다투게 되면 곧 나라의 군대는 약하고 성은 침략을 받아 적국이 그들을 위태롭게 만든다. 그렇게 되면 백성들은 그의 거처에서 안락하게 지내지 못하고 그의 고을에서 즐겁게 지내지 못하며 그의 임금에 대해 만족하지 않게 된다. 그러므로 禮와 樂이 무너져 사악한 樂이 생기는 것은 나라가 위태롭게 되어 영토를 빼앗기고 모욕을 받는 근본이 된다. 그러므로 先王께서는 禮와 樂을 귀중히 여기고 사악한 樂을 천시한 것이다.[188]

위의 인용문은 樂이 사람에게 미치는 영향이 엄중함을 구체적으로

---

188) 『荀子』「樂論」: 夫聲樂之入人也深 其化人也速 故先王謹爲之文 樂中平則民和而不流 樂肅莊則民齊而不亂 民和齊則兵勁城固 敵國不敢嬰也 如是 則百姓莫不安其處 樂其鄕 以至足其上矣 然後名聲於是白 光輝於是大 四海之民 莫不願得以爲師 是王者之始也 樂姚冶以險 則民流僈鄙賤矣 流僈則亂 鄙賤則爭 亂爭則兵弱城犯, 敵國危之 如是 則百姓不安其處 不樂其鄕 不足其上矣 故禮樂廢而邪音起者 危削侮辱之本也 故先王貴禮樂而賤邪者.

설명한 것이다. 악이 중정하고 화평하면 백성들이 화합하며, 악이 엄숙하고 장중하면 백성들은 질서가 있다. 백성들이 화합하고 질서가 있으면 나라의 군대가 강하고 城이 견고해진다. 그러면 백성들은 모두가 안락하고 즐겁게 지내게 된다. 악이 개인에게 영향을 주어 화합하고 질서 있게 하면 나라가 부강하게 된다는 것은 악의 중요성을 십분 강조한 것이다. "그러므로 樂이라는 것은 하나의 표준을 잘 살펴서 화합하게 하고, 여러 사물들을 견주어 절도 있게 수식하여, 하나의 아름다운 합주곡의 형식을 완성하는 것이다. 그것은 하나의 방법으로만 가지 변화를 다스리기에 충분하다."[189] 이렇게 중요한 樂을 墨子는 해로운 것이라고 보았으니 순자가 묵자를 비판한 것은 자연스런 귀결이라 할 수 있다. 순자는 「富國」과 「樂論」에서 묵자의 非樂論에 대한 비판을 통해서 그의 음악미학사상을 심화시킨다. 묵자 非樂의 요점은 王公大人들이 음악을 좋아하면 건장한 젊은이들이 동원되어야 하기 때문에 나라가 혼란하고 재용이 궁핍해지는 결과를 초래한다는 것이다.[190] 순자는 여기에 대해서 묵자가 국가의 궁핍하고 혼란한 진정한 근원을 찾아내지 못한다고 반박하고, 국가의 궁핍과 혼란의 진정한 근원에 대해서 다음과 같이 말한다.

> 사람은 태어나서 무리를 짓지 않을 수 없다. 무리를 짓되 나눔이 없으면 다투고, 다투면 혼란해지고, 혼란하면 궁핍해진다. 그러므로 나눔이 없는 것은 사람의 큰 해로움이다.[191]

> 사람 …… 힘은 소만 못하고, 달리기는 말만 못하지만 소와 말을

---

189) 『荀子』「樂論」: 故樂者 審一以定和者也 比物以飾節者也 合奏以成文者也 足以率一道 足以治萬變.

190) 『墨子』「非樂」: 今王公大人 唯母爲樂 虧奪民衣食之財 以拊樂如此多矣 是故 子墨子曰爲樂非也.

191) 『荀子』「富國」: 人之生不能無群 群而無分則爭 爭則亂 亂則窮矣 故無分者 人之大害也.

이용하는 것은 무엇 때문일까? 사람은 무리를 지을 수 있고, 저들
은 무리를 지을 수 없어서이다. 사람은 어떻게 무리를 지을 수 있
나? 그것은 나눔 때문이다. 나눔은 어떻게 행할 수 있나? 그것은 義
때문이다. 그러므로 의로써 나누면 화평하고, 화평하면 하나 되고,
하나 되면 힘이 많아지고, 힘이 많아지면 강해지고, 강해지면 동물
을 이긴다. …… 그러므로 사람이 태어나서 무리를 짓지 않을 수
없고, 무리를 짓고 나눔이 없으면 다투고, 다투면 혼란해지고, 혼란
하면 떠나고, 떠나면 약해지고, 약해지면 동물을 이길 수 없다.[192]

"사람은 태어나서 무리 짓지 않을 수 없고, 무리를 짓되 나눔(職分)
이 없으면 다툰다."는 말은 순자가 반복적으로 제기하는 관점이다.
순자의 관점으로 보면 인류는 생존하고 싶고, 생존하기 위해서는 여
타의 힘센 동물들을 이겨야 한다. 그들을 이기기 위해서는 반드시 무
리를 지어야 한다는 것이다. 그러나 만약 '무리 짓되 나눔이 없으면'
그것은 다툼, 혼란, 분리, 허약, 궁핍(爭, 亂, 離, 弱, 窮)의 결과를 낳는
다. 반대로 무리를 짓고, 나눌 수 있으면, 하나의 통일되고 조화로운
사회조직을 만들 수 있다. 천지간의 물질자료는 본래 매우 풍부한 것
이다. "천지에 사는 만물은 본디 사람을 먹이기에 족하고, 옷감과 장
신구는 본디 사람을 입히기에 족하다."[193] 하나의 통일되고 조화로운
사회조직이 있기만 하면, 대량의 재부(財富)를 생산하지 못하여, 사람
들이 그것을 활용하지 못할 것을 걱정하지 않는다.

그렇다면 어떻게 무리 짓되 나눔이 있게 할 수 있을까? 그것은 '禮
樂文章'에 의지해야만 한다. '예악문장'은 결코 잘 듣고 잘 보기 위한
것이 아니고, 사람들의 욕구에 대하여 양을 정하고 한계를 나누어(度

---

192) 『荀子』「王制」: 人 …… 力不若牛 走不若馬 而牛馬爲用 何也 曰人能群 彼不能群也 人何以能群 曰分
　　分何以能行 曰義 故義以分則和 和則一 一則多力 多力則強 強則勝物 …… 故人生不能無群 群而無分
　　則爭 爭則亂 亂則離 離則弱 弱則不能勝物.
193) 『荀子』「富國」: 夫天地之生萬物也 固有餘足以食人矣 麻葛絹絲鳥獸羽毛齒革也 固有餘足以衣人矣.

量分界) 주기 위한 것이다. 이래야만 통일되고 조화로운 사회조직을 형성할 수 있다는 것이 순자의 생각이다. 순자는 말한다.

남의 임금이 된 자는 아름답게 꾸미지 않으면 백성을 하나로 통일하기에 부족하고, 부유하고 후하지 않으면 아랫사람을 관리하기에 부족하고, 위엄 있고 강하지 않으면 포악함을 금하고 사나움을 이기기에 부족하다는 것을 안다. 그러므로 반드시 큰 종을 치고, 북을 두드리고, 笙竽를 불고, 금슬을 타서 그 귀를 막으려고 하였고, 금옥을 새기고, 黼黻文章으로 그 눈을 막으려고 하였으며, 고기와 쌀밥과 다섯 가지 향료로 그 입을 막으려고 하였다. 그런 후에 많은 사람을 모으고, 관직을 갖추고, 賞을 늘리고, 형벌을 엄하게 하여, 그 마음을 경계하였다. 천하의 백성들로 하여금 모두 자기의 바라는 바가 다 여기에 있음을 알게 하였으므로 상이 시행되었고, 모두 자기의 두려워하는 바가 다 여기에 있음을 알게 하였으므로 형벌이 엄해졌다. 상이 시행되고 형벌이 엄해지니, 賢者가 나아갈 수 있었고, 모자란 자가 물러날 수 있었으며, 능한 자와 능하지 못한 자가 (알맞은) 관직을 얻을 수 있었다. 이와 같으면 만물이 마땅함을 얻고, 事變이 적응함을 얻어서, 위로는 天時를 얻고, 아래로는 地利를 얻고, 중간에서 人和를 얻은즉, 재화가 풍부하여 용솟음이 샘물과 같고, 넉넉함이 河海와 같고, 쌓임이 산언덕과 같을 것이니, 때마다 태우지 않으면 저장할 곳이 없을 것이니, 천하 사람들이 어찌 부족함을 걱정하리요.194)

순자는 이 단락에서 한 폭의 재화가 산처럼 쌓여 있는 이상적인 그림을 묘사한다. 순자는 이러한 이상사회의 그림을 실현하려면, 美, 飾을 떠날 수 없고, '예악문장'을 떠날 수 없다고 생각한다. 그래서 "묵자는 실용에 가려서 문(文)을 알지 못했다."195)고 말한다. 협애한 실용

---

194) 『荀子』「富國」: 先王聖人 …… 知夫爲人主上者 不美不飾之不足以一民也 不富不厚之不足以管下也 不威不强之不足以禁暴勝悍也 故必將撞大鐘 擊鳴鼓 吹笙竽 彈琴瑟 以塞其耳 必將雕琢刻鏤 黼黻文章 以塞其目 必將芻豢稻粱 五味芬芳 以塞其口 然後衆人徒 備官職 漸慶賞 嚴刑罰 以戒其心 使天下生民之屬 皆知己之所愿欲之擧在是于也 故其賞行 皆知己之所畏恐之擧在是于也 故其罰威 賞行罰威 則賢者可得而進也 不肖者可得而退也 能不能可得而官也 若是 則萬物得宜 事變得應 上得天時 下得地利 中得人和 則財貨渾渾如泉源 汸汸如河海 暴暴如丘山 不時焚燒 無所臧之 夫天下何患乎不足也.

관점이 그를 가렸고 그로 하여금 이러한 이치를 알지 못하게 했다는 것이다. 순자는 묵자의 非樂 주장이 인류사회로 하여금 무리 짓되 나눔이 없게 할 것이며, 그 결과 사회는 혼란하고 궁핍하게 될 것이라고 파악한다. 순자가 "묵자의 非樂이 천하를 혼란하게 하고, 묵자의 節用이 천하를 가난하게 한다."196)라고 한 말은 이것을 잘 대변한다. 이러한 내용은 심미요소로서의 '예악문장'의 효용을 가지고 묵자의 非樂을 비판한 것이다. 그래서 순자는 樂의 사회적 효용을 구체적으로 거론하여 묵자를 비판하고 자신의 樂論을 보완한다.

> 그러므로 雅頌을 들으면 마음과 뜻이 넓어질 수 있다. 武舞의 干戚을 잡고 몸을 숙이고 젖히고 굽히고 펴는 동작을 익히면 용모가 웅장해질 수 있다. …… 그래서 樂이란 밖으로 나가서는 적을 정벌하고 벌을 줄 수 있으며, 안으로 들어와서는 서로 공손하게 인사를 하고 사양하는 예를 지킬 수 있게 한다. 적을 정벌하고 벌을 주는 것과 공손하게 인사하고 사양하는 예는 그 의의가 한가지인 것이다. 밖으로 나가서는 적을 정벌하고 벌하면 곧 명령에 따르지 않는 이가 없을 것이다. …… 그러므로 樂이란 천하를 크게 바로잡는 것이고 알맞게 조화시키는 규범이며, 사람의 情으로서는 없을 수가 없는 것이다. 이것이 옛 임금들이 樂을 제정한 이유이다. 그러나 묵자는 이것을 부정하니 어찌 된 일인가?197)

> 또한 樂이란 화합하여 변할 수 없게 하는 것이고, 禮란 꾸며 주어 바뀔 수 없게 하는 것이다. 악은 같은 것을 합하고(樂合同), 예는 다른 것을 분별한다(禮別異). 예악의 통일은 人心에서 관리된다. 근본을 궁구하여 변화를 다하는 것은 악의 정신이고, 성실함을 드러내고 거짓을 제거하는 것은 예의 원리이다. 묵자는 이것을 부정해 거

---

195) 『荀子』「解蔽」: 墨子蔽于用而不知文.

196) 『荀子』「富國」: 我墨子之非樂也 則使天下亂 墨子之節用也 則使天下貧.

197) 『荀子』「樂論」: 故聽其雅頌之聲 而志意得廣焉 執其干戚 習其仰俯屈伸 而容貌得莊焉 …… 故樂者 出所以征誅也 入所以揖讓也 征誅揖讓 其義一也 出所以征誅 則莫不聽從 …… 故樂者 天下之大齊也 中和之紀也 人情之所必不免也 是先王立樂之術也 而墨子非之 奈何.

의 형벌을 받아야 할 처지였으나, 명철한 임금들이 없어진 뒤라서 아무도 그를 바로잡지 못하였다. 어리석은 자들은 그것을 본받아 그 자신을 위태롭게 하고 있다. 군자가 樂을 밝히고 있는 것은 바로 그들의 덕인데, 난세에는 선함을 싫어해 이 말을 듣지 않는다. 아아, 슬프도다! 그래서는 덕을 이룰 수가 없는 것이다. 제자들은 학문에 힘써 미혹되는 일이 없어야만 하겠다.[198]

순자가 보는 樂은 천하를 크게 바로잡고 알맞게 조화시키는 규범이며 인간으로서는 버릴 수 없는 것이다. 樂의 정신은 근본을 궁구하여 변화를 다하는 것이므로, 군자가 악을 밝히는 것은 그의 德을 밝히는 심미활동이다. 묵자는 樂이란 성왕들의 잘못인데 儒者들은 그것을 위했기 때문에 허물이 되었다고 말한다. 그러나 군자들은 그렇게 생각하지 않는다. 樂은 사람들에게 깊은 영향을 주어 풍속을 바르게 교화하는(移風易俗) 작용을 한다. 그러므로 옛 임금들은 백성들을 예와 악으로 이끌어 화목하게 지낼 수 있었던 것이라고 파악한다.[199]

순자의 樂論은 개인의 인격수양을 위한 개체감화 작용과 移風易俗的 사회교화 작용으로 대별할 수 있다. 개인 차원에서는 도덕 인격의 찬란한 아름다움을 완성하는 데 초점이 모아져 있고, 사회 차원에서는 사회 화합적 아름다움의 완성인 移風易俗에 초점이 맞춰져 있다. 이러한 두 방면에 대한 심미작용의 효능은 樂(악)이 가장 성대하다는 것을 말하는 것이 순자 樂論의 요지이다.

---

198) 『荀子』「樂論」: 且樂也者 和之不可變也 禮也者 理之不可易者也 樂合同 禮別異 禮樂之統 管乎人心矣 窮本極變 樂之情也 著誠去僞 禮之經也 墨子非之 幾遇刑也 明王已沒 莫之正也 愚者學之 危其身也 君子明樂 乃其德也 亂世惡善 不此聽也 於乎哀哉 不得成也 弟子勉學 無所營也.

199) 『荀子』「樂論」: 墨子曰 樂者 聖王之所非也 而儒者爲之 過也 君子以爲不然 樂者 聖人之所樂也 而可以善民心 其感人深, 其移風易俗 故先王導之以禮樂而民和睦.

禮義관념의 심미이상

순자 禮義觀念의 심미이상 역시 경계론으로 설명할 수 있으며 그에 대한 접근방법도 매우 다양하게 존재한다. '경계'라는 말 자체가 인생경계 혹은 우주와 인생에 대한 깨달음의 정도를 의미하는 것이기 때문에, 논술자의 주관적 시각에 따라 종적 혹은 횡적으로 다양하게 나뉠 수 있다. 심미경계를 논하는 것 또한 마찬가지이다. 본 절에서는 맹자의 심미경계를 논한 연장선상에서, 일단 순자의 심미경계 중 가장 특징적이며 최상 층위에 해당하는 경계를 어떻게 정립할 것인가를 핵심으로 삼는다. 그리고 그것을 개인과 사회 두 방면에서 다루어 보고자 한다. 개인 방면은 '盡美致用的 大神境界'로 주로 禮를 통한 심미경계론이 주류를 이룰 것이고, 사회 방면에서는 '美善相樂的 功利境界'로 주로 樂을 통한 심미경계론이 주류를 이루게 될 것이다.

1) 盡美致用的 大神경계

순자의 神에 대한 개념은 두 가지로 변별할 수 있다. 하나는 자연 변화의 운행원리(自然造化)에 대한 신묘함을 가리키는 것이고, 다른 하나는 인위적 아름다움을 다하여 그 쓰임을 극대화하는 것(盡美致用)을 가리킨다. 순자의 심미경계를 이해하려면 이 양자 중 우리는 마땅히 후자에 관심을 기울여야 한다. 순자의 神 개념을 이해하려면 먼저 聖 개념에 대한 이해가 필수적이다. 순자는 聖을 神 개념의 외연의 확대로 인식한다. 다시 말하면 聖이 神을 내포하는 것으로 인식한다는 것이다. 순자는 神과 固의 개념을 들어 聖을 설명하는데 이것은 순자의 독특한 견해이며, 순자의 聖人觀과 治世觀이 함께 녹아 있다.

> 神固를 聖人이라고 한다. 성인은 道의 근간(管)이다.[200]

"神固를 성인이라고 한다(神固之謂聖人)."는 것은 '神하고 固한 사람을 성인이라고 한다'는 말이다. 그렇다면 神의 내용은 무엇이고, 固의 내용은 무엇일까? 직접 순자의 말을 통해서 그 의미를 알아보자.

> 어떤 것을 神이라 하는가? 善을 다하고 다스려짐이 두루 미치는 것을 神이라 한다. 어떤 것을 固라 하는가? 만물이 족히 기울어뜨리지 못하는 것을 固라 한다.[201]

순자에 의하면 善을 다하고 그 다스림이 두루 미치는 것을 神이라

---

200) 『荀子』「儒效」: 神固之謂聖人 聖人也者 道之管也.

201) 『荀子』「儒效」: 曷謂神 曰盡善挾治之謂神 曷謂固 曰萬物莫足以傾之之謂固./挾治에서 挾은 浹과 통함 (楊倞注).

하고, 어떤 사물도 그를 기울어뜨리지 못하는 것을 固라고 말한다. '善을 다한다'는 것은 僞를 다한다는 뜻으로 전체가 다 善하다는 말이며, '다스림이 두루 미친다'는 것은 전체가 다 다스려진다는 말이다.202) 이렇게 되면 어떠한 사람이나 사물도 그의 감화를 받지 않음이 없게 되어 그에게 감사할 뿐, 그를 기울어뜨릴 수도 없고 기울어뜨릴 이유도 없다. 그래서 '만물이 족히 기울어뜨리지 못한다'고 말하는 것이다. 이런 사람이 聖人으로 추앙받게 된다. 그러므로 성인의 모습을 순자는 다음과 같이 묘사한다.

> 반듯하고 단정하도다. 그 條理 있음이여! 엄중하고 위엄 있도다. 자신을 닦음(敬)이여! 분명하고 분별 있도다. 그 終始 있음이여! 足하고 足하도다. 그 長久할 수 있음이여! 즐겁고 즐겁도다. 그 道를 잡아 위태롭지 않음이여! 밝고 밝도다. 그 知를 이용한 밝음이여! 가지런하고 가지런하도다. 그 統類를 이용한 행함이여! 편안하고 아름답도다. 그 文章 있음이여! 온화하고 즐겁도다. 그 사람의 훌륭함을 좋아함이여! 걱정하고 슬퍼하도다. 그 사람의 부당함을 두려워함이여! 이와 같다면 聖人이라 할 만하다.203)

이러한 모습의 聖人을 순자는 구체적으로 孔子와 子弓, 舜임금과 禹임금을 예로 든다. 공자와 자궁은 권세를 얻지 못한 성인으로, 순임금과 우임금은 권세를 얻은 성인으로 분류한다. 공자와 자궁은 "송곳 하나 꽂을 땅이 없지만 王公들이 그와 이름을 다툴 수 없고, 일개 大夫의 벼슬에 있다 해도 한 임금으로서는 홀로 그를 잡아 둘 수 없으며, 한 나라로서 홀로 그를 받아들여 등용할 수 없다. 이름을 이룩하면

---

202) 『荀子集解』「儒效」: 呂錢本 …… 全體皆善 故曰盡善 全體皆治 故曰挾治.

203) 『荀子』「儒效」: 井井兮 其有理也 嚴嚴兮 其能敬己也 分分兮 其有終始也 猒猒兮 其能長久也 樂樂兮 其執道不殆也 炤炤兮 其用知之明也 脩脩兮 其用統類之行也 綏綏兮 其有文章也 熙熙兮 其樂人之臧也 隱隱兮 其恐人之不當也 如是 則可謂聖人矣.

제후들 사이에 퍼져서 모두가 그를 신하로 삼기를 바라지 않음이 없는"204) 聖人이다. 순임금과 우임금은 "천하를 통일하고 만물을 풍성하게 하며, 백성들을 잘 길러 천하를 모두 이롭게 함으로써 사방의 모든 사람들이 복종해 옴으로, 앞의 여섯 가지 학설을 주장하는 자들이 바로 없어질 것이며, 그 열두 사람205)들이 감화를 받게 되는"206) 聖人이다. 그래서 순자는 天子의 자리는 그 자리에 가장 합당한 사람이 앉아야 한다고 생각한다. 그런 사람이 바로 聖人이라는 것이다. 그런 성인은 세 가지의 지극함을 갖춰야 한다.

> 천하란 지극히 重한 것이어서 지극히 강(至彊)하지 않으면 그것을 맡을 수 없고, 지극히 큰 것이어서 지극한 분별력(至辨)이 아니면 그것을 분별할 수 없으며, 지극히 많아서 지극히 명철(至明)하지 않으면 그들을 화합시킬 수 없다. 이 세 가지 지극함은 聖人이 아니면 다할 수 없다.207)

'至彊, 至辨, 至明'을 그 내용으로 하는 三至論은 순자가 제시하는 聖人이 될 수 있는 조건이다. 이러한 조건을 가장 쉽게 갖추기에는 天子가 제격이다. 그러나 천자의 자리는 성인만이 앉아야 한다.208) 그렇

---

204) 『荀子』「非十二子」: 無置錐之地 而王公不能與之爭名 在一大夫之位 則一君不能獨畜 一國不能獨容 成名況乎諸侯 莫不願以爲臣 是聖人之不得勢者也 仲尼子弓是也.

205) 순자는 「非十二子」 편에서 백성들을 미혹시키고 세상을 어지럽히는 여섯 가지 異說들이 있다고 주장하고, 각 설마다 두 사람씩 12인을 들고 있다. 性情을 따라 방종하는 它囂(타효)와 魏牟, 성정을 억누르고 세상을 멀리하는 陳仲과 史䲡(사추), 공리와 실용을 숭상하고 차등을 업신여기는 墨翟과 宋鈃(송형), 법을 숭상하며 수양을 가벼이 여기는 愼到와 田駢, 괴상한 학설로 말장난을 잘하지만 쓸 데가 없는 惠施와 鄧析, 편벽되고 규범이 없으며 그윽이 숨겨져 있어 설명이 안 되는 子思와 孟軻가 이들이다.

206) 『荀子』「非十二子」: 一天下 財萬物 長養人民 兼利天下 通達之屬 莫不從服 六說者立息 十二子者遷化 則聖人之得勢者 舜禹是也.

207) 『荀子』「正論」: 天下者 至重也 非至彊莫之能任 至大也 非至辨莫之能分 至衆也 非至明莫之能和 此三至者 非聖人莫之能盡.

208) 『荀子』「正論」: 故非聖人莫能之能王.

지 않고 桀·紂와 같은 자가 천자의 자리에 앉으면 친척들은 그를 멀
리하고 현명한 사람들은 그를 천시하며, 백성들은 그를 원망하여, 결
국 그 자신은 죽고 나라는 망해 천하의 큰 치욕이 되어, 후세에 사악
함을 말할 때마다 그들을 상고하게 되는 것이다.209) 그래서 순자는
성인을 본받고 배워야 할 것을 강조한다. 그것은 經典을 통해서 가능
하게 된다. 성인의 뜻과 일, 행실과 조화 등이 모두 담겨 있는 것이
經典이기 때문이다. 순자는 『詩』에서 말하고 있는 것은 聖人의 뜻이
고, 『書』에서 말하고 있는 것은 성인의 일이며, 『禮』에서 말하고 있는
것은 성인의 행실이고, 『樂』에서 말하고 있는 것은 성인의 조화이며,
『春秋』에서 말하고 있는 것은 성인의 微志라고 말한다.210) 그래서 천
하의 道는 모두가 여기에 집약되어 있으며, 이를 추구하는 사람은 훌
륭하게 되고, 이를 배반하는 자는 멸망한다. 이를 추구하였는데도 훌
륭하게 되지 못하거나, 이를 배반하였는데도 망하지 않는 자는 예로
부터 지금까지 있지 않았다는 것이다.211)

> 『시경』「國風」이 방탕한 방향으로 흐르지 않은 까닭은 성인의 뜻을
> 취해 조절하였기 때문이다. 小雅가 小雅다운 까닭은 성인의 뜻을
> 취해 꾸몄기 때문이며, 大雅가 大雅다운 까닭은 성인의 뜻을 취해
> 빛나게 하였기 때문이다. 頌이 지극하게 된 까닭은 성인의 뜻을 취
> 해 세상에 통하게 하였기 때문이다.212)

---

209) 『荀子』「正論」: 桀紂者 …… 親者疏之 賢者賤之 生民怨之 …… 身死亡國 爲天下之大戮 後世之言惡
　　者 必稽焉.

210) 『荀子』「儒效」: 詩言是其志也 書言是其事也 禮言是其行也 樂言是其和也 春秋言是其微也.

211) 『荀子』「儒效」: 天下之道畢是矣 鄕是者臧 倍是者亡 鄕是如不臧 倍是如不亡者 自古及今 未嘗有也.

212) 『荀子』「儒效」: 故風之所以爲不逐者 取是以節之也 小雅之所以爲小雅者 取是而文之也 大雅之所以爲
　　大雅者 取是而光之也 頌之所以爲至者 取是而通之也.

이 인용문은 『시경』에 나타난 심미적 요소와 聖의 관계를 잘 보여준다. 詩를 짓게 되는 이유는 사람의 감정을 잘 표현하기 위해서다. <詩傳序>에서는 사람이 태어나서 고요할 때는 하늘의 性이 그대로 보존되지만 사물에 感하면 움직이게 되는데, 그것이 '性의 하고자 함(性之欲)'이라고 말한다. 하고자 함이 있으면 생각하지 않을 수 없고, 생각하면 말하지 않을 수 없으며, 이미 말을 했다 하더라도 말로써 다 표현할 수 없기 때문에, 탄식과 감탄을 한 나머지 자연스런 음향과 節奏가 나타나 그칠 수 없게 된다. 이것이 詩를 짓는 이유라고 밝히고 있다.213) 『시경』은 순자의 말대로 성인의 뜻(志)을 말한 것이다.214) 風, 雅, 頌이 모두 성인의 뜻을 취해 조절하고, 꾸미고, 빛내고, 통하게 한 것이다. 그러므로 성인의 뜻(志)이 가장 잘 드러나 있다.

風은 즐겁되 너무 지나치지 않고, 슬프되 傷함에 미치지 않는 아름다움을 가지고 있고,215) 雅, 頌은 그 말이 온화하면서도 장엄하고, 그 뜻은 너그러우면서도 치밀한 아름다움을 가지고 있다.216) 이것이 『시경』의 아름다움이며 성인의 아름다움이다. 다시 말하면 성인은 즐거워하되 過淫하지 않으며, 슬퍼하되 상함에 미치지 않으며, 온화하면서도 장엄하며, 너그러우면서도 치밀한 인격적 아름다움의 소유자이다. 그것은 善을 다하고 다스려짐이 두루 미치는 神, 만물이 족히 기울어뜨리지 못하는 固를 겸비한 神固之聖의 아름다움이라고 말할 수 있다. 그래서 순자는 聖人이야말로 道를 갖추어 완전한 아름다움을

---

213) 『詩傳』〈序〉: 人生而靜 天之性也 感於物而動 性之欲也 夫旣有欲矣 則不能無思 旣有思矣 則不能無言 旣有言矣 則言之所不能盡 而發於咨嗟詠嘆之餘者 必有自然之音響節族而不能已焉 此詩之所以作也. 참조.

214) 『荀子』「儒效」: 詩言是其志也.

215) 『詩傳』〈序〉: 凡詩之所謂風者 …… 樂而不過於淫 哀而不及於傷.

216) 『詩傳』〈序〉: 若夫雅頌之篇 …… 其語和而莊 其義寬而密.

지닌 사람이라고 말한다.[217) 순자에 있어서 聖은 완전한 아름다움의 대명사다. 이러한 성인의 아름다움은 그 쓰임을 다할 때(盡美致用) 최고의 심미경계에 도달한다. 그것을 순자는 '大神'이라고 표현한다.

> 북쪽 바다에 잘 달리는 말과 잘 짖는 개가 있다. 그런데 중국에서는 이들을 구해 길러서 부린다. 남쪽 바다에는 새 깃과 상아와 외뿔소 가죽과 曾靑과 丹砂가 난다. 그런데 중국에서는 이것들을 구해 재물로 삼는다. 동쪽 바다에는 紫草와 칡베와 물고기와 소금이 난다. 그런데 중국에서는 이것들을 구해 입기도 하고 먹기도 한다. 서쪽 바다에는 짐승들 가죽과 무늬 있는 소꼬리가 난다. 그런데 중국에서는 이것들을 구하여 사용한다. 그러므로 못에 사는 사람도 나무가 풍족하고, 산에 사는 사람도 물고기가 풍족하다. 농부들은 나무를 깎고 다듬지 않고 질그릇을 굽지 않지만 쓰는 용구가 풍족하다. 공인들과 상인들은 밭을 갈지 않지만 양곡이 풍족하다. 그리고 호랑이나 표범은 사납지만 군자들은 그들의 가죽을 벗겨 사용한다. 그러므로 하늘이 덮고 땅이 싣고 있는 모든 것은 그 아름다움을 다하여 그 쓰임을 지극히 하지 않으면 안 된다(莫不盡其美致其用). 위로는 그 물건들로 어진 사람들을 장식하고, 아래로는 백성들을 길러서 安樂하게 하니, 이것을 일러 大神이라 한다.[218)

위의 인용문은 人文의 위대함을 神의 개념으로 규정한 것이다. 순자의 심미적 관점은 오로지 인문에 모아져 있다. 인문의 위대함을 神 개념으로 표현한 것은 『주역』의 견해와도 일치한다. "문을 닫는 것을 坤이라 하고, 문을 여는 것을 乾이라 하며, 닫았다 열었다 하는 것을 變이라 하고, 왕래가 무궁한 것을 通이라 하며, 나타난 것을 象이라 하고, 형체로 구체화된 것을 器라 한다. 만들어 쓰는 것을 法이라 하고,

---

217) 『荀子』「正論」: 聖人備道全美者也.

218) 『荀子』「王制」: 北海則有走馬吠犬焉 然而中國得而畜使之 南海則有羽翮齒革 曾靑丹砂焉 然而中國得而財之 東海則有紫草紨魚鹽焉 然而中國得而衣食之 西海則有皮革文旄焉 然而中國得而用之 故澤人足乎木 山人足乎魚 農夫不斲削不陶冶 而足械用 工賈不耕田 而足菽粟 故虎豹爲猛矣 然君子剝而用之 故天之所覆 地之所載 莫不盡其美致其用 上以飾賢良 下以養百姓 而安樂之 夫是之謂大神.

문을 이용하여 나가고 들어가는데 이는 백성들이 모두 쓰는 것이니 이를 神이라 한다(民咸用之謂神)."219) 『주역』의 '民咸用之謂神'을 심미적으로 극대화한다면 순자의 심미적 大神경계와 똑같은 경계가 된다.

인용문에서 순자는 大神의 조건을 '盡其美致其用'으로 전제했다. 이것은 의미상 盡其美 부분과 致其用 부분으로 나눌 수 있다. 盡其美는 각지에서 취득한 자연물을 각기 맡은 전문인들이 가공하여 인공적 아름다움을 다하는 것을 말하며, 致其用은 가공한 그 물건들을 이용하여 위로는 賢良들을 장식하고, 아래로는 백성들을 길러 모두 安樂하게 하는 것을 말한다.

人爲를 가해야 아름답다고 하는 것은 순자의 기본 관점이다. 그런데 그 아름다움의 조건이 충족되려면 완전하고 精粹한 것이어야 한다. 조금이라도 인위적 가공의 수준이 불완전하거나 精粹하지 않으면 아름답다고 말할 수 없다.220) 이렇게 완성된 아름다운 것들로써 상하 백성들을 위하여 그 쓰임을 극대화하는 것이야말로 神 중에서도 大神이라고 파악했던 것이다. 그것은 앞에서 聖人의 아름다움을 말할 때 '神固'로 표현한 것과 일치하는 말이다. 성인의 다스려짐이 두루 미치는 아름다움의 경계는 神이요, 그 아름다움이 쓰임의 극치를 이루면 바로 大神이 되는 것이다. 따라서 순자의 개체적 입장에서 바라본 그의 심미경계는 개체로서의 聖人에서 비롯되는 大神경계에서 최고의 심미경계를 이루는 것이라고 말할 수 있다.

---

219) 『周易』「繫辭傳 上」: 闔戶謂之坤 闢戶謂之乾 一闔一闢謂之變 往來不窮謂之通 見乃謂之象 形乃謂之器 制而用之謂之法 利用出入 民咸用之謂之神.

220) 『荀子』「勸學」: 君子知夫不全不粹之不足以爲美.

2) 美善相樂的 功利경계

지금까지 살펴본 선진유가의 공·맹·순 三子의 미학사상은 공히 美와 善의 不可分離的 관계를 보여 준다. 공자의 미학사상에 있어서 善은 美의 내용이 되고 美는 善의 형식이 되어 내용과 형식이 잘 조화되는(文質彬彬) 관계를 보여 주며, 맹자와 순자의 미학사상에서는 미와 선이 내용과 형식 면에서 일치하는 것을 보여 준다. 다만 맹자의 미학사상에서는 내적 충실조건으로서의 미와 선의 일치를, 순자의 미학사상에서는 인위적 文飾조건으로서의 미와 선의 일치를 보여 준 것이라고 말할 수 있다. 이제 이러한 미와 선의 심미적 상관관계를 상기하면서 순자의 미와 선이 서로 즐긴다는 美善相樂的 심미경계에 대해서 살펴보기로 하자. 본 단원에서 다루고자 하는 것은 '즐거움(樂)'에 초점이 맞춰져 있다. 순자가 바라보는 즐거움은 어떤 것이고, 그것이 궁극적으로 지향하는 심미경계가 과연 어떠한 것인지에 대해서 규명하는 것이 본 단원의 목표이다.

순자는 사람이라면 누구나 '즐거움'을 원한다고 말한다.

> 존귀하기로는 천자가 되고, 부유하기로는 천하를 소유하며, 聖王이라는 명성을 얻고, 모든 사람들을 제어하되 다른 사람들이 그를 제어할 수가 없게 되는 것은, 바로 사람의 감정이라면 누구나 바라는 일이다. 그런데 임금은 이런 것들을 모두 아울러 가지고 있는 사람이다. 여러 가지 색깔의 옷을 입고, 여러 가지 맛있는 음식을 먹고, 많은 재물을 마음대로 쓰고, 온 천하를 합쳐 그곳의 임금 노릇을 하고, 먹고 마실 것이 매우 풍부하고, 음악을 성대하게 즐기고, 높은 누각에 넓은 정원을 가지고, 제후들을 신하로 부리면서 천하를 통일한다는 것은, 역시 사람의 감정이라면 누구나 바라는 일이다. 그런데 천자의 예의 제도는 그와 같이 할 수 있도록 되어 있다.

······ 명성은 해와 달 같고, 공적은 하늘과 땅 같으며, 온 천하 사람들이 그에게 그림자나 산울림처럼 따르는 것은, 역시 사람의 감정이라면 누구나 바라는 일이다. 그런데 임금은 이런 것들을 모두 가지고 있는 사람이다. 그러므로 사람들의 감정은 입은 맛있는 것을 좋아하지만 임금보다 더 맛있는 것을 먹을 수는 없고, 귀는 좋은 소리를 좋아하지만 임금보다 더 좋은 음악을 들을 수는 없고, 눈은 아름다운 색깔을 좋아하지만 임금보다 더 아름다운 무늬와 장식을 즐기고 많은 여자들을 거느릴 수는 없고, 육체는 편안한 것을 좋아하지만 임금보다 안락하고 안정되게 즐거이 지낼 수는 없고, 마음으로는 이익을 좋아하지만 祿俸이 임금보다 더 많을 수는 없다. 온 천하 사람들이 다 같이 바라는 것들을 모두 겸하여 차지하고, 온 천하를 한꺼번에 제어하기를 자기 아들이나 손자 다루듯이 하고 있는 것이다. 사람이라면 진실로 미쳤거나 미혹되었거나 어리석거나 모자란 사람이 아니라면 그 누가 이런 것을 보고서 즐거운 것이 아니라고 할 수 있겠는가?[221]

순자가 말하는 즐거움이란 인간의 욕망이 추구하는 원초적 본능의 극대화를 의미한다. 즐거움이란 무엇인가를 좋아하면서 생기는 감정이다. 좋아하는 감정은 인간의 情性에서 나온다. 그래서 순자는 "무릇 눈은 아름다운 색을 좋아하고, 귀는 좋은 소리를 좋아하며, 입은 좋은 맛을 좋아하고, 마음은 이익을 좋아하며, 신체와 피부는 상쾌하고 편안한 것을 좋아한다. 이것은 모두 사람의 情性에서 생겨난 것으로, 감응하여 저절로 그렇게 된 것이지, 어떤 일을 기다린 후에 생겨난 것이 아니다."[222]라고 말한다. 이러한 감정들은 원초적 본능에서 우러

---

221) 『荀子』「王覇」: 夫貴爲天子 富有天下 名爲聖王 兼制人 人莫得而制也 是人情之所同欲也 而王者兼而
有是者也 重色而衣之 重味而食之 重財物而制之 合天下而君之 欲食甚厚 聲樂甚大 臺謝甚高 園囿甚
廣 臣使諸侯 一天下 是又人情之所同欲也 而天子之禮制 如是者也 ······ 名聲若日月 功績如天地 天下
之人應之如景嚮 是又人情之所同欲也 而王者兼而有是者也 故人之情 口好味而臭味莫美焉 耳好聲而聲
樂莫大焉 目好色而文章致繁 婦女莫衆焉 形體好佚而安重間靜莫愉焉 心好利而穀祿莫厚焉 合天下之所
同願 兼而有之 睪牢天下而制之 若制子孫 人苟不狂惑戇陋者 其誰能睹是而不樂也哉.

222) 『荀子』「性惡」: 若夫目好色 耳好聲 口好味 心好利 骨體膚理 好愉佚 是皆生於人之情性也 感而自然
不待事而後生之者也.

나오는 것이기 때문에 별도의 어떤 존재에 의지하거나 조정을 받아서 생기는 것이 아니라는 말이다. 이 즐거움은 樂(악)에서 가장 잘 나타난다. 그래서 순자는 말한다.

樂이란 즐거운 것이다.[223]

樂이란 先王들이 기쁨을 장식하기 위한 것이었다.[224]

그러므로 樂이란 즐기는 것이라고 하는 것이다. 군자는 올바른 도를 터득함을 즐기고, 소인은 그의 욕망 얻기를 즐긴다. 올바른 도로 욕망을 통제하면 곧 즐거우면서도 어지럽지 않게 되고, 욕심만 내고 올바른 도를 잊어버린다면 곧 미혹되어 즐겁지 않게 된다. 그러므로 樂이란 즐거움을 인도하는 방편이다.[225]

이렇게 樂(악)은 즐거움의 대상이 되고 즐거움을 인도하는 방편이 된다. 樂은 일반 서민으로부터 천자에 이르기까지 모두 함께 즐기는 대상이다. 그러나 이러한 樂은 바르게 조절해 주지 않으면 즐거움만을 극도로 추구하게 되어 혼란을 일으킨다. 그래서 雅, 頌의 제작이 필요한 것이다. "그러므로 雅, 頌의 소리를 제정하고 이끌어서, 그 소리로 하여금 충분히 즐거우면서도 어지러움으로 흐르지 않게 한다."[226] 백성들에게 좋아하고 싫어하는 감정만 있고, 기뻐하고 노여워하는 대응이 없다면 곧 어지러워진다. 옛 임금께서는 그러한 어지러움을 싫어했기 때문에, 그들의 행실을 닦게 하고 그들의 樂을 바로잡아 천하를

---

223) 『荀子』「樂論」: 夫樂者 樂也.

224) 『荀子』「樂論」: 且樂者 先王之所以飾喜也.

225) 『荀子』「樂論」: 故曰 樂者 樂也 君子樂得其道 小人樂得其欲 以道制欲 則樂而不亂 以欲忘道 則惑而不樂 故樂者 所以道樂也.

226) 『荀子』「樂論」: 故制雅頌之聲以道之 使其聲足以樂而不流.

순조롭게 할 수 있었다. 요염하고 음란한 鄭나라와 衛나라의 樂은 사람들의 마음을 음란하게 한다. 단정한 예복을 입고 관을 쓰고서 韶를 춤추고 武를 노래하면 사람들의 마음은 장중해진다.[227] 이와 같이 樂이라는 것은 하나의 표준을 잘 살펴서 화합하게 하고, 여러 사물들을 견주어 절도 있게 수식하여, 하나의 아름다운 합주곡의 형식을 완성하는 것이다. 그것은 하나의 방법으로 만 가지 변화를 다스리기에 충분한 것이다.[228]

그러나 이것이 잘 이루어지지 않을 때 세상은 亂世가 된다. 난세의 징후는 사람들의 옷은 사치스럽고, 그들의 차림새는 여인들 같으며, 그들의 풍속은 음란하고, 그들의 뜻은 이익만을 추구하며, 그들의 행위는 난잡하고, 그들의 聲樂은 바르지 못하며, 그들의 무늬와 장식은 지저분하면서도 화려하고, 그들의 생활에는 법도가 없으며, 그들의 장례는 야박하고도 공경스럽지 못하다. 예의를 천하게 여기고 용기와 힘을 귀중히 여기며, 가난하면 도둑질을 하고, 부유하면 남을 해친다. 그러나 잘 다스려지는 세상은 이와 반대이다.[229] 그래서 순자는 말한다.

군자는 鐘鼓로써 뜻을 말하고, 琴瑟로써 마음을 즐겁게 하며, 干戚으로 율동하고, 羽旄로 장식하며, 磬管으로 따른다. 그러므로 그 청명함은 하늘을 상징하고, 그 광대함은 땅을 상징하며, 그 우러르고 굽어보며 두루 통함이 四時와 흡사하다. 그러므로 樂이 행해지면 뜻이 맑고, 예가 닦이면 행실이 완성되며, 이목이 총명하고 혈기가 화평해지고, 좋은 풍속으로 바뀌어 천하가 모두 평안하며 美와 善

---

227) 『荀子』「樂論」: 夫民有好惡之情而無喜怒之應 則亂 先王惡其亂也 故脩其行 正其樂 而天下順焉 …… 鄭衛之音 使人之心淫 紳端章甫 舞韶歌武 使人之心莊.

228) 『荀子』「樂論」: 故樂者 審一以定和者也 比物以飾節者也 合奏以成文者也 足以率一道 足以治萬變.

229) 『荀子』「樂論」: 亂世之徵 其服組 其容婦 其俗淫 其志利 其行雜 其聲樂險 其文章匿而朵 其養生無度 其送死瘠墨 賤禮義而貴勇力 貧則爲盜 富則爲賊 治世反是也.

이 서로 즐거워한다(美善相樂).230)

　　순자가 말하는 美善相樂的 심미경계는 결국 모두 함께 즐기는 群體的 즐거움이다. 그 즐거움은 하나보다는 둘이, 둘보다는 여럿이 모였을 때 더 즐겁고 아름다울 수 있다는 말이다. 이것은 淸나라 초기 葉燮의 미학에서 잘 찾아볼 수 있다. 葉燮은 "홀로 향기롭고 아름다운 것은 많은 향기를 모아서 아름답게 만드는 것만 못하다. 모이기를 기다리는 일은 사람에게 존재한다. 많은 향기는 각자 아름다움이 있는 것이 아니고, 아름다운 여러 종류들을 모은 것이다. 모으는 것을 말하자면, 낳아 주고, 심어 주고, 길러 주고, 북돋아 주는 것이니, 天地의 향기로 하여금 아름다움을 빠뜨리지 않게 하면, 그 아름다움은 비로소 더 커지게 된다."231)고 말한다. 순자에 있어서 함께 즐긴다는 것은 천하의 모두가 美와 善을 내용으로 하여 즐기는 것이다. 이러한 즐거움은 樂을 통해서 이룩할 수 있는 심미경계이다. 그러한 경계는 그 청명함이 하늘과 같고, 그 광대함이 땅과 같으며, 그 두루 통함이 사계절의 운행원리와 같다. 그러므로 樂이 행해지면 뜻이 맑고, 이목이 총명하고 혈기가 화평해져 아름다운 세계로 바뀔 수 있는 것이다. 그것은 모두가 평안하고 온 사회에 이로움을 주는 美와 善이 함께 즐기는 功利的 즐거움이다. 이렇기 때문에 순자 예의관념의 사회적 최고 심미경계를 '美善相樂的 功利境界'로 명명할 수 있는 것이다.

---

230) 『荀子』「樂論」: 君子以鐘鼓道志 以琴瑟樂心 動以干戚 飾以羽旄 從以磬管 故其淸明象天 其廣大象地 其俯仰周旋有似于四時 故樂行而志淸 禮修而行成 耳目聰明 血氣和平 移風易俗 天下皆寧 美善相樂.

231) 『已畦文集 卷6』「滋園記」: 然孤芳獨美 不如集衆芳以爲美 待乎集事在乎人者也 夫衆芳非各有美 卽美之類而集之 集之云者 生之 植之 養之 培之 使天地之芳無遺美 而其美始大(葉朗, 『中國美學史大綱』, 上海人民出版社, 2001, 138쪽에서 재인용).

제Ⅴ부 **종합적 변석**

—先秦 유가미학사상의 종합적 변석—

심미의식의 근원적 辨析

　　지금까지 제Ⅲ부 Ⅳ부에서 살펴본 맹·순의 미학사상은 兩子 스스로 孔子의 계승을 천명하거나 인정했음에도 불구하고 그 차이점은 상당히 크다는 것을 알게 한다. 크게 보면 공자의 仁義·禮樂사상 중에서 仁義사상은 맹자에 의해 구체화되고 정밀화되었으며, 禮樂사상은 순자에 의해 좀 더 체계화되고 정밀화되었다고 말할 수 있다. 본 장의 내용은 제Ⅲ부와 제Ⅳ부의 내용 중에서 맹·순 미학사상의 핵심적인 부분을 적출하여 비교 고찰하는 방법으로 구성하고자 한다. 이러한 연구방법은 사마천이 『史記』를 저술한 紀傳體 형식의 저술방법을 응용한 것이다. 약간의 중복감이 있을 수 있지만 연구방법의 交織에 의한 새로운 利點을 획득하여 앞 장까지의 연구에서 자칫 빠뜨릴 수 있는 부분들을 보완할 수 있는 장점이 있다.

　　한 개인의 심미의식의 형성은 그 사람의 사고유형에 따라 결정된다. 어떤 사건이나 사물에 대해서도 사람들은 보는 각도에 따라 각각 다르게 느끼고 다르게 판단한다. 사람들은 자신의 관심분야에 마음이 더 쏠리기 때문이다. 마음이 쏠리는 것을 志라 한다. 志는 본래 之와 心이 결합된 글자로 '마음이 가는 것'을 뜻하며 意와 통한다.[1] 그래서 意志라는 표현이 생긴 것으로 이해할 수 있다. 전통적으로 의지가 굳은 사람들은 보통 선비집단에서 많이 나온다. 이러한 의지에 따라 개인의 심미의식은 형성되게 마련이다. 본 절에서는 맹자와 순자가 그 의지를 어디에 두고 있는지를 알아보고 그 차이점을 살펴보려는 것이다. 그것은 兩子의 심미의식의 형성에 가장 큰 영향을 미치는 天, 道, 心, 性의 관념에 대한 고찰을 통해서 밝힐 수 있을 것이다.

1) 義理天과 自然天

맹·순의 天관념의 가장 두드러진 차이점은 天과 인간의 관계를 합일로 보느냐 분리로 보느냐에 있다. 맹자는 천인합일로 보고 순자는 천인분리로 본다.

맹자는 천인관계의 밀접성을 다음과 같이 말한다.

> 하늘이 장차 큰 임무를 이 사람에게 내리려 할 때에는 반드시 먼저 그 心志를 괴롭게 하며, 筋骨을 수고롭게 하며, 그 體膚를 굶주리게 하며, 그 몸을 궁핍하게 하여, 행함에 그 하는 바를 어기고 어지럽히니, 이것은 마음을 분발시키고 성질을 참도록 하여 능하지 못한 것을 增益시키려는 것이다.[2]

---

1) 『說文解字』: 志 意也 從心之 之亦聲./意 志也 從心音 察言而知意也.

2) 『孟子』「告子 下」15: 故天將降大任於是人也 必先苦其心志 勞其筋骨 餓其體膚 空乏其身 行拂亂其所爲 所以動心忍性 曾益其所不能.

天에 어떤 의지를 부여했을 때 天은 天命의 개념으로 바뀐다. 맹자의 天觀은 천명으로 이해할 수 있다. 맹자가 말한 天은 모두가 人事와 관련 있는 天, 즉 天命이다. 천명은 우환의식에서 생긴 敬을 통해 점차 아래로 관통하여 인간에게 이르러 인간의 주체가 된다. 인간의 주체가 되는 敬의 대상은 초월적인 인격신이 아니다. 그러므로 천명이 아래로 관통하면 할수록 인간의 주체는 더욱 확고해진다. 맹자의 天은 人性 속에 내재한 道德律을 통하여 자기 속에서 느껴지고, 이해되고, 우러나 자각된 天이다. 더 이상 공포와 신비의 대상이 아닌, 바로 자신 속에 性으로 들어와 德으로 내재하는 천인합일로서의 天이다.

천인합일의 경계를 이루면 만물이 모두 나에게 갖추어진다(萬物皆備於我). 그렇게 되면 만물이 나이고, 내가 만물이 된다. 내 안에는 우주만물이 가득하다. 하늘을 나는 새들도 연못에서 뛰노는 물고기들도, 이름 모를 들풀도 깊은 숲 속의 짐승들도 모두 내 안에 충만한 만물의 존재들이다. 그들의 生長收藏이 모두 나를 한없는 기쁨과 즐거움의 세계로 인도한다. "이것은 天道와 도덕 심성은 生이라는 관점에서 보면 동일성격의 실체이다. 비록 天道의 生化가 객관 존재물의 실재에 관한 것이라면, 도덕 심성의 生化는 만물의 화육을 도와 만물로 하여금 올바른 위치(正位)를 얻게 하는 것이다."3) 맹자의 天은 만물과 人事를 주관하는 主宰天의 의미와 우리의 삶 가운데에서 어찌할 수 없는 運命天의 의미까지도 포함하는 우주의 최고 원리로서의 天이다.4) 이

---

3) 황갑연, 『공맹철학의 발전』, 서광사, 1998, 17쪽.

4) 馮友蘭은 天의 의미를 다섯 가지, 즉 ① 地와 상대적인 天으로서의 物質之天, ② 皇天上帝로서의 인격적인 主宰之天, ③ 우리의 삶 가운데 어찌할 도리가 없는 대상으로서의 運命之天, ④ 자연의 운행을 지칭한 自然之天, ⑤ 우주의 최고 원리로서의 義理之天 등으로 분류한다. 그리고 맹자의 天은 主宰之天과 運命之天을 지칭한 것 같다고 말한다(풍우란, 『中國哲學史』上, 商務印書館, 1992, 제3장 제2절 '天' 참조). 그러나 맹자의 天을 主宰天과 運命天으로만 간주하면 맹자의 '萬物皆備於我' 사상과 같은 生化의 실체로서의 天人合一 사상을 모두 담아내기에 한계가 있다. 따라서 본고에서는 우주의 최고 원리로서의 天인 義理天

것이 바로 맹자의 천인합일적 義理天 관념이다.

순자는 天을 自然으로 본다. 그러므로 天은 경외의 대상이 아니라 治用의 대상이다. 순자의 天人관계는 곧 사람과 자연의 관계로 집약된다. 자연계(天)에는 의지와 목적이 없으며 자신의 객관적 규율만이 존재한다. 자연계의 규율은 사회와 人事의 변화에 대하여 독립적으로 존재한다. 그러므로 순자는 "하늘에는 변하지 않는 道가 있고, 땅에는 변하지 않는 조리가 있다."[5]고 말한다. 변하지 않는 道란 자연의 법칙과 질서를 의미한다. 일식과 월식, 폭풍우와 혜성의 출현 등은 천지운행의 정상적인 궤도에서 벗어난 것이 아니라, 어느 시대에나 항상 있었던 현상으로 이해한다. 그러므로 禹임금 때는 9년간의 홍수가, 湯임금 때는 7년간의 가뭄이 있었다는 것이다. 순자가 말하는 天은 종교적인 것도 도덕적인 것도 아닌 자연현상을 의미할 뿐이다. 그렇기 때문에 순자는 하늘의 직분과 사람의 직분(天人之分)이 따로 있음을 주장한다.

> 하지 않아도 이루어지고, 구하지 않아도 얻어지는 것, 이것을 일러 '천직(天職)'이라고 한다. 이와 같은 것이 비록 깊다 하더라도 사람은 사려를 加하려 하지 않고, 비록 크다 하더라도 능력을 加하려 하지 않으며, 비록 정교하다 하더라도 관찰을 加하려 하지 않는다. 이것을 일러 하늘과 직분을 다투지 않는다고 말하는 것이다.[6]

天은 天, 사람은 사람, 그 맡은 바 직분은 각기 따로 있기 때문에 사

을 맹자의 天觀으로 채택했다.

5) 『荀子』「天論」: 天有常道矣 地有常數矣.

6) 『荀子』「天論」: 不爲而成 不求而得 夫是之謂天職 如是者 雖深 其人不加慮焉 雖大 不加能焉 雖精 不加察焉 夫是之謂不與天爭職.

람은 天의 직분에 대하여 알거나 간섭할 필요가 없다. 天이 만물을 낳는 것은 자연적 사실로서 모든 사람들이 알고 있는 일지지만, 天이 어떻게 만물을 낳는가에 대해서는 아무도 알지 못한다. 단지 사람은 天이 하지 않아도 저절로 이루는 것을 볼 뿐이며, 天이 무엇을 구하려 하지 않아도 저절로 얻는 것을 볼 뿐이다. 그래서 순자는 "천지만물에 대해 그 所以然을 이해하려고 노력하지 않지만 천지가 생성한 만물을 잘 이용한다."[7]고 말한다. 이와 같이 순자는 철저하게 천인분리를 강조한다.

맹자의 天은 人事와 밀접한 관련을 맺는 인간에 내재된 덕성 주체로서의 天이다. 그것은 인간 내면에 깊숙이 들어와 인간의 덕성과 합일된 천인합일로서의 天이며, '生生之謂道'의 변화원리를 내포한 生化의 실체로서의 義理天이다. 그러므로 天을 닮은 美를 표현하려면 자신에게 내재된 순선한 덕성을 그대로 드러내면 된다. 반면에 순자의 天은 人事에는 전혀 참여하지 않는 자연현상으로서의 天을 의미한다. 요임금 때문에 존재하는 것도 아니며, 사람들이 추위를 싫어한다고 해서 겨울을 거두어 가지도 않는 天이다. 그래서 인간은 天을 제어하고 이용하기만 하면 된다. 순자의 天은 철저한 天人분리적 自然天이다. 그러므로 天은 美가 닮아야 할 대상이 아니다.

2) 仁義之道와 禮義之道

맹자와 순자의 道는 모두 인간을 위한 人道를 의미한다. 그러나 그 지향점은 다르다. 맹자는 仁義에 관심을 집중시키고, 순자는 禮義에

---

7) 『荀子』「君道」: 其於天地萬物也 不務說其所以然 而致善用其材.

더 많은 관심을 갖는다. **맹자는** 말한다.

> 仁은 사람의 마음이다. 義는 사람이 가야 할 길이다.[8]

맹자에 있어서 사람의 마음이란 모든 사람이 가지고 있는 본원적 양심으로서의 '四端之心'을 말한다. 사람이 가야 할 길이란 사람으로서 당연히 행해야 할 도리이며, 가야 할 길을 뜻한다. 사람의 모든 활동은 진정한 사람이 되기 위한 것이며 義는 바로 그 궤도이다. 『중용』에 "義는 마땅한 것이다."[9]라고 한 것은 바로 이것을 말하는 것이다. 그래서 義를 따라 행하는 행위는 늘 정정당당하다.

맹자가 말한 仁은 사람의 편안한 집이며, 義는 사람의 바른길이다. 편안한 집을 비워 두고 거처하지 않으며 바른길을 두고 가지 않으니 애석할 뿐이다.[10] 仁義를 따라 행한다는 것은 선천적으로 가지고 있는 仁義라는 天理를 따라 행한다는 뜻이다. 이러한 도덕실천이야말로 자각적이고 자주적이며 자발적인 명령이다. 맹자의 도덕적 이상주의의 확고한 신념은 바로 여기에 기초한 것이다. 맹자의 모든 심미척도는 이러한 仁義에 근거하고 있다. 그래서 맹자는 "어찌 仁義를 아름답다 하지 않으리오."[11]라고 말하는 것이다. 맹자에 있어서 仁義는 道 그 자체이기 때문이다.

순자의 道는 禮義이다. 예의는 禮와 같은 뜻임을 이미 앞에서 살펴본 바 있다.[12] 예의는 순자철학 체계에서 모든 판단의 기준이며, 편견

---

8) 『孟子』「告子 上」11: 仁人心也 義人路也.

9) 『中庸』〈第20章〉: 義者 宜也.

10) 『孟子』「離婁 上」10: 仁 人之安宅也 義 人之正路也 曠安宅而弗居 舍正路而不由 哀哉.

11) 『孟子』「公孫丑 下」2: 豈以仁義爲不美也.

과 中道를 가늠하는 기준이다.

> 무엇을 中이라 하는가? 禮義가 바로 그것이다. 도란 하늘의 道도
> 아니요, 땅의 道도 아니며, 사람으로서 가야 할 길이며 군자가 가
> 야 할 길이다.[13]

　이렇게 인식한 禮義야말로 순자에 있어서는 道 그 자체라고 아니
할 수 없다. 그렇기 때문에 개인의 생존과 사업의 성취, 그리고 국가
의 安寧까지도 모두 예의의 규범에서 벗어날 수 없다. "인간에게 禮가
없으면 살아갈 수 없고, 일에 예가 없으면 이루어지지 않으며, 국가에
예가 없으면 편안할 수 없다."[14]고 보는 것이 순자의 입장이다. 이와
같이 순자 미학에서의 道는 예의를 의미하며, 道가 의미하는 심미범
주는 예의의 범주를 의미한다. 禮義는 인간의 욕망을 제약하고 통제
하는 기능을 통해서 가장 이상적인 조화를 추구함으로써, 오히려 인
간의 욕망을 길러 줄 수 있는 최고의 가치가 될 수 있다고 순자는 인
식한 것이다.

　유가미학에서의 道란 미의 규율, 미의 근원, 미의 본체, 미의 표현
등을 포함한다.[15] 맹자는 이러한 미의 규율, 근원, 본체, 표현 등의 범
주는 마땅히 仁義라는 척도에 맞아야 함을 강조하고, 순자는 禮義라는
척도에 맞아야 함을 강조한다. 맹자의 仁義는 사람의 편안한 집이며,
반드시 가야 할 길이지만, 내 안에서 기르고 찾아야 하는 내재적 심
미척도이며, 순자의 禮義는 사람이 가야 할 길이며 군자가 가야 할 길

---

12) 본서 제Ⅳ부 2.-1)-(1) '禮, 禮義, 禮樂의 本質的 相關關係' 참조.

13) 『荀子』「儒效」: 曷謂中 曰 禮義是也 道者 非天之道 非地之道 人之所以道也 君子之所以道也.

14) 『荀子』「修身」: 人無禮則不生 事無禮則不成 國家無禮則不寧.

15) 林同華 主編, 『中華美學大詞典』, 安徽敎育出版社, 2002, 92쪽 참조.

이지만, 길면 자르고 짧으면 이어 주며 부족하면 보태 주는 외재적 심미척도인 것이다.

3) 性善과 性惡

儒家의 性은 선험적이며 보편적으로 상정된 인간의 본성을 가리킨다. 그것은 天命이 인간에게 내재된 것으로 하늘의 명령을 뜻한다(天命之謂性). 그러므로 天을 어떻게 보느냐에 따라 性에 대한 인식도 다르게 나타난다. 이미 앞에서 맹·순의 天觀에 대해서 義理天과 自然天으로 규정한 바 있다. 이를 바탕으로 보면 맹자가 性을 善한 것으로 보고 순자는 惡한 것으로 볼 수밖에 없는 당위성을 이해할 수 있다. **맹자는** 性과 命을 구분하여 설명함으로써 性을 쉽게 이해시키려 한다.

> 입이 맛에 있어서와 눈이 색깔에 있어서와 귀가 음악에 있어서와 코가 냄새에 있어서와 사지가 安逸에 있어서는 性이지만 命에 달려 있다. 그러므로 군자는 이것을 性이라고 말하지 않는다. 仁이 부자간에 있어서와 義가 군신 간에 있어서와 禮가 賓主 간에 있어서와 성인이 天道에 있어서는 命이지만 거기에는 性이 있다. 그러므로 군자는 命이라고 말하지 않는다.16)

五官은 각기 좋아하는 것이 있다. 이러한 생리적 욕망은 누구나 태어날 때부터 가지는 本性이라고 맹자는 말한다. 이때의 性은 告子가 말한 '生之謂性'과 같다. 그러나 비록 나면서부터 가지고 있는 性이라고는 하지만, 이러한 性은 자기 자신에게서 구할 수 없고 반드시 외부

---

16) 『孟子』「盡心 下」24: 口之於味也 目之於色也 耳之於聽也 鼻之於臭也 四肢之於安佚也 性也 有命焉 君子不謂性也 仁之於父子也 義之於君臣也 禮之於賓主也 智之於賢者也 聖人之於天道也 命也 有性焉 君子不謂命也.

에서 구해야 한다. 이처럼 외부에서 구해야 하는 것은 필요하면 제약 없이 언제나 얻을 수 있는 것이 아니기 때문에, 맹자는 命에 달려 있다고 한다. 命은 제약을 뜻한다. 五官이 무엇을 얻고 얻지 못하는 것은 모두 객관적으로 한계가 있다. 그러므로 맹자는 자연 본성을 사람의 진정한 성(眞性)으로 이해하지 않는다.

맹자는 자연 본성 외에 사람에게는 감정의 욕구를 초월하는 道德心性이 내재되어 있다고 파악한다. 그래서 도덕심성을 하늘이 나에게 부여한 것(天所與我)이라고 이해한다. 맹자는 性과 命을 대비하여 사람의 진정한 性과 바른 性은 자연 본성에 있는 것이 아니라, 도덕심성인 仁義禮智에 있다고 말한다. 자연 본성은 육체의 제약을 받고 命의 제약을 받기 때문에 자주적일 수 없다. 오직 감성의 욕구를 초월하고 육체의 제한을 받지 않는 내재적 도덕심성만이 사람의 性情 속에 본래 갖추어져 있는 진정한 性이요, 바른 性으로 이해한 것이다.

순자는 인간의 性은 惡하다고 말한다. "性은 天이 나아가는(就) 것이다."17)라는 말에서, 天은 자연을 의미하며 '나아간다(就)'는 것은 移動을 의미한다. 그러므로 순자가 보는 性은 자연의 성질이 그대로 인간에게 이동한 것을 의미한다. 그 본성이 惡하다고 보는 것이 순자의 기본 입장이다.

> 눈은 아름다운 색깔을 좋아하고, 귀는 고운 소리를 좋아하며, 입은 맛있는 것을 좋아하고, 마음은 이익을 좋아하며, 몸은 편안함을 좋아한다. 이것은 모두 인간의 性情에서 나오는 것이다.18)

---

17) 『荀子』「正名」: 性者 天之就也.
18) 『荀子』「性惡」: 若夫 目好色 耳好聲 口好味 心好利 骨體膚理好愉佚 是生於人之情性者也.

순자가 파악한 性은 감각기관의 본능과 생리적 욕망, 그리고 이익을 좋아하는 심리적 반응으로 요약된다. 이 세 가지는 모두 인간의 동물적인 특성을 말한 것이다. 여기에는 인간의 動物性만이 존재할 뿐, 인간이 인간으로서 갖는 도덕가치의 의미는 전혀 없다. 동물적 특성에서 볼 때, 性에는 단지 본능적으로 좋아하고 싫어함만이 있을 뿐 합리적으로 받아들이고 거절함이 없으며, 생물적인 활동만 있을 뿐 마땅히 그렇게 해야 한다는 도덕 가치는 없다. 순자가 본 인간의 본성은 바로 생물의 생리적 욕구뿐이다. 생물의 생리적 욕구만 따르는 性을 악하다고 본 것은 자연스런 귀결이다. 순자가 말하는 性은 맹자의 性과는 달리 도덕적 根源性이 전무하다. 그러므로 순자에게는 心의 중요성이 더욱 커진다.

맹자의 性은 도덕 본심의 근원자로서의 性이기 때문에 善해야 하는 당위성을 확보해야만 한다. 만약 性이 순선한 본원적 위치를 확보하지 못하면 맹자의 四端之心이나 良心의 존재근거마저 상실하고 만다. 그렇게 되면 그의 심미표준인 '充實之謂美'라는 말도 성립될 수 없게 된다. 性善은 맹자 철학에 있어서 움직일 수 없는 원천이요, 근간인 것이다.

순자는 性을 人事와는 별개로 존재하는 자연 본성이 그대로 인간에게 옮겨 온 것으로 파악한다. 그것은 인간에게 유익한 性이 아니다. 그것은 교정의 대상으로 존재하는 惡일 뿐이다. 그래서 인위를 가하여 善으로 돌려놓아야 한다. 性은 단지 善과 美로 나아가기 위한 교정 대상으로서의 의미만을 갖는다. 그러므로 순자의 性惡論을 심미적으로 파악하면 化性起美가 그 핵심을 이루는 것이다.

4) 良心과 徵知心

心은 인간의 정신적 주체이다. 心은 맹자 이후 줄곧 철학에 있어서 가장 중요한 관념으로 인식되어 왔으며, 시대가 바뀔 때마다 다른 관념을 수반하면서 끊임없이 그 의미가 확대되는 현상을 보인다. 心은 인간행동의 주체로서 이성인식과 감성작용의 근원처라 할 수 있다. 이러한 점은 맹·순에게 공히 적용된다.

맹자의 心은 仁義禮智에 뿌리를 둔 四端之心이며 良心을 뜻한다.

> 사람은 누구나 '차마 해하지 못하는 마음(不忍之心)'을 가지고 있다.[19]

> 측은지심, 수오지심, 공경지심, 시비지심(四端之心)은 모든 사람이 가지고 있다.[20]

여기서 말하는 不忍之心이나 四端之心은 四德에 뿌리를 둔 良心을 가리킨다. 四德이란 仁義禮智를 말하며 인의예지는 性의 분화된 모습을 의미한다. 그러므로 良心은 덕성주체로서의 본심이 된다. 그래서 맹자는 五官에 의한 일차적 감각에 의해 마음이 기쁨을 얻는 것이 아니라, 理·義 때문에 기쁨을 얻는다고 말한다.[21] 理·義는 다름 아닌 性이기 때문이다.[22] 마음은 반성하고 생각할 수 있으며, 생각할 수 있으므로 얻을 수 있다. 얻는다는 것은 모든 사람이 공통으로 가지고 있

---

19) 『孟子』「公孫丑 上」6: 孟子曰 人皆有不忍人之心.

20) 『孟子』「告子 上」6: 惻隱之心 人皆有之 羞惡之心 人皆有之 恭敬之心 人皆有之 是非之心 人皆有之.

21) 『孟子』「告子 上」7: 心之所同然者 何也 謂理也義也 聖人先得我心之所同然耳 故理義之悅我心 猶芻豢之悅我口.

22) 『孟子正義』「告子 上」7 〈疏〉: 明理義之爲性 所以正不知理義之爲性者也 是故理義性也.

는 理·義, 즉 善性을 얻는다는 뜻이다. 그러므로 맹자가 말하는 心은 나면서부터 하늘이 부여한 善한 良心을 지칭하는 것이다. 맹자의 良心은 심리학에서 말하는 감성층의 심리적 정서활동의 주체만을 말하는 것도 아니며, 사고작용을 하는 지성층의 認知心만을 가리키는 것도 아니다. 맹자의 良心은 덕성주체로서 내재해 있는 도덕심이며 실재하는 道德本心이다.

순자의 心은 사물객체에 대한 인식으로서의 認知心을 말한다.

> 인간은 나면서부터 인지할 수 있는 능력을 가지고 있다. …… 心은 나면서부터 인지능력을 가지고 있다.[23]

순자는 心을 모든 사물과 상황에 대한 認知의 주체로 파악한다. 그래서 순자는 心을 五官을 주재한다는 뜻에서 '天君'이라고 명명한다. 이러한 心은 제일차적으로 감각재료에 대하여 분석과 변별을 진행하고, 개념과 판단을 형성하며, 理性認識을 형성한다. 순자는 그것을 '徵知'라고 말한다. 심의 징지는 감각재료에 의지해야만 한다. 징지는 반드시 감각기관이 그 부류에 접하기를 기다린 뒤에야 '인식의 이룸'이 가능하다. 그러므로 이러한 이성인식을 형성하려면 心의 감성작용에 의지해야만 한다. 그런데 心이 근심하고 두려우면 입이 맛있는 고기를 먹어도 그 맛을 알지 못하고, 귀가 좋은 음악을 들어도 그 소리를 알지 못하고, 눈이 아름다운 무늬를 보더라도 그 상태를 알지 못하며, 가볍고 따뜻한 자리를 깔더라도 몸이 그 편안함을 알지 못하게 된다.[24] 心이 발휘작용을 하지 않거나 혼란을 일으켜 병이 발생하면, 감

---

23) 『荀子』「解蔽」: 人生而有知 …… 心生而有知.

24) 『荀子』「正名」: 心憂恐 則口銜芻豢而不知其味 耳聽鐘鼓而不知其聲 目視黼黻而不知其狀 輕暖平簟而體

각 기관도 함께 영험함을 잃고, 만물의 아름다움을 대면하고서도 심미적 기쁨을 얻을 수 없게 된다. 이와 같이 순자의 心은 모든 것을 인식하고 판단하는 주재적 認知心으로서의 徵知心을 가리키는 것이다.

맹자의 心은 善性을 내포한 良心이다. 양심은 도덕 본원으로서의 四端之心이며 德性本體로서의 道德心이다. 그러므로 맹자 心의 심미활동은 德性의 심미활동을 의미하며, 덕성의 심미활동은 不忍之心의 直覺활동으로 나타나게 된다. 맹자 心의 모든 심미판단은 내재된 善의 근거인 덕성에 근원한다. 순자의 心은 객관사물에 대한 인지주체로서의 認知心이며 순자의 표현에 의하면 徵知心이다. 즉 모든 판단과 결정을 주재하는 주재심인 것이다. 그러므로 순자의 심은 내재된 요인에 의하여 어떠한 제약도 받지 않는다. 명령을 내리되 명령을 받지 않는다. 그러므로 모든 심미판단은 감관으로 느낀 사물에 대하여 심의 주재적 판단에 의지한다. 하지만 순자의 心은 주재성은 있으나 주재적 판단근거를 자신의 心에서 찾을 수 없다는 논리적 취약성을 안고 있다.

맹·순에 있어서 心은 인식주체라는 점에서는 같으나, 심미적으로 볼 때, 맹자의 心은 내재된 善을 인식하여 向外的 확충활동을 주관하며, 순자의 心은 감각기관의 외재사물에 대한 접촉을 통하여 向內的 감성인식 작용을 주관한다는 점이 다르다. 이에 대한 좀 더 깊은 논의는 다음 절에서 살피기로 한다.

不知其安.

심미의식의 발현적 辨析

사람은 심미의식의 발현을 통해서 미감을 얻을 수 있다. 발현이란 내재의식의 발로현상이며, 그 내재의식이 審美性을 띠고 발로되면 그것이 바로 심미의식의 발현이다. 심미의식의 발현은 예술행위를 통해서 가장 잘 나타나며 우리는 거기에서 미감을 얻고 심미적 열락도 느낄 수 있게 된다. 본 절에서는 맹·순의 심미의식의 발현에서 바라본 兩子의 차별성에 대해서 알아본다. 심미표준, 심미활동, 심미경계의 세 방면으로 나누어 살피기로 한다.

1) 充實美와 全粹美的 심미표준

맹자의 심미표준은 '充實之謂美'로 순자의 심미표준은 '全粹爲美'로 표현된다. 양자의 심미표준이 왜 이렇게 표현되며 그 차이점은 무엇인지에 대해서 규명하는 것이 본 단원의 목표이다.

맹자의 심미대상은 주로 人格美에 편중되어 있다.

> 하고자 할 만한 것을 善이라 하고, 善을 자기에게 지속적으로 가지
> 고 있는 것을 信이라 하고, 善이 몸속에 가득 차서 실하게 된 것을
> 美라 하고(充實之謂美), 가득 차서 빛을 발함이 있는 것을 大라 하
> 고, 大의 상태가 되어서 남을 변화시키는 것을 聖이라 하고, 聖스러
> 우면서 알 수 없는 것을 神이라 한다.25)

이것은 맹자 미학을 이해하는 핵심부이다. 맹자의 美的 관심은 인
격미에 있다. 여기서 맹자는 한 인간이 아름답기 위해서는 내적으로
어떠한 조건이 갖추어져야 하며, 외적으로 어떠한 상태가 되어야 좀
더 품격 높은 아름다움을 지닌 인간이 되는가에 대해서 분명하게 피
력한다. 맹자는 인간을 善, 信, 美, 大, 聖, 神의 여섯 단계로 나누어 설
명한다. 善, 信, 美는 인간의 내면상태를, 大, 聖, 神은 인간의 외면 상
태를 형용한 말이다. 그러나 大, 聖, 神이 비록 외면의 형용이라 하더
라도 그것은 반드시 善, 信, 美라는 내면의 충실한 기반 위에서만 형성
될 수 있는 것이다.

'充實之謂美'는 '충만하게 채워져 실한 상태를 美라고 한다'는 말이
다. 충만하게 채웠다는 것은 善을 채웠음을 의미한다. 美와 善은 상호
不可不離的 내외관계를 이룬다. 善은 美의 충실조건으로서, 美는 善의
발현조건으로서 그 존재의의가 있다. 충실이란 내적 충실을 의미하
며, 발현이란 내적 충실을 바탕으로 한 외적 발로현상을 말한다. 내적
충실 없이는 외적 발현도 없다는 뜻이다. 내적 충실은 외적 위대함으
로 나타날 수도 있고, 성스러움으로 나타날 수도 있고, 알 수 없는 경

---

25) 『孟子』「盡心 下」: 25 可欲之謂善 有諸己之謂信 充實之謂美 充實而有光輝之謂大 大而化之之謂聖 聖
而不可知之之謂神.

지로 나타날 수도 있다. 이것이 美에 대한 좀 더 고양된 표현방법으로서의 大, 聖, 神이다. 맹자가 파악한 美는 善의 외재형식으로만 존재하는 것이 아니라, 美 속에 이미 善으로 충만한 美善一體的 감성형태로 존재한다는 것을 의미한다. 맹자에 있어서 비어 있거나 쭈그러진 것은 美의 대상이 되지 않는다. 善이 없는 것은 비어 있는 것이고, 善이 부족한 것은 쭈그러진 것이다. '充實之謂美'라는 말은 善을 확충시켜 大人, 聖人으로 거듭나기 위한 초석을 제시한 인격적 심미표준이다. 그것은 인간 개체에 善의 정신이 깃들어 있을 때, 구체적으로 직관할 수 있는 대상으로서의 준칙을 제시한 것으로 이해할 수 있다.

순자의 美에 대한 관심은 人工美에 모아져 있다. 인공미는 人爲의 결과로 얻어지는 美이다. 순자는 바로 美의 근거를 인위(爲)에서 찾으며, 후천적 인위를 가해야만 아름다울 수 있다는 것이다. 마음이 어떤 대상을 위하여 사려하고, 그 사려가 쌓여서 능력이 익숙해진 상태에서 이루어지는 인위적인 功力을 爲로 보며, 그 爲를 순자는 善으로 파악한다.[26] 순자의 논리에 따르면 善한 것은 爲이고, 어떤 사물에 爲를 가하면 아름답게 된다는 것이다. 따라서 자연발생적인 性은 악하기 때문에 반드시 爲를 가해야만 아름다울 수 있다. 순자가 말한 爲의 내용이 善인 것이다. 그러므로 순자 미학에 있어서도 美와 善은 내용과 형식의 일체관계를 보여 준다. 다만 善의 내용이 人爲라는 점이 맹자와 다르다.

> 군자는 완전하지 못하고 精粹하지 못한 것은 아름답기에 부족하다
> 는 것을 안다.[27]

---

26) 『荀子』「性惡」: 然則人之性惡明矣 其善者僞也.

이것이 순자의 심미표준이다. 이 말을 요약하면 '全粹爲美'가 된다. 외적 文飾의 완전함과 빼어남이 없는 것은 아름답기에 부족하다. 조금이라도 인위적 가공의 수준이 불완전하거나 精粹하지 않다면 아름다움에 미달된다. 그러므로 全粹爲美라고 표현할 수 있는 것이다. 全은 넓이의 무한함을 가리키고 粹는 깊이의 무한함을 가리킨다.[28] 全粹는 횡적·종적 혹은 평면적·입체적으로 人爲의 공력이 완벽해야 함을 제시한 심미표준이다.

善의 표현이 美라는 입장은 맹·순 兩子가 일치한다. 그러나 그 표현 방법상에 있어서는 서로 다르게 나타난다. 善의 내용이 다르기 때문이다. 맹자의 심미표준은 일체화된 미와 선의 내적 充實을 의미하며, 순자의 심미표준은 일체화된 미와 선의 외적 文飾을 의미한다. 미와 선의 일체형식은 같지만 주안점을 어디에 두느냐 하는 心의 志向하는 바가 다른 것이다. 그러므로 맹자는 개인의 내재적 인격미에 관심을 더 가지며, 순자는 외재적 人工美에 관심을 더 갖는다.

2) 擴充과 文飾的 심미활동

맹·순의 심미활동의 차이점은 다방면으로 나타난다. 그러나 본 단원에서는 兩子의 가장 특징적인 擴充活動과 文飾活動 두 방면에서만 비교 고찰을 진행한다. 확충은 善을 배양하여 채우고 확산시키는 것을 말하며, 문식은 인위적으로 깎고 다듬고 치장하는 것을 말한다. 심미활동의 활동주체는 心이다. **맹자는** 心을 기르는 방법에 대하여 다

<hr>

27) 『荀子』「勸學」: 君子知夫不全不粹之不足以爲美.
28) 于民·孫通海 編著, 『中國古典美學擧要』, 安徽敎育出版社, 2000, 124쪽 참조.

음과 같이 말한다.

> 心을 기르는 데는 욕심을 적게 하는 것보다 좋은 것은 없다. 그 사
> 람됨이 욕심이 적으면 비록 본심을 보존하지 못할 때가 있더라도
> 매우 적을 것이며, 그 사람됨이 욕심이 많으면 비록 본심을 보존함
> 이 있더라도 (본심은) 적을 것이다.[29]

心을 기르는 가장 좋은 방법은 욕심을 줄이는(寡欲) 것이다. 心은 본
래 靈明하고 측은함을 간직한다. 그러나 욕심이 지나치면 心의 영명
함을 가려 버리고 측은한 감정을 질식시켜 버린다. 반대로 욕심이 적
으면 心의 영명함은 항상 빛을 발하고 측은한 감정이 발로된다. '養心'
과 '寡欲'은 대비적 관계로서 欲이 적으면 心을 잘 기를 수 있지만, 欲
이 지나치면 心을 기를 수 없다. 맹자에 있어서 心을 기른다는 것은
善을 기르는 것이다. 맹자의 心은 앞에서 살펴본 것처럼 순선한 良心
을 의미하기 때문이다. 善을 길러 善이 충만하다는 것은 진실로 아름
답다는 말이다. 이렇게 心을 기르는 것은 欲을 줄이는 것으로 가능하
며, 欲을 줄이는 것은 바로 심미의식의 확충을 의미하게 된다.

또 하나의 심미의식의 확충은 '浩然之氣'의 배양을 통해서 이루어
진다. 맹자의 호연지기는 본인 스스로도 말로 표현하기가 어렵다고
토로한다. 그것은 至大至剛하여 直으로 길러서 해치지 않으면 천지간
에 가득 차는데, 언제나 義와 道를 동반한다고 말한다. 義와 道가 없으
면 바로 시들어 버리는 것이 호연지기다. 호연지기는 객관적 질료로
서의 氣가 가득 차는 것이 아니라, 인간 내면의 정신상태가 仁義로 가
득 차서 조금도 두려움이 없는 분발된 상태를 일컫는 것이다. 이러한

---

29) 『孟子』「盡心 下」35: 養心莫善於寡欲 其爲人也寡欲 雖有不存焉者 寡矣 其爲人也多欲 雖有存焉者 寡矣.

호연지기는 그의 말을 자세히 살펴보면 '直으로 길러 해치지 말 것'
과 '義를 모으는 것'으로 요약할 수 있다. '直으로 길러 해치지 말 것'
은 그의 勿助長 이론으로, '義를 모으는 것'은 存夜氣 이론으로 설명이
가능하다.[30]

맹자의 심미활동으로서의 가장 특징적인 점은 德性의 직각활동을
발견한 점이다. 맹자의 孩子入井과 以羊易牛의 상황을 통한 설명은 매
우 간결하면서도 통쾌한 비유이다. 누구나 어린아이가 막 우물에 빠
지려는 것을 보면, 오직 그 어린아이를 빨리 구하려는 마음밖에 일어
나지 않으며, 죄 없이 사지로 끌려가는 소를 보고 양으로 바꾸라고
한 것은 차마 그대로 내버려 둘 수 없는 마음(不忍之心)이 발로하기 때
문이라는 점을 맹자는 분명히 지적한다. 맹자의 설명은 그야말로 단
순 명쾌하다. 이것은 어떤 이해관계나 욕망의 강압에 이끌린 것이 아
니라 완전한 眞心의 표현이요, 良心의 직접적인 발로이며, 天理의 자연
스런 흐름이다.[31] 여기에는 근본적으로 어떤 이유도 필요치 않다. 不
忍之心이 발로되는 것은 모두 시각을 통한 仁心의 발로이다. 이것은
感官을 통한 감성의 느낌을 享受한다는 미학의 가장 기본적인 제1차
적 차원의 문제이다. 그러나 그것을 통해서 인간 내면의 善한 德性의
샘에서 솟아 나온 善心의 발로를 깨달은 것은 단번에 고차원의 미학
경계로 도약하는 맹자 미학의 매우 독특한 점이라 할 수 있다. 맹자
는 인간의 性善을 인정하고 그것의 즉각적 발로를 純善의 즉각적 표
현으로 본 것이다. 그것은 바로 德性의 심미적 직각활동을 의미한다.
이러한 내용들은 모두 심미활동으로서의 확충활동에 해당한다.

---

30) 본서 제Ⅲ부 2.-1)-(2) '浩然之氣의 集義的 심미의식 배양' 참조.
31) 『孟子集註』「公孫丑章句 上」6: 孺子入井時 其心怵惕 乃眞心也 非思而得 非勉而中 天理之自然也.

순자는 文飾活動을 인간사회의 질서를 확립하기 위한 필수적인 인간의 심미활동으로 이해한다. 사람이 태어나면 무리를 짓지 않을 수 없고, 무리를 짓되 나눔이 없으면 다투게 된다. 그러므로 무리를 짓되 나눔이 있게 하는 것이 순자의 최대 관심사였다. 그 해결의 관건을 순자는 禮樂文章에서 찾는다. 예악문장은 결코 잘 듣고 잘 보기 위한 것이 아니고, 사람들의 욕구에 양을 정하고 한계를 나누어(度量分界) 주기 위한 것이며, 이래야만 통일되고 조화로운 사회조직을 형성할 수 있다고 파악한다.

> 남의 임금이 된 자는 아름답게 꾸미지 않으면 백성을 하나로 통일하기에 부족하고, 부유하고 후하지 않으면 아랫사람을 관리하기에 부족하고, 위엄 있고 강하지 않으면 포악함을 금하고 사나움을 이기기에 부족함을 안다. 그러므로 반드시 큰 종을 치고, 북을 두드리고, 笙竽를 불고, 금슬을 타서 그 귀를 막으려고 하였고, 금옥을 새기고, 黼黻文章으로 그 눈을 막으려고 하였으며, 고기와 쌀밥과 다섯 가지 향료로 그 입을 막으려고 하였다.32)

순자는 이상사회를 건설하려면 美, 飾을 떠날 수 없고, 禮樂文章을 떠날 수 없다고 생각한다. 존귀하기로는 천자가 되고, 부유하기로는 천하를 소유하며, 聖王이라는 명성을 얻고, 모든 사람들을 제어하되 다른 사람들이 그를 제어할 수가 없게 되는 것은 바로 사람의 감정이라면 누구나 바라는 일이다. 그런데 王者는 이런 것들을 모두 아울러 가지고 있는 사람이다. 여러 가지 색깔의 옷을 입고, 여러 가지 맛있는 음식을 먹고, 많은 재물을 마음대로 쓰고, 온 천하를 합쳐 그곳의

---

32) 『荀子』「富國」: 知夫爲人主上者 不美不飾之不足以一民也 不富不厚之不足以管下也 不威不强之不足以禁暴勝悍也 故必將撞大鐘 擊鳴鼓 吹笙竽 彈琴瑟 以塞其耳 必將雕琢刻鏤 黼黻文章 以塞其目 必將芻豢稻粱 五味芬芳 以塞其口.

임금 노릇을 하고, 먹고 마실 것이 매우 풍부하고, 음악을 성대하게
즐기고, 높은 누각에 넓은 정원을 가지고, 제후들을 신하로 부리면서
천하를 통일한다는 것은, 역시 사람의 감정이라면 누구나 바라는 일
이다.[33] 이렇게 순자는 화려한 외재적 文飾을 사람이라면 누구나 바
라는 일이라고 매우 중시한다. 그것은 하나의 조화롭고 아름다운 인
간사회의 건설을 위한 인간의 文飾活動을 善한 심미활동으로 파악하
고 있음을 의미하는 것이다.

맹자 미학의 심미활동은 내적 '良心의 배양'과 '浩然之氣의 배양'을
통해서 이루어진다. 그것은 심미적 확충활동을 의미하는 것으로, 양
심의 배양은 인간 내면의 善心의 확충을 의미하며, 호연지기의 배양
은 인간 내면의 조금도 두려움 없는 仁義정신의 확충을 뜻한다. 이때
의 심미활동은 直의 특징을 가지며 德性의 심미적 直覺활동을 나타내
는 것이다. 순자의 심미활동은 외적 文飾활동을 그 특징으로 삼는다.
외적 문식 중에서도 가장 화려하고 완전하며 精粹함이 요구되는 제왕
의 禮樂文章을 최고의 가치로 여긴다. 그것은 심미적 문식활동이 아름
다운 인간사회의 건설에 필수적인 요소가 된다는 순자 미학의 사회
미학적 특징을 농후하게 보여 주는 것이다.

3) 自由경계와 功利경계적 심미이상

유가미학에서의 심미경계의 특징은 說樂(열락)에 있다. 열락경계는
맹·순 양자에게 공히 적용되는 심미경계이다. 앞에서 이미 맹·순의
심미경계에 대해서 개체적 입장과 군체적 입장의 양 방향에서 다룬

---

33) 『荀子』「王覇」 참조.

바 있다. 여기서는 양자의 특징이 가장 잘 드러나는 경계 하나씩만을 조명해 보기로 한다. 맹자는 개체적 입장에서의 열락적 자유경계, 순자는 군체적 입장에서의 美善相樂적 공리경계로 그 특징을 설정할 수 있을 것이다.

맹자의 심미대상은 인격이다. 인격의 高低는 곧바로 심미적 고저로 드러난다. 심미적 고저의 분별기준은 說樂의 久暫[34)에 의해서 결정된다. 說은 개체의 내적 요인에 의한 기쁨이며, 樂은 개체의 외적 요인에 의한 기쁨, 즉 타자와 함께하는 즐거움이다. 이러한 說樂의 경계에 영구히 처하는 이상적 인간상을 君子라고 한다. 說樂을 느끼고 발하는 주체는 心이다.

> 그런 까닭에 理와 義가 내 마음을 기쁘게 하는 것이 마치 소와 양
> 고기 등이 나의 입을 기쁘게 하는 것과 같다.[35)

理와 義를 소리, 색깔, 맛처럼 즐거움을 줄 수 있는 것으로 파악한 것은 인간의 道德精神도 심미성을 가지고 있으며, 심미적 즐거움을 불러일으킬 수 있음을 지적한 것이다. 이는 일반적으로 미를 感官을 통한 즐거움으로 한정 짓는 종래의 견해를 타파하고, 인격과 정신 역시 심미대상이 될 수 있음을 밝힌 내용이다. 인격과 정신 혹은 도덕적 善을 심미적 즐거움과 연계시켜 명확하게 하나의 관점에서 다룬 것은 분명 맹자의 공로이다. 이러한 면이 맹자 미학의 심미경계에 관한 高低를 판단하는 결정적 요인이 된다. 미학은 理性과 實際를 초월하는 直觀에 관심을 갖는다. 미학에는 초실제적 특징이 있다. 만약 실제적

---

34) ‘久暫’은 ‘高低’와 함께 풍우란 경계론의 특징이다(본서 제Ⅱ부 3. ‘심미이상으로서의 중용사상’ 참조).
35) 『孟子』「告子 上」7: 故 理義之悅我心 猶芻豢之悅我口.

상황을 전제로 해야 한다면 形而上的 심미경계를 논하는 데는 많은 제약을 받게 된다. 그러나 미학은 실제를 초월하여 형이상적 최고의 심미경계에 도달할 수 있다. 그러한 최고의 심미경계로 이끌어 주는 것이 유가미학에서는 바로 說樂이다.[36] 맹자의 하늘을 우러러 부끄럽지 않고 땅을 굽어보아 부끄럽지 않을 수 있다는 것은 天理와 仁義에 조금도 거리낄 것이 없다는 것을 말한다. 그것은 인격의 완성을 이룬 성인의 경지에 도달한 자만이 누릴 수 있는 즐거움이며, 맹자만이 외칠 수 있는 至高至純한 심미적 열락경계이다. 이러한 경계야말로 맹자의 특징이 가장 잘 반영된 최고의 열락적 자유경계라고 말할 수 있는 것이다.

순자의 美善相樂的 열락경계는 樂(악)을 통해서 구현된다. 그 구현이란 移風易俗을 통한 심미경계의 구현을 의미한다. 樂의 기능은 和하고 合하는 데 있다. 和는 상하좌우가 아름답게 조화를 이루는 것이고, 合은 모든 것을 한데 모아 어울리게 하는 것이다. 순자는 樂이 사람의 정감에 영향을 줌으로써 이러한 작용을 일으킨다고 생각한다.「樂論」은 대부분 이풍역속에 관한 내용이라고 해도 과언이 아니다. 묵자 非樂論을 비판한 것도 이풍역속적 차원에서 이루어진 것이다. 樂이 中正하면 백성들을 바르게 교화할 수 있다는 말 역시 이러한 예이다. 樂은 일반 서민으로부터 천자에 이르기까지 모두 함께 즐기는 대상이다. 그러나 이러한 樂은 바르게 조절해 주지 않으면 즐거움만을 극도로 추구하게 되어 혼란을 일으킨다. 옛 임금께서는 그러한 어지러움을 싫어했기 때문에, 그들의 행실을 닦게 하고 그들의 樂을 바로잡아 천하를 순조롭게 하였다. 요염하고 음란한 鄭나라 衛나라의 樂은 사람

---

36) 본서 제Ⅱ부 3.-1) '중용적 인격함양의 說樂境界' 참조.

들의 마음을 음란하게 한다. 단정한 예복을 입고 관을 쓰고서 韶武를 춤추고 노래하면 사람들의 마음은 장중해진다.37) 이와 같이 樂이라는 것은 하나의 표준을 잘 살펴서 화합하게 하고, 여러 사물들을 견주어 절도 있게 수식하여 하나의 아름다운 합주곡의 형식을 완성하는 것이다. 그래서 순자는 말한다.

> 그러므로 그 청명함은 하늘을 상징하고, 그 광대함은 땅을 상징하며, 그 우러르고 굽어보며 두루 통함이 四時와 흡사하다. 그래서 樂이 행해지면 뜻이 맑고, 예가 닦이면 행실이 완성되며, 이목이 총명하고 혈기가 화평해지며, 좋은 풍속으로 바뀌어 천하가 모두 평안하고 美와 善이 서로 즐거워한다(美善相樂).38)

순자가 말하는 美善相樂은 모두 함께 즐기는 군체적 즐거움이다. 그 즐거움은 하나보다는 둘이, 둘보다는 여럿이 모였을 때 더 즐겁고 아름다울 수 있다. 순자에 있어서 함께 즐긴다는 것은 천하의 모든 사람들이 美와 善을 함께 즐기는 것이다. 이러한 즐거움은 樂(악)을 통해서 이룩되는 심미적 열락경계이다. 그 경계는 청명함이 하늘과 같고, 광대함이 땅과 같으며, 두루 통함이 사계절의 운행원리와 같다. 그러므로 樂이 행해지면 뜻이 맑고, 이목이 총명하고 혈기가 화평해져 아름다운 세계로 바뀔 수 있다. 이것은 모두가 평안하고 온 사회에 이로움을 주는 심미적 移風易俗의 완성을 의미한다. 다시 말하면, 그것은 功利의 지극함을 가리키는 것이며(盡其美致其用), 예술과 실용이 상보적으로 일치를 이루어야 한다는 사회미학적 성격을 갖는 것이다.

---

37) 『荀子』「樂論」: 夫民有好惡之情而無喜怒之應 則亂 先王惡其亂也 故脩其行 正其樂 而天下順焉 …… 鄭衛之音 使人之心淫 紳端章甫 舞韶歌武 使人之心莊.

38) 『荀子』「樂論」: 故其淸明象天 其廣大象地 其俯仰周旋有似于四時 故樂行而志淸 禮修而行成 耳目聰明 血氣和平 移風易俗 天下皆寧 美善相樂.

이것은 바로 순자 미학이 지향하는 美善相樂을 통한 심미적 功利境界
의 구현을 의미한다.

　종합해 보면, 맹자가 도덕정신이 심미적 열락을 가져다줄 수 있다
고 한 것은 맹자의 독특한 심미적 열락경계를 표현한 말이다. 열락경
계에 도달한 군자는 남이 알아줘도 기뻐하고 알아주지 않아도 즐거
워한다. 그의 가슴속에는 충만한 열락만이 있을 뿐이다. 그 열락은 義
를 즐겨서 채운 것이다. 그러므로 선비는 곤궁하여도 義를 잃을 수가
없다. 義를 잃으면 열락도 사라져 버리기 때문이다. 맹자가 지향한 심
미적 열락경계는 義를 즐겨서 얻은 개체의 인격완성을 지향한 최고
심미경계라고 말할 수 있다. 그것은 피차의 실제적 관계에서 이루어
지는 심미경계가 아니라, 절대적 정신경계에서 형성되는 형이상적 열
락군자의 심미경계를 의미한다.

　순자의 미와 선이 함께 즐긴다는 美善相樂 이론은 樂이 개인의 수양
에 도움을 줄 뿐만 아니라, 사회의 풍속을 아름답게 바꾸어 줄 수 있
다는 樂의 군체적·사회적 교화기능을 중시한 이론이다. 이것은 순자
의 사회미학적 功利경계의 특징을 갖는 것이다. 그러나 그의 심미경
계는 동양미학의 특징인 실제를 초월하는 형이상적 심미경계를 포괄
하지 못하는 한계를 안고 있다.

先秦 이후의 미학사상에 끼친 영향

맹·순 미학사상이 후세에 끼친 영향은 공자 미학사상의 영향에 비해 그리 크다고 말할 수는 없다. 맹·순 兩子는 공자의 영향하에 있으며 보편적으로 공자 미학사상의 연장이라고 말할 수 있다. 그러나 맹·순 미학사상의 특장점도 곳곳에 녹아 있다. 맹자의 미학사상이 후세에 미친 영향은 이미 앞에서 知人論世論과 以意逆志論을 통해서 그 일부를 살펴본 바 있다. 여기서는 동양미학사에 지대한 영향력을 행사하며 지금까지 그 빛을 발하고 있는 '傳神'과 '氣韻生動'의 미학에 끼친 맹자의 영향을 살피며, 학습의 중요성과 예술의 사회적 공리성을 중시하는 전통형성에 끼친 순자의 영향을 간단히 살핀다. 끝으로 공·맹·순 미학이 하나의 장에서 서로 어우러지는 情景合一의 比德美學에 대한 영향과 상관성을 살피기로 한다.

1) 傳神과 氣韻生動 미학에 끼친 영향

魏晉南北朝 시대에 등장한 傳神寫照論과 氣韻生動論은 맹자의 養氣說과 깊은 관계를 맺고 있다. 맹자의 氣는 '호연지기'를 가리키며 의연한 정신력을 의미한다. 그 자세한 내용은 이미 앞에서 충분히 다루었다. 傳神寫照와 氣韻生動 이론은 동양미학사에서 가장 중요한 이론으로 확립되었으며, 후세의 書畫論에 끼친 영향 또한 지대하다. **傳神寫照**는 東晋의 화가 顧愷之(약 346~407)가 제기한 중요 명제이다. 『世說新語』에 다음과 같은 말이 전한다.

> 顧長康(고개지)은 인물의 모습을 그리기 좋아했다. 殷荊州를 그리려 했더니, 은형주가 말하기를, "나는 모습이 좋지 않으니 수고하지 마시오."라고 하자, 고장강이 말하기를, "당신은 단지 눈 때문에 그러시지만, 눈동자를 분명하게 찍은 다음 飛白의 필법으로 그 위를 스치게 [눈썹을] 그리면 마치 엷은 구름이 해를 가린 것과 같을 것입니다."라고 했다.[39]
>
> 顧長康이 사람을 그릴 때에 어떤 때는 수년 동안 눈동자를 그리지 않았다. 사람들이 그 까닭을 물었다. 고장강이 말하기를, "四體의 姸蚩(美醜)는 본래 妙處와는 무관하며, 傳神寫照는 바로 이것(눈동자)을 그리는 데 있다."라 하였다.[40]

傳神寫照는 畫論의 중요 개념이다. 특히 초상화를 그릴 때에 가장 유념해야 할 규범으로 통한다. 그것은 그림을 그릴 때에는 대상인물

---

39) 『世說新語』「巧藝」: 顧長康好寫起人形 欲圖殷荊州 殷曰 我形惡 不煩耳 顧曰 明府正爲眼爾 但明點童子 飛白拂其上 便如輕雲之蔽日.

40) 『世說新語』「巧藝」: 顧長康畵人 或數年不點目精 人問其故 顧曰 四體姸蚩 本無關於妙處 傳神寫照 正在阿堵中./본문 중에서 '阿堵'는 육조시대의 속어로 '阿'는 발어사이고, '堵'는 이것[此]의 뜻(金長煥 역주, 『세설신어』하, 살림, 2001, 172쪽 참조).

의 정신까지 전달할 수 있을 정도로 생생하고 逼眞하게 그려야 한다는 이론이다. 傳神의 핵심은 눈동자에 있다. 이는 인물화를 그리면서 그 대상인물의 神을 전달하려면 전체 형체에 착안할 것이 아니라, 그 사람의 눈동자에 착안하여야 한다는 말이다. 여기서의 神은 한 사람의 風神 혹은 神彩를 의미한다. 즉 한 사람의 인격에서 풍겨 나오는 정신경계를 가리키는 것이다. 그러므로 후세에 선비들의 초상화를 그릴 때에는 모두 어김없이 이 부분에 가장 중점을 두었다. 눈은 마음의 창이라고 하지 않았던가! 이러한 傳神寫照論은 맹자의 다음 말에서 연유하였음은 의심의 여지가 없다.

> 사람에게 보존되어 있는 것(神彩)은 눈동자보다 더 좋은 것이 없으니, 눈동자는 그의 惡을 가리지 못한다. 가슴속이 바르면 눈동자가 밝고, 가슴속이 바르지 못하면 눈동자가 흐리다. 그의 말을 들어보고 그의 눈동자를 관찰한다면 사람들이 어떻게 (자신을) 숨기겠는가?[41]

여기서 맹자가 강조하는 것은 '가슴속이 바르다'는 말이다. 가슴속이 바르다는 것은 마음이 바르다는 것이며, 마음이 바르다는 것은 한 개인의 인격정신이 四德에 근거하고 있음을 의미한다. '바르다(直)'는 것은 德性의 곧은 심미적 발현을 나타내기 때문이다.[42] 결국 傳神寫照論이 의미하는 것은 한 개인의 인격정신, 즉 덕성은 그 사람의 눈동자를 통해서 그대로 드러나기 때문에 그 눈동자를 그리는 것이 가장 중요한 일임을 지적한 것이다. 이것은 바로 맹자의 存乎眸子論[43]에 근거

---

41) 『孟子』「離婁 上」15: 存乎人者 莫良於眸子 眸子不能掩其惡 胸中正 則眸子瞭焉 胸中不正 則眸子眊焉 聽其言也 觀其眸子 人焉廋哉.

42) 본서 제Ⅱ부 1.-3) '義와 直의 審美的 關係' 참조.

하고 있음을 알 수 있다.

傳神이라는 개념은 인물초상에만 머무는 것이 아니라 점차 산수화, 문인화, 그리고 궁극적으로는 서예에까지 발전하게 된다. 인물에서 산수, 더 나아가 여타 사물로의 作畵題材의 변화는 곧 神 개념의 외연이 확장됨을 의미한다. 즉 인간에만 神이 있는 것이 아니라, 산수와 梅蘭菊竹 같은 非人體에도 우주자연의 이치로서의 神이 있으며, 이제 傳神은 '人의 神'뿐만이 아니라, '物의 神'까지도 표현해 내야 하는 것으로 발전한다.[44] 그러나 '물의 신'은 어디까지나 '인의 신'을 통한 인간의 팔 아래에서 발현되는 傳神이라는 점을 잊어서는 안 된다.

氣韻生動論은 남조의 화가 謝赫(?~?)의 『古畵品錄』[45]에 처음 나온다. 여기서 謝赫은 그림 그리는 데는 여섯 가지 법이 있음을 제기한다.

> 畵品이라는 것은 많은 그림의 優劣을 말한다. …… 六法이란 무엇인가? 첫째, 氣韻生動, 둘째, 骨法用筆, 셋째, 應物象形, 넷째, 隨類賦彩, 다섯째, 經營位置, 여섯째, 傳移模寫가 이것이다.[46]

'氣韻生動'이란 예술작품(書畵) 속에서 풍겨 나오는 氣韻이 살아 움직이는 듯하다는 뜻이다. 그러므로 氣韻生動을 이해하려면 기운의 진정한 의미를 먼저 이해해야 하며, 기운을 이해하려면 먼저 氣에 대한 명확한 이해가 전제되어야 한다. 사실 氣韻이라는 말에서 氣는 핵심

---

43) "存乎眸子論"이라고 명명하는 것은 필자의 견해이다.

44) 임태승, 『아이콘과 코드』, 미술문화, 2006, 17쪽.

45) 『古畵品錄』의 원명은 『畵品』이다. 이것이 책으로 완성된 시기는 대략 梁 元帝 承聖연간(552~553)으로 梁代 말년이다. 자세한 내용은 丁羲元의 「謝赫 畵品的 再認識」『中國畵 硏究』 第4期(1983年)에 실려 있다(葉朗, 『中國美學史大綱』, 上海人民出版社, 2001에서 재인용).

46) 『古畵品錄』「序」: 夫畵品者 盖衆畵之優劣也. …… 六法者何 一氣韻生動是也 二骨法用筆是也 三應物象形是也 四隨類賦彩是也 五經營位置是也 六傳移模寫是也.

어이며 韻은 助詞에 불과하다.[47] 선진시대의 여러 전적들에는 氣에 대한 논의가 매우 중요하게 다루어지고 있다. 『관자』, 『노자』, 『장자』, 『맹자』, 『순자』 등에 모두 氣에 대한 논의가 들어 있다. 이들 중 어느 하나만이 氣韻生動論에 영향을 주었다고 말하는 것은 어불성설이다. 그러나 그 영향의 多寡는 분명히 존재한다. 葉朗은 『관자』와 『노자』의 영향을 가장 많이 받은 것으로 파악한다.[48]

그러나 필자는 맹자의 浩然之氣論이 가장 많은 영향을 주었다고 보고 싶다. 예술활동이란 예술가의 정신경계를 심미적으로 표현하는 예술행위를 말한다. 예술가가 지향하는 심미경계는 至高至善의 형이상적 경계이지 적당한 경계에서 멈추는 미완의 경계가 아니다. 예술가의 부단한 연마는 그 경계에 도달하고자 하는 몸부림이다. 至高至善의 경계는 天人合一, 物我一體的 최고의 정신경계에서 이루어지는 것이며, 그것은 맹자의 호연지기의 충만 상태에서 가장 잘 표현된다고 말할 수 있다. 그러므로 氣韻生動에서의 氣란 인간 정신에 충만한 호연지기의 생동을 의미하는 것으로 보는 것이 타당하다고 생각한다.

傳神寫照와 氣韻生動論은 서로 밀접한 관계를 맺고 있다. 그래서 '氣韻'과 '傳神'을 거의 같은 뜻으로 보는 사람도 있다.[49] 전신과 기운은

---

47) 六法을 표현한 각 법의 두 글자 氣韻, 骨法, 應物, 隨類, 經營, 轉移 중에서 각각 독립적인 뜻을 가지고 있는 것은 하나도 없다. 두 번째 글자는 모두 앞의 글자를 보조하는 역할을 할 뿐이다. 그러므로 氣와 韻을 따로 떼어서 그 의미를 고찰하는 것은 별 의미가 없다.

48) 葉朗은 『중국미학사대강』에서 죽림칠현에 속하는 阮籍(210~263)과 嵇康의 말을 인용하면서 氣韻生動論이 漢代의 『淮南子』와 王充의 元氣自然論의 영향을 가장 많이 받았다고 말한다. 그리고 이어서 그것은 『管子』와 『老子』의 영향을 받은 것으로 파악한다. 그러나 이들의 氣는 우주의 元氣에 치중되어 있으며, 인간정신에 충만한 義氣나 浩然之氣와는 다른 氣라고 볼 수 있다. 이렇게 애써 맹자의 영향을 부정하는 엽랑의 시각은 그의 唯物主義적 관점에서 나온 것이다. 그는 뒤에서 傳神寫照와 氣韻生動론은 形而上的 추구가 포함되어 있다고 말함으로써 논리의 모순을 드러낸다.

49) 元代의 楊維禎(1296~1370)은 『圖繪寶鑑』「序」에서 "傳神이란 氣韻生動이다(傳神者 氣韻生動是也)."라고 말했다(葉朗, 『中國美學史大綱』, 上海人民出版社, 2001에서 재인용).

모두 불의에 굽힐 줄 모르는 인간의 건강한 정신상태의 표현을 의미
한다. 전신사조와 기운생동론은 모두 선비의 올곧은 정신상태를 예술
활동을 통하여 표현해야 한다는 미학이론이며, 그것은 맹자 미학사상
의 영향을 가장 많이 받아 완성된 이론이라고 말할 수 있겠다. 이러
한 점들은 후세의 동양미학사에서 陽剛美 우위의 전통을 세우는 데
가장 핵심적 역할을 해 왔다.

2) 社會功利的 예술관에 끼친 영향

　예술활동은 끊임없는 각고의 노력을 요구한다. 그것은 앞에서 말
한 것처럼 최고의 심미경계에 이르기 위한 예술가의 몸부림이다. 순
자가 제시한 '全粹爲美'라는 심미표준은 인위적 노력의 극대화를 요구
하는 것이다. 조금이라도 완전하지 않거나 精粹하지 못하면 아름다움
이 되기에는 부족하다는 것이 순자의 美에 대한 기본 인식이다. 순자
는 인간의 능력을 최대한 믿었으며 인간의 노력으로 최고의 아름다
움을 창출할 수 있다고 확신한 사상가다. 이러한 순자의 기본 인식은
학습연마의 중요성을 최대한 강조하는 경향으로 나타난다. 그래서 그
는 "배움은 선비가 되는 것에서 시작하여 聖人이 되는 것에서 끝난다.
노력을 오랫동안 쌓으면 그런 경지에 들어갈 수 있지만, 배움이란 죽
은 뒤에나 끝나는 것이다."[50]라는 말도 한다.
　예술가에게 있어서 학습연마의 중요성은 아무리 강조해도 지나치
다 할 수 없다. 그것은 최고의 심미경계에 도달하기 위한 전제조건이
기 때문이다. 완벽한 최고의 심미경계를 창출할 수 있는 예술작품을

---

50) 『荀子』「勸學」: 學惡乎始惡乎終 …… 其義則始乎爲士 終乎爲聖人 眞積力久則入 學至乎沒而後止也.

만들어 내기 위해서는 숙련된 技藝가 필요하다. 그것을 통해서 완전하고 精粹한 심미경계에 도달할 수 있다고 생각한 사람이 순자다. 그러나 그것이 최고의 심미경계에 도달하게 하는 충분조건은 되지 못한다. 그것은 99%의 완성도에까지 이를 수는 있어도 100%의 완성도에는 미치지 못한다. 그것은 인간의 힘으로는 이루어질 수 없는 알 수 없는 그 무엇, 즉 靈感의 영역에 속하는 마지막 1%의 영역이 남아 있기 때문이다. 그 영감의 영역은 인력으로는 원만하게 성취할 수 없는 영역이지만, 그것은 또한 인력 밖으로 완전히 벗어나는 것도 아니다.51) 순자는 99%의 人爲境界를 100%의 심미경계로 인식하고 있다는 점이 그의 한계이다. 순자는 심미의식의 形而上的 超越境界를 말하지 못한 것이다. 그러나 예술의 심미경계를 99%까지 도달하게 하는 데는 순자의 심미표준에 의지하는 것이 바람직하다. 이러한 점에서 순자의 공로는 아무리 강조해도 지나치지 않다. 나머지 1%는 순자 미학에서는 찾을 수 없는 영역이다. 그것은 공자나 맹자 미학을 통해서 도달할 수 있게 된다.

순자의 樂論은 社會功利的 藝術觀 형성에 깊은 영향을 끼쳤다. 사람은 즐거우면 노래하고 춤을 춘다. 이러한 감정은 인간으로 태어난 이상 이것을 벗어날 수 없다는 것이 순자의 인식이다. 노래와 춤으로 표현된 것이 바로 樂(악)이다. 樂은 일반 서민으로부터 천자에 이르기까지 모두 함께 즐기는 대상이다. 그러나 이러한 樂은 바르게 조절해 주지 않으면 즐거움만을 극도로 추구하게 되어 혼란을 일으킨다. 그

---

51) 秋史 김정희는 〈題石坡蘭卷〉에서 畵品의 최고경계를 논하면서, "비록 9999分에까지 이르렀다 하더라도 나머지 1分이 가장 원만하게 성취하기 어려운 것이다. 9999分은 거의 다 가능하겠지만 이 1分은 人力으로는 가능한 것이 아니며, 또한 인력의 밖에서 나오는 것도 아니다(『阮堂先生全集·卷六』: 雖到得九千九百九十九 其餘一分 最難圓就 九千九百九十九分 庶皆可能 此一分 非人力可能 亦不出於人力之外)라고 말했다.

래서 雅頌의 제작이 필요하다고 말한다.52) 이러한 점은 순자 樂論이 공리적 성격을 갖게 하는 필연적 요소로 작용한다. 순자는 그의 樂論을 통해서 이러한 점을 십분 강조한다. 순자가 말하는 樂의 사회적 공리성은 개인에서부터 국가와 사회에 이르기까지 전 영역에 걸쳐서 나타난다.

> 대저 聲과 樂은 사람에게 미치는 영향이 매우 크고, 사람들을 매우 빠르게 변화시킨다. 그러므로 옛 임금들은 삼가 그 형식을 갖추게 하였다. 樂이 中正하고 화평하면 곧 백성들은 화합하며 빗나가지 않게 되고, 樂이 엄숙하고 莊重하면 곧 백성들은 질서가 있어 어지럽지 않게 된다. 백성들이 화합하고 질서가 있으면 곧 나라의 군대는 강하고 성이 견고해져 적국이 감히 침략하지 못한다. 그렇게 되면 백성들은 모두가 그의 거처에서 안락하게 지내고 그의 고을에서 즐겁게 지내며 그의 임금에 대해 지극히 만족하게 될 것이다.53)

이렇게 순자가 파악한 樂의 효용은 富國強兵에까지 이른다. 樂이 中正하고 화평하며, 엄숙하고 장중하면 백성들이 화합하면서도 질서가 있게 되어 부국강병으로 이어진다는 것이다. 그러므로 樂이 종묘에 있으면 군신상하가 함께 들어 조화롭고, 집 안에 있으면 부모형제가 함께 들어 和親하고, 마을에 있으면 어른 아이가 함께 들어 和順하게 된다고 말한다. 이러한 순자 미학이 중점을 두는 예술의 사회적 공리성은 후세에 예술과 사회, 예술과 政教의 不可分離的 전통을 낳게 한다. 그것은 예술도 사회발전의 요소가 되어야 하며, 예술가들 역시 사회의 일원으로서 사회발전에 기여해야 한다는 구속력을 갖게 한다.

---

52) 『荀子』「樂論」: 故制雅頌之聲以道之 使其聲足以樂而不流.

53) 『荀子』「樂論」: 夫聲樂之入人也深 其化人也速 故先王謹爲之文 樂中平則民和而不流 樂肅莊則民齊而不亂 民和齊則兵勁城固 敵國不敢嬰也 如是 則百姓莫不安其處 樂其鄉 以至足其上矣.

이러한 점은 사회발전의 측면에서는 어느 정도 기여하는 면이 있다 하더라도 예술의 순수성과 최고의 심미경계에 도달하고자 하는 예술 본연의 목적에는 위배되는 것이다. 순자의 樂論이 후세에 끼친 영향은 이러한 양면성을 갖는다.

3) 情景合一의 比德美學에 끼친 영향

미학이론으로서의 比德論이란 자연계에 실재하는 物象을 통해 인간의 도덕적 정감을 비유적으로 표현하는 예술수법을 의미한다. 좀 더 자세히 말하면 사물의 어느 고유한 속성이 인간이 지닌 어떤 德性과 유사한 면모를 지녔다면, 그 사물을 예술소재로 삼아 그 연관관계를 '비유'라는 예술기법으로 풀어내는 것이다. 그것은 궁극적으로 인간의 德性이 주제가 된다.[54]

德性에 대한 논의는 이미 앞에서 충분히 다루었으므로 여기서는 '比'라는 예술기법에 대한 논의부터 시작하기로 한다. 比는 『시경』에서 보이는 일종의 作詩方法 중의 하나로 賦·興과 함께 자주 회자된다. 鄭玄은 "비슷한 類를 취하여 말하는 것"[55]으로 풀이하고 朱子는 "하나의 物로 또 하나의 物을 비유함인데, 가리키는 것은 늘 言外에 있다."[56]라고 풀이한다. 즉 比라는 예술기법은 심미주체가 심미대상을 마주할 때, 자신의 내면을 외물의 비슷한 특징에 의탁하여 표현하는 비유수법이다.

따라서 比德은 본래 德이 없는 객관사물에 德을 주입하는 예술적

---

54) 임태승, 『소나무와 나비』, 도서출판 심산문화, 2004, 67쪽 참조.
55) 『周禮注疏』「春官·大師」卷23, 〈鄭疏〉: 比 見今之失 不敢斥言 取比類以言之.
56) 『朱子語類』卷80: 比是以一物比一物 而所指之事常在言外.

표현수법, 즉 객관사물의 의인화를 의미한다고 할 수 있다. 생명이 없는 사물을 생명이 있는 것으로 간주하는 의인화는 물론 근원적으로는 萬物有靈論(animism)이나 토테미즘과 관련이 있지만, 비유라는 측면에서 볼 때 이는 애초 생명이 없는 것에 대해 생명을 부여한다는 단순한 物活論(animatism)의 단계를 넘어선다. 이럴 때의 의인화는 "생명이 없는 사물을 비유의 형식으로 무엇인가를 생생하게 묘사하는 데 도움을 주는, 요컨대 인간이 이 사물 속에서 자신이 설명하려는 것을 침투시켜 관찰하고 있다는 것"[57]을 의미한다. 이러한 의인화에는 두 가지 의미가 담겨 있다. 하나는 자신을 통해서 사물을 해석하는 것(以我觀物)이고, 다른 하나는 사물을 통해서 자신을 표현하는 것(以物比德)이다. 여기서의 '해석'과 '표현'의 목적어는 모두 德이다.[58] 이것은 심미주체로서의 情(心之理)과 심미객체로서의 景(物之理)이 德이라는 매체를 통해 예술작품에서 합일됨을 의미한다. 즉 심미표현과 심미체험으로서의 情景合一을 뜻하는 것이다. 이러한 情景合一論이야말로 유가철학의 중요한 예술론적 표현이라고 할 수 있다. 이것이 比德論의 요지이다.

이러한 比德論에 관한 내용은 공·맹·순 삼자가 공히 언급하고 있다. **공자의** 비덕론은 山水에 대한 것이 으뜸이라 하겠다.

> 知者는 물을 좋아하고 仁者는 산을 좋아하며, 지자는 動的이고 인자는 靜的이다.[59]

---

57) B. Snell, *Die Entdeckung des Geistes – Studien zur Entstehung des europäischen Denkens bei den Griechen, Göttingen:* Vandenhoeck & Ruprecht, 1955, 김재홍 역, 『정신의 발견 – 서구적 사유의 그리스적 기원』, 까치, 1994, 307쪽 참조.

58) 임태승, 『소나무와 나비』, 도서출판 심산문화, 2004, 71쪽 참조.

59) 『論語』「雍也」21: 知者樂水 仁者樂山 知者動 仁者靜.

자연에 대한 감상은 정신 속에 내재된 도덕과의 감응에 의해 이루
어짐을 암시하는 대목이다. 사람의 정신적 특성은 知者와 仁者가 서로
다르다. 知者가 물을 좋아하는 것은 물의 動的 특징을 좋아하기 때문
이며, 仁者가 산을 좋아하는 것은 산의 장엄하고 넉넉한 靜的 특징을
좋아하기 때문이다. 朱子는 이것을 다음과 같이 풀이한다. "知者는 사
리에 통달하여 두루 흘러 막힘이 없으니, 마치 물과 같아 물을 좋아
하고, 仁者는 義理를 편안히 여기고 重厚하여 옮겨 다니지 않으니, 마
치 산과 같아 산을 좋아한다."[60] 이러한 점들은 자신의 내재적 德性이
객관사물의 성향과 일치할 때 그것을 좋아할 수밖에 없음을 지적하
는 것이다. 이 밖에도 '歲寒松柏, 晝夜逝者, 草上之風' 등의 내용들은 모
두 比德에 관한 것들이다. 특히 물에 관한 '晝夜逝者'[61]의 내용에 관한
比德은 맹자와 순자 공히 재론하고 있다.

맹자의 比德에 관한 理論은 따로 적출하여 말할 것도 없이 맹자 미
학사상 전반에 흐르는 모든 것이 比德의 내용이라고 해도 과언이 아
니다. 仁義觀念의 심미의식이나 '四端之心, 不忍之心' 등의 직각적 심미
체험 등은 모두가 比德과 관련 있는 것들이다. 여기서는 공자의 '晝夜
逝者'와 관련된 내용 하나만 살펴보기로 한다.

> 徐子가 물었다. "仲尼가 자주 물을 칭찬하며, 물이여, 물이여! 하였
> 으니, 어찌하여 물을 취한 것입니까?" 맹자가 말했다. "근원이 콸콸
> 솟는 샘물은 밤낮을 가리지 않고 흘러 웅덩이를 채우고 넘은 뒤에
> 마침내 四海에 이르니, 근본이 있는 자는 이와 같다. 이 때문에 취
> 한 것이다."[62]

---

60) 『論語集註』「雍也」21: 知者 達於事理而周流無滯 有似於水 故樂水 仁者 安於義理而厚重不遷 有似於山
　　故樂山.

61) 『論語』「子罕」16: 子在川上曰 逝者如斯夫 不舍晝夜.

앞에서 우리는 공자가 물을 知者에 비유한 내용을 살펴본 바 있다. 공자는 물의 動的인 성질을 知者에 비유하여 말했지만, 맹자는 물의 성질보다는 물이 그렇게 끊임없이 흘러 바다에까지 이를 수 있는 근원적 본성에 더 관심을 기울인다. 근원이 콸콸 솟는 샘물이 아니면 결코 그 물은 바다에 이를 수 없다. 그 물은 인간내재의 善性이 끊임없이 솟구쳐 나옴을 상징한다. 그래서 "근본이 있는 자는 이와 같다."라고 말하는 것이다. 여기서의 근본은 善性이며 四德이다. 이에 근본을 둔 善心은 끊임없이 솟아 나와 온 四海를 뒤덮는다. 그래서 "순임금은 한마디 善言을 듣고 한 가지 善行을 보면, 마치 江河의 제방을 터놓아 물이 급류가 되어 내려가듯 하였으니 누구도 막을 수 없었다."63)고 말할 수 있는 것이다. 善性에 근본을 둔 善心은 아무리 급류가 되어 홍수처럼 흘러도 아무 걱정할 것이 없다. 홍수처럼 흐르면 흐를수록 더욱 좋을 뿐이다. 맹자는 인간의 끊임없는 四德의 심미적 流露가 天命을 품부한 善性에 있음을 콸콸 솟는 샘물에 비유한 것이다.

순자는 比德에 대하여 더욱 구체적이고 직접적으로 말한다. 이미 앞에서도 玉을 군자에 비유한 내용을 살펴본 바 있다.64) 여기서는 맹자와 견주어 역시 물에 관한 比德의 내용을 살펴본다. 그 내용 또한 공자의 '晝夜逝者'와 관련된 것이다. 그것은 공자가 강물을 바라보고 있을 때 제자 子貢이 군자가 큰 강물을 바라보는 이유는 무엇이냐는 물음에 공자가 대답하는 내용으로 되어 있다.

---

62) 『孟子』「離婁章句 下」18: 徐子曰 仲尼亟稱於水曰 水哉水哉 何取於水也 孟子曰 原泉混混 不舍晝夜 盈科而後進 放乎四海 有本者如是 是之取爾.

63) 『孟子』「盡心 上」16: 舜之居深山之中 …… 及其聞一善言 見一善行 若決江河 沛然而莫之能禦也.

64) 본서 제Ⅳ부 2.-2)-(1) '人格修養的 個體感化作用' 참조.

물은 두루 여러 가지 생물들을 살아가게 하지만 내세우지 않으니,
그것은 德이 있는 사람과 같다. 그 흐름은 낮은 곳으로 꾸불꾸불
흘러가지만 반드시 그 이치를 따르고 있으니, 그것은 義로운 사람
과 같다. 물은 출렁출렁 다함이 없으니, 道를 터득한 사람과 같다.
만약 강물을 터서 흘러가게 한다면 그에 따른 빠른 흐름이 소리의
울림과 같고, 백 길의 골짜기로 흘러든다 하더라도 두려워하지 않
으니, 용감한 사람과 같다. 움푹한 곳으로 흘러들면 반드시 평평해
지니, 법을 잘 지키는 사람과 같다. 물이 찬 다음에도 위를 깎을 것
이 없이 평평해지니, 바른 사람과 같다. 유약하면서도 미세하게 스
며드니, 잘 살피는 사람과 같다. 들고 날면 깨끗해지니, 잘 교화하
는 사람과 같다. 수없이 꺾이면서 흐르지만 결국은 반드시 동쪽으
로 가니, 뜻이 굳건한 사람과 같다. 그러므로 군자는 큰 강물을 보
기만 하면 반드시 그것을 觀하는 것이다.[65]

순자는 물을 무려 '德, 義, 道, 勇, 法, 正, 察, 善化, 志' 등 아홉 가지의
德目을 들어 비유하고 있다. 순자의 설명에 의하면 물의 德은 미치지
않는 곳이 없는 듯하다. 물은 만물을 품어 주고 이치를 따르며 끊임
이 없다. 어떠한 두려움도 없으며 법을 따르고 정직하다. 잘 살피고
깨끗이 씻어 새롭게 바꿔 주며 지조가 있다. 군자는 바로 이러한 물
의 德과 같아야 함을 말하고 있는 것이다. 순자는 군자가 본받아야 할
심미적 德을 물의 德에 비유하고, 물의 근원보다는 물의 작용에 더 많
은 관심을 기울이고 있다. 역시 같은 물을 비유하더라도 맹자와는 다
른 면모를 보인다.

유가미학의 체계에서는 예술가든 감상자든 그들은 모두 비유의 형
식을 빌려 德을 드러내고 또 이를 확인한다. 심미주체가 자연미를 감
상할 때 일종의 선택을 하게 되는데, 자연미가 현실적으로 심미대상

---

65) 『荀子』「宥坐」: 夫水 大徧與諸生而無爲也 似德 其流也埤下 裾拘必循其理 似義 其洸洸乎不淈盡 似道
若有決行之 其應佚若聲響 其赴百仞之谷不懼 似勇 主量(注阬:楊倞)必平 似法 盈不求概 似正 淖約(綽
弱: 楊倞)微達 似察 以出以入 以就善絜 似善化 其萬折也必東 似志 是故君子見大水必觀焉.

이 될 수 있느냐 없느냐는 결국 그것이 심미주체의 도덕관과 부합하느냐 그렇지 못하느냐에 달려 있다.[66] 따라서 比德에 나타난 儀禮的인 형식은 개체의 어떤 감정이나 사상 또는 의지보다는 추상적인 인륜도덕과 예의 및 전통적인 규범 쪽을 훨씬 더 중시하는 세계관을 배경으로 하고 있다. 그러므로 반개인주의적이고 정태적이며 인습적인 성격을 띠게 된다. 자연물에 대한 개체의 자연감정을 사회성이 깃들어 있는 도덕 감정으로 변화시키는 比德이란 형식에서 "예술이 가장 먼저 고려해야 하는 것은 그것의 사회적 작용, 즉 현실에서 필요한 도덕적 규범과 정치적 이상의 필요에 부합하는가의 여부"[67]가 된다.[68] 이러한 측면에서 보면 比德論은 순자 미학의 특징인 사회미학적 성격과 매우 밀접한 관계를 맺는다고 할 수 있다.

比德論은 공·맹·순 미학이 德을 매개로 하여 하나로 어우러지는 심미체험의 장이다. 그것은 하나의 예술작품을 통해서 이루어지는 실제적·현실적 심미체험이다. 맹자의 심미요소로서의 본원적 내재 德性은 심미대상인 外物에 부여됨으로써 向外的 심미체험을 경험하며, 순자의 심미요소로서의 규범적 외재 禮義는 外物에 의탁함으로써 向內的 심미체험을 경험한다. 맹자의 德性이나 순자의 禮義는 모두 외물에 대입하여 심미적 德으로 환원(比德)되는 과정을 보여 준다. 그것은 모두 공자에서 출발하여 다시 공자에게로 돌아가는 文質彬彬的 君子像으로 통합되며, 內外合一, 情景合一的 심미체험의 理論으로 정립된다.

---

66) 葉朗, 『中國美學史大綱』, 上海人民出版社, 2001, 56쪽 참조.

67) 柳肅, 『禮的精神－禮樂文化與中國政治』, 吉林敎育出版社, 1990, 207쪽.

68) 임태승, 『소나무와 나비』, 도서출판 심산문화, 2004, 84쪽.

제Ⅵ부 나오는 말
―유가미학의 효용성과 전망―

유가미학의 효용성과 전망

　　인간의 문화는 群居의 유산이다. 군거는 인간을 만물의 영장으로
만들어 주었지만, 그것을 유지하기 위하여 수많은 제약과 규율을 감
내하게 한다. 군거를 유지하기 위한 인간의 노력은 찬란한 인류문화
를 창조·발전시켜 왔지만, 그 이면에는 이질적 군거의 충돌로 인한
집단적 폐해와 개체인격의 처참한 유린을 동반해 온 것도 사실이다.
이러한 인간문화의 모순구조는 동·서양을 막론하고 先聖들의 끊임
없는 고뇌와 통찰적 사유를 낳게 하였다. 동아시아 문화권에서의 선
진시대 제자백가들은 이러한 선성들의 표본이라 할 만하다.

　　특히 선진유가의 공·맹·순 三子는 이 문제들에 대하여 체험을 통
한 깊은 성찰과 미래에 대한 비전을 제시하였다. 이들은 모두 堯舜의
道가 실현되던 聖王시대를 인간문화의 이상적 모델로 상정하고, 그러
한 아름다운 사회를 회복하고자 혼신의 노력을 다한 성자들이다. 공
자는 仁이라는 신개념을 들고 나와 당시까지의 질서 규범인 禮를 해

석하여 이상사회의 건설을 도모하였고, 맹자는 공자를 계승하여 실천
적 의미가 강화된 仁義라는 개념을 가지고 자신의 포부를 실현하려
하였으며, 순자 역시 사회성이 강화된 禮義라는 개념을 가지고 자신
의 이상을 펼쳐 보려 하였다. 이러한 선진 三子의 仁, 仁義, 禮義觀念에
대한 심미적 탐구가 본 연구의 본질이라 할 수 있다.

공자사상에 있어서 仁은 도덕의 근본이며 가치의 근원이다. 仁은
모든 德目을 초월해 있으면서 또한 모든 덕목을 포괄한다. 仁은 모든
도덕 행위와 도덕 창조의 원천인 것이다. 이러한 仁은 실천을 통해서
진정한 가치를 발휘한다. 仁의 실천을 심미적으로 보면 덕성을 완성
하여 聖人이 되는 주관정신과 '修身齊家治國平天下'로 통하는 객관정
신, 천인합일과 만물일체로 통하는 절대정신의 지속적인 감성의 표현
이라고 말할 수 있다. 이러한 仁의 심미적 실천을 통한 이상사회의 건
설은 '里仁爲美'적 심미이상의 실현을 의미한다. 공자의 심미이상을
개체와 군체의 입장에서 말한다면 '중용적 인격함양의 說樂境界'와
'公私의 조화 · 통일적 中和境界'로 특징지을 수 있다. 개체의 입장에
서 궁극적으로 지향하는 경계는 인격함양을 통한 심미적 열락경계이
다. 그것은 '從心所欲不踰矩'를 이룬 인생 최고 경지에서만이 누릴 수
있는 심미적 최고경계를 의미한다. 이러한 경계에 도달한 공자는 영
원한 심미적 열락경계에서 노니는 진정한 군자가 되었음을 뜻한다.
또한 群體의 입장에서 보면 公私의 조화와 통일을 통한 중화경계의
실현을 가리킨다. 공자 미학사상의 저변에는 미학 비평척도로서의 중
용사상이 자리 잡고 있다. 중용원칙의 실현은 심미적 중화경계의 실
현을 의미한다. 중화경계의 실현은 美와 善, 文과 質의 조화와 통일이
이루어 낸 仁里的 최고의 심미경계가 실현되었음을 뜻한다.

맹자 미학사상의 특징을 한마디로 말하면 仁義觀念의 심미적 표현
이다. 특히 맹자의 義는 인간의 실천적 최고 정신가치로 규정된다. 그
러므로 의연하게 유한한 생명을 무한한 정신적 가치와 바꿀 수도 있
다. 삶을 버리고 義를 취하는 것은 자각적으로 자신의 생명을 주재하
여 가치를 창조하고 완성할 수 있다는 仁義觀念의 심미적 표현이 된
다. 맹자는 性을 천부적인 善으로 인식한다. 오직 사람만이 가지고 있
는 '仁義禮智'와 天道라는 내재적 도덕성을 사람의 진정한 性으로 보
며, 그것을 회복함으로써 아름답게 될 수 있음을 강조한다. 性善의 뿌
리는 콸콸 솟는 水源처럼 그침이 없으며 주야를 가리지 않고 흘러내
려 至善에 이른다. 맹자의 도덕적 이상주의의 확고한 신념은 바로 여
기에 기초한다. 그의 심미이상인 '德性涵養의 說樂的 自由境界'와 '物我
合一의 同樂的 和諧境界'는 仁義를 즐겨서 이루어 내는 경계이다. 인의
를 즐기면 손과 발이 춤추는 것도 알지 못한다. 物我一體가 된 개체 인
격은 하늘을 우러러 부끄럽지 않고 땅을 굽어보아 부끄럽지 않다. 이
것은 天理와 仁義에 조금도 거리낄 것이 없는 열락적 자유경계에 도
달했음을 의미한다. 그것은 인격의 완성을 이룬 성인의 경지에 도달
한 자만이 누릴 수 있는 즐거움이며, 맹자만이 외칠 수 있는 至高至純
한 심미적 열락경계라 말할 수 있다. 또한 맹자는 개인의 열락을 이
루면 그것으로 자족하는 것이 아니라 그 열락을 타자와 함께 누릴 것
을 요구한다. 타자와 함께 누리는 열락경계는 조화로운 화평적 열락
이어야 한다. 그것을 맹자는 '與民同樂'이라고 말한다. 너와 내가 함께
하나가 되어 열락의 경계에 長處한다. 위로는 하늘과 하나가 되며, 아
래로는 땅과 하나가 되어 거대한 조화를 이루면서 함께 흐른다. 그것
은 다름 아닌 物我一體, 天人合一의 경계를 이룬 최고의 심미적 和諧境

界를 의미하는 것이라 할 수 있다.

순자의 대표적 관념은 禮義觀念이다. 그의 禮義觀念은 心의 능동적 주재성에 의하여 형성된 관념이다. 그가 인간의 性은 악하다고 말한 것은 인간이 제어하고 이용해야 하는 대상으로서의 自然性이 그대로 인간에게 이동한 것으로 보기 때문이다. 그러므로 악한 性은 僞(인위)를 가하여 善으로 돌려놓아야 한다. 그래야만 아름답게 될 수 있다는 것이다. 性은 僞를 가해야 하는 존재대상이다. 性이 없으면 僞도 가할 곳이 없다. 순자는 性을 파멸의 대상으로 보지 않고 교화의 대상으로 본다. 교화는 僞를 통해서 이룰 수 있다. 그런데 그 僞는 완전하고 精粹해야만 한다. 조금이라도 불완전하거나 정수하지 못하면 순자는 그것을 아름답다고 말하지 않는다. 이러한 순자의 美에 대한 기본 입장을 기초로 하여 그의 심미이상을 논한다면 '盡美致用的 大神境界'와 '美善相樂的 功利境界'로 구분할 수 있다. 盡美致用은 인간이 얻은 자연물에 인공적 아름다움을 다하여, 그 물건들을 가지고 위로는 賢良들을 장식하고, 아래로는 백성들을 길러 모두 安樂하게 하는 것을 말한다. 이것을 순자는 大神이라고 명명한다. 순자가 묘사하고 칭송한 大神의 경계는 인간의 자연에 대한 전면적인 정복과 점유를 찬양하고, 그 대상세계를 만들어 가는 창조자로서의 능력을 심미적으로 표현한 것이다. 이러한 견해는 인간의 능력을 굳게 믿고 인간의 문화적 역량을 최대한 발휘하게 하는 웅대한 심미경계의 표현이라 할 수 있다. '美善相樂的 功利境界'는 樂(악)이 주는 즐거움이 하나의 심미적 功利境界를 이룰 수 있다는 말이다. 함께 즐긴다는 것은 천하의 모든 사람들이 美와 善을 함께 즐긴다는 뜻이다. 순자는 이것이 공공을 위한 功利的 성격을 갖는다고 판단한다. 그러므로 樂이 행해지면 뜻이 맑고, 이목이 총명하고 혈기가 화평해져 아름다운 세계로 바뀔 수 있다는 것이다.

선진유가미학의 특징은 說樂境界에 있다. 선진유가의 열락은 감성적 열락이며 초월적 정신경계의 열락이다. 도덕본체와 심미체험은 交織하여 함께 감발한다. 공자의 열락은 도덕체험이지만 그 속에는 심미적 의의가 들어 있고, 또한 심미체험이지만 그 속에는 도덕적 내용이 함께 들어 있다. 맹자와 순자는 공자의 이러한 점을 계승·심화하였다. 맹자의 열락에는 인격완성을 지향한 內聖的·絶對的 自由境界와, 與民同樂的 和諧境界가 들어 있고, 순자의 열락에는 盡美致用을 통한 外王的 大神境界와 美善相樂을 통한 실용적 功利境界가 들어 있다. 맹자 미학과 순자 미학은 서로 배타적으로 존재하는 것이 아니라, 상호 보완적으로 존재하면서 인간문화의 형성에 이바지하여 왔다. 종합하건대 선진유가미학은 인간 개체의 덕성을 함양하여 인격의 완성을 이루어 최고의 심미적 열락경계에 영원히 노닐 것을 그 목표로 하며, 나아가 아름다운 인간사회를 건설하여 자타가 함께 열락경계에 長處하고자 하는 인간중심의 특징을 지닌 인간미학인 것이다.

유학은 인간학이다. 인간에 의한 인간을 위한 학문이다. 유학은 인간을 믿고 인간의 문화역량을 최대한 발휘하도록 밀어 주고 이끌어 주는 인간문화의 기초학문이다. 그 속에는 인간에 대한 깊은 신뢰와 사랑이 깔려 있다. 지금 이 시대에 유학이 우리에게 던져 주는 메시지는 과연 무엇인가? 유학의 역할은 분명 사회적·시대적으로 그 존재의의가 퇴색되어 가고 있다. 그러나 아직 학계에서는 그 기초과학으로서의 역할을 충실히 수행하고 있다. 또한 그것의 필요성에 의하여 응용과학 분야의 전공자들이 많은 관심을 갖고 연구와 응용에 열중하고 있다. 이러한 현상들은 아직도 유학의 효용성이 남아 있다는 것을 증명하는 것이다. 이러한 측면에서 유가미학사상은 미학분야에서 오히려 기초학문의 역할이 더욱 기대된다. 지금과 같이 사회가 급속도로 현대화되고 전 지구가 지구촌화되어 갈수록 각국 간의 정보의 공유로 말미암아 자칫 인류문화의 획일화를 가져올 수도 있다. 거기에는 경제적 선진국의 검증되지 못한 대중문화로의 획일화라는 매우 위험한 가능성이 도사리고 있다. 그것은 경제적 후진국의 선진국에 대한 문화적 종속화를 의미하는 것이며, 결국 심각한 인간성 상실과 인권유린의 폐해를 가중시킬 것이다. 지금이야말로 오히려 국가와 민족 간의 특성화와 전문화가 요구되는 시대라 아니 할 수 없다. 그것은 각 국가와 민족에 있어서 그들의 전통문화를 계승 발전시킴으로써 이러한 요구에 적극적으로 대응할 수 있을 것이다.

유가미학은 우리의 전통문화를 계승 발전시키는 데 있어서 매우 중요한 위치를 차지한다. 유구한 우리 문화의 흐름 속에서 유가미학은 그 점유율의 多寡는 있을지언정 한 번도 제 역할을 하지 못한 적이 없다. 삼국시대와 고려시대의 문화가 불교중심문화라 하더라도 거기에는 유교문화의 영향이 곳곳에 배어 있다. 그것은 사찰의 배치와 불상 및 석탑제작 등의 미학원리를 통해서 쉽게 찾아볼 수 있다. 특히 가까운 조선 오백 년의 문화는 유교문화이며 우리민족이 최고의 문화수준을 창조하고 향수한 선비문화국가시대이다. 이 시대는 유형적 문화유산뿐 아니라, 매우 수준 높은 무형적 정신문화가 꽃피었던 시대이다. 그것은 대륙으로부터 신유학을 수입해 썼지만 우리만의 독특하고 우수한 민족성을 가미하여 '우리민족화'하였기 때문이다. 이 자랑스러운 문화유산을 이대로 사장시킬 수는 없는 일이다. 이제 그 속에서 우리민족만의 독특하고 수준 높은 미감을 찾아내서 현대에 맞는 우리식의 문화를 재창출해야만 한다. 그것이 지구촌화되어 버린 현대에서 약소국이 경쟁력을 갖고 당당히 살아 나갈 수 있는 지름길이다. 이러한 면에서 보면 유가미학의 역할은 도리어 더욱 중임을 맡아야 하는 시대가 다가오고 있다고 할 수 있다.

유가미학의 역할은 이러한 사회적 의의만이 전부는 아니다. 사회가 발전하고 복잡해지면서 개인의 존재가치는 감소되고 인권은 위축되어 가는 추세에 놓이게 되었다. 그것은 특히 매스컴의 발달로 인한 획일화된 공시적 여론 속에 자의 반 타의 반으로 휩쓸리고 묻혀 버리기 때문이다. 이러한 현상은 개성의 실종과 개체인격의 유린, 그리고 고독 속에 빠져 버린 개인의 고통을 가중시킨다. 이러한 苦海로부터 탈출시켜 열락의 경계에로 인도하는 것이 유가미학의 임무요, 존재의의라 할 수 있다. 유가미학이 지향하는 심미경계는 나만의 경계, 나를 위한 경계, 남이 알아주지 않아도 조금도 섭섭해할 필요가 없는 경계이다. 그것은 他者의 不利를 전제로 한 利己的 경계가 아니라, 절대적 열락군자의 자유경계요, 심미적 열락을 기초로 한 不慍경계이다. 그것은 물질적 풍요로움으로는 도저히 도달할 수 없는 인생의 예술화된 심미경계를 의미한다. 유가미학은 초췌하게 形骸化되어 버린 현대인을 이러한 경계로 인도하여 도달하게 하는 막중한 임무와 능력을 함께 가지고 있는 것이다.

참고문헌

〈原本經書 및 辭典類〉

『經書』 영인본, 성균관대학교 大東文化硏究所, 1995.

『論語』 庚辰新刊 內閣藏板 영인본, 학민문화사.

『孟子』 庚辰新刊 內閣藏板 영인본, 학민문화사.

『大學·中庸』 庚辰新刊 內閣藏板 영인본, 학민문화사.

『詩傳』 庚辰新刊 內閣藏板 영인본, 학민문화사.

『書傳』 庚辰新刊 內閣藏板 영인본, 학민문화사.

『易傳』 庚辰新刊 內閣藏板 영인본, 학민문화사.

『禮記』 庚辰新刊 內閣藏板 영인본, 학민문화사.

『論語集釋』, 程樹德 撰, 中華書局, 1997.

『孟子正義』, 焦循, 中華書局, 民國 68.

『荀子讀本』, 王忠林 註譯, 三民書局印行, 중화민국 80년, 臺北.

『荀子集解』, 王先謙, 中華書局, 1997.

『荀子譯注』, 高長山, 黑龍江人民出版社, 2004.

『南華經』 乾·坤, 영인본, 학민문화사, 1993.

『春秋左傳注』, 楊伯峻 편저, 中華書局, 2000.

『史記會注考證』, 司馬遷 著 瀧川資言 會注考證, 北岳文藝出版社, 1999.

『漢文大系』권1·10·11·15·16·17, 富山房, 昭和 59.

『阮堂先生全集』, 永生堂, 1934.

『原本周易』 乾·坤, 명문당편집부 校閱, 明文堂, 1999.

『說文解字』, 許愼, 中華書局, 1989.

『說文解字注』, 許愼 撰, 段玉裁注, 上海古籍出版社, 1988.

『康熙字典』, 淸 張玉書 等編, 上海書店, 1991.

『儒敎大事典』, 儒敎事典編纂委員會, 博英社, 1990.

『大漢韓辭典』, 大漢韓辭典編纂室, (株)敎學社, 2000.

『漢韓大字典』, 民衆書林, 2000.

『中韓辭典』, 中韓辭典編纂委員會, 고려대 민족문화연구소, 1996.

『中文大辭典』, 中國文化大學出版部, 民國 82.

『中國歷史大辭典·先秦史編』,中國歷史大辭典編纂委員會, 上海辭典出版社, 1996.

『中華美學大詞典』, 林同華 主編, 安徽敎育出版社, 2002.

『哲學小辭典』, 上海辭書出版社, 2003.
『儒家文化辭典』, 徐興海・劉建麗 主編, 中州古籍出版社, 2000.
『漢語大詞典』, 漢語大詞典編輯委員會, 漢語大詞典出版社, 2003.

〈단행본류 외국서적〉

于民・孫通海 選注, 『先秦兩漢美學 名言名篇』, 中華書局, 1987.
于民・孫通海 編著, 『中國古典美學擧要』, 安徽教育出版社, 2000.
朱良志, 『中國藝術的生命精神』, 安徽教育出版社, 1995.
牟宗三, 『周易哲學演講錄』, 華東師範大學出版社, 2004.
江文思(美, James Behuniak Jr)・安樂哲(Roger T. Ames) 編, 『孟子心性之學』, 社會科學文獻出版社, 北京, 2005.
李明泉, 『盡善盡美－儒學藝術精神』, 四川人民出版社, 1995.
李澤厚・劉綱紀 主編, 『中國美學史』, 中國社會科學院 美學硏究室, 1987.
李澤厚, 『美的歷程』, 天津社會科學院出版社, 2002.
李澤厚, 『美學舊作集』, 天津社會科學院出版社, 2002.
易存國, 『中國審美文化』, 上海人民出版社, 2001.
姜澄淸, 『中國書法思想史』, 河南美術出版社, 1997.
徐復觀, 『中國人性論史－先秦篇』, 上海三聯書店, 2001.
袁濟喜, 『「和」中國古典審美理論』, 中國人民大學出版社, 1989.
容肇祖 著, 『明代思想史』, 臺灣開明書店, 民國 67년.
郭沫若, 『靑銅時代』, 中國人民大學出版社, 2005.
郭偉川, 『儒家禮治與中國學術』, 北京圖書館出版社, 2002.
曹利華, 『中華傳統美學體系探源』, 北京圖書館出版社, 1999.
陳炎 主編, 廖群 著, 『中國審美文化史』先秦篇, 山東畫報出版社, 2000.
陳方旣・雷志雄, 『書法美學思想史』, 河南美術出版社, 1997.
梁一儒・啓曉輝・宮承波, 『中國人審美心理硏究』, 山東人民出版社, 2004.
笠原仲二 著・楊若薇 譯, 『古代中國人的美意識』, 三聯書店, 1988.
張彦遠 撰, 『歷代名畫記』, 京華出版社, 2000.
張法, 『中國美學史』, 世紀出版集團, 2000.
張涵・史鴻文, 『中華美學史』, 西苑出版社, 1995.
張撝之 撰, 『世說新語譯注』, 上海古籍出版社, 1996.
黃宛峰, 『禮樂淵藪』, 河南大學出版社, 1997.
馮滬祥, 『中國古代美學思想』, 臺灣學生書局, 中華民國 79年.

傅謹, 『感性美學』, 東北師範大學出版社, 1998.

葉朗, 『中國美學史大綱』, 上海人民出版社, 2001.

葉朗 主編, 『美學的雙峰』, 安徽敎育出版社, 1999.

鄒昌林, 『中國禮文化』, 社會科學文獻出版社, 2000.

鄒其昌, 『中國美學與藝術學探微』, 崇文書局, 2002.

蒲震元, 『中國藝術意境論』, 北京大學出版社, 2004.

蒙培元, 『心靈超越與境界』, 北京人民出版社, 1998.

蔡仁厚, 『孔孟荀哲學』, 臺灣 學生書局, 民國 77.

劉道廣 著, 『中國古代藝術思想史』, 東南大學藝術硏究所編, 上海人民出版社, 1998.

劉綱紀 · 範明華, 『易學與美學』, 沈陽出版社, 1997.

劉方, 『中國美學的基本精神及現代意義』, 巴蜀書社, 2003.

劉勰 著, 周振甫 注, 『文心雕龍注釋』, 人民文學出版社, 2002.

錢穆, 『先秦諸子繫年』, 商務印書館, 北京, 2002.

戴吾三 編著, 『考工記圖說』, 山東畵報出版社, 2003.

韓玉濤, 『中國美學之靈魂』, 海天出版社, 1998.

魏士衡, 『中國自然美學思想 探源』, 中國城市出版社, 1994.

〈단행본류 국내서적〉

權德周 · 金勝心 共譯, 李澤厚 · 劉綱紀 主編, 『中國美學史』, 대한교과서주식회사,
    1993.

權德周외 역, 서복관, 『중국예술정신』, 동문선, 1997.

權瑚 옮김, 李澤厚 저, 『華夏美學』, 동문선, 1990.

김예호 · 최홍식 역, 施昌東 지음, 『중국의 미학사상』, 신지서원, 1994.

金容沃 지음, 『도올논어』 제2권, 통나무, 2001.

金長煥 역주, 宋 劉義慶 撰, 梁 劉孝標 注, 『世說新語』하, 살림, 2001.

김정희 저, 『국역 완당전집』 2권, 민족문화추진회 편, 솔, 1996.

김학주 옮김, 『순자』, 을유문화사, 2003.

김형효 지음, 『물학 · 심학 · 실학』, 청계출판사, 2003.

김철운 지음, 『순자와 인문세계』, 서광사, 2003.

박삼수 옮김, 하룽이 지음, 『맹자의 왕도주의』, 울산대학교출판부(UUP), 1997.

박성규 역, 馮友蘭 저, 『중국철학사』상 · 하, 까치글방, 1999.

白琪洙, 『美學』, 서울대학교출판부, 1993.

白琪洙, 『美學序說』, 서울대학교 출판부, 1994.

白琪洙, 『美의 思索』, 서울대학교 출판부, 1996.

徐坰遙, 『한국유교지성론』, 유교문화연구소, 2003.

성균관대학교 유학과, 『유학사상』, 성균관대학교 출판부, 1996.

成百曉 역주, 『論語集註』, 전통문화연구회, 1995.

成百曉 역주, 『孟子集註』, 전통문화연구회, 1996.

成百曉 역주, 『大學·中庸集註』, 전통문화연구회, 1996.

成百曉 역주, 『詩經集傳』, 전통문화연구회, 1999.

宋河璟, 『서예미학과 신서예정신』, 도서출판 다운샘, 2003.

宋河璟, 『신서예시대』, 도서출판 不二, 1996.

오인환 역, 狩野直喜 저, 『中國哲學史』, 乙酉文化社, 1995.

廖名春, 『맹자적 지혜』, 연변대학출판부 편, 도서출판 조선, 1992.

유중하·백승도·이보경·양태은·이용재 옮김, 張法 지음, 『동양과 서양 그
     리고 미학』, 도서출판 푸른숲, 2001.

柳正東, 『東洋哲學의 基礎的 硏究』, 성균관대학교출판부, 1995.

윤무학, 『순자』, 성균관대학교출판부, 2004.

李基東 역해, 『論語講說』, 성균대학교출판부, 1994.

李基東 역해, 『孟子講說』, 성균대학교출판부, 1994.

李基東 역해, 『周易講說 上·下』, 성균대학교출판부, 1997.

李基東 역해, 『大學·中庸講說』, 성균대학교출판부, 1996.

李家源 監修, 『新譯書經』, 홍신문화사, 1994.

李鍵煥 역, 葉朗 저, 『中國美學史大綱』, 百選文化社, 2000.

이상우, 『동양미학론』, (주)시공사, 2002.

柳承國, 『東洋哲學硏究』, 근역서재, 1984.

임태승, 『소나무와 나비』, 도서출판 심산문화, 2004.

임태승, 『아이콘과 코드』, 미술문화, 2006.

장현근 옮김, 『순자』, 책세상, 2002.

정병석 옮김, 李澤厚 저, 『중국고대사상사론』, 한길사, 2005.

鄭仁在 역, 馮友蘭 저, 『중국철학사』, 형설출판사, 1995.

조민환, 『중국철학과 예술정신』, 예문서원, 1998.

秦光豪, 『文字學槪論』, 民族文化, 1997.

천병돈 옮김, 蔡仁厚 지음, 『공자의 철학』, 예문서원, 2002.

천병돈 옮김, 蔡仁厚 지음, 『맹자의 철학』, 예문서원, 2002.

천병돈 옮김, 蔡仁厚 지음, 『순자의 철학』, 예문서원, 2003.

崔大林 역해, 『荀子』, 홍신문화사, 1991.

최영진, 『유교사상의 본질과 현재성』, 유교문화연구소, 2002.
최영진·지준호, 『동아시아 유교문화의 새로운 지향』, 청어람미디어, 2004.
황갑연, 『공맹철학의 발전』, 서광사, 1998.

〈논문류〉

강필선, 「義」, 『동아시아 문화와 사상』 제10호, 동아시아문화포럼, 2003.
權美淑, 「순자 禮治사상의 사회윤리학적 연구」, 한국정신문화연구원 한국학대
　　　학원 박사학위 논문, 1997.
金聖基, 「儒家의 禮에 대한 解釋學的 接近」, 2002 동아시아 유교문화 국제학술회
　　　의 논문집(『유교, 오늘과 내일』).
金應鶴, 「書藝美學思想의 易哲學的 연구」, 성균관대 박사학위 논문, 2004.
金泰慶, 「孔子思想의 人間美學的 探究」, 성균관대 석사학위 논문, 2005.
文鍾鳴, 「공자의 學에 대한 분석적 연구-『논어』「학이」3장의 考釋을 중심으로
　　　」, 영남대 박사학위 논문, 1993.
朴泰玉, 「순자 積僞說의 철학적 체계」, 대전대 박사학위 논문, 2000.
宋恒龍, 「노·장의 자연과 생명관」, 『동아시아 문화와 사상』 제4호, 동아시아
　　　문화포럼, 2000.
신정근, 「仁」, 『동아시아 문화와 사상』 제8호, 동아시아문화포럼, 2002.
沈揆夏, 「맹자의 性善論 연구」, 성균관대 석사학위 논문, 2000.
沈衒燮, 「맹자의 미학사상에 관한 연구」, 성균관대 석사학위 논문, 1998.
沈衒燮, 「공자 禮樂思想의 미적 탐구」, 『유교사상연구』 제25집, 한국유교학회,
　　　2006.
安炳周, 「유교의 민본사상에 관한 연구」, 성균관대 박사학위 논문, 1985.
안재순, 「기쁨과 즐거움, 그리고 군자」, 『동아시아 문화와 사상』 제1호, 동아시
　　　아문화포럼, 1998.
尹武學, 「순자에서의 자연과 인간의 통일」, 『동양철학연구』 제33집, 동양철학
　　　연구회, 2003.
李文周, 「중국 선진시대 유가의 禮說에 대한 연구」, 성균관대 박사학위 논문,
　　　1991.
李相殷, 「유가의 예악사상에 관한 연구」, 성균관대 박사학위 논문, 1990.
李相殷, 「유교의 예술관과 심미의식」, 『동아시아 문화와 사상』 제3호, 동아시
　　　아문화포럼, 1999.
이욱근, 「공자의 君子와 中에 관한 연구」, 서울대 석사학위 논문, 1999.

임태승, 「以物比德觀의 내재원리 분석」, 『동양철학연구』 제28집, 동양철학연구
　　　회, 2002.
임태승, 「리쩌허우 미학사상 비판」, 『동아시아 문화와 사상』 제3호, 동아시아
　　　문화포럼, 1999.
張敏起, 「맹자의 심성론에 관한 연구」, 성균관대 석사학위 논문, 1997.
曺玟煥, 「한국미학의 회고와 전망」, 『동아시아 유교문화의 새로운 지향』, 청어
　　　람미디어, 2004.
崔瑛甲, 「선진유가의 도덕철학에 관한 연구 – 공자와 맹자를 중심으로」, 성균관
　　　대 박사학위 논문, 1999.
황준연, 「논어 위정편 '君子不器'장의 전통적 해석에 대한 검토」, 『동양철학연
　　　구』 제29집, 동양철학연구회, 2002.

찾아보기

심현섭(沈衒燮)

충남 부여 출생(1957)
철학박사(유교철학·예악학 전공)
성균관대학교 대학원 졸업
성균관대학교·한국방송통신대학교 강사
경기대학교, 한세대학교, 사단법인 동인문화원 강사 역임

『재미있는 천자문 여행』(공저)
『한문기초완성』
『신 사자소학』
『기초한자』(공저)
「공자 예악사상의 미적 탐구」(한국유교학회)
「미수 허목전서연구의 실상과 과제」(한국서예학회)
「추사 김정희의 서화비평의식 고찰」(한국서예비평학회) 외 다수

儒家美學 유가미학

초판인쇄 | 2011년 5월 2일
초판발행 | 2011년 5월 2일

지 은 이 | 심현섭
펴 낸 이 | 채종준
펴 낸 곳 | 한국학술정보㈜
주　　소 | 경기도 파주시 교하읍 문발리 파주출판문화정보산업단지 513-5
전　　화 | 031) 908-3181(대표)
팩　　스 | 031) 908-3189
홈페이지 | http://ebook.kstudy.com
E-mail | 출판사업부　publish@kstudy.com
등　　록 | 제일산-115호(2000. 6. 19)

ISBN　　978-89-268-2082-7 93150 (Paper Book)
　　　　 978-89-268-2083-4 98150 (e-Book)